かくも明快な魏志倭人伝

木佐敬久

はじめに

「魏志倭人伝は明快に書かれている」。こう言ったら、あなたはどう感じられるだろうか。

多くの方はけげんに思われるだろう。すぐに反論が聞こえてきそうだ。――今まで多くの学者や研究者が「邪馬台国はどこか」と研究してきたのに、いまだに九州か近畿かさえ決定できないのは、そもそも魏志倭人伝が明快に書かれていないからではないか。魏志倭人伝に書かれていることはツジツマが合わないとか、誇張が多いとかいろんな人が書いているぞ。魏志倭人伝が信頼できないというのは、むしろ常識ではないか。――

だからこそ、わたしは強調したい。「魏志倭人伝は明快に書かれている」と。

わたしがこのことを確信したのは、もう四十年前になる。なぜなら、魏から卑弥呼の国にやってきた使いの張政という人物は、足かけ「二十年」も倭国に滞在していることを発見したからだ。

倭国に二十年滞在した魏使・張政

発見というのは、実はおこがましい。単に引き算を一つしただけだからだ。張政が中国に帰った年から、倭国に来た年を引いただけなのである（もちろん西暦換算で）。

卑弥呼の後の女王の壹与《いよ》は、中国に二十人もの使節団を送った。張政はその使節団に同行して帰国した。魏志倭人伝にはそう書かれている。この壹与の朝貢の年はいろいろな史料に書かれているし、張政の倭国訪問の年は倭人伝に明記されている。だから、誰も「魏使の倭国滞在二十年」を言わないのはわたしには不思議だった。二十年も倭国に滞在すれば、倭国のたいていのことは分かってしまうだろう。だからこそ、あれほど詳しい風土や社会制度についての記事が魏志倭人伝に書かれている。ところが、肝心の「女王国への道すじ」が読者にはっきりと伝わらないなんて、こんなことがありうるのだろうか。

魏志倭人伝は正史『三国志』の一部であり、『三国志』の著者・陳寿は卑弥呼と同時代の人である。しかも『三国志』は、書かれた当時から正確さには定評のある史書だ。いわば生きのいい材料を、腕のよい料理人が料理したのが『三国志』である。なのに、その一部である「魏志倭人伝」だけがツジツマが合わなかったり、あいまいな文章だったりする、そんなことがありうるだろうか。信じられない。

あなたは、今度は次のような疑問を持たれるかも知れない。そんなに明快なはずの魏志倭人伝が、いまだに読み解けないのはなぜだろう。

その答えは、今のわたしにははっきりしている。魏志倭人伝を信用しなかったのが影響して、本気でまじめに読み解こうとしなかったからだ。根本的に信用できないものを、まじめに読み解いて真実を取り出せると、あなたなら思いますか。

信用できないものを相手にすると、人はついほかのものに頼ろうとする。日本のことを日本人が書いた『日本書紀』や『古事記』のほうが、中国人が書いた「魏志倭人伝」より頼りになると考えたり、文献では結局読み解けないから、あとは考古学が頼りだと思ったり、こんなふうに考えていれば、どうしたって「魏志倭人伝」をきちんと読むのはおろそかになる。

魏志倭人伝の九つの謎

魏志倭人伝は明快に書かれている。ただし、書かれた当時の中国の読者にとっては――。

中国でも百五十年ほど後の南朝で書かれた『後漢書』になると、もう魏志倭人伝がすなおに読めなくなって、奇妙な解釈に陥っている。そして、江戸時代以来、日本人は、よけいな知識とプライドが邪魔をして、魏志倭人伝を当時の読者がどう読んだかということを、とことん追求はして来なかった。

要は、当時の読者のようにまず読んでみることだ。こういうと、そんなのは無理だと思われるかもしれない。しかし、定説を鵜呑みにしないすなおな目と、疑問を一つずつ確かめてゆく根気さえ失わなければ、それはさほど難しいことではない。

何より『三国志』は大部な書物で、全部で六十五巻もある。魏志倭人伝で疑問に思った言葉は、『三国志』全体から用例を探れば、著者がどういう意味でその言葉を使っているのかを割り出せる。『三国志』以前にも、『史記』や『漢書』という正史があり、それらを陳寿は繰り返し読んだに違いないから、「魏志倭人伝」の書き方のモデルをそこに見つけることもできる。

また、日本には『諸橋大漢和辞典』という用例の豊富なことで有名な、全十二巻の漢和辞典があり、言葉の具体的な使い方を知るのに便利である。さらに、古代の中国人も理性を備えた人間であるから、たとえば「方角を九十度まちがえる」といった余りに非常識な考えは、除外することができる。

わたしがこのようにして読み解いていった結果は、意外なほどわかりやすいイメージであった。算数を使うのは足し算と引き算だけ、当時の中国人が知らない日本地図や、考古学的知識を使わなくても、誰でもすぐに理解できるイメージである。ところが、これを現実の地図にあてはめると、当時の読者が描いたイメージがいかに正確であることか。驚くほどだ。

また、このイメージをもとにすると、考古学や『古事記』『日本書紀』の神話も今までよりかなり分かりやすく感じられてくる。そして、三世紀の中国人が認識した「帯方東南の大海」の広大でリアルなイメージに、そして、その基礎的情報を提供した倭人の地理認識にも、驚嘆せざるを得なくなる。

あなたは魏志倭人伝の次のような謎を、聞かれたことがあるだろうか。

1　「水行十日陸行一月」は、どこからどこまでの日程か。
2　女王国と邪馬壹国（いわゆる邪馬台国）はどう違うのか。
3　「南、至る邪馬壹国」は水行か、陸行か。それとも両方か。
4　最初に出てくる里数である「七千余里」は、どこから「狗邪韓国」までの距離か。
5　狗邪韓国の位置は、読者にすぐにイメージできるだろうか。
6　末盧国（唐津）から原文では「東南」と書かれているのに、なぜみんな「東北」へ向かうのか。
7　帯方郡から邪馬壹国まで「万二千余里」とあるのに、その間の里数を全部足しても「一万七百里」しかないのはなぜか。
8　倭国の中で、最も南にあるのは何という国か。

9　七万余戸（約三五万～四〇万人）の大人口を抱える女王国は、どこにあるのか。またその領域はどの範囲か。

中には、1や7のようにポピュラーな謎もあるし、5のように多分誰も意識して来なかった謎もある。だが、あなたは、この本を読み進めていくうちに、これらの謎に明快な答えが用意されていて、あなた自身が著者・陳寿と同じようなイメージをもつようになったことを感じられるはずである。さらに、魏志倭人伝の文章には、著者・陳寿の血がかよっていること、陳寿の文章には生き生きとしたリズムが流れていることを、実感されるに違いない。

陳寿の文章が簡潔でありながら明快であるのは、言葉のリズムとひびきが、彼の思考と一体となって流れ出ているからである。そのことをわかりやすく味わっていただくために、「原文で読める魏志倭人伝」を目次の前に置いた。漢文は苦手なあなたも、新方式によるこの原文に親しんでいくうちに、三世紀に書かれた魏志倭人伝の文章が、シェークスピアや現代の英語の文章よりもはるかにわかりやすく、著者の「思考の息づかい」が生々しく伝わってくることに驚かれるに違いない。

原発大災害と古代史

アマチュア研究誌『古代の風』に、現在まで続く「魏志倭人伝」研究の長期連載の最初の二回を発表した途端に起きたのが、２０１１年三月十一日の東日本大震災と、フクシマの原発大災害だった。

原発をめぐる専門家たちの発言が、次々と現実に裏切られていくのを見ながら考えていたのは二つ。一つは、戦後史の枠組みや構造が何となく見えてきたということ。そして、原発が存在した時代も、いつかは神話として語られるようになるだろう、ということであった。『三国志』がそうであったように、古代史も現代史であった時代があり、現代史もいつかは古代史となる。わたしの中では、古代史と現代史はまったく別もの、というわけにはいかなくなってきた。

原爆から　原発の今へ　戦後史
原発が　いつか神話に　なるだろう
原発を　売りつけられた　被爆国
原発神話　悪魔、紳士の顔で来る
権力の座へ　原発の　旗を振り
真実に　目をつぶる術　専門家

これらは、原発の問題を自分なりの方法で学び、考えるために、一行詩を六百以上連ねて、現代の長編叙事詩としてまとめた「原発一行詩集　原災イーリアス」から、抜き書きしたものである。

原発で考えたもう一つのことは、詭弁が流通してきたのは古代史の場合とそっくりだ、ということだ。二十年ほど前に魏志倭人伝の基本的な謎が解けるようになってつくづく感じたのは、魏志倭人伝の研究にはあらゆる詭弁が出て来るということであった。まるで「詭弁学演習」か「詭弁学講座」だな、と何度思ったことか。原発の専門家の詭弁は、原発の「安全神話」を守り、原発は必要であるという信仰を支えた。専門家の多くは、都合の悪い真実が目に見えそうになると、本能的に目をつぶるようになり、しかもその術にたけて、みずから詭弁を信じるようにさえなっていった。

原発の「安全神話」は崩れ、専門家の詭弁も多くの国民に見抜かれるようになったが、皇国史観を守るところから出発した古代史の詭弁は、いまだに通用している。真実が求められ、しかも真実が明らかでない状況では、権威をもった専門家の詭弁が信頼性を失うことはない。

素人と専門家

素人と専門家の問題は、絶えず意識せざるを得ないテーマであった。古代史や原発問題だけでなく、わたしが深く興味を覚えて関わって来た浮世絵や宮沢賢治研究、詩作や市民運動でも、わたしは常にアマチュアにすぎなかったからである。

素人には素人の陥りやすい欠点があり、専門家にも専門家の落とし穴がある。専門家の一番の問題は、専門家として訓練を受けているうちに、学界の常識の範囲内で考える癖が身に付いてしまい、新鮮な目で物事を見ることが出来にくくなっている点にある。

素人の利点は、新鮮な目で対象を徹底的に見つめることが出来るという点だ。死んだ昆虫の分類が主であった昆虫学を、生きている昆虫の生態学に変えた『ファーブル昆虫記』のファーブルのように。

魏志倭人伝には信頼できない情報がまじっている、というのは専門家の常識である。だから魏志倭人伝を死んだ昆虫のように扱って、自分の説を組み立てた。そもそも、自分で気がつかなかった問題、無視した問題は、専門家といえども詳しく調べることがないのは、どの分野でも言えることだ。要は、素人だろうが専門家だろうが、カギとなる問題を見つけて徹底的に調べ、適切な方法で納得のいくまで考え抜いた者には誰もかなわない、ということだと思う。

魏志倭人伝は原文どおり読むべきだ、という主張は『邪馬台国研究総覧』（１９７０年）の編著者・三品彰英氏や、古田武彦氏も述べているが、「原文尊重」が言葉どおりに実践されたかどうかは、別問題である。この本は、徹底して原文どおり読めば「魏志倭人伝」はどう見えてくるかを、真実のもつ明晰さだけを頼りに追求した本である。

魏志倭人伝は明快に書かれている。あとは、それをきちんと読者に伝えるだけだ――現代と未来の見知らぬ読者に――。そうすれば、魏志倭人伝の謎とされてきた基本的な疑問は、読者のあなたにとっては、霧が晴れるようにすっきりとした景色として見えてくるだろう。わたしはそれを願ってこの本を書いた。

原文で読める魏志倭人伝

＊魏志倭人伝の原文（紹熙本）の全文を載せた。

＊内容を九項目に区分して小題を付け、著者・陳寿の文章のリズムが伝わるように、わかりやすい表記法で記した。語句のかたまりは四字以内とした。

＊太字はキイワードで、本文中に詳しい説明がある。

＊同類音の押韻的効果を示すためルビをつけた。どのルビも、前後二、三行内に同類音がある。

＊ルビは日本人に親しい読みを主とし、必要に応じて「倭《ゐ》、奴《の》」のように三世紀の音に近い読みも採用した。新仮名遣いを基本とし、「カウ、コウ、クワウ」（こう）などの区別はしなかった。

＊ルビは平がなを基本としたが、入声音は片カナで記した。そのうち、入（ニフ）、給（キフ）、合（カフ）のようにPで終わる語は、特別に旧仮名遣いでわかりやすくした。

＊東（とウ……鼻にひびかせたトンに聞こえる）、方（ほウ）、中（ちゅウ）のように鼻母音で終わる語は、片カナの「ウ」を使って、母音終わりの島（とう）、旧（きゅう）などと区別した。

1、倭人の地理・歴史の概要

○**倭人**《ゐじん》-在《ざい》　帯方《たいほう》-東南《とウなん》　大海《たいかい》-之《し》中《ちゅウ》。
依《い》-山島《さんとう》　為《ゐ》-国邑《コクイフ》。
○**旧**《きゅう》　百余《ヒャクよ》-国《コク》。／　漢時《かんじ》-有《ゆう》　朝見《ちょうけん》-者。
今《きん》　使訳《しヤク》-所通《しょつう》　三十国《さんジフこく》。

2、女王国への行路

○**従郡**《じょウぐん》-**至倭**《しゐ》／　循《じゅん》-海岸《かいがん》　水行《すいこウ》
歴《レキ》-韓国《かんコク》／　**乍南**《さなん》-**乍東**《さとウ》
到《とう》其《き》-**北岸**《ほくがん》　**狗邪**《こうや》-**韓国**《かんコク》　**七千余里**《シチせんより》
始度《しど》-一海《イチかい》　千余里《せんより》　至《し》-**対海国**《たいかいコク》。
○其《き》-大官《たいかん》　曰《エッ》-卑狗《ひこう》　副曰《フクエッ》　卑奴母離《ひのもり》。
所居《しょきょ》-絶島《ゼッとう》　方可《ほうか》-四百余里《しヒャクより》。
土地《とち》-山険《さんけん》　多《た》-深林《しんりん》　道路《どうろ》-如《じょ》　禽鹿《きんロク》-径《きょウ》。
有《ゆう》-千余戸《せんよこ》。
無-良田《りょウでん》　食《ショク》-海物《かいモッ》　自活《じカッ》
乗《じょウ》-船《せん》　南北《なんホク》-市糴《しテキ》。
○又《ゆう》　南渡《なんと》-一海《イチかい》　千余里《せんより》　名曰《みょウエッ》-瀚海《かんかい》

至《し》-一**大国**《イチたいコク》。
官《かん》 亦曰《エキエツ》-卑狗《ひこう》 副曰《フクエツ》 卑奴母離《ひのもり》。
方《ほウ》 可三百里《かさんヒャクり》。
多《た》 竹木《チクモク》-叢林《そウりん》／有《ゆう》 三千許《さんせんきょ》-家《か》。
差有《さゆう》-田地《でんち》 耕田《こうでん》 猶不《ゆうふう》-足食《ソクショク》 亦《エキ》 南北《なんホク》-市糴《しテキ》。

○又渡《ゆうと》-一海《イチかい》 千余里《せんより》 至《し》-末盧国《マツろコク》。
有《ゆう》 四千余戸《しせんよこ》 浜《ひん》-山海《さんかい》-居《きょ》。
草木《そうモク》-茂盛《もうじょウ》 行《こウ》 不見《ふうけん》-前人《ぜんじん》。
好捕《こうほ》-魚鰒《ぎょフク》 水無《すいむ》-深浅《しんせん》 皆《かい》 沈没《ちんボッ》-取之《しゅし》。

○**東南**《とウなん》-陸行《リクこウ》 五百里《ごヒャクり》 到《とう》-**伊都国**《いとコク》。
官曰《かんエツ》-爾支《にし》 副曰《フクエツ》 泄謨觚《セツもこ》 柄渠觚《へいきょこ》。
有《ゆう》-千余戸《せんよこ》。
世《せい》-有王《ゆうおウ》 皆《かい》-統属《とウゾク》 **女王国**《じょおウコク》。
郡使《ぐんし》-往来《おウらい》 常《じょウ》-所駐《しょちゅう》。

○東南《とウなん》 至《し》-**奴国**《のコク》 百里《ヒャクり》。
官曰《かんエツ》 兕馬觚《しまこ》 副曰《フクエツ》 卑奴母離《ひのもり》。
有《ゆう》 二万余戸《にまんよこ》。

○東行《とウこウ》 至《し》 - **不弥国**《ふうみコク》 百里《ヒャクり》。
官曰《かんエッ》 - 多模《たも》 副曰《フクエッ》 卑奴母離《ひのもり》。
有《ゆう》 - 千余家《せんよか》。

○南至《なんし》 **投馬国**《とうまコク》 水行《こウ》 二十日《にジフジッ》。
官曰《かんエッ》 - 弥弥《みみ》 副曰《フクエッ》 弥弥那利《みみなり》。
可《か》 五万余戸《ごまんよこ》。

○南至《なんし》 **邪馬壹国**《やまイチコク》。
女王《じょおウ》 - 之所都《ししょと》。／ **水行**《すいこウ》 - **十日**《ジフじつ》 **陸行**《りくこウ》 - **一月**《イチゲッ》。
官有《かんゆう》 伊支馬《いしま》 次曰《じエッ》 弥馬升《みましょウ》
次曰《じエッ》 弥馬獲支《みまカクし》 次曰《じエッ》 奴佳鞮《のかてい》。
可《か》 七万余戸《シチまんよこ》。

3、「女王国以北」以外の倭国

○自《じ》 - **女王国**《じょおウコク》 以北《いホク》
其《き》 戸数《こしゅ》 - **道里**《どうり》 可得《かトク》 - 略載《リャクさい》。
其余《きよ》 - **旁国**《ぼうコク》 遠絶《ゼッ》 不可《ふうか》 - 得詳《トクしょウ》。

○次有《じゆう》 斯馬国《しまコク》／ 次有《じゆう》 已百支国《いヒャクしコク》
次有《じゆう》 伊邪国《いやコク》／ 次有《じゆう》 都支国《としコク》

次有《じゆう》 弥奴国《みのコク》／ 次有《じゆう》 好古都国《こうことコク》
次有 不呼国《ふうこコク》／ 次有 姐奴国《しゃのコク》
次有 対蘇《たいそ》国／ 次有 蘇奴《その》国
次有 呼邑《こイフ》国／ 次有 華奴蘇奴《かのその》‐国
次有‐鬼《き》国／ 次有 為吾《ゐご》国／ 次有 鬼奴《きの》国
次有 邪馬《やま》国／ 次有 躬臣《きゆウしん》国／ 次有 巴利《はり》国
次有 支惟《しい》国／ 次有 烏奴《おの》国
次有《じ》‐**奴国**《のコク》／ 此《し》 女王《じょおウ》‐境《きょウ》界 所尽《しょじん》。
○其南《きなん》 有《ゆう》‐**狗奴国**《こうのコク》。男子《だんし》‐為王《ゐおウ》。
其官《きかん》 有《ゆう》 狗古智《こうこち》‐卑狗《ひこう》。
不属《ふうゾク》‐女王《じょおウ》。
○**自郡**《じぐん》 至《し》‐**女王国**《じょおウコク》 **万**《まん》‐**二千余里**《にせんより》。

4、会稽との歴史的・地理的関係

○男子《だんし》 無《む》‐大小《だいしょう》 皆《かい》 鯨面《げいめん》‐文身《もんしん》。
○自古《じこ》‐以来《いらい》 其使《きし》 詣《げい》‐中国《ちゆウコク》 皆《かい》 自称《じしょウ》‐大夫《たいふ》。
夏后《こう》‐少康《しょうこウ》 之子《しし》 封於《ほウお》‐会稽《かいけい》
断髪《だんハツ》‐文身《もんしん》 以避《いひ》 蛟龍《こうりょウ》‐之害《しかい》。

○今《きん》 倭《ゐ》-水人《すいじん》 好《こう》-沈没《ちんボツ》 捕《ほ》-魚蛤《ぎょカフ》
文身《もんしん》-亦以《エキい》 厭《エフ》 大魚《たいぎょ》-水禽《すいきん》 後《こう》 稍以《しょうい》-為飾《ゐショク》。
○諸国《しょコク》-文身《もんしん》 各異《カクい》 或左《ワクさ》-或右《ワクゆう》 或大《ワクたい》-或小《ワクしょう》
尊卑《そんひ》-有差《ゆうさ》。
○計其《けいき》-道里《どうり》 当在《とうざい》 **会稽**《かいけい》-**東治**《とうち》 之東《しとう》。

5、倭国の風俗・風土

○其《き》-風俗《ほウゾク》 不淫《ふういん》。
○男子《だんし》 皆《かい》-露紒《ろけい》 以《い》-木綿《モクめん》 招《しょう》-頭《とう》。
其衣《きい》-横幅《おウフク》 但《たん》 結束《ケツソク》-相連《しょウれん》 略《リヤク》-無縫《むほウ》。
○婦人《ふじん》 被髪《ひハツ》-屈紒《クツけい》 作《サク》-衣《い》 如《じょ》-単被《たんひ》
穿其《せんき》-中央《ちゅウおウ》 貫頭《かんとう》-衣之《いし》。
○種《しゅ》 禾稲《かとう》-紵麻《ちょま》 蚕桑《さんそウ》-緝績《シフセキ》 出《シュツ》 細紵《ちょ》-縑綿《けんめん》。
○其地《きち》-無《む》 牛馬《ぎゅうま》-虎豹《こひょう》 羊鵲《ようシャク》。
○兵《ひょウ》-用《よウ》 矛楯《もうじゅん》-木弓《モクきゅウ》。
木弓《モクきゅウ》 短下《たんか》-長上《ちょウじょウ》／ 竹箭《チクせん》 或《ワク》-鉄鏃《テツゾク》 或《ワク》-骨鏃《コツゾク》。
○所《しょ》-有無《ゆうむ》 与《よ》 **儋耳**《たんじ》-**朱崖**《しゅがい》 同《とう》。

○倭地《ゐち》-温暖《おんだん》／冬夏《とうか》 食《ショク》-生菜《しょうさい》 皆《かい》-徒跣《とせん》。

○有《ゆう》-屋室《オクシツ》 父母《ふぼ》-兄弟《きょうだい》 臥息《がソク》-異処《いしょ》。

○以《い》-朱丹《しゅたん》 塗其《とき》-身体《しんたい》 如《じょ》-中国《ちゅウコク》 用粉《ようふん》-也《や》。

○食飲《ショクいん》 用《よう》-籩豆《へんとう》 手食《しゅショク》。

○其死《きし》 有棺《ゆうかん》-無槨《むカク》 封土《ほウど》-作冢《サクちょウ》。

○始死《しし》 停葬《ていそウ》 十余日《ジフよジツ》
当時《とウじ》 不食《ふうショク》-肉《ニク》 喪主《そウしゅ》-哭泣《コクキフ》
他人《たじん》-就《しゅう》 歌舞《かぶ》-飲食《いんショク》。

○已葬《いそウ》 挙家《きょか》 詣《げい》-水中《すいちゅウ》 澡浴《そうヨク》 以如《いじょ》-練沐《れんモク》。

○其《き》 行来《こうらい》-渡海《とかい》 詣《げい》-中国《ちゅウコク》
恒使《こうし》-一人《イチにん》 不梳《ふうそ》-頭 不去《ふうきょ》-蟣蝨《きシツ》
衣服《いフク》-垢汚《こうお》 不食《ふうショク》-肉《ニク》 不近《ふうきん》-婦人《ふじん》 如《じょ》-葬人《そウじん》。
名《みょウ》-之《し》 為《ゐ》-**持衰**《じさい》。

○若《ジャク》 行者《こウ》-吉善《キッぜん》 共顧《きょウこ》 其《き》 **生口**《しょウこう》-財物《ざいモッ》
若有《ジャクゆう》-疾病《しつびょウ》 遭《そう》-暴害《ぼうかい》 便欲《べんヨク》-殺之《サッし》。
謂《ゐ》-其《き》 持衰《じさい》-不謹《ふうきん》。

○出《シュツ》 真《しん》珠-青玉《しょウギョク》。

○其《き》山《さん》-有丹《ゆうたん》。

○其《き》木《モク》-有《ゆう》 枏《だん》・杼《ちょ》-予《よ》樟《しょウ》 楺櫪《じゅうレキ》-投橿《とウきょウ》 烏《お》号《こう》-楓香《ほうきょウ》。

○其《き》竹《チク》 篠簳《しょうかん》-桃《とう》支《し》。

○有《ゆう》-薑《きょウ》 橘《キッ》・椒《しょう》-蘘《じょう》荷／ 不《ふう》-知《ち》 以《い》為《ゐ》-滋《じ》味《み》。

○有《ゆう》 獮《び》猴《こう》-黒《コク》雉《ち》。

○其《き》俗《ゾク》 挙《きょ》事《じ》-往《おう》来 有《ゆう》所《しょ》-云《うん》為《ゐ》
輒《テフ》 灼骨《シャクコツ》-而《じ》卜《ボク》 以《い》占《せん》-吉凶《キッきょウ》。
先告《せんコク》-所卜《しょボク》 其《き》辞《じ》-如《じょ》 令亀《りょウき》-法《ハフ》
視《し》-火《か》坼《タク》 占《せん》-兆《ちょう》。

○其《き》 会同《かいとう》-坐《ざ》起《き》 父《ふ》子《し》-男女《だんじょ》 無《む》別《ベッ》
人性《じんしょウ》-嗜《し》酒《しゅ》。

○見《けん》 大人《たいじん》-所敬《しょきょウ》 但《たん》-搏手《ハクしゅ》 以《い》当《とウ》-跪《き》拝《はい》。

○其《き》人《じん》-寿考《じゅこう》 或《ワク》-百年《ヒャクねん》 或《ワク》 八九十年《ハチきゅうジフねん》。

○其《き》俗《ゾク》 国《コク》-大人《たいじん》 皆《かい》-四《し》五《ご》婦《ふ》
下《か》戸《こ》 或《ワク》-二《に》三《さん》婦《ふ》。

○婦《ふ》人《じん》-不淫《ふういん》 不《ふう》-妬《と》忌《き》。

6、社会制度

○不《ふ》‐盗窃《とうセツ》 少《しょう》‐諍訟《そうしょウ》。
○其《き》‐犯法《はんハフ》 軽者《きょウしゃ》 没其《ボツき》‐妻子《さいし》
重者《ちょウしゃ》 滅其《メツき》‐門戸《もんこ》。
及《キフ》 宗族《そウゾク》‐尊卑《そんひ》 各有《カクゆう》‐差序《さじょ》 足相《ソクしょウ》‐臣服《しんフク》。
○収《しゅう》‐租賦《そふ》 有《ゆう》‐邸閣《ていカク》。
国国《コクコク》‐有市《ゆうし》 交易《こうエキ》‐有無《ゆうむ》／ **使大倭**《したいゐ》 監之《かんし》。
○自《じ》‐女王国《じょおウコク》 以北《いホク》 特置《トクち》 一**大率**《いちだいソツ》 検察《けんサツ》。
諸国《しょコク》 畏憚《ゐたん》‐之《し》。
常治《じょウち》 伊都国《いとコク》／於《お》‐国中《コクちゅウ》 有如《ゆうじょ》‐刺史《しし》。
○王《おウ》‐遣使《けんし》 詣《げい》‐京都《きょウと》 帯方郡《たいほウぐん》 諸韓国《しょかんコク》
及《キフ》 郡使《ぐんし》‐倭国《ゐコク》 皆《かい》 臨津《りんしん》‐**捜露**《そうろ》 **伝送**《でんそウ》‐**文書**《もんしょ》
賜遺《しい》‐之物《しモツ》 詣《げい》‐女王《じょおう》 不得《ふうトク》‐差錯《ささク》。
○下戸《かこ》 与《よ》‐大人《たいじん》 相逢《しょウほウ》‐道路《どうろ》 逡巡《しゅんじゅん》‐入草《ニフそう》
伝辞《でんじ》‐説事《セツじ》 或蹲《ワクそん》‐或跪《ワクき》 両手《りょう》‐拠地《きょち》 為之《ゐし》‐恭敬《きょウきょウ》。
○対応《たいおウ》‐声《しょウ》 曰噫《エツあい》 比如《ひじょ》‐然諾《ねんナク》。

7、女王国の歴史と卑弥呼、女王起点の外国

○其国《きコク》 **本亦**《ほんエキ》 以《い》‐男子《だんし》 為王《ゐおウ》／ 住《じゅう》 七八十年《シチハチジフねん》

倭国《ゐコク》‐乱《らん》 相《しょウ》‐攻伐《こウバツ》 歴年《レキねん》

乃《だい》‐共立《きょウリツ》 一《イチ》‐女子《じょし》 為王《ゐおウ》 名曰《みょウエツ》 **卑弥呼**《ひみこ》。

○事《じ》‐鬼道《きどう》 能《のう》‐惑衆《ワクしゅウ》。

年已《ねんい》‐**長大**《ちょウだい》 無《む》‐夫婿《ふせい》／ 有《ゆう》‐男弟《だんてい》 佐《さ》‐治国《ちコク》。

○自《じ》‐為王《ゐおウ》 以来《いらい》 少《しょう》‐有見者《ゆうけんしゃ》。

以婢《いひ》‐千人《せんにん》 自侍《じじ》

唯有《いゆう》 男子《だんし》‐一人《イチにん》 給《キフ》‐飲食《いんショク》 伝辞《でんじ》‐出入《シュツニフ》。

○居処《きょしょ》 宮室《きゅウシツ》‐楼観《ろうかん》

城柵《じょウサク》‐厳設《げんセツ》 常《じょウ》‐有人《ゆうじん》 持兵《じへい》‐守衛《しゅえい》。

○**女王国**《じょおウコク》 東《とウ》‐渡海《とかい》 **千余里**《せんより》 復有《フクゆう》‐国《コク》 **皆倭種**《かいゐしゅ》。

○又有《ゆうゆう》 **侏儒国**《しゅじゅコク》 在《ざい》‐其南《きなん》 人長《じんちょウ》 三四《さんし》 尺《シャク》

去《きょ》‐女王《じょおウ》 **四千余里**《しせんより》。

○又有《ゆうゆう》 **裸国**《らコク》 **黒歯国**《コクしコク》 復在《フクざい》 其《き》‐東南《とウなん》。／ 船行《せんこウ》‐一年《イチねん》 可至《かし》。

○参問《さんもん》‐倭地《ゐち》 絶在《ゼツざい》‐海中《かいちゅウ》 州島《しゅうとう》‐之上《しじょウ》

或絶《ワクゼツ》‐或連《ワクれん》 周旋《しゅうせん》 可《か》 **五千余里**《ごせんより》。

8、卑弥呼の外交

○**景初二年**《けいしょにねん》　六月《ロクゲツ》　倭女王《ゐじょおう》　遣《けん》-大夫《たいふ》　難升米等《なんしょウまいとウ》
詣郡《げいぐん》-求詣《きゅうげい》　天子《てんし》-朝献《ちょうけん》。
太守《たいしゅ》-劉夏《りゅウか》　遣吏《けんり》-将送《しょウそウ》　詣《げい》-京都《きょウと》。

○其年《きねん》　十二月《ジフにゲツ》　詔書《しょうしょ》　報《ほう》-倭女王《ゐじょおう》　曰《エツ》
制詔《せいしょう》　**親魏**《しんぎ》-**倭王**《ゐおウ》　卑弥呼《ひみこ》。／　帯方《たいほウ》-太守《たいしゅ》　劉夏《りゅウか》
遣使《けんし》　送《そウ》-汝大夫《じょたいふ》　難升米《なんしょウまい》　次使《じし》　都市牛利《としぎゅうり》
奉《ほウ》-汝所献《じょしょけん》　男《だん》-**生口**《しょウこう》　四人《しにん》　女《じょ》-生口《しょウこう》　六人《ロクにん》
班布《はんふ》　二匹《にヒツ》-二丈《にじょウ》　以到《いとう》。

○汝《じょ》　所在《しょざい》-踰遠《ゆえん》　乃《だい》　遣使《けんし》-貢献《こウけん》。
是《じ》　汝之《じょし》-忠孝《ちゅウこう》　我甚《がじん》-哀汝《あいじょ》。

○今《きん》　以汝《いじょ》　為《ゐ》　親魏《しんぎ》-倭王《ゐおウ》　**仮**《か》　金印《きんいん》-紫綬《しじゅ》
装封《そウほウ》-付《ふ》　帯方《たいほウ》-太守《たいしゅ》　仮授《かじゅ》-汝《じょ》。
其《き》　綏撫《すいぶ》-種人《しゅじん》　勉為《べんゐ》-孝順《こうじゅん》。

○汝《じょ》-来使《らいし》　難升米《なんしょウまい》　牛利《ぎゅうり》　渉遠《セフえん》　道路《どうろ》-勤労《きんろう》。
今《きん》　以《い》-難升米《なんしょウまい》　為《ゐ》　率善《ソツぜん》-中郎将《ちゅウろウしょウ》
牛利《ぎゅうり》　為《ゐ》　率善《ソツぜん》-校尉《こうい》
仮　銀印《ぎんいん》-青《しょウ》綬　引見《いんけん》-労賜《ろうし》　遣《けん》-還《かん》。

○今《きん》　以《い》　絳地《こうち》-交龍錦《こうりょうきん》　五匹《ごヒッ》
絳地《こうち》-縐粟罽《すうゾクけい》　十張《ジフちょウ》／　蒨絳《せんこウ》　五十匹《ごジフヒッ》
紺青《こんしょウ》　五十匹《ごジフヒッ》　答汝《タフじょ》　所献《しょけん》-貢直《こウちょく》。

○又《ゆう》　特賜《トクし》-汝《じょ》　紺地《こんち》-句文錦《こうもんきん》　三匹《さんヒッ》
細班《さいはん》-華罽《かけい》　五張《ごちょウ》／　白絹《ハクけん》　五十匹《ごジフヒッ》／　金《きん》-八両《ハチりょウ》
五尺刀《ごシャクとう》　二口《にこう》／　銅鏡《とウきょう》-百枚《ヒャクまい》／　真珠《しんしゅ》-鉛丹《えんたん》
各五十斤《かくごジフきん》／　皆《かい》-装封《そウほウ》　付《ふ》-難升米《なんしょウまい》　牛利《ぎゅうり》。

○還到《かんとう》-録受《ロクじゅ》／　悉可《シッか》-以示《いし》　汝《じょ》-国中人《コクちゅウじん》
使知《しち》　国家《コクか》-哀汝《あいじょ》。／　故《こ》　鄭重《じょウちょウ》-賜《し》　汝好物《じょこうモッ》-也《や》。

○正始元年《しょウしげんねん》　太守《たいしゅ》-弓遵《きゅウじゅん》　遣《けん》　建中校尉《けんちゅウこうい》　梯儁等《ていしゅんとウ》
奉《ほウ》　詔書《しょうしょ》-印綬《いんじゅ》　詣《げい》-倭国《ゐコク》　拜仮《はいか》-倭王《ゐおウ》
并《へい》-齎《せい》　**詔賜**《しょうし》　金帛《きんハク》-錦罽《きんけい》　刀鏡《とうきょウ》-采物《さいモッ》。

○倭王《ゐおウ》　因使《いんし》-上表《じょウひょう》　答謝《タフしゃ》-詔恩《しょうおん》。

○其四年《きしねん》　倭王《ゐおウ》-復遣《フクけん》　使大夫《したいふ》　伊声耆《いしょウき》-掖邪狗等《エキやこうとウ》　八人《ハチにん》
上献《じょウけん》-生口《しょウこう》　倭錦《ゐきん》　絳青縑《こうしょウけん》　綿衣《めんい》-帛布《ハクふ》
丹《たん》-木**弣**《モクふ》　短《たん》-弓矢《きゅウし》。
掖邪狗等《エキやこうとウ》　壹拜《イチはい》　率善《ソッぜん》-中郎将《ちゅウろウしょウ》　印綬《いんじゅ》。

○其《き》六年《ロクねん》 詔賜《しょうし》 倭《ゐ》・**難升米**《なんしょウまい》 **黄幢**《こウどウ》／ 付郡《ふぐん》・仮授《かじゅ》。

○其《き》八年《ハチねん》 太守《たいしゅ》・**王頎**《おウき》 到官《とうかん》。

倭女王《ゐじょおウ》 卑弥呼《ひみこ》 与《よ》 狗奴国《こうのコク》 男王《だんおウ》 卑弥弓呼《ひみきゅウこ》 素《そ》・不和《ふうわ》

遣《けん》 倭載《ゐさい》・斯烏越《しおエッ》等《とウ》 詣郡《げいぐん》・説《セッ》 相攻撃《しょウこウゲキ》・状《じょウ》。

○遣《けん》 塞曹掾史《さいそうえんし》 **張政**《ちょウせい》等《とウ》 因《いん》・齎《せい》 詔書《しょうしょ》・黄幢《こウどウ》

拝仮《はいか》 難升米《なんしょウまい》 為《ゐ》・檄《ゲキ》 告諭《コクゆ》・之《し》。

○卑弥呼《ひみこ》 **以死**《いし》 大《たい》・作冢《サクちょウ》 **径**《きょウ》・**百余歩**《ヒャクよほ》。

徇葬者《じゅんそウしゃ》 奴婢《のひ》 百余人《ヒャクよにん》。

9、卑弥呼以後の倭国

○更立《こウリツ》・男王《だんおウ》 国中《コクちゅウ》・不服《ふうフク》 更相《こウしょウ》・誅殺《ちゅうサツ》

当時《とウじ》 殺《サツ》・千余人《せんよにん》。

○復立《フクリツ》 卑弥呼《ひみこ》 宗女《そウじょ》・壹与《イチよ》 年十三《ねんジフさん》 為《ゐ》・王《おウ》

国中《コクちゅウ》・遂定《すいじょウ》。／ 政等《せいとウ》・以檄《いゲキ》 告諭《コクゆ》・壹与《イチよ》。

○壹与《イチよ》 遣《けん》・倭大夫《ゐたいふ》 掖邪狗等《エキやこうとウ》 二十人《にジフにん》／ 送《そウ》・**政**《せい》等《とウ》 **還**《かん》

因《いん》・詣臺《げいたい》 献上《けんじょウ》 男女《だんじょ》・**生口**《しょウこウ》 三十人《さんジフにん》

貢《こウ》 白珠《ハクしゅ》 五千孔《ごせんこウ》 青大《しょウたい》・句珠《こウしゅ》 二枚《にまい》

異文《いもん》・雑錦《ゾフきん》 二十匹《にジフヒッ》。

目次

第Ⅵ章　「従郡至倭」と起点と経由　

第IX章 倭の政治地図と裸国黒歯国

かくも明快な
魏志倭人伝

第I章■魏志倭人伝は明快に書かれている

1　倭国に二十年滞在した魏使・張政

魏志倭人伝と三国志

正史『三国志』は書かれた当時から、正確さに定評のある同時代史書であった。ところが、魏志倭人伝に限っては、誇張や虚偽が多いという通説が出来上がっている。なぜか。

理由の一つは「魏志倭人伝」の軽視にあると思われる。魏志倭人伝なんて、日本人には重要な史料でも、当時の中国人にとっては大した意味を持たなかったのだろう、と考えている人が多い。どうせ、中国からは遠く離れた夷蛮の一民族を扱っているから、多少の矛盾があっても、著者も読者も大して気に留めなかったのだろう、というわけだ。事実は逆で、「倭人伝」は特別重要な意味を負わされている。

『三国志』は魏、蜀、呉の順に三国を扱っていて、もともとは別の書物であった。正式には魏書、蜀書、呉書とタイトルが表示されているが、通常は「魏志、蜀志、呉志」と呼んでいる。そのほうが『三国志』とも違和感がないし、『魏書』などという別の史書もあるので、混乱を避ける意味もある。

「魏志」が最初に置かれているのは、「魏」だけが正統な王朝という立場で『三国志』が書かれているからだ。実際に書かれたのは、西暦２６５年に魏から禅譲を受けた西晋の時代だが、西晋の正統性を証明するために、魏の正統性を証明しておく、という構造になっている。魏も漢から王権を禅譲された。

魏志だけに「帝紀」があり、魏志は帝紀で始まる。蜀や呉で帝を名乗っていた劉備（蜀）や孫権（呉）も、臣下と同様「列伝」の中で扱われる。

魏志の最後は「夷蛮伝」であり、「夷蛮伝」も魏志にしかない。夷蛮は帝室に属すべきものだからだ。蜀志や呉志では「列伝」しかないのが、魏志では「帝紀、列伝、夷蛮伝」の順に並んでいる。魏志の夷蛮伝には「烏《う》丸《がん》・鮮卑伝」と「東夷伝」の二つがあり、東夷伝には「夫余、高句麗、東沃沮《よくそ》、挹婁《ゆうろう》、濊《わい》、韓、倭」の七つの民族の伝が、この順序で立てられている。

要するに、倭人伝は、魏志全体の最後に置かれている。倭人伝の最後は、卑弥呼の朝貢に始まり、壹与《いよ》の壮麗な朝貢で終わる。倭人の「遠夷朝貢」は、「王朝の正統性」を証明する最高の事実として魏志の掉尾《とうび》を飾っている。このような重要な役割を負った「倭人伝」が、いい加減に書かれたはずがない。倭国に二十年滞在した張政の帰国が、壹与の朝貢記事にわざわざ記されているのは、いわば倭人伝の正確性の保証人としての記載である。

なぜ「倭人伝」か

なぜ「倭伝」と言わずに「倭人伝」と言うのだろうか。

ヒントになるのは、濊伝が古くは「濊南伝」と記されているという点だ。宮内庁書陵部所蔵の『三国志』（紹熙本《しょうきぼん》）は現在、巻二九（放技伝）と巻三〇（烏丸鮮卑・東夷伝）がインターネットで公開されていて、東夷伝の中の「濊南伝」という表題を、誰でも確認できる。

濊伝は次のように始まる。

○濊南与・辰韓　北与　高句麗　沃沮　接。

（濊は、南は辰韓と、北は高句麗・沃沮と接す。）

最初に「濊南」と始まるので「濊南伝」と呼んだことがわかる。同様に倭人伝も「倭人」で始まるので「倭人伝」と呼ばれたわけである。

○倭人・在　帯方・東南　大海・之中。／　依・山島　為・国邑。

（倭人は、帯方東南の大海の中に在り。／山島に依りて、国邑《ゆう》を為す。）

ほかの夷蛮伝は皆「夫余・在」「高句麗・在」「東沃沮・在」「挹婁・在」「濊・南」「韓・在」のように、民族名（国名）で始まっている。倭だけが例外で「倭人・在」と「倭人」で始まっている理由は何か。当時の読者には「倭人」の方が、すぐに記憶を喚起するおなじみの表現だったからだ。

○楽浪海中、倭人有り。分かれて百余国を為す。歳時を以て来り、献見す。　〈漢書、地理志、燕地〉

『三国志』の直前の正史である『漢書』の中で、倭人に触れた唯一の文章であるから、陳寿も強く意識したはずである。『漢書』は一世紀後半の後漢の時代に書かれていて、前漢から後漢にかけての倭人に関する情報を述べている。まだ「楽浪海中」という漠然とした地理表現にとどまっている。

○周の時、天下太平、越裳《えつしょう》、白雉を献じ、倭人、鬯草《ちょうそう》を貢す。　〈論衡、巻八〉

○成王の時、越常《えつしょう》、雉を献じ、倭人、暢《ちょう》を貢す。　〈論衡、巻一九〉

漢書とほぼ同じ一世紀後半に書かれた、王充の『論衡《こう》』に出てくる「倭人」である。

両方とも同じ事件を指している。周の第二代成王（前1115?~前1079）の時に、周は最盛期を迎え、南は今のベトナムに相当する越裳が白雉を献じ、東は倭人が香草を貢物としてやってきた。

一方、「倭」のほうは、次の例が知られている。

○蓋《がい》国は鉅燕《きょえん》の南、倭の北に在り。倭は燕に属す。　〈山海経、海内北経〉

蓋国は、北朝鮮の北東部、蓋馬《がいば》高原から平壌にかけてあった国だが、鉅燕（巨大な燕）の南、倭の北に在るとしていた。燕は、北京付近を首都としていた戦国時代の強国の一つで、遼東半島までを領域としていた。遼東半島は、中国の華北、いわゆる中原《ちゅうげん》の国が、東夷の国々を支配するための拠点である。

この『山海経《せんがいきょう》』の文章は、戦国時代の倭が、朝鮮半島経由で燕に貢献していたことを示す。「倭」とは蓋馬高原のあたりを「北」としていることから、北部九州から出雲にかけての日本海側の国々であろう。

このように「倭」は『山海経』にも出てくるが、『山海経』は神話を多く含んだ地理書で、信頼度の点で『論衡』や『漢書』と比べると格段に劣っていたし、対象とする時代も戦国時代で古すぎた。

『三国志』の当時の読者にとっては、「倭人」という書き出しによって、あの『漢書』や『論衡』に書かれていた「倭人」のことか、とすぐに思い当たる仕掛けである。

梯儁と張政

魏から倭国への使いは二度、送られている。いずれも出先機関である朝鮮半島の帯方郡から送られているから、郡使と言ってもよい。

最初の郡使・梯儁《ていしゅん》は正始《せいし》元年（２４０年）に派遣された。その役目は、明帝の急死によって延び延びになっていた「詔書」と「金印紫綬」の正式な伝達を実行することであった。明帝は急死する直前に、「詔書」によって「親魏倭王」の金印を卑弥呼に授けていた。その「詔書」と「金印紫綬」である。梯儁は卑弥呼に直接会って伝達式を行い、卑弥呼は魏の天子（斉王芳）への上表文を彼に託した。

梯儁は卑弥呼の上表文を携えてすぐに帰国したが、二度目の使いである張政はどうか。彼は正始八年（２４７）に、狗奴国との間に戦乱が勃発した卑弥呼のＳＯＳに応じて、帯方郡から倭国に派遣された。

○其の（＝正始）八年、（帯方郡）太守・王頎《おうき》、官に到る。

○倭女王・卑弥呼、狗奴国の男王・卑弥弓呼と素《もと》より和せず。倭載・斯烏越等を遣わし、（帯方）郡に詣《いた》りて、相攻撃する状《さま》を説く。

○（帯方郡は）塞曹掾史《えんし》の張政等を（倭国へ）遣わし、因って詔書・黄幢《こうどう》（天子の軍隊の軍旗）を齎《もたら》し、難升米に拝仮し、檄を為《つく》りて之（難升米に黄幢が授与されたこと）を告諭す。

張政の最初の役目は、かつて卑弥呼の正使であった難升米に、二年前に詔書によって賜って帯方郡に付されていた黄幢を「拝仮」つまり、本人に正式に伝達することであった。ここには、魏の難升米に対する評価が、卑弥呼に匹敵するほど高まってきた様子がうかがわれる。

なぜ、難升米への伝達式が二年間も遅れたかといえば、この間に韓の反乱がおきて、帯方郡太守の弓遵《じゅん》（梯儁を派遣した太守）が戦死するという大混乱が起きたからである。

その反乱を収拾した立役者が、当時、玄菟《げんと》郡太守であった王頎である。王頎が帯方郡太守に起用されることによって、王頎の部下であった張政が、倭国に派遣された。

卑弥呼の死と張政の帰国

　では、張政はいつまで倭国に滞在したのだろうか。このあと、いくつか大きな出来事が起きている。

○卑弥呼、以て死し、大いに冢《ちょう》（＝塚）を作る。径百余歩。徇葬（＝殉葬）者、奴婢百余人。

○更に男王を立つるも、国中、服せず、更に相誅殺し、当時、千余人を殺す。

○復《また》、卑弥呼の宗女《そうじょ》・壹与、年十三なるを立てて王と為し、国中、遂に定まる。

　政（＝張政）等、檄を以て壹与を告諭す（壹与が倭王となったことを人民に広報した）。

「卑弥呼、以て死し」の「以」は、「それによって」という意味である。ここでは『角川大字源』の「助字解説」にあるように「行為の動機や理由を示す」。そして「文章表現上、以の客語（＝目的語）に当たるものがすでに前の語句中に叙述されている場合や自明であるとき、省略することがある」がぴったり当てはまる。要するに、ここでの「以」は狗奴国との戦乱や、難升米に黄幢が拝仮されたことを受けている。「倭国を安定させる指導者としては、卑弥呼は失格である」と魏から詰め腹を切らされたことを、婉曲に述べている。

　卑弥呼の非業の死を、「全用例検査」という実証的な方法で論証していた研究者がいたことを、最近知った。毎日新聞で署名入りの古代史記事をよく見かけていた岡本健一氏である。岡本氏は「以死」の全用例調査を「二十五史」にわたって行い、『三国志』の三三例を始め、全部で七六一例を見いだした。その結果、「以死」は刑死、賜死、諫死、戦死、自死、遭難、殉職、奔命（過労死）、事故死など、すべて非業の死であったという。（岡本健一『蓬莱山と扶桑樹』思文閣出版、２００８年）

　このように卑弥呼の死は、張政の派遣からあまり間をおかずに（正始八年か翌年ぐらいに）起きたに違いないが、その後の「再び男王を立てたが、戦乱は一層ひどくなり、卑弥呼の一族の娘、壹与を女王に立ててようやく倭国は安定した」という経過には、膨大な年月が費やされたことが感じられる。
倭国を安定させるという役目を終えた張政は、壹与の壮麗な朝貢にともなって帰国する。
○壹与、倭の大夫《たいふ》・率善中郎将・掖《えき》邪狗等二十人を遣わし、(張)政等の還るを送らしむ。
○因って臺《たい》(=天子の宮殿)に詣《いた》り、男女の生口《せいこう》・三十人を献上し、白珠・五千孔、青大句珠・二枚、異文雑錦・二十匹を貢す。

これが魏志倭人伝の最後の記事である。問題は壹与の朝貢には年次が書いてない、ということである。年次どころか、どの天子の時代かも書かれていない。なぜ、このような異例の書き方がなされたのか。

朝貢の全用例

まず、「朝貢」記事を調べてみよう。天子の宮殿に至る「朝貢」「朝見」に対して、「貢献」は楽浪郡など中国の出先機関へ貢ぎ物を届ければよく、「朝貢」を含む広い概念である。

魏に朝貢した全用例を「烏丸鮮卑・東夷伝」から挙げてみると、壹与の場合の異常さがわかる。傍線は人名。

①文帝践阼……歩度根、遣使献馬、帝、拝(=正式に授号)して王と為す。
②至る黄初五年(224)、歩度根、詣闕《けいけつ》(=天子の宮殿に至る)貢献。
③至る青龍元年(233)、……帰泥、比能に叛き、其の部衆を将《ひき》いて降る。帰義王に拝す。
④延康(220年、漢の最末年)の初め、比能、遣使献馬、文帝、亦比能を立てて附義王と為す。
⑤素利、弥加、厥機、皆大人《たいじん》……延康(220)の初め、又、各《それぞ》れ遣使献馬。文帝、素利・弥加を立てて帰

義王と為す。〈以上五例、鮮卑伝〉

⑥正始六年（２４５）……不耐侯等、邑を挙げて降る。其（＝正始）の八年（２４７）、詣闕朝貢、詔して更に不耐濊王に拝す。〈濊伝〉

⑦景初二年（２３８）六月、倭の女王、大夫難升米等を（帯方）郡に遣わし、天子に朝献せんことを求む。太守劉夏、吏を遣わし、将《ひき》いて送りて京都（＝洛陽）に詣《いた》る。〈以下三例、倭人伝〉

・其の年、十二月、詔書して倭の女王に報じて曰く、「親魏倭王卑弥呼に制詔す。帯方太守劉夏、使いを遣わして、汝の大夫難升米、次使都市牛利を送り、汝献ずる所の男の生口四人、女の生口六人、班布・二匹二丈を奉じ、以て到る。……」

⑧其の（正始）四年（２４３）、倭王、復《また》、使大夫《したいふ》伊声者掖邪狗等八人を遣わして、生口・倭錦・絳青縑《こうせいけん》・綿衣・帛《はく》布・丹・木弣・短弓矢を上献す。

⑨（正始八年〔２４７〕帯方郡太守に王頎が就任。狗奴国と戦闘状態に入った卑弥呼は、救援を求めて郡に遣使、張政等の軍団が倭国に派遣される。……）

・卑弥呼、以て死す。……更に男王を立つるも国中服せず。更に相誅殺し、当時千余人を殺す。

・復《また》、卑弥呼の宗女（一族の娘）壹与、年十三なるを立てて王と為し、国中、遂に定まる。

・政（＝張政）等、檄を以て壹与を告喩す。

・壹与、倭の大夫・率善中郎将・掖邪狗等二十人を遣わし、政等の還るを送らしむ。因って臺（＝天子の宮殿）に詣《いた》り、男女の生口・三十人を献上し、白珠・五千孔、青大句珠・二枚、異文雑錦・二十匹を貢す。

魏への朝貢はこれが全部である。大抵は「○○王」という授号とセットになっている。鮮卑伝が五例と多いのは、何人かの実力者に勢力が分かれていて、それぞれに「王」の称号を与えたからだ。東夷伝では倭人伝の三例のほかは、濊伝の一例しかない。

夷蛮伝全体で朝貢記事が極めて限られており、しかも倭人伝以外は非常に簡単な記事である。倭人伝の⑦では、最後の詔書の内容（カッコ内）は、原文で一五五字に上る長文であり、詔書の冒頭から全文が載せられている。いかに魏への最初の朝貢が重視されているか、よくわかる。

肝心なのは、問題の⑨を除いて、どれも年次がわかる仕組みになっている、という点だ。①には年次そのものは書いてないが、魏の文帝の即位（２２０）に関係しているので、いつの話かはすぐにわかる。

問題の⑨の朝貢にだけ年次が隠されているのは、いかにも異例である。しかも、規模が小さい朝貢ならまだしも、使節が二十人（⑦では二人、⑧では八人）で生口（奴隷）も三十人と多く、壮麗な朝貢である。なぜ、この特筆大書すべき朝貢の「年次」が隠されているのか。

これが「魏」への朝貢ではなく、次の「西晋」への朝貢だからである。

「魏」が滅亡して「西晋」（２６５～３１６年）になってからも「呉」（～２８０年）は続いているし、重要人物の子孫などに触れる場合にも、西晋の年号が登場することは時々ある。しかし、朝貢という国家の根幹に関わる重要事件となると、話は別だ。「魏志」に「西晋」の年号を明示した朝貢を載せるわけにはいかない。それは『晋書』に記載すべき事柄である。だから、年号を隠したのである。

『三国志』全体が魏の正統性を強調しているとはいえ、最終的な目的は魏から禅譲を受けた「西晋の正統性」を証明することにある。そこで魏志の掉尾を、壹与の壮麗な朝貢で飾った。西晋の読者にとっては、壹与の朝貢は、年次を記載する必要のないほど、記憶に新しい大事件であった。

神功紀の女王

では、壹与が西晋へ朝貢したという記録はあるのだろうか。倭の「女王」が出てくるのは、日本書紀の次の例である。【　】内は分注である。

A（神功皇后、摂政）六十六年（２６６）。【是《こ》の年、晋の武帝の泰初▲（正しくは泰始●）三年初めの晋の起居注に云う。「武帝の泰初▲の始め、二年（２６６）十月、貴倭の女王、訳を重ねて貢献せ遣《し》む」と。之《これ》也。】

〈日本書紀、神功皇后紀。北野本による〉

「西晋」というのは「東晋」や戦国時代の「晋」と区別するための後世の呼び方で、当時の呼び方は「晋」である。「起居注」とは天子の起居・言動を日記体で記録したもので、天子＝国家の公式記録でもある（『昭和天皇実録』の原型は「起居注」にある）。「泰始三年初め」に成立した起居注なので、前年の泰始二年の事件が載せられている。「貴倭」は百済が「倭」を敬って呼んだ用語だ。

「西晋」の最初の皇帝が武帝（司馬炎）であり、最初の年号が「泰始●」である。

泰始元年は２６５年の十二月だけなので、「泰始二年十月」の朝貢は、西晋朝の開始からまだ十カ月しか経っていない朝貢である。機敏な外交といえよう。日本書紀のこの分注は百済系の史料『百済記』から孫引きしたもので、「泰始」が「泰初▲」となっているように誤記も含まれている。「訳を重ねて貢献せ遣む」の原文「遣重訳貢献」も「遣使、重訳貢献」の「使」が漏れた可能性が高そうだ。

「魏志」は、西晋の２７０年代から２８０年代に書かれている。その頃に近い情報は「今、使訳通ずる所、三十国」のように「今」の情報として書かれているので、「女王の都する所」などの「女王」も、具体的には壹与をさしている。こういうわけで、西晋初めのAの「女王」も壹与に違いない。新王朝の西晋が誕生したので、君臣の義を明らかにするために、朝貢使節を送ったのである。

日本書紀は、⑦⑧の卑弥呼の遣使、それに正始元年（240）の郡使による卑弥呼訪問も、神功紀の該当年に入れている。卑弥呼と壹与の二人の女王を、女王でもなく皇后にすぎない「神功皇后」のことだとしている。大和朝廷内に、卑弥呼に該当する女王がいなかった、つまり「魏志倭人伝の倭国は、大和朝廷とは無関係」であることの端的な証明である。

B　泰始二年（266）十一月己卯（＝五日？）、倭人来りて方物を献ず。〈晋書、武帝紀〉

C　泰始の初め、遣使、重訳して入貢す。〈晋書、倭人伝〉

BもCも、Aと同じ朝貢を述べている。Bで「十一月」、Aで「十月」となっているのは、暦の違いによる。いずれにしても、正月の年賀に合わせて遣使しているのは間違いない。（新年の始まりが「十月」である暦も「十一月」である暦も存在した。）

このように、泰始二年に壹与が遣使朝貢したことは疑いない。では、壹与が「魏」に遣使朝貢した可能性はないのか。それは、魏志夷蛮伝の残りの八つの朝貢記事（①～⑧）から見て、ありえないと言える。魏への朝貢があれば、魏志の夷蛮伝に年次記載で載せるはずである。

帝紀に朝貢が記録されることもある。

○（景元）二年（261）……秋七月、楽浪の外夷、韓・濊貊《わいはく》、各《おのおの》其の属を率いて来り朝貢す。〈魏志、陳留王紀〉

この例は、夷蛮伝には載っていない数少ない朝貢例である。韓と濊貊の二つの民族の話なので、民族別の夷蛮伝には載せにくかったと思われる。倭の朝貢記事は、帝紀では次の一例しかない。

○（正始）四年（２４３）……冬十二月、倭国女王・俾弥呼、遣使奉献。〈魏志、斉王紀〉

これは、先ほどの⑧にあたる朝貢記事である。⑦の景初二年（２３８）の卑弥呼の最初の朝貢は、帝紀には載っていない。明帝の急死により、詔書や金印等の正式授与が翌々年に延びた影響が、大きいと思われる。このように、夷蛮伝が、帝紀にない朝貢記事を載せる場合もよくある。

晋書の「東夷朝貢」

倭人伝に記された壹与の朝貢は、泰始二年（２６６）しかありえない。この点を『晋書』帝紀における東夷の朝貢記事から確認しておこう。「内附」「帰化」とあるのは帰服することで、参考までに記した。朝貢からは除外してよい。「来献」「朝献」「朝貢」が対象記事である（○印）。

〔表　西晋と夷蛮の交渉史〕

２６５年　十二月　魏から西晋の武帝へ禅譲。天壇の大儀式に会する者、四夷を含め数万人。
○２６６年　十一月　倭人来献方物（＝壹与の朝献、郡使・張政も同道して二十年ぶりに帰国）。
２７６年　七月　東夷十七国内附。（十年ぶりの東夷）
２７７年　是歳《このとし》　東夷三国内附。

○278年　三月　東夷六国来献。
〃年　是歳　東夷九国内附。
○279年　十二月　粛慎来献。
280年　三月　呉、滅亡。
〃年　六月　東夷十国帰化。
○〃年　七月　東夷二十国朝献。
○281年　三月　東夷五国朝献。
〃年　六月　東夷五国内附。
282年　正月　張華を都督・幽州諸軍事に任ず。
○〃年　九月　東夷二十九国帰化、献其方物。
○〃年　八月　東夷十一国内附。
○〃年　是歳　馬韓等十一国遣使来献。
287年　八月　東夷二国内附。
288年　五月　鮮卑の慕容廆、来降。東夷十一国内附。
○289年　是歳　東夷絶遠三十余国来献。
○290年　二月　東夷七国朝貢。
〃年　四月　武帝、崩ず。恵帝、即位。
291年　是歳　東夷十七国、校尉に詣り内附。

３００年　四月　趙王・倫のクーデター（八王の乱）。
３１１年　南匈奴、西晋の首都・洛陽を攻め落とす。
３１６年　西晋、滅亡。翌年、江南に東晋、興る。

「朝献」は、天子の下に直接やって来て貢物を差し出すという意味で、「貢献」は王朝の出先機関へ出向けばよい。ここは帝紀の記事なので。「来献」は「朝献」とほぼ同じ意味になる。
三国志の著者・陳寿が西晋の史官となったのは、壹与の朝貢（２６６年）と同じ頃であり、それから十年間は東夷の記事がない。まだ呉が活力を保っていたので、西晋と東夷との関係は現状維持が続いた。２７６年からまた内附（服属）記事が続くが、呉の政権が不安定になり弱体化した影響であろう。そして、２８０年に呉が滅亡して中国全土が西晋の支配下に入ると、わずか数カ月のうちに東夷十国が新たに帰化し、二十国が朝献した。
倭国も帯方郡へは毎年、貢献を行っていたはずであるが、都の洛陽まで使節をおくる朝貢は、たまにしか行われないことが重要である。「粛慎」が「倭人」と同じように単独で朝貢を記されているのは、ともに絶遠の国だからであろう。

壹与の朝貢は泰始二年

２６６年以降で壹与の遣使朝献の可能性があるのは、２７８年三月、２８０年七月、２８１年三月、２８９年是歳、２９０年二月の五回であるが、確実と思えるのは２８９年是歳の「東夷絶遠三十余国、来献」である。絶遠の東夷で三十余国もまとまって朝献できるのは、倭国以外に考えられないからである。

この「三十余国」は、魏志倭人伝の「今、使訳通ずる所、三十国」から若干増えているのが注目される。領土をいくらか拡大したのであろう。この「東夷絶遠三十余国」を見ると、一民族＝一国という扱いではなく、一民族の中に多くの国があるという扱いであることがわかる。そうすると、倭国の「三十国」ないしは「三十余国」は、まとまって貢献するというスタイルであることがわかる上、倭の朝貢については「倭人」とか「東夷絶遠」とか、特別の表現が用いられているので、そのほかの２７８年、２８０年、２８１年、２９０年の四回の東夷の朝貢は、倭国とは無関係と考えられる。

したがって、「壹与の朝貢」の可能性は２６６年と２８９年の二つに絞られる。ただし、２８９年の朝貢は、『三国志』の中で最初に書かれた「魏志」の成立（２８０年頃とされる）以後の出来事と見なされるし、張政の帰国時期にしては余りに遅すぎる。また、西晋の正統性を証明する「遠夷朝貢」記事としては、西晋王朝が成立した直後のほうがはるかにふさわしい。こうして、倭人伝の最後を飾る「壹与の朝貢」の年次は、泰始二年（２６６）と確定される。

壹与の即位時期

晋書倭人伝の独自の記事は、次に引く一節の後半部分である。

○宣帝（＝司馬懿）の公孫氏を平らぐる也《や》、其の女王（＝卑弥呼）、遣使して帯方に至り朝見せしむ。其の後、貢聘《こうへい》（＝諸侯の貢献）絶えず。文帝（＝司馬昭）の相（＝相国《しょうこく》＝宰相）と作《な》るに及び、又数《しばしば》至る。泰

始の初め、（女王壹与が）遣使重訳入貢。〈晋書、倭人伝〉

卑弥呼の景初二年（２３８）の遣使朝貢につづく「其の後、貢聘絶えず」とは、正始元年（２４０）、四年、八年の三回にわたる貢献をいうが、「文帝の相と作《な》るに及び、又数《しばしば》至る」とあるのは興味深い。文帝（司馬昭）が相国となり、晋公に封じられたのは景元四年（２６３）十月であり、倭国は魏の実権を司馬氏が完全に掌握したのを察知して、直接、司馬昭の下へ、具体的に言えば「相国府」という役所へ、貢献したのであろう。

倭国の混乱が収まっていなければ貢献もできないから、２６３年の段階ではすでに壹与は女王となっていたということになる。魏志倭人伝がこの貢献を載せないのは、晋公・司馬昭への貢献で、魏への朝貢ではなかったから、当然の処置である。そして、晴れて西晋朝が成立した段階で大規模な朝貢団を送ったのが、泰始二年（２６６）の壹与の朝貢であり、これを魏志倭人伝の締め括りとしたわけである。

従来説では、壹与の即位は正始八年（２４７）から泰始二年（２６６）まで、大きな幅があったが、２６３年とするのが自然であろう。

張政の二十年と軍事報告書

魏志倭人伝に記された壹与の遣使朝貢が、泰始二年（２６６）と確認されたことから、郡使・張政の帰国も同年となる。張政が倭国に来たのは正始八年（２４７）だから、張政の倭国滞在は「足かけ二十年」に及ぶ。——魏志倭人伝は、張政の報告を重要な資料として書かれたに違いない。実際に、魏志倭人伝の記事は、短期滞在では書けない詳細な観察記録になっている。

○倭の地は温暖、冬夏、生菜を食す。
○牛・馬・虎・豹・羊・鵲《かささぎ》無し。
○有無する所（＝有るものと無いもの）、儋耳《たんじ》・朱崖（＝海南島）に同じ。

このように、倭国に二十年も滞在した正使の詳細な記録に基づいているとなると、魏志倭人伝の正確性は極めて高い。しかも、著者の陳寿は西晋の史局の長官であり、魏から西晋へとそのまま受け継がれた王朝の史料を、自由に利用できる立場にあった。さらに、記述対象となった魏から西晋にかけての時期は、陳寿が生きた同時代である。魏志倭人伝を信用せず、自説に都合のよい所だけを「つまみ食い」して論を組み立てたからこそ、「邪馬台国論争」の「百家争鳴」状態が起きているのである。

張政は単なる使者ではなく、軍人として倭国に遣わされた。卑弥呼の国が狗奴国と戦闘状態に入ったため、卑弥呼が帯方郡に遣使して救援を求めたのに応じて派遣されたわけであるから、原文の「張政等」が軍団であるのは当然である。正始八年（２４７）に派遣された張政の役職名は「塞曹掾史」で、要塞の「塞」の字が使われており、辺境の要塞の攻防に長けた軍人であったろう。最初の郡使・梯儁《ていしゅん》の「建忠校尉」に比べると、張政の「曹掾史」は官位もかなり低く、軍人としての実力優先で選ばれている。

情勢によっては、帯方郡からさらに援軍を送る必要もあったと思われるし、物資の供給という意味でも、帯方郡との連絡は密でなければならない。張政の報告は「軍事報告書」として実際に役立つものでなければならなかった。卑弥呼のいる都へはどのように行けばよいか、日数はどのぐらいかかるのか、情報が正確に伝わる報告でなければ意味がない。

2　著者・陳寿の「質直」

取材者・陳寿

著者の陳寿はどんな歴史家なのか。どこまで信頼できるのか。陳寿という人物を追ってみよう。

陳寿が『三国志』を書くにあたって、正確な情報を得ようとみずから取材をしている記事がある。

○呉の最後の天子・孫皓《そんこう》に対して重臣・陸凱《りくがい》が二十項目にわたって諫めた上表文の話を、陳寿はいろいろ聞いていたが、呉の滅亡後、呉の人々にいろいろ尋ねて真偽を確認したところ、多くの者は、こうした上表があったとは聞いていないと答えた。また、その上表文は歯に衣着せぬ言い方で、暴君・孫皓が陸凱をそのままに済ませたとは考えられない。ある者は、陸凱の病気が重くなったときに、孫皓が使いをやって「言い残すことはないか」と尋ねさせた際に、文箱にしまいこんでいたこの上表文を託した、と言う。真偽は明らかにしがたいから、陸凱伝の本文には載せないが、孫皓のなしたことをあからさまに取り上げ、後世の戒めとなる文章であるので、陸凱伝の最後に付載することにした。〈呉志、陸凱伝〉

陳寿がみずから多くの人々に取材して、納得のいく書き方をしようとしていることが、如実にうかがえる。また、このように同時代の原資料を、適切なコメントを添えてそのまま収録するというやり方は、歴史の真実を後世に残すという意味で、極めて適切な方法と感じられる。

師・譙周と『三国志演義』

陳寿の生涯の主な資料となるのは『晋書』陳寿伝である。

陳寿は蜀に生まれ、同じ郡の譙《しょう》周に師事した。譙周は蜀第一の大学者で大政治家である。「寝食を忘れるほど探究心が強く、性格は誠実で飾り気がなく、不意の質問に答えるような弁論の才はなかったが、見識を内に秘め明敏な頭脳を有していた」(蜀志・譙周伝)という譙周の特質は、弟子の陳寿にも引き継がれた。

譙周は諸葛亮孔明に引き立てられ、孔明の死後は後主《こうしゅ》(劉備の息子の劉禅)のご意見番的存在であった。蜀が滅亡しようというとき、呉を頼って南へ逃走するという方策を抑えて、和睦＝降伏論へ朝廷内の議論をまとめたのが譙周であり、蜀を壊滅的な打撃から救った人物である。「劉氏の安全について何の心配もなく、国中の民がそのおかげをこうむったのは、譙周のはかりごとがあったればこそである」と陳寿は譙周伝に書いている。

これについて、五世紀の裴松之《はいしょうし》の注には、東晋の二人の批判が載せられており、「天子たる者が、降伏を願い出、助命を嘆願するとは、なんと大きな恥辱であろう」とか、「君臣ともに社稷《しょく》(いわば国体)のために命を投げ出すべきだ」とか、「呉を頼ればまだ回復の余地はあった」とか、さんざん非難されている。東晋になると「漢の後を継いだ正統の王朝は、同じ劉氏の血を引く蜀だ」という「蜀正統論」が強くなってきたからで、蜀の降伏をうながした譙周や、魏を正統とする『三国志』を書いた陳寿に対する風当たりも強くなったのである。いつの世にもイデオロギーという幻想で動く人間はいるもので、戦前の「国体護持」を連想させる。
後には『三国志』全体を「蜀」中心の記述に書き改める学者さえ現れた。元の郝経《かくけい》撰『続後漢書』で、後漢の続きが「蜀」だという意味の書名である。この「蜀正統論」が大衆化されて講談になり、それを明の初めにまとめたのが羅貫中の『三国志演義』である。「演義」とは小説の一形式で、歴史上の事実を脚色しておもしろく書いたもの。一般に「三国志」というと、この『三国志演義』のことだと思う人が多いので、正史『三国志』という言い方で区別する場合も多い。

蜀の滅亡した263年十月、魏の実権は相国《しょうこく》（＝宰相）の司馬昭（晋の文王）に完全に掌握された。そして、二年後の265年には司馬昭が急死して、後を継いだ司馬炎（武帝）が魏から禅譲を受けて西晋王朝が始まる（泰始元年十二月）。譙周はこの司馬氏二代にわたって厚く遇された。しかし、重病にかかったためにようやく267年に首都洛陽に到着する。

蜀志・譙周伝には、このあと陳寿自身が登場する珍しい文章が出てくる。

○泰始五年（269）、予（陳寿）は休暇を求めて（故郷の）家に還ろうとして、譙周に別れの挨拶をしに行った。譙周は「昔、孔子は七二歳で、劉向《きょう》・楊雄（共に前漢の学者）は七一歳でこの世を去った。今わしの年は七十を越えている。できれば孔子の遺風を慕い、劉向・揚雄と軌を同じくしたいものだ。わしもおそらく来年には長の旅路に出るであろうから、もうおまえとも会えなくなるな」といった。譙周は（晋の文王の死期を予言したこともあり）自分の死を予知して述べたのであろう。彼は270年の冬に重病で亡くなった。彼が著述・選定した書物は『古史考』など百余篇にのぼる。

切々たる師弟の情が伝わってくる。なお、私が「来年には」と訳した「不出後歳《こうさい》」（後歳を出でずして）を井波律子訳『正史三国志5　蜀書』（ちくま学芸文庫）は「後歳（＝来年）に出でずして」と読んだのであろう、「次の年を迎えることなく」と訳しているが、これでは譙周の予知能力がはずれて、翌年おそく（冬）に死んだことになり、おかしな文章になる。

陳寿の同世代

譙周が270年に、劉向・揚雄と軌を同じくして七一歳で亡くなったとすれば、当時は数え年だから、生年は200年になる。一方、陳寿は297年に六五歳で亡くなっているから、233年生まれであり、譙周より三十三歳若い。譙周は陳寿の慈父のような存在であった。

陳寿は、卑弥呼が最初に遣使した景初二年（238）には六歳だが、蜀が滅亡した263年には三一歳、壹与が西晋に朝貢した泰始二年（266）は三四歳の男盛りである。彼が洛陽で壹与の朝貢の一行を見た可能性は相当に高いと思われる。魏志倭人伝に描かれた出来事は陳寿と同時代のことであった。

陳寿が蜀の史官となったとき、蜀は宦官の黄皓《こうこう》が権力を一手に握っていたが、陳寿は「独り彼に屈せず、そのためしばしば官位を下げられた」（晋書・陳寿伝）という気骨を示した。

蜀が263年に滅び、265年には魏から西晋への禅譲が行われたが、亡国の憂き目を見た陳寿は、おそらく譙周の推薦で西晋の史局に入り、西晋の大立者で大学者でもある張華に引き立てられる。陳寿は、張華が以前に経験した「佐著作郎」からやがて「著作郎」へ昇る。「著作」とは国史を撰述することを言う。それだけ、古代中国では歴史を著すということが重んじられていたのである。「著作郎」は、魏の明帝の時に設けられた官で、史局の長官であり、「佐著作郎」は副長官である。

蜀の歴史を述べた『華陽国志』には、次のように書かれている。

○陳寿、博学洽《こう》（＝あまねく）聞《ぶん》、武帝之《これ》を愛す。再び著作郎と為《な》り、三国志・古国志《ここく》を著す。

張華を信頼した武帝からも、陳寿は愛された。「再び」というのは蜀でも著作郎であったのだろう。かつての敵国の史局長官を、自国の史局の長官に据える。米国が日本人の歴史家を、米政府公認の『二十世紀米国史』編纂局長官に据えるようなものだ。陳寿がいかに高く評価されたかがわかる。

２３３年生まれの陳寿が２９７年に六五歳で亡くなったあと、パトロンの張華は３００年に六九歳で亡くなっているから、張華は２３２年生まれで、陳寿より一歳年長である。年が近いこともあって、単なるパトロンというより、学問を探求する上では友人という関係に近かったと思われる。武帝は２９０年に五五歳で亡くなっているから、２３６年生まれで、陳寿より三歳若く、張華よりは四歳若い。この三人は同世代である。同世代ゆえの親密さというものもあったと思われる。

張華が保証する「倭人伝」

２８０年に、呉は西晋に滅ぼされる。武帝がひそかに宰相の羊祜《ようゆう》と進めようとしていた呉討伐に、群臣の多くは反対したが、張華は独り賛成し、瀕死の床にあった羊祜のもとに遣わされて、呉討伐をとうとう成功に導いた。これによって中国全土が統一され、武帝の権威は確立した。

しかし張華は、政治的にも学問的にもライバルであった荀勗《じゅんきょく》の讒言にあって、282年の正月に宮廷から外に出された。その官職が「持節都督・幽州諸軍事・領護烏桓《うがん》校尉・安北将軍」という「倭の五王」によく出てくるような称号である。「幽州」は今の北京を都とする広い地域で、戦国時代は「燕《えん》」といった。戦国時代の地理書『山海経《せんがいきょう》』に「倭は燕に属す」とあるように、伝統的に燕（幽州）の支配者は、倭を含む東夷を管轄していた。

「幽州諸軍事」は、中国の北から東の夷蛮を統治する最高責任者である。張華は軍人政治家としても卓越した能力をもち、東夷の経営に顕著な功績を挙げた。張華に懐《なつ》いて、歴史上初めて中国に服属し、遣使朝献してきた馬韓などの東夷の国が二十余国に上り（晋書、張華伝）、その年（282）の九月には、「東夷二十九国帰化、その方物《ほうぶつ》（＝産物）を献ず」というめざましい成果を挙げている。

張華の支配下では農作物は豊かに稔り、兵士や馬は強盛で、朝廷では彼を政治の最高責任者として呼び戻そうという声が高まった。しかし、武帝が290年に亡くなるまでは、事はそう簡単には進まなかった。『晋書』武帝紀には、「280年の呉平定のあとは、武帝も政治を怠り、遊びや宴会に耽り、皇后・楊后《ようこう》の一党を寵愛した」「武帝は荀勗の姦謀に惑い」と評されている。

武帝の後を継いだ恵帝の時代、296年に張華は司空・太尉となり、遂に国政の舵取り役となる。だが、恵帝は暗愚で、賈《か》皇后の一党が国政をほしいままにしたので、300年に趙王・倫らのクーデター（八王の乱）が起こって、張華も殺されてしまう。これを機に、匈奴や鮮卑などの五胡が自立運動を起こし、南匈奴による311年の洛陽攻略、316年の西晋の滅亡という事態に至る。翌年、江南の地に東晋が興り、「倭の五王」でおなじみの南北朝時代を迎える。

強調しておきたいのは、陳寿のパトロンである張華自身が歴史に詳しく、東夷の事情を直接の責任者としてよく把握しているということだ。『晋書』陳寿伝には、張華は『三国志』を深く善《よ》みし、「あとは『晋書』を書くだけだな」と期待したという。つまり、魏志倭人伝や東夷伝は、張華のお墨付きを得ている。日本の学者たちが前提として来たような矛盾や誇張、間違いがあれば、張華から真っ先に厳しく指摘されたことであろう。張華は、魏志倭人伝の信頼性を保証する最高の検閲官だったのである。

さらに、陳寿は史局の長官でもあって、倭に二十年滞在した魏使・張政の報告書をはじめ、魏代から西晋に至る豊富な倭の資料を、自由に閲覧できた点も大きい。

魏略と内藤湖南

『三国志』と同時代に書かれた『魏略』の逸文がいろいろな本に残っており、魏志倭人伝は『魏略』を下敷きにしたとよく言われる。これを最初に強調したのは明治四三年（1910）の内藤虎次郎（湖南）の論文「卑弥呼考」で、魏志倭人伝の全文を引用したあと、

○この『三国志』の文は、魚豢《ぎょかん》の『魏略』によりて、ほぼ点竄《ざん》（点は消す、竄は直す）を加へたるものなるがごとし。

と述べている。しかし、その論拠は驚くほど空疎である。単に、次のように述べるだけだ。

①「魏志倭人伝」を始め東夷伝に多用される「今……」という筆法（「今　使訳所通　三十国」など）が、裴松之の注に引用された『魏略』逸文（西戎伝など）にも出てくる。

②「女王国東　渡海　千余里　復有国　皆倭種」と同じ語句が、（漢書地理志の「楽浪海中、倭人有り……」に付けられた唐の顔師古注に引用の）『魏略』逸文に見られる。

まず①は、現在のことを表現するのに「今……」を使うのは当然の話で、『三国志』が現代史であり『魏略』も同じであることを示しているに過ぎない。

②は内藤湖南の引用自体が間違っている。師古注に引用された『魏略』逸文は「度海　千余里　復有国　皆倭種」であり、「女王国東」もなければ、「渡」の字も「度」に変えている。『魏略』が魏志倭人伝を省略して引用したと考えるのが自然だ。

要するに、内藤は『魏略』が「魏志」より先だという論拠を何も示していない。魏志倭人伝が正確であれば、内藤の提唱する「近畿説」に都合が悪いので、魏志の信頼性を割り引くために『魏略』先行説を持ち出したにすぎないのである。

魏略は魏志のハンドブック

魏略が書かれたのは西晋代、しかも魏志の後である。次のような理由からだ。

①『魏略』は司馬昭を文王と記す。文王は諡号、つまり死後におくられた名前だ。司馬昭が亡くなったのは咸熙二年（２６５）八月で、その年の十二月には、禅譲によって魏は滅び、司馬氏の西晋朝が誕生して泰始元年となっている。このほか、西晋の重要人物の諡号も『魏略』には見られるので、魏略は魏代の成立ではありえない。

近年は、『魏略』と魏志の成立は同じ頃と考える説が有力とされている。

②魏志倭人伝の直後に、裴注が「魏略西戎伝に曰く」として西域の詳細な記事を載せている。しかも漢書の「安息の長老、伝え聞く、條支に弱水有り」を訂正して、「前世、又謬《あやま》りて以為《おもえら》く、弱水は條支の西に在り、と。今、弱水は大秦（＝ローマ）の西に在り。」など、盛んに「今」の新情報を記している。これは三国が鼎立していた魏代にはありえない。西晋が２８０年に呉を滅ぼして、全国を統一した後、西域に使者を派遣して得た新情報である。使者の帰国を待って新情報がまとめられ、それを『魏略』が利用するわけであるから、『魏略』の成立はおそらく２８０年代後半以降であろう。

③『三国志』で最も遅い年代の記事は、呉の最後の皇帝、２８４年の孫晧の死去である。また『晋書』によれば、鎮南将軍の杜預《とよ》は『三国志』成立以後に、陳寿を散騎侍郎に推挙し、２８４年十二月に亡くなっているから、『三国志』の成立はやはり２８４年ということになる。ただし、魏志の後に蜀志、呉志が書かれているから、魏志は２８０年頃には成立していたであろう。「魏志」の成立は『魏略』より早いのである。

魏略と魏志の信頼性にも雲泥の差がある。まず、著者の違いが大きい。

『魏略』の著者・魚豢《ぎょかん》は、生没年も経歴もほとんど不明の人物である。『隋書』経籍志（６５６年成立）には「魏の郎中」とあるが、かなり後代の記録である。「郎中」は、本来は宮中の宿衛の役で、さほど官位は高くない。魏志にも『晋書』にも魚豢の伝がないのは、当然と言える。

陳寿は、西晋の史局の長官であり、「正史」をめざして史局の史料を自由に活用できた。『魏略』は魚豢の「私撰」の書である。陳寿と魚豢では、志の高さと正確な情報量に圧倒的な差があり、方向としては『魏略』が魏志を下敷きにしたと考える方が合理的である。

『魏略』の逸文の多くは『翰苑《かんえん》』『太平御覧《ぎょらん》』など唐・宋代の史書に引用されているが、これらはあきれるほどずさんな文章である。

比較してみよう。○が〈魏志倭人伝〉、×が『翰苑』所引の『魏略』である。

○其の北岸狗邪韓国に到る七千余里　↓　×〈翰苑〉七十余里

○世々に王有り、皆女王国に統属す（伊都国）↓　×〈翰苑〉其の国王、皆王女に属するなり

『翰苑』に引用された『魏略』がいかに信用できないか、一目瞭然である。

『魏略』の倭伝は、魏志倭人伝のダイジェスト版という印象が強い。史料としての信頼性が比較的マシなものとして、漢書地理志の「楽浪海中、倭人有り云々」に付けられた唐の顔師古の注（641年完成）を例に挙げ、魏志倭人伝の文章と比較してみよう。

〈師古注〉魏略に云う。

a　倭在　帯方東南　大海中。依山島　為国。

b　度海　千里　復有国　皆倭種。

〈魏志倭人伝〉

A　倭人在　帯方東南　大海之中。依山島　為国邑。

（倭人は帯方東南の大海の中に在り。山島に依りて国邑を為す。）

B　女王国東　渡海　千余里　復有国　皆倭種。

（女王国の東、海を渡る千余里、復国有り、皆、倭種。）

Aは魏志倭人伝の冒頭部分であるが、Bは全体の中ほどにあり、相当離れている。これをくっつけた形で顔師

古は引用している。ＡＢのうち圏点を付けた「人、之、邑、女王国東、余」が、『魏略』ａでは省かれている。これはもともと、『魏略』が魏志倭人伝から省いて写したものであろう。

このように、魏志倭人伝を一部省略して引用しているのは『魏略』逸文の通例であり、逆に『魏略』の文字を一部省略した形の魏志倭人伝の文章は、見当たらない。『魏略』が魏志の後で書かれたことを明白に示している。

魏志夷蛮伝の裴注に引用された『魏略』は、最も信頼できる『魏略』逸文だが、数はそう多くない。「烏丸伝」に一例、「鮮卑伝」にはなく、「東夷伝」には十例である。東夷伝の内訳は、「夫余伝」三例、「東沃沮伝」一例、「韓伝」三例、「倭人伝」一例（有名な「……春耕秋収を計《かぞ》えて年紀と為す」）。東夷伝のあとには長大な魏略「西戎伝」が引用されている。

このうち新情報と言えるのは、「西戎伝」を除けば、土俗を扱った「夫余伝、東沃沮伝、倭人伝」の各一例である。これらは、もし陳寿が知っていたら東夷伝に記載したに違いない情報なので、魏志が書かれたあとの新情報である。なお「烏丸伝」裴注の魏略「景初元年秋　遣　幽州刺史　毌丘倹　率衆軍　討遼東。右北平烏丸……」は、景初元年の公孫淵討伐を扱っているが、明らかに魏志「毌丘倹伝」の文章に、明帝紀から採った「景初元年秋遣　幽州刺史　毌丘倹　率諸軍」を合わせたものである。

以上のように見てくると、『魏略』とは「魏志」のダイジェスト版に、呉滅亡後の最新情報をプラスした《ハンドブック》のようなものではないかと推定される。『魏略』という書名もそれにふさわしい。

「二倍年暦」の誤り

『三国志』の刊本は、「裴注」を入れた形で残された。裴注は厖大な量に上るが、魏志倭人伝ではわずか二カ所しかない。その一つが『魏略』の引用である。

○魏略に曰く、其の俗、正歳四節《せいさいしせつ》を知らず、但《ただ》、春耕秋収を計《かぞ》えて年紀と為す。〈裴松之注〉

これは倭人の風俗記事、

a　其の会同坐起には、父子男女の別無く、人性酒を嗜む。

に付けられた注である。「正歳四節」は「夏暦」(夏王朝の暦)による「正月と春夏秋冬」で、魏略の書かれた西晋当時も「夏暦」が使われていたから、つまりは「中国の暦」という意味である。

古田武彦氏は魏略に出てくる「年紀」を「年のはじめ」と解して、この文は「二倍年暦」を示している、「倭人は一年に二回、春と秋に年をとる」という説を展開したが、これはおかしい。

まず本文でないものを根拠とするのが変だ。倭人が二倍年暦を使っていたのなら、当然、本文でそのことを説明しなければ読者には伝わらない。「二倍年暦」という珍しい風習があれば、陳寿自身がそれを記録しないはずがない。この裴注はaの直後に出てくるので、裴松之も二倍年暦を指摘するつもりでなかったのは明白だ。aは、男女の違いや長幼の序に厳しい中国とは対照的な、倭人の習俗を述べている。そこで裴松之は注で、中国との習俗の違いはこんな所にもありますよ、と指摘したのである。

裴注が「二倍年暦」を意味するなら、aの後に出てくる、

b　其の人寿考、或いは百年、或いは八、九十年。

の直後に置いたはずである。「寿考」は長生きという意味である。

倭に足掛け二十年も滞在した張政や、そのほかの中国人たち。彼らが、倭人たちが称している年齢を鵜呑みにして、まだ壮年期の四十歳の男を「八十歳」の老人と誤認した、とはとても思えない。

この裴注の意味は、「倭の民衆は、大寒とか立秋とかの二十四節気を備えた、中国風の厳密な暦を知らないで、ただ春の田起こしを何回やったから、あるいは秋の収穫を何回迎えたから、あれから何年たった、というような大まかな農事暦ですませている」という意味である。中国とは気候風土が違うので、中国の暦をそのまま使うのは無意味だ。もちろん、大人層は中国の暦を使って、外交関係に役立てていたはずである。新年がいつかを理解しないで、朝貢するわけにはいかない。

古田氏は「年紀」を「年の始め」と解して春耕と秋収をそれぞれ年始とするが、「年紀」は「年号、年数、年齢」という三つの意味しか諸橋大漢和にも載っていない。「紀」に「いとぐち、物事のはじめ」という意味があるからといって、「年紀」という熟語の意味を勝手に変えるわけにはいかないのである。

唐代に書かれた『晋書』倭人伝は、五世紀に付けられた裴注を見ているが、「春耕」を省いて「秋収の時を計《かぞ》えて以て年紀と為す」と簡略化している。魏略の文を私と同様に解したことを示している。

古代人の平均寿命は長くなかった、という考古学上の通説が間違いであることが、2010年十一月十三日の朝日新聞で報道された。

従来、年齢推定で主として使われてきた恥骨よりも残りやすく、細かな年齢推定が可能な「腸骨耳状面」を対象にしたうえ、統計手法の欠陥を是正した長岡朋人氏の研究によると、従来は三〇歳前後とされてきた縄文人の平均寿命は大きく変わり、六五歳以上が三割を超えるという。従来の研究では、六五歳以上はゼロだったから大きく異なる。アフリカの狩猟採集民でも、乳幼児死亡率が高かった江戸時代の人々でも、五〇代以上で亡くなった人が三割を超す。

『三国志』でも、高齢で亡くなった人がかなりの割合を占める。「年九十薨」（魏志二四）、「年九十余」「寿百余歳」（ともに魏志二九）、「百歳老母」（呉志九）などの超高齢者も散見される。従来の研究の方がおかしかったのだ。「或いは百年、或いは八九十年」は、そのぐらい長生きする人も珍しくないという意味であり、古田説のように、平均寿命が九〇歳ぐらいととるのは誤りである。

「二倍年暦」を最初に指摘したのは、明治の初めに出来た長崎電信局に、電信士としてやってきたデンマーク人の青年、ウィリアム・ブラムセン（1850～81年）である。彼は明治十三年（1880）に『和洋対暦表』を著わしたが、その中で『日本書紀』の天皇の年齢から、仁徳天皇の治世中に中国の暦法が入ってくるまでは二倍年暦が行われていた、という説を述べている。

戦後になって、安本美典氏や古田氏が二倍年暦説をポピュラーにしたが、天皇の年齢のほかに、伊勢神宮などの神社の行事で十二月三十一日と六月三十日、一月一日と七月一日というように半年おいて対応する行事がいろいろ見られること、それにこの魏略の「春耕秋収」も論拠とされている。

私も、古代天皇の百歳を超える死亡年齢が、半分にすれば通常の寿命の範囲に収まることから、二倍年暦が「近畿」には永く存在したと考えている。「二倍年暦」は中国王朝と交渉を持たなかった証拠である。中国王朝に臣属して久しかった三世紀の倭には、二倍年暦は存在しようがなかった。

裴注の誤り

魏志倭人伝における裴松之のもう一つの注は、文字の間違いの指摘である。

景初二年の卑弥呼の最初の遣使に対して、魏の明帝が莫大な賜り物を与えた中に「絳地《こうち》交龍錦《きん》」（あかい地に、交龍の模様のある錦）があるが、その「地」は「綈《てい》」が正しいという指摘である。

○臣（裴）松之、以為《おもえ》らく、「地」応《まさ》に「綈《てい》」（＝つむぎ）と為すべし。漢の文帝、皁衣《そうい》（＝黒い朝服）を着、之を「弋綈《よくてい》」（＝黒いつむぎ）という。是れなり。此の字、体ならず、魏朝の失に非ずんば、即ち伝写者の誤り也。

正直言って、私はなぜ裴松之が「あかい地」は「あかいつむぎ（＝あつぎぬ）」が正しいと主張するのか、その根拠がわからなくて弱っている。天子の下賜物としては「つむぎ」が慣例だというのだろうか。諸注を集大成して1957年に刊行された盧弼の『三国志集解』も、本文の方が正しいとしている。

○裴注　自‐誤。非　本文　誤‐也。

○地‐字　不‐誤。

「赤い地に二龍の交わる形を描いた錦」は、天子の賜物にふさわしいと思う。赤はまごころ、誠意を意味し（赤心、赤誠など）、京劇における関羽のように、中国では忠義を示す色とされている。龍はもちろん天子の象徴であるから、天子のもとへ遠夷朝貢してきた卑弥呼にまさにぴったりの錦である。

五世紀の裴松之は、魏志倭人伝の中で一カ所しか文字の誤りを見つけられなかったが、それも裴松之の誤断で、結局は本文のほうが正しかった。五世紀段階では、魏志倭人伝には誤字がなかったのである。

裴松之が挙げた例は「地」と「綈《てい》」であるから、字形も似ておらず、「伝写の誤り」も起きにくい。しかしながら、裴注以後に全く伝写の誤りがなかったとは言えない。ただし、それは注意が散漫になりがちな箇所、あまり重要ではない箇所に限られる。

魏志倭人伝の中で、全版本共通して明らかに伝写の誤りと言えるのは、一カ所しかない。正始四年の卑弥呼の献上物の中に出てくるケモノ偏に「付」の字であるが、この字は「羊に似て、四耳。尾無く、背に目がある。」と諸橋大漢和にある想像上の動物なので、明らかに間違いである。通説のように、字形が似ている「弣」が元の形とすべきだが、倭国を神秘の国として見がちな後世の伝写者が、いかにも間違えそうなミスと言える。

邪馬壹国と邪馬臺国

女王の都する所である重要な国名は、全版本とも「邪馬壹国」である。裴注も「邪馬壹国」については取り上げていないので、五世紀の当時も「邪馬臺国」とした異本はなかったということになる。

これに対する反論として、「裴松之の見たテキストは全部「邪馬臺国」だったのが、その後の伝写で《邪馬壹《い》国》という書き間違いが現れ、それが刊本に採用されて定着したのだ」という説もあるが、いかにも苦し紛れの説である。裴注と同時期に書かれた『後漢書』では「邪馬臺国」となっているので、もともとが「邪馬臺国」であれば、なおさら刊本も「邪馬臺国」となるはずである。

当時の「倭」の音は「ゐ」だ。「邪馬壹国」は「邪馬倭国」つまり「山にある倭国」の意味である。「壹《い》」は「倭」に音の似た佳字をあてたもので、「一心に忠実」という臣下としての美徳を意味する。

「倭」は美称として「大倭《たいゐ》」となり、それを一字で表したのが「臺《たい》」である。「臺」は「中央官庁、朝廷」の意味であり、天子を意味することもあった。南北朝という王朝乱立の時代になって、この「臺」を夷蛮の倭も使うようになったのが、後漢書の「邪馬臺国」である。三世紀の三国志では「邪馬壹国」が正しく、五世紀の後漢書では「邪馬臺国」が正しい。両方とも正しいのである。

「臺」は七世紀初めの倭国を描いた隋書では「俀《たい》」となり、倭国は「俀国」と記されている。

「倭」は唐の頃になるとワと音が変化して、「なよなよした女性」から「背の曲がった小人」へと意味も悪化した。そこで倭国みずから同音の「和」という佳字に変えた。「和人」は倭人であり、「大倭」も「大和」となって、近畿王朝支配下の日本ではヤマトと読まれるようになったのである。

陳寿への高い評価

陳寿の話にもどろう。張華は、陳寿を天子の詔勅を掌る中書郎という要職につけようとしたが、張華のライバルである荀勗《じゅんきょく》の策謀によって、陳寿は地方へ左遷された。だが、母が老いているからという理由で、洛陽にとどまる。陳寿にとって最大の痛手は、彼が渾身の力を注いだ『三国志』が、正史として採用される道が閉ざされたことだろう。

しかし、２９７年に彼が死去すると、高官たちが上奏して「陳寿の『三国志』は大変優れた書物です。文章の艶は前漢の司馬相如には劣りますが、「質直」（＝飾り気なく真直ぐに真実を述べる）という点では彼より優れています」と述べたので、役人を陳寿の家に派遣して原稿を写させた。こうして『三国志』は「正史」に認定され、

「時人、其の叙事を善くし、良史の才有るを称す」となったのである。

中には『三国志』の原稿を、陳寿の生前から読んで感嘆した人もいた。その一人、夏侯湛《かこうたん》は、皇后の姻戚で『魏書』を著したが、陳寿の魏書（魏志）を読んで、すぐに自分の『魏書』を破棄してしまったという。また、張華は『三国志』に深く満足し、陳寿に「この上は晋書を書くことだな」と言って期待した。それほど陳寿の史家としての評価は、生前から高かったのである。

『晋書』陳寿伝には、陳寿が、名家である丁家の息子に賄賂を要求して断わられたので、その親の伝を立てなかったと非難された、というエピソードが書かれている。実際は、「まあ、一兆円頂ければご希望に沿いましょう」というふうに、千石という非現実的な高額を言って買収を断わったのである。

ほかにも、陳寿の父が「泣いて馬謖《ばしょく》を斬る」の馬謖の参謀だったので、諸葛亮孔明にひげを剃り落とすという刑を受けた。そこで、陳寿は諸葛亮伝で「応敵（敵の出方に応ずる）の才がなかった」と書いて私怨を晴らした、という悪口も出てくる。これらは、荀勗などの権力者になびかなかった陳寿が、いろいろデマを飛ばされたという文脈で書かれている。こうしたエピソードをもとに後世の学者たちが陳寿を非難するのは、蜀びいきの「蜀正統論」が強くなってきて、「魏正統論」の『三国志』を書いた陳寿を貶《おとし》めようという風潮がやまなかったからである。

第Ⅱ章■東夷伝序文の「長老」と韓の反乱

1　東夷伝序文における陳寿と張政

二つの序文

『三国志』の夷蛮伝には、「烏丸鮮卑伝」序文と「東夷伝」序文の二つの序文がある。『三国志』全体については著者・陳寿の序文はないが、「東夷伝」序文には、東夷の詳しい実状を初めて明らかにすることができた、という陳寿の自負が語られていて、『三国志』の本質に触れている。

まず、比較のために「烏丸鮮卑伝」序文の最初の方と、最後の部分を読んでみよう。

○秦・漢以来、匈奴、久しく辺害を為す。……世々以て衰弱。……然るに烏丸・鮮卑、稍《やや》（しだいに）更に彊（強）盛。亦、漢末の乱に因り、中国多事にして、外討に遑《いとま》あらず。故に、漢南（砂漠の南）の地、城邑を寇暴、人民を　殺略、北辺、仍《よ》りて其の困を受く。……

○烏丸・鮮卑は、即ち古の所謂「東胡」也。其の習俗・前事（来歴）は、漢記（漢の書物）を撰する者、已《すで》に録して之を載す。故に但《ただ》、漢末・魏初以来を挙げて、以て四夷の変に備う。

〈烏丸鮮卑伝、序文〉

匈奴が衰えてきて、代わりに烏丸・鮮卑が北辺の患いとなってきた、とまず述べる。そして、烏丸・鮮卑の習俗や来歴は、すでに『漢書』などに載っているので、ここでは漢末・魏初以来のことを取り上げて、夷蛮の変動を記録すると言っている。烏丸・鮮卑については、大体のことはすでにわかっていた、というわけである。

これに対して、「東夷」は実状がわからないことが多かった、と言っているのが「東夷伝」序文である。陳寿の意気込みが伝わるように、全文を引用しよう。

A　書（書経）に称す「（中国の教化の及んだ地域は）東、海に漸《いた》り、西、流沙に被《およ》ぶ」。其の九服の制（周代に畿内を千里四方とし、その外を五百里ごとに計九つの服に分けた制度）、**得**て（実地を知って）言う可き也。然るに、荒域の外、重訳して至る、足跡・車軌の及ぶ所にあらず、未だ其の国俗・殊方（異なった方法）を知る者有らざる也。

B　虞《ぐ》（伝説上の聖天子、舜）自《よ》り周に曁《いた》る、西戎、白環の献有り、東夷、粛慎の貢有り。皆、世を曠《むな》しゅうして至る。其の遐遠（遥かに遠い）なる也《や》、此《か》くの如し。

C　漢氏の**張騫**を遣わして**西域**に使いせしむるに及び、（漢使は）河源を窮め、諸国を経歴し、（その結果、漢は）遂に都護を置き、以て之（諸国）を総領せしむ。然る後、西域の事、具《つぶさ》に存す。故に史官、詳載するを得たり。

D　魏興り、西域尽《ことごと》く至る能わずと雖も、其の大国、亀茲・于寘《うてん》・康居・烏孫・疎勒・月氏・鄯善・車師の属、歳として朝貢を奉らざる無し。略《ほぼ》、漢氏（漢）の故事の如し。

E　而《しか》るに、公孫淵、父祖三世に仍《よ》りて遼東を有し、天子、其の絶域の為に、委ぬるに海外（山東半島から海を隔てた地域）の事を以てせしも、遂に東夷を隔断し、諸夏（中国）に通ずるを得ざらしむ。

F　景初（237～39）中、大いに師旅（軍隊）を興して、淵（公孫淵）を誅す。又、軍を潜して海に浮かび、楽浪・帯方の郡を収む。而る後、海表（海外）謐《ひつ》然として、東夷屈伏す。

G　其の後、高句麗、背叛す。又、偏師（一部の軍隊）を遣わし、討窮を致し、極遠に追い、烏桓（烏丸）・

骨都（匈奴の骨都侯の地）を踰《こ》え、沃沮を過ぎ、粛慎の庭を践み、**東**、**大海**に臨む。

H　**長老**説くに、「**異面の人**有り、日の出づる所に近し。遂に諸国を周観し、其の法俗（制度と習俗）を采《と》るに、小大（小も大もすべてを）区別し、各《おのおの》名号《みょう》有り。得て詳紀（詳しく順序立てて記す）す可し。」

I　夷狄《いてき》（東夷と北狄）の邦と雖も、俎豆《きとう》の象《しょう》（儀礼の決まり）を而《も》（以）って存す。中国、礼を失するも、之を四夷に求むるに、猶《なお》信あり。故に、其の国を撰次（順序立てて選定）し、其の同異を列し、以て前史の未だ備えざる所に接《つ》ぐ。〈東夷伝、序文〉

（A）書経の「東、海に漸《いた》り、西、流沙に被《およ》ぶ」とは、夏の初代となった禹《う》の治世をしめくくる言葉である。禹は「五服」の制を布いて、朝貢の礼の基準を定めた。それを周になって拡充したのが「九服」の制である。陳寿は「九服」の制は今でも重要だが、「得て」つまり現地を知ってこそ言うことが可能だと強調する。現地調査をしなければ駄目だと言っている。ところが、遠夷が重訳して朝貢して来ても、容易に人や車の行ける所ではないので、まだその国の風俗や方法を知る者はいなかったのである。

（B）周の時代まで、最も遠くから朝貢してきた夷蛮は、西は西戎、東は粛慎であった。

（C）遠夷の現地を知るという意味で画期的だったのは、前漢の**張騫**の**西域**派遣である。そこから漢の西域経営が始まり、現地の実情を史官が詳しく載せることが出来るようになった。

（D）魏が興ってから西域からの朝貢は、漢代のように西域全域からとはいかなかったが、大国に関しては毎年朝貢してくることに変わりはなかった。

（E）ところが、公孫淵が父祖から三代にわたって遼東半島を支配し、天子は遠い海外のことは彼に委託するしかなかったが、彼は遂に、東夷が中原の国々に通ずることを出来なくさせてしまった。

（F）景初年間に大軍を派遣して公孫淵を討伐した。その際、ひそかに軍隊を海路で朝鮮半島に運んで、楽浪郡と帯方郡を手中に収めたので、やがて東夷も屈服した。

（G）その後、高句麗が叛いたので、別遣隊を派遣して討伐し、遠く沃沮を過ぎて粛慎の領域に足を踏み入れ、**東**、**大海**に臨んだ。

（H）**長老**が説いた。「**異面の人**がいて、そこは日が出る所に近い。（私は）遂に諸国を見てまわり、その制度や習俗を採集して、小から大まですべてを区別し、それぞれに名前も記録した。（あなたは）それら現地の記録を得て、詳しく順序立てて記してほしい。」

（I）（その採集記録によると）東夷や北狄の国といっても、儀礼の決まりがちゃんとある。中国が天子に対する礼を失っても、これを四方の異民族に求めると、なおも天子への信をいだいている、と孔子が言ったとおりだ（これは春秋左氏伝を引用している）。そこで、その国々を順序立てて選定し、その共通点と違いを並べ、それによって、まだ前史（史記・漢書）に欠けている所につなげたのである。

長老の話はどこまでか

Hが問題の箇所である。「長老」とは何者か。「異面の人」とは何者を指すか。長老の発言はどこまでか。まず、最後の問題から検討しよう。

「長老説くに」の「説」は単なる「話す」ではなく、「とく、ときすすめる」であり、「人を説得して自分の意見に従わせる」意味である。「説」には「よろこぶ」などの意味もあるが、「発言に関する」用例を三国志で調べてみると、巻一五までの四二例のうち、「情報を伝える」とか単に「話す」という意味で使われた例はない。どれも「説得する」かそれに近い意味で使われている。二例だけ挙げておく。

○図（＝袁紹の使者、郭図）還りて（袁）紹に、天子を迎えて鄴《ぎょう》に都することを説くも、（袁）紹、従わず。
〈魏志、袁紹伝〉

○（劉馥《ふく》は）袁術の将、戚寄・秦翊《よく》に説き、衆を率いて与《とも》に倶《とも》に太祖（＝曹操）に詣《いた》らしむ。
〈魏志、劉馥伝〉

魏志東夷伝には「説」が四例出てくる。

①国之耆老、自らを「古の亡人（＝中国からの逃亡者）なり」と説く。
〈夫余伝〉

②其の耆老に問う「海東に復《また》人有りや不《いな》や」と。耆老《きろう》言う「……」。又言う「……」。又、説く、「得る……。又得る」。
〈東沃沮伝、北沃沮の項〉

③下戸、大人と道路に相逢えば、逡巡して草に入り、辞を伝え事を説くに、或いは蹲《うずくま》り或いは跪《ひざまず》き、両手は地に拠り、之を恭敬と為す。
〈倭人伝〉

④其の（＝正始《せいし》）八年、太守王頎、官に到る。倭の女王・卑弥呼、狗奴国の男王・卑弥弓呼と素《もと》より和せず、倭載・斯烏越等《ら》を遣わし、相攻撃する状《さま》を説く。塞曹掾《えん》史・張政等を遣わし、因って詔書・黄幢《こうどう》を齎《もたら》し、難升米に拝仮し、檄を為《つく》りて之を告諭す。
〈倭人伝〉

このうち①と②は、相手を行動にいざなう意味の「説得」ではなく、「自分の話を信じてもらおうと、熱心に説明する」という意味である。『学研漢和大字典』によれば、「説」のツクリは「人の着物をときはなす」の意味で、「脱」の原字。「説」は「言葉でしこりを解き放す」という意味である。

①は、民族の出自という謎が「しこり」にあたる。②は、「耆老言う」「又言う」のあとの三度目に「又説く」と使っており、熱心さが増してきた段階で「説」を使っている。

③と④は魏志倭人伝の例だ。③の「辞を伝え」は単なる「話す」の意味であり、これと区別して何かを訴えるのが「事を説く」である。

④は、張政が倭国に派遣される一節。この場合の「説」は単に状況を説明しているのではなく、帯方郡の救援を求める説得工作の一環として、相攻撃する状が非常事態であることを説いているのである。

以上、『三国志』における用例を見てきたが、圧倒的に多いのはやはり「説得」の意味である。「説明」の場合でも、謎を明かしたり、話を積み重ねたり、「説得」のための「説明」だったりする。東夷伝序文の「説」も、長老は何かを訴えているのであって、それがきっかけとなって東夷伝に重要な結果をもたらした、という流れにある。

となると、古田武彦氏や、ちくま学芸文庫版が、長老の発言を「異面の人有り、日の出づる所に近し。」までとするのは、あっさりしすぎているし、その結果が「遂に諸国を周観し、其の法俗を采《と》る」とするのは論理的につながらない。ここは、やはり中華書局（北京）の標点本のように、「得て詳紀す可し。」までを長老の言葉とするのが正解であろう。

東沃沮と北沃沮

「長老」の直前のGの内容は、毌丘倹《かんきゅうけん》伝にも出てくる。（図２－１）

○正始年間に、毌丘倹は高句麗を討伐し、高句麗の都である丸都を陥れ、善政を布いたが、高句麗王の宮は逃げた。正始六年に、毌丘倹は再び高句麗を征討し、宮は遂に**買溝**《ばいこう》（＝北沃沮）に奔った。毌丘倹は（斉王紀によれば正始七年二月）、玄菟太守の王頎《おうき》を派遣して追撃させた。王頎は沃沮を過ぎること千余里で、粛慎の南界に至った。

〈魏志、毌丘倹伝〉

また、東沃沮伝にもこの時の記事が出てくる。

A　毌丘倹は高句麗を討ち、高句麗王の宮は沃沮に走ったので、遂に軍を進めて沃沮を撃った。沃沮の邑落は皆破り、首を斬ったり捕虜にした者は三千余りに上った。宮は北沃沮に奔った。

北沃沮、一名**置溝婁**《ちこうろう》は、南沃沮を去ること八百余里、習俗は南沃沮も北沃沮も皆同じで、北沃沮は挹婁（＝粛慎の当時の名）と接している。挹婁は好んで船に乗って略奪に来るので、北沃沮は畏れ、夏は常に岩山の洞窟に在って守備を固め、冬になって氷が張り、船が通じなくなると、山を下りて村落に住んだ。

B　王頎が別動隊として遣わされて宮を追討し、北沃沮の東界に至った。

①そこの耆老に「海の東には、また人がいるのかね」と聞くと、耆老が言うには、「ここの人間がむかし船に乗って魚を捕っていて、暴風に遭って数十日も吹き流され、東の島に着いたことがある。その島には人が住んでいたが、言葉が通じなかった。島の習俗では、毎年七月になると童女を取って海に沈める。」

②また、次のようにも言った、「一つ国があって、これもまた海中に在ったが、女ばかりで男がいなかった。」

③また次のようにも説いた、「一枚の布製の衣を得たが、海中から浮いて出てきたものだ。身ごろは中国

人の衣のようだったが、その両袖の長さは三丈もあった。」

④「また、一難破船を得たが、波に流されて海岸に着いたもので、その船には項《うなじ》のところにもう一つ顔のある人間が一人いて、まだ生きていたが、言葉がお互いに通じず、何も食わなくて死んでしまった。これらの地域は皆、沃沮の東の大海の中にある。」

東沃沮伝の冒頭に、「東沃沮は高句麗の蓋馬大山の東に在り、大海に浜《そ》(=沿)うて居す。其の地形、東北は狭く、西南は長く、千里(=方千里=面積が千里四方に等しい)なる可し。北は挹婁・夫余と、南は濊貊《わいはく》と接す。」とあって、大体の地理関係がわかる。「東沃沮」は高句麗の東にあり、ほぼ今の北朝鮮の咸鏡《かんきょう》道にあたる。

「東沃沮、沃沮、北沃沮、南沃沮」と出てきてまぎらわしいので、説明しておこう。単に「沃沮」という場合は広義の「東沃沮」のことで、「北沃沮」を含む。この「東沃沮」は広義では北沃沮を含むが、狭義の「南沃沮」をさすことが多い。「北沃沮」より「南沃沮」のほうが格段に広いからである。

「南沃沮」の北の境界から無人地帯の「八百余里」(短里で約六二キロ)を隔てて「北沃沮」の南の境界となる。毌丘倹伝に王頎が「沃沮を過ぎること千有余里、粛慎氏の南界に至る」とあって「八百余里」より多いのは、北沃沮の領域が南北「二百里」(約一五キロ)なのであろう。

粛慎と置溝婁

「挹婁」とは「粛慎」の西晋朝での呼称である。東夷伝は、歴史的出来事のほかに、現状を新しく紹介する記

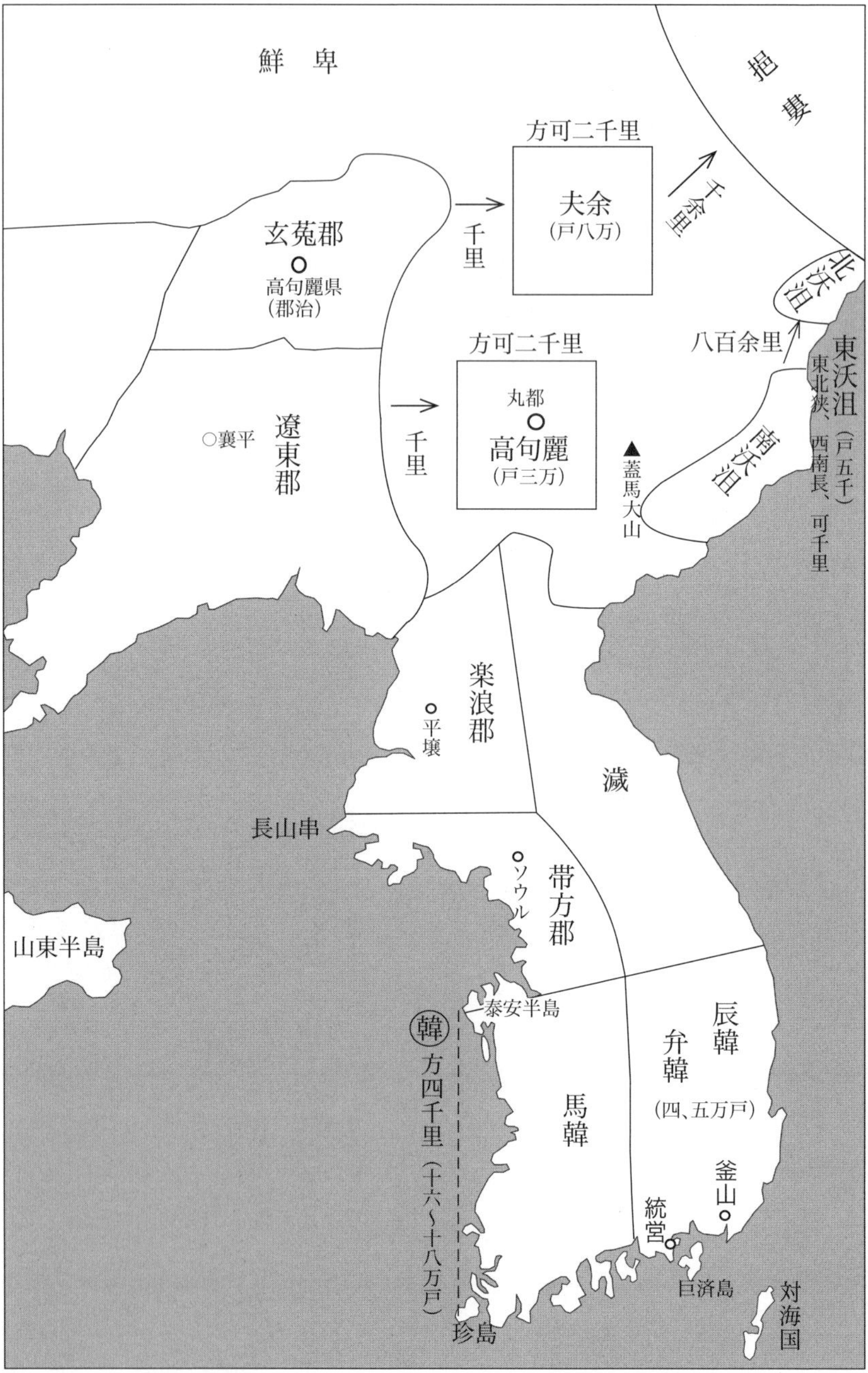

鮮　卑
挹婁
方可二千里
夫余
（戸八万）
千余里
千里
玄菟郡
高句麗県
（郡治）
北沃沮
八百余里
方可二千里
丸都
高句麗
（戸三万）
千里
遼東郡
○襄平
蓋馬大山
南沃沮
東沃沮
（戸五千）
東北狭、西南長、可千里
楽浪郡
平壌
濊
長山串
ソウル
帯方郡
山東半島
泰安半島
韓
方四千里
（十六〜十八万戸）
辰韓
弁韓
（四、五万戸）
馬韓
釜山
統営
巨済島
対海国
珍島

図2-1　三世紀の東夷

事が多いが、この現状紹介記事には当然、西晋の現在の呼称や短里が用いられる。北沃沮が「南沃沮を去ること八百余里」とか「挹婁と接す」とは、第一義的には西晋の現在の話なのである。

毌丘倹伝の「買溝」と東沃沮伝の「置溝婁」が同一の地域を指しているのは疑いない。「婁」は現地語で「城」の意味。高句麗伝に「今、胡（北方または西方の異民族）猶《なお》此の城を名づけて《幘《さく》溝婁》と為す。溝婁は、句麗の名城なり。」とある。

「置」は「買」と字形が似ている。「置溝婁」の「置」は、紹熙本では、一番下のカギ形に曲がった線が「一」のようになっており、行書になると特に「置」と「買」は見まちがいやすい。写本段階で書き誤ったものと見られる。情報の詳しさ、重要性からみて、東沃沮伝の「置溝婁」（堀を置いた城）のほうが元の形と思われる。

王頎の軍隊は、東沃沮伝では「北沃沮の東界」である海岸に達したが、毌丘倹伝には「粛慎氏の南界に至る」とあり、東夷伝序文には「粛慎の庭を践み」とある。これはどれも正しい。

王頎軍は北沃沮の東岸に達したが、そこは粛慎（挹婁）の南界でもあり、夏季は粛慎が船に乗ってやって来て掠奪をするので、北沃沮の民は山の洞窟に逃げ込んでしまい、いわば「粛慎の庭」となる。冬季は、粛慎の船の道が凍ってしまうので北沃沮の民が住み、「北沃沮の東界」でもある。王頎軍が挹婁と接した形跡はないので、王頎軍と話した「耆老」は「北沃沮」の老人である。

長老と耆老

東夷伝序文の「長老」は、東沃沮伝に出てくる「耆老」とは別人である。

第一に、「長老」と「耆老」では話の内容が合わない。「長老」の話は「異面の人有り、日の出づる所に近し。遂に諸国を周観し……」とあって、倭国が「諸国」の焦点であることは疑いないが、「耆老」の話に出てくる「海東」は倭国ではありえない。北沃沮の東は、日本海をはさんで青森から北海道南部だからである。しかも、「海東に人ありや」と聞かれて答えたのは、①②とも海中の奇妙な島であり、倭国とは無関係、③④は単に漂流物と難破船のシャム双生児の話である。このシャム双生児は「異面の人」にはあたらない。シャム双生児は二つの顔をもつが、顔自体は普通である。

第二に、「耆老」と「長老」は使い方がはっきり違う。

「耆」も「老」も年寄りという意味だが、「耆老」は諸橋大漢和に「年老いて徳高いもの。又、老いぼれをいふ。耆は六十歳、老は七十歳をいふ。」とあって蔑視的意味もある。次の例が典型的だ。

○朕惟《おも》うに、耆老の人、髪、歯、堕落し、血気衰微し、亦、暴虐の心亡し。　〈漢書、宣帝紀〉

また、地方や辺境の老人というニュアンスもうかがわれる。

○耆老は、致仕及び郷中の老賢者なり。　〈礼記、王制、注〉

○乃ち其の耆老に属して（＝会って）之に告げて曰く、狄人の欲する所は、吾が土地なり。〈孟子、梁恵王下〉

これに対して「長老」は「年長者の敬称」で、蔑視的ニュアンスは全くない。

○近世の事、語は尚《なお》、長老の耳に在り。　〈漢書、外戚下、許皇后伝〉

「長老」の例を三国志にあたってみると、夷蛮の老人を指した例はなく、すべて中国人である。

①亶《せん》州、海中に在り。長老伝え言う。「秦の始皇帝、方士徐福を遣わし、童男・童女数千人を将《ひき》いて海に入り、蓬莱の神山、及び仙薬を求めしむ。」　〈呉志、呉主伝〉

②呉郡、言う。「臨平湖、漢より末、草穢《あ》(=荒)れ壅塞《ようそく》(=ふさぐ)し、今更《さら》に(=ふたたび)開通す」と。
長老相伝う。「此の湖塞《ふさ》がれば、天下乱れ、此の湖開けば、天下平かなり」と。〈呉志、三嗣主伝〉

③蹋頓《とうとん》(後漢末、烏丸の王)、又驍武《ぎょうぶ》。辺の長老、皆之を冒頓《ぼくとつ》(匈奴の単于《ぜんう》)に比す。〈魏志、烏丸鮮卑伝、序文〉

③について、古田武彦氏は「烏丸や鮮卑の長老」としているが、文脈に合わない。③の前には次の文がある。

○(烏丸・鮮卑)漢南《ばくなん》(=砂漠の南)の地、城邑を寇暴、人民を殺略、北辺仍《よ》りて其の困を受く。
〈魏志、烏丸鮮卑伝、序文〉

「北辺」とは中国側に立った言葉だ。「辺の長老」も北辺に住む「中国人の長老」であり、以前、匈奴の冒頓が猛威をふるっていたことを想起している。蹋頓は烏丸の首長であり、冒頓は匈奴の首長である。古田氏のように、烏丸の長老が、自民族の英雄を他民族の英雄に比す、とするのは不自然だ。

耆老は中国人にあらず

『三国志』の夷蛮伝では、序文の二例——「烏丸鮮卑伝」序文の「辺の長老」と、問題の「東夷伝」序文の「長老」——を除き「長老」は登場せず、代わりに「耆老」の用例が五例(延べ六例)出てくる。

〈夫余伝〉　1　国之耆老、自ら説く、「古の亡人(=中国からの逃亡者)なり」と。
2　今、夫余の庫《くら》に玉璧・珪・瓚《さん》(=いずれも玉製品)数代の物有り。世々伝えて以て宝と為す。耆老言う、「先代の賜る所也」と。

〈東沃沮伝〉 3 其の耆老に問う、「海東に復《また》人有りや不《いな》や」と。耆老言う、「……（既出）」

〈濊伝〉 4 其の耆老、旧《むかし》より自ら謂う、「句麗（＝高句麗）と同種なり」と。

〈韓伝〉 5 辰韓は馬韓の東に在り。其の耆老、世々伝えて自ら言う、「古の亡人、秦の役（＝労役）を避けて、韓国に来適《らいてき》（＝まっすぐ来る）、馬韓、其の東界の地を割きて、之に与う」と。

以上、夷蛮伝の「耆老」はすべて「夷蛮人の老人」を指している。陳寿は「長老」は中国人に、「耆老」は夷蛮人に、と使い分けている。漢書西域伝には「安息の長老、伝え聞く」のように夷蛮人に「長老」を使った例もあるが、少なくとも『三国志』に関しては「長老」は中国人にだけ用いられている。

注目されるのは、「其の耆老」と「其の」がつく例が三例（3、4、5）あるほか、1は「国の耆老」、2は「先代」という表現によって、「地元の夷蛮の老人」であることが明示されている点である。東夷伝序文の「長老」では、このような「地元の老人」であることを指示する語がない。

問題の「長老」は、中国人で地元には住んでいない老人を、敬意をもって呼んでいることになる。

長老と王頎、毌丘倹

「地元の人間ではない中国人の長老」とは誰であり、誰に対して説いているのであろうか。

長老説くに「異面の人有り、日の出づる所に近し。遂に諸国を周観し、其の法俗を采《と》るに、小大区別し、各《おのおの》名号有り。得て詳紀す可し。」とあるので、「長老」が説得する相手は、諸国の法俗を「詳紀」する立場の人間でしかありえない。すなわち、三国志の著者・陳寿である。

「長老」のほうは、王頎軍の北沃沮遠征と関わりをもった中国人で、しかも「日の出づる所」つまり倭国の現地を踏んで、「異面の人有り」と確信をもって言える人物である。この「長老」は倭国に二十年滞在した「張政」しかありえない。

張政は、帯方郡太守となった王頎の部下である。王頎《き》は、幽州刺史・毌丘倹の指揮の下に、玄菟郡太守として、高句麗討伐の前面に立って東夷の諸国を転戦してきた。王頎の部下である張政は、高句麗、夫余、東沃沮、濊、そして反乱を鎮圧した韓、最後に倭国と、東夷の各国を長期間訪れることのできた唯一の中国人である。「遂に諸国を周観し、其の法俗を采《と》る」という張政の言葉が象徴的だ。

張政は倭国に足かけ二十年滞在し、泰始二年（２６６）壹与の朝貢団とともに、西晋朝下の都、洛陽へ帰還した。王頎は景元四年（２６３）、天水郡太守として蜀討伐の先陣を受け持っている。この時の上司は、蜀討伐の実質的責任者であった鄧艾《とうがい》だが、鄧艾は蜀を平定した最大の功労者でありながら、実力者の司馬昭に反逆の汚名を着せられて、斬られた。

王頎の上司だった毌丘倹は、すでに正元二年（２５５）、司馬師の罪状を糾弾して兵を挙げたが、敗れて射殺されている。魏志を読んでいくと、司馬懿《い》（司馬宣王）が司馬氏隆盛の礎を築き、そのあとを継いだ司馬師（司馬景王）、司馬昭（司馬文王）らが毌丘倹、鄧艾などの実力者を巧みに滅ぼしていく様が鮮やかに描かれ、魏から西晋の武帝（司馬炎）への禅譲に至る過程がよく理解される。陳寿は、司馬氏への批判を述べるわけではないが、反逆者とされた武将たちの美点をさりげなく描いて、巧みに歴史の真相を読み取れるようにしている。

西晋の武帝の権力が安定すると、毌丘倹たちの多少の名誉回復が行われるが、反逆者の立場が拭い去られたわけではない。毌丘倹伝の裴注に「晋の永嘉年間（３０７〜３１３）の大賊、王弥《おうび》は、王頎の孫である」とあるが、王頎とその子孫は西晋朝では志を得なかったようだ。

　東夷伝序文では、西域における「張騫」の功績に対応するものとして、東夷における「毌丘倹―王頎―張政」の功績が挙げられているのは間違いない。しかし、後者の人名は一切挙げられていない。王頎と張政は官位がさほど高くなかったからとも言えるが、毌丘倹の場合は、明らかに西晋の司馬氏に対する配慮であろう。反逆者の名前を、東夷伝序文で麗々しく顕彰するわけにはいかなかったのである。

張政に取材する陳寿

　陳寿はいつごろ張政に会ったのか。『晋書』陳寿伝には、「蜀平《たい》らぐるに及び、是に坐して沈滞する者、累年。司空張華、其の才を愛す。……挙げて孝廉と為し、佐著作郎に叙す。」とあって、蜀の滅亡後、陳寿が西晋の史局である程度重んじられ、張政に会って話を聞けるようになるまでには、いくらか年数が必要だ。蜀の滅亡は２６３年、張政の帰国は泰始二年（２６６）なので、まだ早すぎる。

　魏志は２７０年代初めから書き進められ、２８０年には完成していたと考えられる。魏志は「帝紀、列伝、夷蛮伝」の順に並んでおり、実際にこの順序で書き進められたはずである。「帝紀」は史局に残されている史料だけで書くことも可能で、いちばん書きやすい。「夷蛮伝」はかなり現状紹介の記事が入ってくるので、最後になる。となると、陳寿が張政に会って大きな刺激を受けると同時に、夷蛮伝の「法俗」の記録を入手したのは、２７０年代も後半と思われる。

仮に２７７年とすると、張政が倭国に渡った正始八年（２４７）から三十年が経過している。倭国に渡ったときに三十～四十歳（数え年）とすると、２７７年には「六十～七十歳」であり、「長老」にふさわしい年齢だ。一方、陳寿の生年は２３３年だから、陳寿はこのとき四十五歳。張政を「長老」と呼ぶには適切な年齢差である。

「異面の人有り、日の出づる所に近し」は、中国大陸の東にある「倭人」の国を指している。

王頎軍が北沃沮の海岸に達したのは正始六年（２４５）で、五年前の正始元年（２４０）には、魏使として初めて梯儁《ていしゅん》が倭国を訪れている。だから、倭人の情報はある程度、魏の朝廷にもたらされている。「長老」が単なる中国の教養人であれば、事新しく倭国の情報を説くのは奇妙だ。

だが、若いころ北沃沮まで遠征して、初めて大海に接した張政が、２７０年代後半に「長老」として陳寿に会ったとすれば、彼が説いた内容は極めて自然で心にひびく。

「入れ墨をした倭人の国は、日の出る所に近い。最後に残された秘境である倭の国々を訪問することによって、私は遂に諸国を周観し、それぞれの法俗を取材して記録することができた。陳寿よ、あなたはそれを活用し、史書に順序よく整理して記してほしい。」

張政は現地取材者であるが、陳寿も取材者である。ただし、陳寿の場合は、現地をよく知っている情報源に取材する。現代のマスコミの取材でもよく使われる手法である。

以前に、呉の陸凱の暴君・孫皓に対する上表文の真偽をめぐって、呉から洛陽へやってきた人たちに陳寿が取材を繰り返した話を紹介した。陳寿が、倭だけでなく、東夷諸国の現地事情を最もよく知っている「張政」に取材するのは当然であり、取材しない方がむしろ不自然なのである。

大海の広がり

魏志東夷伝から「大海」が出てくる記事を、北の国から南へ順に並べてみよう。

〈挹婁伝〉挹婁は、夫余の東北、千余里に在り。大海に浜《そ》い、南は北沃沮と接し、未だその北の極まる所を知らず。その土地、多くは山険し。

〈北沃沮伝〉王頎、別遣され、（高句麗王）宮を追討し、其（北沃沮）の東界を尽す。其（北沃沮）の耆老に問う「海東に人有りや不《いな》や」……其の域、皆、沃沮の東の大海の中に在り。

〈東沃沮伝〉東沃沮は、高句麗の蓋馬大山の東に在り、大海に浜《そ》うて居す。……北は挹婁（＝粛慎）・夫余と、南は濊貊（＝濊）と接す。

〈濊伝〉濊は、南は辰韓と、北は高句麗・沃沮と接し、東は大海に窮まる。今の朝鮮の東は皆、其の地なり。

〈韓伝〉韓は帯方の南に在り。東西は海を以て限りと為し、南は倭と接す。方四千里なる可し。

〈倭人伝〉倭人は、帯方東南の大海の中に在り、山島に依りて国邑を為す。

韓伝では「海」となっているが、東側が日本海、西側が黄海で、それぞれ「大海」の一部であることは明らかである。こうして見ると、挹婁から韓までは「大海」によって東側が隔てられているが、「倭人」だけが「大海の中」にあることがよくわかる。

東夷伝序文で、なぜ「東、大海に臨む」の直後に「長老説くに、異面の人有り、日の出づる所に近し」と続けたのか。王頎軍と張政との強い関わりはもちろんだが、東夷伝が「大海の新認識」という性格をもっていることを強く打ち出したかったからでもあろう。

現地調査によるこの新認識が、漢書までの「前史」にはなかった『三国志』の成果であることを、陳寿は「前史の未だ備えざる所に接《つ》ぐ」と高らかに謳っている。また、漢書西域伝における張騫の長期にわたる西域滞在が「砂漠」地帯の実情を明らかにしたのに対し、張政の東夷への旅、特に倭国における長期滞在が「大海」をめぐる遠征であることを明示して、序文冒頭の書経の言葉「東は海に漸《いた》り、西は流沙に于《およ》ぶ」と首尾対応させているのである。

異面と委面

「異面」で忘れてはならない記事が、もう一つある。漢書地理志の「楽浪海中、倭人有り。分かれて百余国を為す。歳時を以て来り献見す。」に付けられた注に出てくる「委面」である。

A　墨の如き委面（如墨委面）、帯方東南、万里に在り。〈魏の如淳注〉

B　倭は是れ国名、墨を用いるを謂わず。故《もと》、之を委と謂う也。〈西晋の臣瓚注〉

「墨」とは墨刑、刑罰としての入れ墨である。「委面」には、三つの意味が重層的に込められている。

①「委」は「倭」のもともとの文字である。この点はBがきちんと指摘している。つまり「委面」とは「倭人の顔」である。

②「委」には「あや（文様）のあるさま」という意味がある（諸橋大漢和）。清の王先謙の『荀子集解《しっかい》』には

「委然は文貌也」とあって、「委」は顔の文様にふさわしい文字である。とすると「墨の如き委面」とは、墨刑のように入れ墨をした顔、という意味になる。

③「委面」は、東晋の袁宏（328〜376）の『三国名臣序賛』に出てきて、「故に覇朝（＝覇権を握った朝廷）に委面し、世事を予議す」とあり、注に「質（＝礼物）を委して（＝運んで）北面し（＝天子に臣下として向き合う）、以て魏朝に事《つか》う」とある。つまり「委面」には、朝献して臣下の礼をとる意味がある。「歳時を以て来り献見す」という倭（委）の忠誠ぶりから、派生した意味であろう。

こうして見ると、Aの如淳注は、簡潔でありながら「委面」の複数の意味を生かした見事な注である。

Bは『三国志』が書かれた西晋当時の注であるが、「倭は是れ国名、故《もと》、之を委と謂う也。墨を用いるを謂わず。」と語順を入れ替えたほうがわかりやすいかも知れない。「委」について、①の「倭」ととり、②の「入れ墨で文様を入れる」という意味を否定している。

ただし、この臣瓚注は少し杓子定規な解釈で、一つの語句に二重（時には三重）の意味を持たせて使う場合がある、ということを忘れている気がする。たとえば、魏志倭人伝で「倭」の代わりに音の似た「壹」を使った「邪馬壹国」を例に挙げると、「壹」は「倭」を意味すると同時に、「二心が無い」という臣下としての美徳も意味している。

重要なのは「倭をもともとは委といった」と、『三国志』と同じ西晋当時の学者が証言している点だ。かつては「委」が正式名であったことを、臣瓚注は証言している。

漢書地理志の「倭人」には、臣瓚注に続いてもう一つ、唐の顔師古の注（641年）が付いている。

Ｃ　如淳云わく「墨の如く委面す」。蓋し「委」字を音とする耳《のみ》。此の音は非也。「倭」の音は一戈反（＝ワ）、今猶「倭国」有り。魏略に云わく「倭は、帯方東南の大海の中に在り、山島に依りて国を為す。海を度る千里、復国有り、皆倭種。」〈唐の師古注〉

「倭」の音を「委」とするのは間違いだ、と師古は言う。「倭」の音は唐代ではワであり、以前は「委」と同じくヰであることは知られていなかった。したがって、師古のほうが間違っている。現在の常識で過去を判断すると、かえって間違うことがよくある、という好例である。

『漢書』は西晋代には、魏の如淳の注が付いた形で読まれていた。『三国志』の著者・陳寿も例外ではない。東夷伝序文の「異面」は、如淳注の「委面」を踏まえている。①②③の意味を兼ね「中国王朝に忠実な、入れ墨をした倭人の顔」という意味で、「異面」と記している。

「異面」の「異」は「めずらしい、すぐれた、ふしぎ、あやしい」などの意味があり、黥面にふさわしいと同時に、倭人を「礼を守る」と褒めている東夷伝序文の文脈にもふさわしい文字である。

倭面土国とは

魏の如淳注の「委面」は、倭国と深く結びついて後代に伝えられた。

『三国志』では東夷伝序文の「異面」という形だったが、『釈日本紀』（1274〜1301年頃の成立）には「倭面国」とある。

『三国志』の後の正史『後漢書』倭伝の「倭国王・帥升」が、藤兼良『日本書紀纂疏』（1455～57年）に引用された形では「倭面土国王・帥升」となっている。注で書き入れた「倭面」が本文化されて「倭面王国」や「倭面国王」となり、「王」が「土」に写し間違えられて「倭面土国王」となったと考えられる（北宋版の『通典』も「倭面土国王」）。

こうなると意味不明なので、さらに「倭面上国王」（大宰府天満宮に残る『翰苑』所引の後漢書）や「倭面土地王」という形も現れる（1688年成立の松下見林『異称日本伝』など）。

「邪馬台国」近畿説を推進した京大の内藤虎次郎（湖南）は、明治四四年（1911）に「倭面土国」という論文を発表している。如淳注の「如墨委面」を、「如墨」と「委面」という二つの国が帯方の東南万里にあり、という意味だと説いているのには吹き出しそうになったが、彼によると「委面土」はヤマトと読み、これが原形であって、「倭面」や「委面」は「委面土」を略したものとなる。「倭国」の中心は何が何でもヤマトである、という皇国史観が生んだ説である。

「如墨委面」は難解な言葉と受け取られ、藤田元春『如墨委面考』のように、「よもやま話」の「よもやま」と読んで発表した人もいる。「墨の如き委面」は、「委」が「倭」のことだと知って読めば別に難しい言葉ではない。魏の如淳は「委面」が後世、思わぬ混乱をもたらしたことに苦笑を禁じ得ないであろう。

2　韓の反乱と毌丘倹、王頎、張政

公孫淵から高句麗へ

ここで、東夷の全体状況をつかんでおこう。（図2‐1、78ページ）

魏が全国統一をめざすには、まず遼東の公孫氏を取り除くことが急務であった。責任者は王頎の上司の幽州刺史・毌丘倹である。毌丘倹は、景初元年（237）七月に公孫淵を攻撃したものの、長雨で遼水が増水し、軍を引き上げた。これによって公孫淵は自立して、紹漢という年号を建てるに至った。明帝は、八月に詔書で、渤海を取り囲む幽州、冀《き》州、兗《えん》州、青州の四州に命じて大いに「海船」を作らせたが、これは明らかに毌丘倹の「幹策」による朝鮮半島への渡海作戦のためであった。

景初二年（238）、公孫淵討伐が、司馬宣王を総大将、毌丘倹を副将に魏軍の総力を挙げて行われた。今回は朝鮮半島との挟撃作戦がみごと功を奏し、八月に公孫淵を斬って遼東を平定した。渡海作戦を指揮した帯方郡太守の劉昕《りゅうきん》は、楽浪・帯方の二郡平定で御役御免となった。六月に卑弥呼が難升米を帯方郡に派遣した時には、新太守の劉夏が部下に案内させて洛陽まで送り届けた。明帝は、十二月に難升米らを引見し、卑弥呼を「親魏倭王」に授号した直後に、病で亡くなった。

正始元年（240）になると、明帝の一年間の喪が明け、斉王（少帝）の下で新体制が始まり、弓遵《きゅうじゅん》が新太守となった。この年、卑弥呼のもとに梯儁《ていしゅん》らを送ったのは、この弓遵である。

魏にとって、公孫氏滅亡後の東夷の患いとなったのは「高句麗」である。

高句麗は早速、正始三年（２４２）には、鴨緑江の河口近くの西安平に侵寇した。高句麗は東沃沮や夫余、濊と民族的に共通し、これらの国々を属国とすることも多かった。

この高句麗対策を直接担ったのは玄菟郡太守の「王頎」であり、正始五年（２４４）に「毌丘倹」が高句麗を討伐したときも、諸軍の歩騎（歩兵と騎兵）一万人が集結したのは「玄菟郡」であった。毌丘倹指揮の魏軍は、鴨緑江のほとりで高句麗軍の歩騎二万人との大会戦に勝ち、逃げる高句麗王の「宮」を追って、都の「丸都」に登って占領したが、宮は逃げおおせ、毌丘倹は軍を引き上げて帰還した。

翌年の正始六年（２４５）には高句麗は勢いを盛り返し、朝鮮半島の単単大嶺の東の「濊」が高句麗の支配下に入った。濊は韓の北にある朝鮮の東半分で、西半分にある「楽浪郡」と「帯方郡」が担当する。そこで、楽浪太守の劉茂と、帯方太守の弓遵が濊を討伐し、濊の不耐侯らは邑を挙げて降った。

ただし、不耐侯らが降ったのは、年を越した正始七年（２４６）の五月と思われる。「斉王紀」には次のように記されているからである。

○（正始）七年、春二月、幽州刺史・毌丘倹、高句麗を討ち、五月、濊貊を討ち、皆之を破る。韓の那奚（＝辰韓の冉奚国）ら数十国、各《おのおの》種落（＝種族の集落）を率いて降る。〈斉王紀〉

この「五月、濊貊を討ち、皆之を破る」の結果が、濊の不耐侯らの降服である。毌丘倹の幽州本軍が討伐に乗り出してようやく、濊を平定できたのである。

正始六年に戻れば、毌丘倹は前年に続いて高句麗征討を行ったが、高句麗王「宮」は属国である沃沮（南沃沮）に逃げ込み、毌丘倹は沃沮を打ち破った。宮は遂に「北沃沮」に奔り、別遣された「王頎」軍は北沃沮と粛慎の境界に達して、東、大海に臨んだ。北沃沮への追撃は、秋から冬にかけての頃であろう。夏の間は粛慎が略奪に来ていて、北沃沮の人たちは山に逃げ込んでいる時期だからである。

なお「正始年間、毌丘倹は高句麗を討ち、王頎を遣わして夫余に行かせ、夫余は高官を派遣して出迎え、軍糧を提供した」と夫余伝にあるのは、この正始六年の高句麗討伐にかかる直前のことであろう。王頎軍は、「玄菟郡→夫余→高句麗→東沃沮→北沃沮」と東夷を転戦したことになる。

正始七年（２４６）、前掲の斉王紀の記事のように、毌丘倹は二月に高句麗を討って破った。高句麗王の宮は、北沃沮から、おそらく都の丸都へ逃げ帰っていたのであろう。王頎軍も毌丘倹の本体に合流して丸都へ進軍したと思われる。このあと、毌丘倹は五月に「濊」の討伐を行って平定し、「高句麗」を主な敵とする混乱は一応収まった。

高句麗王の宮は、たびたびの敗戦にもかかわらず、しぶとく生き延びたようである。高句麗伝に「今の句麗王・宮、是なり」とあるとおり、彼は西晋の時代に入っても健在であった。

韓の反乱と弓遵の戦死

正始八年（２４６）王頎が帯方郡太守に任命されたのは、前太守の弓遵が戦死したからだ。韓伝にはそのいきさつが記されている。

ａ　景初（２３７〜２３９）年間、明帝は（遼東半島の公孫淵を討伐するため）、帯方郡太守に任じた劉昕《きん》と、楽浪郡太守に任じた鮮于嗣を密かに遣わし、海を越えて（山東半島から朝鮮半島への渡海作戦によって）帯方郡と楽浪郡の二郡を平定させた。諸韓国の臣智（首長）には「邑君」の印綬を授け、それに次ぐ実力者たちには「邑長」の位号を与えた。

b　韓の習俗は「衣幘《いさく》」（礼服と帽子で「衣冠」に相当する古い制度）を好み、下戸が郡に来て朝謁すると皆、衣幘を与えられ、自分で勝手に印綬や衣幘を身につける者は千人以上もいる。

c　部従事の呉林は、楽浪郡がもともと韓国を統治していたからという理由で、（帯方郡に属していた）辰韓の八国を分割して楽浪郡に与えたが、役人や通訳の言うことに食い違いが生じて、臣下の象徴としての「幘」があふれるほど押し掛けて韓は怒り（臣幘‐沾〈＝溢〉、韓‐忿）、帯方郡の崎離《きり》営（＝営舎の名）を攻めた。帯方郡太守の弓遵と楽浪郡太守の劉茂《りゅうぼう》は、兵を興してこれを討伐したが、弓遵は戦死し、二郡は遂に韓を滅ぼしてしまった。

bの「衣幘」の話は、東夷伝序文にいう「夷蛮が天子への礼を失わない」でいる好例の一つ。

cでは、部従事の呉林が、帯方郡の管轄であった辰韓を、官僚の論理で楽浪郡の所属に変えようとしたために、反乱を招いてしまい、帯方郡太守の弓遵が戦死するいきさつを述べている。どの時代にも民のことは考えない官僚はいるもので、役所が遠方の楽浪郡になれば、当然、住民は不便になる。

韓の反乱の終息時期

正始六年には、帯方郡太守の「弓遵」は「濊」討伐に従事している。また、倭人伝には「正始六年に難升米に詔して黄幢を下賜し、郡に付して仮授せしむ」とあるので、この時はまだ韓の反乱は始まっていない。この黄幢を実際に難升米に授与したのは、正始八年、新太守の王頎によって倭国に派遣された張政である。したがって、弓遵の戦死は正始六年から八年の間であるが、時期をもう少し絞ってみよう。

韓の反乱の収束を告げているのは、正始七年五月の濊討伐の直後に記された「韓の那奚ら数十国、各《おのおの》種落を率いて降る。」という記事である。ただし、続く記事が八月なので、五月から七月の間に起きたと考えた方がよいだろう。「韓の那奚」とは辰韓の「冉《ぜん》奚国」である。「那奚」の「那（ダ）」は、意符の邑《おおざと》と音符の冉（ゼン↓ダ）から成るので、那奚国＝冉奚国なのである。

韓の全体の国数が、馬韓が五十余国、辰韓・弁辰で二十四国の計八十国足らずなので、「韓の那奚ら数十国、降る」はその大部分にあたり、韓の反乱の収束を物語っている。

こうしてみると、正始七年五月の濊討伐以前に韓の反乱が起きたのは確実で、この五月にはすでに弓遵も戦死していたと考えられる。毌丘倹と王頎のコンビは、五月に濊を討伐し、後顧の憂いを無くしたうえで韓の反乱に総攻撃をかけ、七月までに韓の反乱を鎮圧した。ただし、高句麗、濊、韓と広域にわたる大規模な戦乱であったから、正始七年の後半はその後始末に追われたことであろう。

任官は正月に行われることが多いので、正始八年の王頎の帯方太守就任も正月と思われる。弓遵の戦死は正始七年の前半だから、半年余りは、帯方太守は空位のままであった。激動期の夷蛮対策は誰でも務まるものではない。「王頎、官に到る」には、エース登場というひびきが感じられる。

毌丘倹・王頎の影響

東夷伝の各伝の詳細な法俗・風土記事を見ると、全体を見渡して比較し、共通点と差異を明らかにしようとしている目、序文に言う「同異を列し」ようとする目を感じる。これはもちろん著者・陳寿の目でもあるが、そもそも「同異」に関心を注いだ「張政」の働きがなければ叶わなかった記録である。張政がこのような目を養ったのには、上司である王頎や毌丘倹の影響が無視できない。

王頎は、北沃沮の耆老に「この大海の東にも人がいるのかね」（海東、復有人不）と尋ねている。おしまいに「不」が付くのは俗語調で、やさしく話しかけているのがわかる。民族あるいは民俗に対して、王頎が深い関心を抱いているのも明らかだ。

王頎軍が高句麗討伐のために夫余に入ったときは、夫余王は高官を派遣して丁重に出迎え、軍糧を提供している。武力に物を言わせて略奪するだけの軍隊では、このような扱いを受けなかったと思われる。この点、王頎の前任者・弓遵は、韓の反乱を招いただけに型どおりの官僚という印象がつきまとう。

王頎の上司である「毌丘倹」も、高句麗の首都、丸都を陥れたとき、高句麗王の宮をしばしば諫め食を断って死んだ忠臣・得来について、その墓や妻子を手厚く保護した。また、占領地では「山を穿ち、灌漑したので、民はその利益をこうむった」（毌丘倹伝）と記されるような善政を行っている。

韓に続いて、正始八年には倭国でも内乱が起きたわけだから、着任して日の浅い「王頎」にとっても一大事である。倭国の融和・安定を図るために、最も信頼できる武官を派遣したことであろう。それが「張政」である。倭国の融和を図るためには、倭国をよく知ることが必要であり、張政の詳細な倭国の「法俗、産物」の記録は、張政がよくその期待に応えたことを物語っている。

張政は民心をつかむには武力だけでは不十分であることを、王頎や毌丘倹から学んでいたのである。

第Ⅲ章　短里と長里

1　「短里」を「長里」に変えた始皇帝

倭人伝が信頼できる八つの根拠

第一章で、魏志倭人伝がいかに正確で信頼性に富んでいるか、その根拠について詳しく述べてきた。確認のため要点をまとめておくと、次のようになる。

①魏志倭人伝は「魏志」の最後を締めくくり、倭人の「遠夷朝貢」によって魏の正統性、直接的には「西晋の正統性」を証明する重要な役割を追っている。

②倭国に足かけ二十年滞在した魏使・張政が国家に提供した「軍事的・民俗的リポート」を、主要な材料としている。しかも、西晋になると、倭国とは安定して密接な関係を築いている。

③著者・陳寿は、母国の蜀の滅亡後、西晋の史局の長官に抜擢された逸材であり、魏から西晋へ禅譲によって伝わった豊富な史料を、自由に活用できる立場にあった。

④陳寿は、疑問がある場合はいろいろな情報源に取材していることを、呉の陸凱の上表文をめぐって自ら証言している。東夷伝序文では、張政であることが明らかな「長老」と会って、倭国をハイライトとする現地での詳細な「法俗」資料の提供を受けて、激励されたことを記している。

⑤『三国志』は陳寿にとってほぼ同時代史であり、史実を知る多くの証人が、まだ生きている時代に書かれた。その中にあって『三国志』は、陳寿の生前から高い評価を受け、死後は「質直」と正確さを高く評価されて、た

だちに正史に認定されている。

⑥日本の学者が依拠する日本書紀・古事記は、はるか後代に書かれているだけでなく、大和朝廷のイデオロギーの強い影響下にある。魏志倭人伝は、イデオロギーの悪影響を免れた客観的な記録である。

⑦陳寿のパトロンである西晋の張華は、幽州諸軍事として東夷の総責任者であり、大学者でもあったが、『三国志』を絶賛している。つまり東夷伝は、その最高の検閲者から正確さを保証されている。

⑧「魏志」が下敷きにしたとされてきた『魏略』は、実際は「魏志」より後に書かれており、逆に「魏志」を下敷きにして簡略化し、西戎伝など呉滅亡後の新情報を加えたハンドブックである。

天文学者の手紙

魏志倭人伝が疑いの目をもって見られてきた理由の一つに、「短里」がある。今でも通説では、魏志倭人伝が「一里＝約七六メートル」という「短里」ではなく、「長里」で書かれていると信じられている。「長里」は時代により変動があるが、魏代の「長里」は「一里＝約四三四メートル」であり、「短里」のおよそ五・七倍となる。

魏志倭人伝の「里数」については、明治時代の白鳥庫吉以来「五〜六倍」の誇張があるとされてきた。この「誇張」は倭人伝の直前の「韓伝」冒頭から始まる。（図3-1）

○韓は帯方の南に在り、東西、海を以て限りと為し、南、倭と接す。方四千里なる可し。〈魏志、韓伝〉

韓の「方四千里」つまり「四千里四方」という地形は、里数が従来説（長里）の五〜六倍とすれば極めて妥当

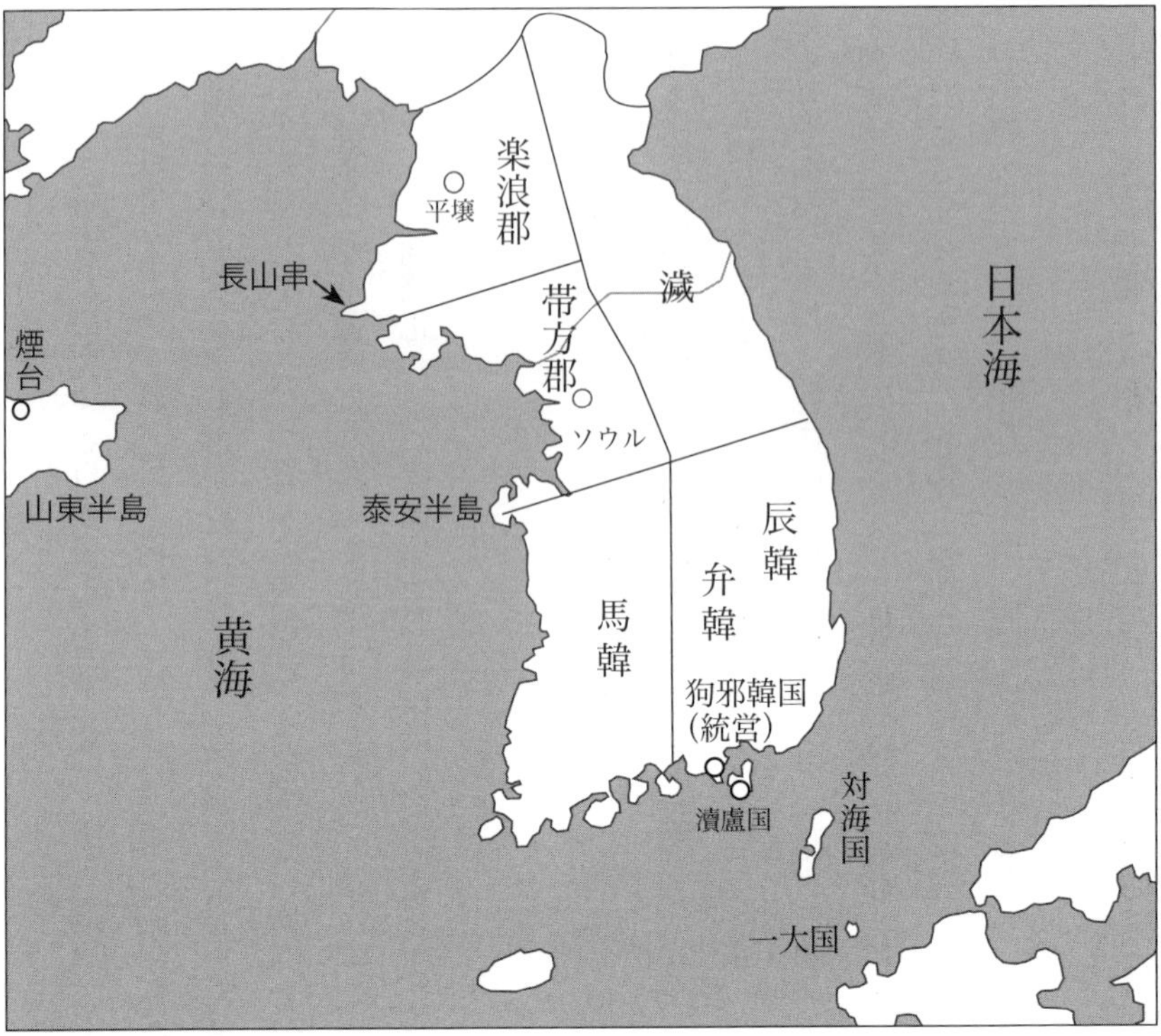

図3-1　韓と倭

である。この「五〜六倍」という「誇張」は、韓伝の「方四千里」から、倭人伝の海上行程である「七千余里」（〜狗邪韓国）、「千余里」（〜対海国）、「千余里」（〜一大国）、「千余里」（〜末盧国）という、ほぼ疑いのない地理上の定点間に共通する。

　これらがすべて「五〜六倍」の里数であるという事実は、突き詰めていくと、実際は「長里」の「五〜六分の一」の長さの「短里」が使われていたのではないか、という考えにたどりつく。

　早くも昭和十八年には藤田元春が『上代日支交通史』において、「里」の基礎単位である「尺」に短い「周尺」（一尺＝約一八センチ）が使われているとし、魏志の「一千里」は今の日本の「二十四〜二十五里」だとした。日本の一里は約三・九二七キロであるから、「魏志の一里＝九四・二〜九八・二メートル」と解

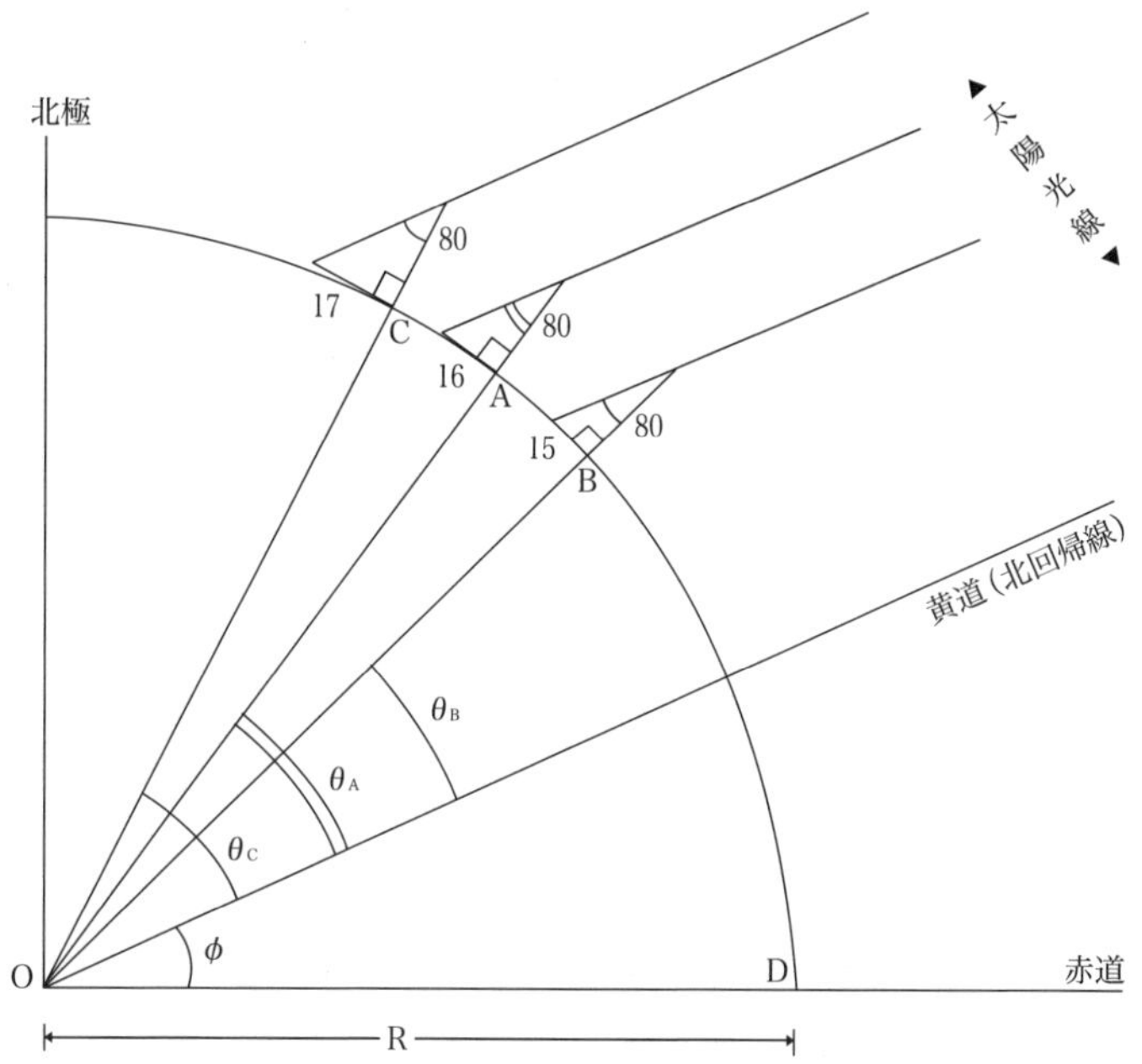

$$\theta_A=\tan^{-1}\frac{16}{80}=0.1974(rad)=11.3°$$

$$\theta_B=\tan^{-1}\frac{15}{80}=0.1853(rad)=10.6°$$

$$\theta_C=\tan^{-1}\frac{17}{80}=0.2094(rad)=12.0°$$

北回帰線の緯度ϕは時代によって大差ないとみなせるので（約23.5°～24°）

A地点の緯度（∠AOD）$=\theta_A+\phi \fallingdotseq 11.3°+23.5°=34.8°$

即ち測定地点は約北緯35度付近であり、地理的にみて妥当である。一方地球の極半径をR（約6,357㎞）として、

$$\overset{\frown}{AB}=R\times\angle AOB=R\times(\theta_A-\theta_B)$$
$$\fallingdotseq 6{,}357km\times(0.1974-0.1853)=76.9km$$
$$\overset{\frown}{AC}=R\times\angle AOC=R\times(\theta_C-\theta_A)$$
$$\fallingdotseq 6{,}357km\times(0.2094-0.1974)=76.3km$$

$\overset{\frown}{AB}$、$\overset{\frown}{AC}$は1,000里であるから、1里は約76～77mとなる。

図3-2　谷本茂氏の分析による「一寸千里の法」古田武彦『邪馬一国の証明』角川文庫より

＊三角関数がわかれば、中学生でも理解できる図。$\theta=\tan^{-1}X$とは$\tan\theta=X$を意味する。

釈したことになる。「長里」の約四・五分の一である。

1960年代後半から、短里実在説は注目を浴びることになった。先鞭をつけたのは安本美典『邪馬台国への道——科学の解いた古代の謎』(筑摩書房、1967年)で、地図上の実測値から帰納したとして、一里=九〇〜一〇〇メートル前後とした。藤田元春の推定値に近い。

ついで、古田武彦『「邪馬台国」はなかった』(朝日新聞社、1971年)が「一里=七五〜九〇メートル」で、七五メートルに近い値とした。この計算方法は、現代でも確認できる定点間の距離で、誤差を入れても信頼できるほど巨大な距離として、韓の「方四千里」を適例とする。この「方四千里」は地図上の実測値では三〇〇〜三六〇キロであり、一里=七五〜九〇メートルとなる(私の計測では三〇〇〜三一五キロ、一里=七五〜七八・八メートルで、「一里=約七六メートル」に極めて近い)。

一方、一大国(壱岐)は倭人伝で「方三百里なる可し」とある。壱岐は円形に近く、この円に外接する正方形を地図上で計測すると、一里は七五メートルに近い値となる、と古田氏は言う(私の計測では、島の直径の最大値は一九キロであるから、一里=六三・三メートルで短めである)。

一里=約七五メートルとほぼ同じ値を、古代の天文算術書である『周髀算経』の分析から得て論文に表したのが谷本茂氏である(『数理科学』一七七号、1978年)。

周の時代、夏至の日の正午に、地面に八尺の棒(周髀《ひ》)を垂直に立てて影の長さを測ると、「陽城」(洛陽の東南、約六〇キロ)で一尺六寸、そこから南に千里の地では一尺五寸、北に千里の地では一尺七寸となる。影の長さの違い「一寸」は、現実の距離「千里」に相当するという意味から、「一寸千里の法」と呼ばれる。この現象を、現実の地球と太陽光線の関係から、三角法を使って計算すると、陽城から南へ千里は七六・九キロ、北へ千里は七六・三キロとなる。同じ千里でも、北へ向かう場合と、南へ向かう場合では、長さが異なることになる。（図3-2）

この計算には「黄道傾斜」（地球の自転軸の公転軌道に対する傾き）が出て来て、谷本茂氏は「時代によって大差ない」（約二三・五度〜二四度）として計算では「二三・五度」を採用している。

ところが、オランダのユトレヒト在住の天文学者、故・難波収氏から2010年十二月に頂いたお手紙によると、周の時代には黄道傾斜は二四度に近かったとして、実際に『周髀算経《さんけい》』による連立方程式（夏至の日のほかに、冬至の日の正午の日影が十三尺五寸である現象も利用する）から二四・〇二度という数値を出し、概数には「二四度」を用いて、

○一里＝七五・四四メートル、または七六・五五メートル

とされた。私は以前から「短里の長さ」をどう示すべきか悩んでいたが、難波氏の手紙を読んで、

○一里＝約七六メートル

とするのが妥当と考えるようになった（概数としては計算しやすい「七五メートル」でも構わない）。

魏志倭人伝を含む東夷伝の「里数」は、基本的に「歴史記述」ではなく、西晋の読者への「現状記述」という形で用いられており、西晋の正式な里単位が「短里」であったことを示している。

周代に短里が行われていたことは、「一日千里を行く名馬」（長里では四三四キロで空想的であり、短里では七六キロで現実的）という慣用句にも表れており、それが復古思想によって制度的に復活したのは間違いない。

図 3-3　歌川国芳「唐土廿四孝　仲由」著者所蔵

浮世絵のなかの短里

周代に「短里」が一般に使われていた証拠を、私も思いがけぬきっかけで一つ見つけたことがある。

私は歌川国芳の洋風版画を収集し、研究している。その洋風版画の傑作が「唐土廿四孝」シリーズで、歴史上の人物の親孝行説話をもとに、国芳が絵を付けている。シリーズの中でも、油絵の濃厚な感じを最もよく表している秀作が「仲由」である。仲由とは、孔子の一番弟子の「子路」のことだ。

詞書《ことばがき》の出典をたどってみると、『孔子家語《けご》』から前漢末の『説苑《ぜいえん》』建本篇にさかのぼる。

○子路、孔子に見《まみえ》て曰く、重きを負い遠きを渉《わた》れば、地を択ばずして休《やすら》ふ。家貧しく親老いたれば、禄を択ばずして仕ふ。昔者《むかし》、由也《や》二親に事《つか》ふる之時、常に藜藿《あかざまめのは》之実を食ひ、親の為に米を百里の外に負へり。親没して之後、南、楚に遊び、従車百乗、積粟万鍾。茵《しとね》を重ねて坐し、鼎を列ねて食す。藜藿を食ひ、親の為に米を負わんことを願ひ欲すれども、復た得可からざる也。枯魚、索を銜《つな》む《ふく》。幾何《いくばく》か蠹《むしばま》不《ざ》らん。二親の寿、忽として隙を過ぎるが若《ごと》し。【草木長ぜんと欲すれども、霜露使《したが》はず。賢者養はんと欲すれども、二親待たず。故に曰く、「家貧しく親老いたれば、禄を択ばずして仕ふ」と也。】孔子曰く、由也《や》親に事ふる、生けるに事ふるに力を尽くし、死するに事ふるに思ひを尽くすと謂ふ可き也。〈説苑、建本篇〉

【　】内は『孔子家語』では省かれている。仲由は家が貧しかったので、毎日「百里」も遠くへ米を負って行き、賃金を稼いで父母を養った。仲由はほかにも家の仕事で働いただろうから、実際は半日仕事だろう。「百里」は江戸時代には四〇〇キロ前後（一里は現代とほぼ同じ約四キロ）だから、片道百里を重い米袋を担いで行き、帰りは手ぶらと仮定しても、毎日二百里（約八〇〇キロ）を往復するとなると、まさにスーパーマンである。

孔子の生きた周代の一里は約四〇五メートルだったとされているが、これでも一日の往復二百里は八一キロとなり、非現実的なことに変わりはない。これが一里＝約七五メートルの「短里」なら、往復二百里は約一五キロとなり、片道は重い米袋を担いでいるにしろ、半日で往復できて、極めて妥当な距離となる。加賀藩の参勤交代では一日の平均行程が約四〇キロであった。

『説苑』は前漢末に、周代から前漢に至る古典から逸話を集めたものだという。こういった性格から見て、仲由の説話はもともと孔子の弟子たちの記憶から始まった伝承に違いない。「百里」というのも、孔子が生きた春秋時代の「里制」に基づいていたはずである。長里では「百里」が非現実的な数字になるので、「長里」が定着した後代の創作ではあり得ない

このように、私がたまたま見つけた「短里」の例は、①生活の実感に即した、非常に具体的で納得できる例であること、②もともと子路と孔子の会話の中で使われたと思われ、史料的にも信頼性の高い例であることから、短里が周代に使用されていたことを示すわかりやすい例である。

長里を布いた始皇帝

古代の「長里」の長さは、「里」の下部単位である「尺」の長さから判明する。「尺」の長さは、古代の遺物として残っている「物差し」（基準尺）からわかる。

『角川漢和中辞典』には、一尺の長さが時代別に記されている。〔 〕内に一歩と一里の長さを併せて示しておこう。

周〜前漢（前十〜一世紀）　二二・五　センチ〔一歩＝一・三五メートル、一里＝四〇五メートル〕
新〜後漢（一〜三世紀）　二三・〇四センチ〔一歩＝一・三八メートル、一里＝四一四・七メートル〕
魏（三世紀）　二四・一二センチ〔一歩＝一・四五メートル、一里＝四三四・一六メートル〕
唐（七〜十世紀）　三一・一　センチ〔一歩＝一・五六メートル、一里＝五五九・八メートル〕

一里＝三百歩（唐代以降は三百六十歩）、一歩＝六尺（唐代以降は五尺）であるから、
○「一里＝千八百尺」（唐代以降も「三百六十歩×五尺＝千八百尺」だから結果は同じ）
このようにして、里数が出せるわけである。

谷本茂氏が『周髀算経』から発見したように、周代の短里（一里＝約七六メートル）の実在が疑えなくなると、短里と長里の違いがどのようにして生じたかが問題になる。

カギを握るのは「一歩＝六尺」である。
○数は六を以て紀《おきて》と為し……六尺、歩と為す。〈史記・秦始皇本紀〉
秦の始皇帝は、五行説（木火土金水）の立場から、周は火徳、秦は火に打ち勝つ「水徳」とした。そして、水徳にあたる数は「六」だとして、儀式などの「法冠」は六寸、「輿《よ》」は六尺、「馬」の数も六を基本とし、「一歩＝六尺」とした。「一歩＝六尺」は秦朝に始まり、漢に引き継がれた新制度であるが、従来は周代の昔から変わらぬ制度と読み誤り、「長里」を自明の理としてきたのである。

周代の短里では、

○一里（約七六メートル）＝三百歩

○一歩＝約二五・三センチ

となって、「一歩」と「一尺＝二二・五センチ」はさほど大きな違いはなくなる。

とはいえ、「尺」と「歩」は全く別の単位である。「尺」とは、尺取り形に手を開いたときの親指の先から中指の先までの長さで、「尺」自体が尺取り形の手の象形文字である。（図3－4）

これに対して「歩」とは「右の足＋左の足」の象形文字である。「一歩＝約二五・三センチ」となると、歩幅ではなく「かかと～爪先」の「足の長さ」と解するしかない。

「歩」の象形文字に足が二つ出て来るのは、手で尺取り虫のように尺数を測っていくように、両足を交互に繰

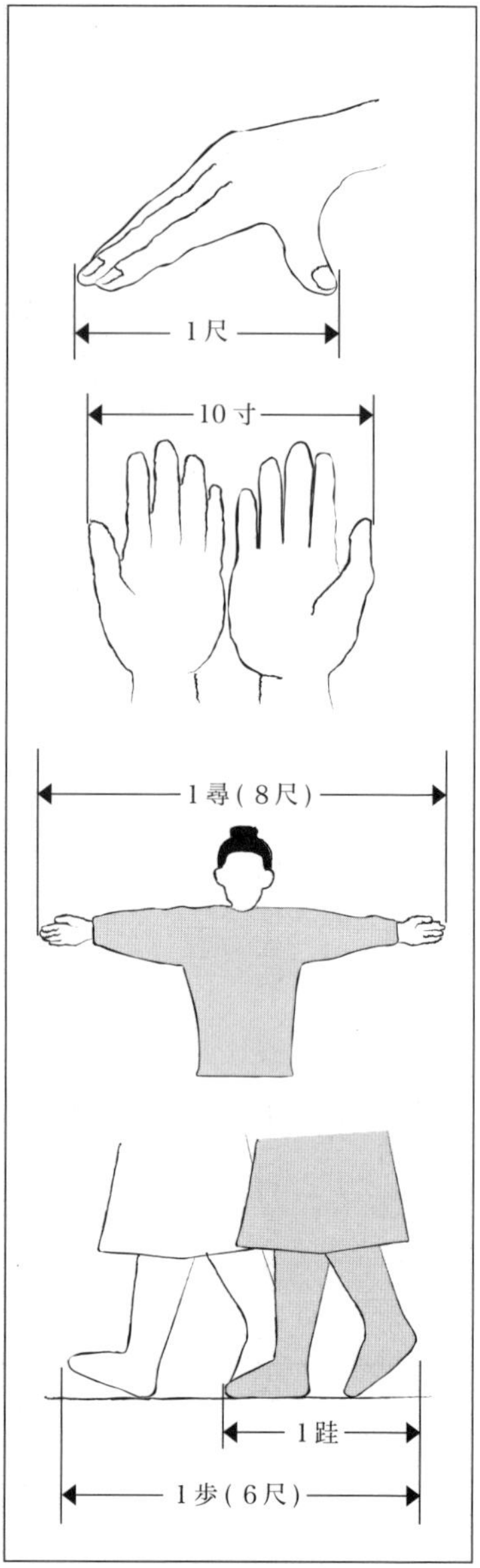

図3-4　身体計測

「角川漢和中辞典」より

り出して（右足の爪先に左足のかかとが接するようにして）地上の長さを測る様子を描いているのであろう。実際に「歩」は田や敷地などの辺の長さの単位に使われ、さらに平方歩の意味でも単に「歩」が用いられた。「六十歩×四十歩」の長方形の面積は「二千四百歩」というわけである。「千里」が「方千里」、つまり「百万平方里」という面積の意味としても使われたのと同じである。

歩とフィート

古代中国の学者たちは「長里」（一歩＝六尺＝百三十五センチ……周代）を前提として、この「歩」を歩く「歩幅」のひと組、つまり右足を踏み出し、左足を踏み出すワンセット（現代では「二歩」）と解しているが、「短里」にはあてはまらない。

短里の「歩」は英語でいえば「フィート」（単数形はフット）にあたる。フィートも本来は足の長さに由来する。現代の国際フィートは「一フィート＝三〇・四八センチ」で足にしては大きすぎるが、古代ギリシャのフィートを、ローマ帝国が大きなフィートに変更して採用したからである。「一歩＝約二五・三センチ」も足にしては少し大きいが、歩測するときは靴を履くので足も大きめになる。

西洋にも「尺」のように手を使った長さの単位があり、インチもその一つだ。一インチは約二・五四センチで、男性の親指（爪の付け根部分）の幅に由来し、「寸」（周では二・二五センチ）に近い。

「寸」は図3-4のように、左右の手の指を並べるとほぼ「尺」の長さになるので、指一本分の幅が「寸」である（十寸＝一尺）。「寸」の字はもともと「手」に「一」で、「手の指一本の幅」という意味になり、この点でもインチに似ている。

この「インチ」と「フィート」という「手」と「足」に由来する別系統の長さが、古代ローマでは結び付けられて、一フィート＝十二インチとなった。

これと同じように、手に由来する「尺」と、足に由来する「歩」を関係づけたのが、秦の始皇帝の「一歩＝六尺」という新制度であった。それまでは「一丈＝十尺＝百寸」という十進法の「手」の系統と、「一里＝三百歩」という「足」の系統の単位は、交わることのない別系統の単位であった。「手」の系統は身の回りの長さ、「足」の系統は地上の距離や面積と、計測の対象分野も別にしていたわけである。

中国初の統一王朝である秦王朝と、ヨーロッパ初の巨大帝国であるローマ帝国は、ともに度量衡の改革と統一に力を入れ、「足」の系統の単位を重視した。統一帝国になって大規模な土木工事が増え、効率的な測量法が必要になったからであろう。

記里車は古代のメーター

「一里＝三百歩」というのは十進法でも十二進法でも六十進法でもなく、奇妙な関係だ。

「歩」のほうが「里」よりも古くから、身近な距離や面積に使われていたはずで、「里」は長距離を測る単位として新たに発見・使用された。「里」はもともと「歩」とは関係なく、「一寸千里の法」によって、影が一寸違う南北の距離を「一里」と定めたと思われる。これを「歩」で計測してみると、「三百歩」に近い「歩」数になった。もともと「歩」も人によって違ったり、多少の幅があったので、逆に「一里の三百分の一」を正式な「歩」の長さとした。こんな風に考えられる。

谷本茂氏は「一里＝三百歩」という奇妙な規定は、古代の円周率「三」と関係があり、車輪を使って計測すれば、車の直径の三倍が円周であるから、メーターのように回転数を測るのに便利だったとする。

○精絶国。王は治す精絶城。去る長安、八千八百二十里……北至る都護治所、二千七百二十三里。

〈漢書、西域伝〉

『漢書』西域伝にはこのように、長距離でも一里単位で里数が出て来るので、メーターのようなものが実用化されていたと考えられる。

里数を測るのに「記里車」または「記里鼓車」というものがある。車駕の車輪を一〇〇回転で一里になるようにしておいて、一〇〇回転すると木の人形が鼓をポンと叩く。鼓の鳴った数を記録して里数を出す、というものである。宋代の書物『事物起源』は「記里車」について、古代の聖帝「黄帝」が自分の娘のために司南車を造り、その右に「記里車」を並べたのが最初で、何も前漢から始まったわけではないという。「記里車」が周代に実用化されていた可能性は十分にありそうだ。

記里車の「一〇〇回転で一里」を信用すると、一里＝三〇〇歩であるから、一回転が三歩、車輪の直径が一歩となる。長里では一里が「四〇五メートル（前漢）～四三四メートル（魏）」だから、車輪の直径（一歩）は「一三五センチ～一四五センチ」となって、なかなかの大型車であるが、長距離計測用の車輪としてはかえって便利かもしれない。逆に短里とすると、車輪の直径（一歩）は二五・三センチで、ちょっと小さすぎる気がする。

「記里車」が大々的に活用されるようになったのは、長里が完全に定着し、西域を支配下に入れた前漢の武帝の時代からであろう。その成果を生かしたのが『漢書』の西域伝や地理志ということになる。

2 「西晋朝短里」説

短里の復活

「六尺、歩と為す」(『史記』秦始皇本紀)によって示された「長里」という新制度は、秦が五行説に立って、数は六を尊んだことから来ている。ここから再び「短里」が使われるようになった根底には、思想的対立がからんでいる。

王粛(１９５～２５６年)は魏の時代の人であったが、後漢の大儒・鄭玄《ていげん》(１２７～２００年)の学説に真っ向から反対した。自分で編集した『孔子家語』から盛んに引用して、論拠としたのは面白い。鄭玄は、秦から始まった「長里」などの新制度を学問的に擁護しようとした代表者であり、王粛は周以前の古制を尊ぶ立場から、国家の諸制度に新説を提唱し、死後、西晋代に採用された。

「短里」に関係すると思われる鄭玄説と王粛説の対立に、次のようなものがある。鄭玄は五帝(古代の五人の聖君、史記によれば「黄帝、顓頊《せんぎょく》、帝嚳《ていこく》、堯、舜、禹」の五人)と天帝を合わせて六とし、六天説を唱えた。これは六を尊ぶ秦の制度につながるが、王粛は「天は一つのみ、五帝とは五行の神なり」として峻別した。国家の祭祀にも関わる大きな違いである。

王粛は父の王朗とともに魏の高官であり、魏志一三に列伝を立てられているが、短里に直接触れた記事はない。晋の文帝は王粛の女婿であり、晋代に入って王粛の説はさらに重んじられ、国家の制度として取り入れられたものの、彼は晋代まで生き延びることはできず、『晋書』には彼の伝はない。

古田武彦氏は「魏・西晋朝」短里説だが、短里復活の正確な時期については特に述べていない。魏代については「秦・漢の新法を批判し、周以前の古法を賛美」したとするだけであり、西晋代については、この復古主義を継承した点を強調し、陳寿の泰始十年（２７４）の上表文（諸葛亮伝）に「陛下（西晋の武帝）古聖に邁蹤《まいしょう》し、蕩然として忌む無し」を挙げて、古制復古を西晋の天子の方針としている。

魏代に短里が施行されたとすれば、景初元年（２３７）に太和暦を景初暦に変えた制度的大変革の時が最大の候補と思われる。いずれにせよ、魏代全体にわたって短里が施行されていたとは考えにくい。

私は、西晋の思想的バックボーンとなった王粛の説が国家制度に取り入れられたのは西晋代であること、および三国志の「里」の使用例から見て、短里の施行も西晋に入ってからだと考える。つまり「西晋朝短里」説である。

「四千里征伐」は長里

数百里程度の短い距離では、短里か長里か判断するのが難しい場合が多いが、韓伝の「方四千里」と同じく「四千里」という十分な距離が「明帝紀」に出てくる。

A　初め、（明）帝、（司馬）宣王を遣わして（公孫）淵を討つに、発卒（＝出発する兵卒）四万人を議す。議する臣、皆以為《おもえ》らく、四万の兵多く、役費《えきひ》（＝戦役に要する費用）は供じ難し、と。帝曰く「四千里征伐、奇を用いると云うと雖《いえど》も、亦当《まさ》に力に任すべく、当に役費を稍（＝少）計すべからず」と。遂に四万人を以て行く。

〈魏志、明帝紀〉

例の景初二年の公孫淵討伐の際のエピソードである。四万人を派兵するのは戦費が大変だ、と臣下たちが渋るのに対し、明帝は「四千里征伐は、奇策を用いるとはいっても（毌丘倹の幹策である「朝鮮半島への渡海作戦」を指している）、やはり軍事力に頼らなければならないので、戦費を安くあげようとしてはならない」と言って、四万人を行かせた。

この「四千里征伐」を、山尾幸久氏が〈都の洛陽から、公孫淵の本拠である遼東までの距離だから、長里がふさわしい〉としたのに対し、古田武彦氏は『「邪馬台国」はなかった』で次のように反論する。――「征伐」とは征伐の対象に対して使うが、山尾説では「洛陽―遼東」間が征伐の対象になったかのようだ、ここは遼東郡が征伐の対象で、短里があてはまる。――

一見、もっともに思えるが、これは古田説のほうに無理がある。古田氏は遼東郡を「方四千里」と見ているが、征伐の対象を言うのなら「遼東征伐」とでも言えばよく、「四千里征伐」のように征伐対象地域の「広さ」を冠するのは例を知らない。「クリミア戦争」や「支那事変」「イラク戦争」のような近・現代の列強による侵攻をみても、「広さ」が名称に付くほど注目されることはない。

「四千里征伐」とわざわざ「里数」を言うのは、遠方であることを強調しているからだと解する方が自然だ。それに「役費」がかかる主な対象は遼東までの行程であって、遼東郡での戦闘ではない。

この点をもっと明快に示している例が、裴松之の注に引用された『魏名臣奏』の中に出てくる。引用されているのは何曽という重臣の上表文で、同じ「四千里」が道路に関係づけられている。

B　（司馬懿軍が出発する以前に）散騎常侍・何曽、表して曰く「……今、（司馬）懿（＝司馬宣王）、（明帝の）辞を奉じ（公孫淵の）罪を誅し、歩騎数万、道路廻阻、四千余里。……」〈裴注所引、魏名臣奏〉

要するに、公孫淵討伐は大変な難事業で、不慮の事態も予想されるので、大臣・名将の中からすぐれた人材を副将にすべきだという上表文で、毌丘倹の『志記』によると、毌丘倹を副将にしたという。

この「四千余里」が「道路廻阻」である区間を含む「洛陽―遼東」間の道のりをさすのは明白だ。

古田氏はAの「奇を用いると云うと雖も、亦当《まさ》に力に任すべく」を、〝宣王の力量〟に任せるという意味にとらえ、次のC、Dとつなげて理解する。

C（明）帝曰く「往還に幾日」、（司馬宣王は）対《こた》えて曰く「往くに百日、攻むるに百日、還るに百日、六十日を以て休息と為す。此《か》くの如く、一年にて足る。」〈明帝紀、景初二年正月、裴注所引、干宝晋紀〉

D（Aにつづく）宣王の遼東に至るに及び、霖雨、時に攻むるを得ず。群臣、或いは以為《おもえ》らく、（公孫）淵、未だ卒《にわ》かに破る可からず、宜しく詔して宣王を還すべし、と。（明）帝曰く、「司馬懿、危に臨んで変を制し、淵を擒《と》らえるは、日を計《かぞ》えて待つ可き也」と。卒《つい》に皆、策する所の如し。〈魏志、明帝紀〉

古田氏の主張では、「四千余里」は「攻むるに百日」の領域をさすという可能性もあり、「役費」はこの期間の長短によって違ってくるが、明帝は司馬懿の「危に臨んで変を制す」（古田説ではこれが「奇を用いる」にあたる）能力を信用していて、実際に司馬懿の策のとおりになったので、臣下たちの「役費」の心配は杞憂におわった、ということになる。

しかし、これはAの「奇を用いると云うと雖も、亦当《まさ》に力に任すべく、当に役費を稍（＝少）計すべからず」という文脈に全く合わない。明帝は「奇を用いる」というプラスはあってもそれでは不十分だから、四万人という大軍を出すのに役費を惜しむな」と言っているのであり、古田説の「奇を用いるという司馬懿の力量に任せなさい」とは全く逆である。

また、「奇を用いる」は司馬懿の「危に臨んで変を制す」と同じ、と解釈するのが古田説だが、まったく別ものに思える。実際、「奇を用いる」は大軍出発前に分かっている「作戦」の話であり、「危に臨んで変を制す」は、司馬懿の召還が問題になって浮上した「臨機応変」の才能なのである。

公孫淵討伐についての一連の動きを見ていると、次のような流れが見えてくる。

早くも青竜年間に、明帝は遼東討伐を図り、毌丘倹を「幹策」を有するとして責任者に任命し（毌丘倹伝）、景初元年に四州に詔書で命じて大いに「海船」を作らせ（明帝紀）、それを利用して翌景初二年に朝鮮半島への「渡海作戦」を実施して、楽浪・帯方の二郡を制圧した（韓伝）。こうして、幽州方面からの大軍は正面から、奇襲作戦による朝鮮半島からの攻撃は背後から、という挟撃体制を整えた。したがって、「奇を用いる」は、敵の意表を突くこの「渡海作戦」を指していると見るのが自然であろう。

「円」の変動と「里」

古田氏には「ひとつの本のなかで、里単位は一貫しているのが原則である」という信念がある。（古田武彦・谷本茂『古代史の「ゆがみ」を正す』新泉社、１９９４年）。

しかし、一つの本の中で、同じ名前の単位の実質が大きく変わることは、別に不思議ではない。たとえば、明治以降、現代まで使われている「円」という単位は、戦前と戦後では実質的価値が大きく変化している。この点では「里」の実質が、長里と短里で大変化したのとよく似ている。「給料が百円に上がった」という記述は、戦前の出来事だとわかっていれば、特に断らなくても奇異には思わない。長里と短里も約六倍の差があるので、記事の時期からどちらなのか、当時の中国人には常識で区別がつく。

特に上表文や詔書は、いつ出されたという時期が分かる形で引用される。引用文だからむやみに変更するわけにもいかず、後漢や三国、西晋の「里」制度がそのまま反映される。実際、魏代の記事でも、長里と解したほうが良い例が散見される。

短里か長里かは、行程論の根幹にかかわる。特に問題となるのは、「(帯方)郡自《よ》り女王国に至る、万二千余里」に対して、その間に明記してある部分里程の合計は「万七百余里」に過ぎず、不足分が「千三百里」である点だ。「九州」論者は、九州北部の不弥国から「千三百里」は、対馬と壱岐の距離「千余里」とほとんど同じであるから、短里であろうが長里であろうが近畿までは行けず、九州内にとどまると考える。「近畿」説は、「千三百里」が「長里」であれば九州北岸部から近畿へ行けると考える。近畿説にとっては「長里」説は生命線だ。これが「長里・短里」論争の大まかな構図である。

現状真理文と出来事文

長里か短里かを考えるうえで、もう一つ、重要な点がある。

文章には大別して二つのスタイルがある。一つは現状認識を表わす「現状真理文」であり、もう一つは出来事を表わす「出来事文」である。「きのう、駅前のラーメン店に入った」は出来事文だが、「駅前にうまいラーメン店がある」は現状真理文（略して真理文）である。

「駅前のラーメン店に入ったらラーメンがうまかった」経験が重なると、いつ店に入ったかを覚えているのは記憶の負担が大きいので、「駅前にうまいラーメン店がある」という「現状真理」に集約して、使いやすい記憶にする。このように、文章の区別は、記憶の区別と密接な関係にある。記憶を「出来事記憶」と「現状真理記憶」（略して真理記憶）の二つに区別するのは、頭の整理に役立つ。

「現状真理記憶」と名づけたのは、「現状では真理」という意味である。「駅前にうまいラーメン店がある」は本人にとっては今のところ「真理」だが、何年かたつと店がつぶれたりして「真理」ではなくなるかも知れない。「地球は太陽のまわりを回っている」は現在では「真理」だが、天動説の時代には「太陽は地球のまわりを回っている」が「真理」であった。

実用に適した「正しい知識」を扱うのが「真理文」であり、「真理記憶」である。「真理記憶」は客観的には時間によって変質する可能性をもっているが、主観的には無時間性を特徴としており、少なくとも本人、あるいは特定の集団や社会の現在の意識としては、不変の「真理」として記憶されている。

これと対照的に、「出来事記憶」は常に時間によって規定されている。

「韓は……方四千里なる可し」は「真理文」であるし、倭人伝の里程記事、「又、一海を渡る千余里」などもすべて「真理文」である。行為の主語がなく、誰でもかまわないのは「真理文」の特徴である。

三国志の「真理文」は西晋の正式な認識であるから、短里で書かれている。ところが「出来事文」となると過去の出来事であるから、史料にあったすべての長里を短里に直すのはむずかしく、特に「引用文」については、長里のまま記載するほうが自然である。

『三国志』は東夷伝序文に強調されているように、魏代から西晋にかけて、倭国を中心として東夷に対する新たな認識が広がったことを、直前の正史『漢書』の欠を補うものとして誇っている。したがって「真理文」としての里程記事も「東夷伝」には集中的に出てくる。

以上は、なぜ三国志では長里と短里が混在し、魏志倭人伝では短里だけ出てくるのか、という問題を探求しているうちに考えついた理論的枠組みだが、心理学では「出来事記憶」を「エピソード記憶」、「真理記憶」を「意味記憶」（一般記憶）と呼んでいることを、最近になって知った。「エピソード記憶」は1972年に心理学者タルヴィングが提唱したもので、「自分的出来事、社会的出来事の記憶」とされている。「意味記憶」はそれより早く1962年に心理学者キリアンが提唱し、「家族の誕生日などの個人的な事実、言葉の意味などの社会的に共有する知識の記憶」とされる。覚えようと意識して覚える知識（学校での勉強など）は「意味記憶」である。

「エピソード記憶」は常に「意味記憶」に洗練されていると考えられている。そ

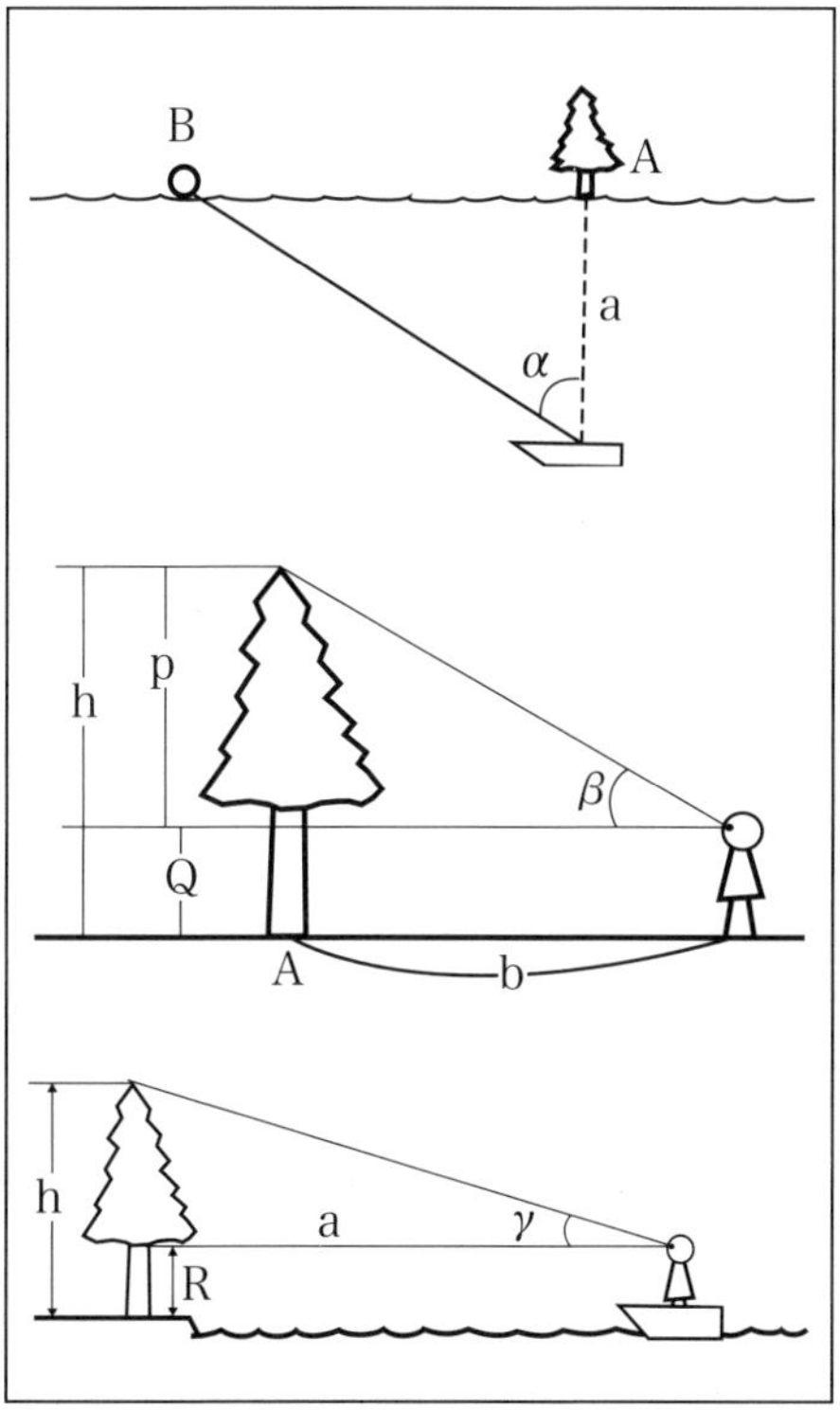

図3-5　海上からの三角法

の場合「特定のイベントについてのエピソード的情報は一般化され、イベント的詳細は失われる」というのは、先ほど「駅前にうまいラーメン店がある」に記憶が集約される、と述べたような事態であろう。

海路の里数測定法

魏志倭人伝の海上航路の里数は、三角法を活用したと思われる。海上からの測量である。（図3-5）船を陸地の目標物Aの正面に置き、船からAまでの距離がわかれば、三角法によってA～Bの距離が測定できる。Aの高さを陸上からの三角法で知っていれば、Aと船との距離も三角法で出せる。

対馬と壱岐の間などは、途中まったく島影が見えない状態がつづいても、あらかじめ単位時間当たりの船の進行距離、つまり速度を出しておけば、概数で里数は出すことができる。三角法は一般の中国人には計算が難しくとも、専門家を一人乗せておけばよい。

海上航路の里程はある程度の誤差を免れないので、千里単位になっている。「千里」といえば七、八百里から千里前後を指し、千里オーバーが確実な「千余里」と、基本的には二種類の表記法である。

海上から島の長さを計る場合は、もっと正確さが増すので、対馬の「方四百余里なる可し」と、壱岐の「方三百里なる可し」のように、推定の「可」は付いているものの「百里」単位となっている。

第Ⅳ章 「魏志倭人伝」研究史と皇国史観

1 「魏志倭人伝」研究史

神功紀の卑弥呼と壹与

魏志倭人伝を最初に記録した日本の書物は『日本書紀』である。

日本書紀は、魏志倭人伝に出てくる卑弥呼と壹与の二人の女王を、神功皇后一人にあてている。

この事実は、卑弥呼の王朝が大和朝廷とは無関係であることを、明快に示している。卑弥呼や壹与に関する伝承が、大和朝廷にはなかった。しかし、二人の女王は大和朝廷の祖先であると主張したい。それには、仲哀天皇の妃にすぎない神功皇后しか、候補となる女性の実力者はいなかったのである。

神功紀から関連する記事を引いてみよう。【 】内は、原文では二行書きの注（分注）の体裁で書かれている。太字は魏志倭人伝と違う文字。「明帝」と「也」は、魏志倭人伝の原文にない文字であり、「也」は引用を締めくくる意味で使われていると思われる。

○三九年（２３９）。是年《このとし》也《は》、太歳己未《つちのとひつじ》。【魏志に云わく、明帝の景初三年（魏志の原文は二年＝２３８年）六月、倭女王、大夫難**斗**米等を遣わして、郡に詣《いた》り、天子に詣りて朝献せんことを求む。太守**鄧**夏、吏を遣わして、将《い》て送りて京都に詣《いた》らしむ也。】

○四十年（２４０）。【魏志に云わく、正始元年、建忠校尉梯**携**等を遣わし、詔書印綬を奉じて、倭国に詣る也。】

○四三年（２４３）。【魏志に云わく、正始四年、倭王、復《また》使大夫・伊声**者**掖**耶約**等八人を遣わして上献す。】

○六六年（２６６）。【是《こ》の年、晋の武帝の泰初（正しくは泰始）三年初めの晋の起居注に云う。「武帝の泰初の始め、二年（２６６）十月、貴倭の女王、訳を重ねて貢献せ遣《し》む」と。之《これ》也。】

「三九年」は、神功皇后の摂政三九年を表す。

７１２年成立の『古事記』は、仲哀天皇の治世から直接、応神天皇の治世に移っている。それでは女王・卑弥呼を神功皇后とするには困るので、７２０年成立の『日本書紀』では、仲哀天皇妃である神功皇后の摂政という形で、神功皇后の治世期間を設けたのである。

日本書紀は漢文で書かれている。三九年の項で「郡に詣り、天子に詣りて朝献せんことを求む」と読んだ原文は「詣・郡　求　詣・天子　朝献」だが、これを岩波日本古典文学大系本は「郡に詣りて、天子に詣らむことを求めて朝献す」と読んでいる。こうなると「求めた内容は天子に詣る」ことだけであり、郡に対して朝献したことになる。これはおかしい。「朝献」とは天子のもとへ至って貢献することをいう。「求」は「朝献」までかかっていて、「朝献」することが最大の目的である。

それにしても、年数だけの「本文」、魏志倭人伝や晋の起居注からの引用は「分注」というのは、奇妙な形式である。年数だけの本文がありうるのだろうか。こういう疑問から、『釈日本紀』や『書紀集解』などの注釈書では後人の加えたものとみて本文から除いているが、やはり岩波の日本古典文学大系本が補注で言うように、本文扱いすべきであろう。卑弥呼と壹与を神功皇后に当てることは、日本書紀が、古事記にはなかった「各天皇の絶対年代」を決めていくための基準となったと考えられるからである。

神功皇后の治世年数は（二倍年暦で）六九年の長きにわたっているので、卑弥呼から壹与にかけての足かけ二八年の女王記事を入れ込む余裕は十分みている。

大和王朝の全国統一はいつか

日本書紀の絶対年代のもう一つの基準となったのは、神武天皇の即位元年を「辛酉革命」説によって紀元前660年の辛酉の年としたことで、当然、各天皇の在位年数は大幅に引き上げられている。もともと大和朝廷が王朝という名にふさわしい存在であったら、古事記の段階ですでに各天皇の在位年数が記されていなければならない。

日本書紀で天皇在位年数の資料となったのは、古事記にも記されている各天皇の享年（死亡時の年齢）であろう。ただし、近畿にあった二倍年暦によって記されているので、十一代垂仁の百四十歳を筆頭に（古事記では十代崇神の百六十八歳が最高齢）百歳を超す高齢者が続出するが、いずれも半分にすれば通常の寿命の範囲に収まる。これらを参考にしながら、「神武即位年」と、神功皇后にあてた「卑弥呼・壹与の年代」、さらに書紀成立時期に近い持統天皇という「現在」、この三つの基準軸に合わせて、天皇の在位年数を調節したのである。

神功皇后紀の奇妙な「年数だけの本文に分注」という形式は、少なくともこの年に（大和朝廷に関係あろうがなかろうが）こういう出来事があった、という意味では別に虚偽ではない、という体裁上の問題があったと思われる。ここは詳しい論証をする場ではないが、

①大和王朝の連続年号が始まるのは701年の「大宝」からである。

②『旧唐書』（1060年成立）に倭奴国以来の「倭国」伝と、その「別種」であり明らかに大和王朝をさす

新興の「日本国」伝を並立させている。

③八世紀になって初めて『古事記』（712年）のほか、大和王朝の正史『日本書紀』（720年）や、全国統一の証しである『風土記』が編纂された。

これらのことから、大和王朝の全国統一が八世紀早々であることは明らかである。神功紀の国際記事は、他王朝の出来事を大和王朝の出来事と偽っているのである。

景初三年への原文改定

神功紀の引用は、魏志倭人伝の原文と比べると、かなり誤字が目に付く。難升米が難斗米、太守劉夏が鄧夏、梯儁が梯携、伊声者掖邪狗が伊声者掖耶約といった具合である。

日本書紀の成立は、魏志倭人伝より四百年以上あとである。そのうえ、現存写本として最古の「卜部兼右本」も、成立は1540年とかなり遅い。伝写による誤字もかなり多いと推定される。

神功紀「三九年」の項の「明帝景初三年六月」は、魏志倭人伝の原文では単に「景初二年六月」である。そこから「明帝景初二年六月」と変化して、ここまでは別に間違いではないが、梁書などの「景初三年」に影響されて「明帝景初三年六月」という「ありえない年月」になったものであろう。

というのは、明帝は景初三年正月元日に亡くなっていて、その日のうちに斉王芳が即位しているからだ。「景初三年六月」は、すでに斉王芳が天子の時代である。原文の「景初二年」を梁書が「景初三年」に改定したために、正しかった「明帝」が亡霊のように宙に浮いてしまったわけである。

日本書紀が「景初三年」としたことは、古代史研究に大きな影響を与えた。まず、松下見林の『異称日本伝』（1688年）が次のように述べた。

○景初二年の二、日本書紀に拠るに、当に三に作るべし。

新井白石の『古史通或問《わくもん》』（1716年）は、「景初二年」を疑う論拠を述べた。

○魏志に、景初二年六月、倭女王、其の大夫をして帯方郡に詣《いた》りて、天子に詣りて朝献せん事を求む。其の年十二月に詔書をたまはりて親魏倭王とす、と見へしは心得られず。遼東の公孫淵滅びしは、景初二年八月の事也。其の道、未だ開けざらむに、我国の使人、帯方に至るべきにもあらず。『晋書』には公孫氏平《たいら》ぎて倭女王の使《つかひ》、帯方に至りしとみえたり。これ其の実を得たりしとぞ見えたる。

「景初二年六月」はまだ公孫淵との戦いが終わっていないから、帯方郡に遣使は無理だという趣旨で、『晋書』の「宣帝の公孫氏を平ぐる也《や》、其の遣使、帯方に至りて朝見す」を証拠として補強している。

明治四三年、内藤虎次郎は白石の論を踏まえ、さらに『梁書』の「景初三年」を論拠に挙げた。

○景初二年六月は三年の誤りなり。神功紀に之を引きて三年に作れるを正しとすべし。倭国、諸韓国が魏に通ぜしは、全く遼東の公孫淵が司馬懿に滅されし結果にして、淵の滅びしは景初二年八月にあり。六月には魏未だ帯方郡に太守を置くに至らざりしなり。『梁書』にも三年に作れり。

このようにして「景初三年」説は定説化したが、原文の「景初二年」のほうが正しい。景初二年六月には、司馬宣王（宣帝）の軍はすでに遼東に至り、渡海作戦による楽浪郡方面からとの挟撃体制は出来上がっている。公孫淵伝では「六月」に、公孫淵の派遣した将軍たちの軍は二度、敗戦を喫している――

一度は遼水のほとりの遼隧で、二度目はその東北にある都の襄平の近くで。

そして三十余日の長雨があり、遼水が氾濫して河口から直接、船で公孫淵の城下まで行けるようになった。やがて雨がやんで、司馬宣王軍は土山を築き、櫓を組んで、連射式の弩《いしゆみ》で石を城中に打ち込んだ。城内では食糧が尽き「人相食み、死者甚だ多し」という状況で、将軍らが投降した。

このあと八月に公孫淵は斬られることになるが、長雨はたぶん六月から七月上旬にかけてで、朝鮮半島への渡海作戦は早ければ四月、遅くとも五月ではないだろうか。楽浪・帯方の二郡が魏軍の手に落ちたという情報を受けて、女王国では勝敗の行方を察し、臨機応変の外交を展開したものと思われる。


卑弥呼の「景初二年」の遣使を、『晋書』が「公孫氏を平ぐる也《や》」と公孫氏滅亡後とし、『梁書』が「景初三年」に原文改定したのは、おそらく新井白石と同じ筋道をたどって考えた結果と思われるが、「木を見て森を見ず」の感を免れない。原文どおり「景初二年」が正しいと初めて論証したのは古田武彦氏だが、明帝紀や斉王紀、公孫淵伝、それに倭人伝を注意深く読んでいけば、「景初二年六月」だからこそリアルな外交が浮かび上がってくる。
①卑弥呼の使いの難升米らを、帯方郡太守の劉夏は、官吏を付き添わせて洛陽に送り届けている。異例だが、「戦中の使者」であれば当然である。平時は帯方郡が通行証を渡せばよい。
②壹与の朝貢のときは使者が「二十人」であるのに対し、景初二年のときは難升米と都市牛利の二人だけである。貢物は後漢の１０７年のときは「生口百六十人」であるのに対し、景初二年のときは「男生口四人、女生口六人、班布二匹二丈」と貧弱である。これに対し、明帝は大喜びで詔書を出して、金印紫綬と莫大な下賜品を与えている。これらも戦中の使者なら理解できる。

③景初二年（２３８）十二月に出された詔書および金印紫綬と下賜品の「伝達」は、いったん中止され、一年余りたった正始元年（２４０）になって郡使・梯儁《ていしゅん》によって実行された。景初三年正月元日に明帝が急逝し、一年間の喪に入ったからである。

紹煕本と紹興本

原文が間違っているとされた典型的な例として、全版本共通の「一大国」があり、「一支国」と共同改定されてきた。「一支国」なら「壱岐国」と音も意味もつながるとされたわけである。

版本によって異なるのは「対海国」であり、紹煕本《しょうき》の「対海国」は間違いで、紹興本《しょうこう》とその系統の「対馬国」が正しいとされてきた。この誤りを指摘したのは古田武彦氏である。南宋「紹興本」（十二世紀中葉）より後に刊行された南宋「紹煕本」（十二世紀末葉）は、実は咸平《かんぺい》六年（１００３）に勅を奉じて刊行された「北宋・咸平本」の重刻本であり、実質的には紹興本より百数十年も古い。

かねてから「紹興本」に不信の念を抱いていた書誌学者の張元済は、日本の皇室図書寮《ずしょ》を訪ねて「紹煕本」を閲覧し、年来の不信の念がことごとく解けたと「百衲本三国志」の「跋」で自ら語っている。彼は、紹煕本を全篇写真にとって帰国し、『百衲本二十四史』の『三国志』（１９３７年）にあてた。ただし、「紹煕本」に欠けていた魏志の第一巻から第三巻までは「紹興本」で補った。

「百衲本」という意味は、各種の版本を収集・校訂して一冊にまとめた書物のことで、この場合はほとんどを「紹煕本」、魏志の最初の三巻だけ「紹興本」という二種類の版本を一冊にまとめたわけである。魏志倭人伝は魏志の第三十巻であるから、もちろん紹熙本である。岩波文庫の『魏志倭人伝・後漢書倭伝・宋書倭国伝・隋書倭国伝』（１９５１年）は１９８５年に「新訂版」を出し、魏志倭人伝の写真版を、それまでの「紹興本」系統の武英殿本から「紹熙本」に変えた。

「紹興本」の写真版は、三品彰英・編著『邪馬台国研究総覧』（１９７０年）の巻頭に掲げられており、「対馬国」のほか、「自女王国以北」が「自女三国以北」になっているのが確認できる。

対海国から対馬国へ

紹興本の「対馬国」、それに『梁書』『隋書』に出てくる「一支国」は、後代の常識によって原文の「対海国」と「一大国」を改定したものである。現代の常識でも、対馬と壱岐に近い表記は「対馬国」と「一《い》支《き》国」だから、こちらが正しいと思い込むところに「常識の恐ろしさ」がある。対馬と壱岐が三世紀もツシマ、イキと呼ばれていたという保証はどこにもない。地名は時代によって変遷する。

転写の間違いは字形の類似によることが多いが、「一支」と「一大」は似ているにしても、「対海国」の「海」は「対馬国」の「馬」と全く似ていない。それに「対馬」は、中国音としてはツマとは読めてもツシマとは読めない。日本人の常識で「対馬」をツシマと読んではいけないのである。

「海」はツクリに「毎」が入っているように、古くはマに近い音であった（学研漢和大字典）。「海」は上古音ではマに近い音で、中古音以降はｈａｉになり、現代の上海《シャンハイ》につながったが、日本では当時ｈの音がなかったので、最も近いｋ音をあててカイと読んだわけである。「対海国」は日本語では「タマ（玉）国」と考えられる。

対馬は現代でも真珠の養殖が盛んであり、古代から豊玉姫をまつる豊玉神社が存在している。その一方で「対海国」は、四面が海に対している対馬の地形を見事に文字で表している。古くから漢字文化と接している対馬の古代人が、自ら付けた漢字名である可能性が高い。

ところが「海」の音がｈａｉ（カイ）に変わると、「対海」はタマではなくてタカになってしまう。そこで「海」を、マと読める「馬」に変えたのが「対馬《たま》」である。朝鮮半島の覇権は西部を支配していた馬韓にあったから、「対馬」は「馬韓に対している」という意味になり、これも適切な用字である。

西日本の覇権が九州から東に移ってくると、対馬は朝鮮半島へ向かう中継の港（津）の意味が強くなり、ツシマ（津島）と呼ばれるようになる。そして、定着している文字「対馬」のままでツシマと読ませるようにしたのが、現在までつづいている「対馬《つしま》」である。

皇国史観と神話

『三国志』は魏と西晋朝を正統王朝とする。これが三国志の大義名分である。しかし、三世紀「倭国」の実状に関しては、中国王朝の大義名分で事実を曲げる必要はまったくない。

その点、皇国史観の下に成立した『日本書紀』その他の国内史料が、大和朝廷一元主義というイデオロギーに立ち、それに反する事実をしばしば改変せざるを得なかったのと対照的である。改変の事実が図らずも明らかになった典型的な例が、卑弥呼と壹与の二人の女王を神功皇后にあてたことである。

同時代の倭国を現地調査によってリポートした「魏志倭人伝」は、その点でも『日本書紀』などの後代成立の国内史料より、はるかに信頼に値する。

「皇国史観」とは、簡単に言えば、天照大神の子孫である天皇家が、過去から未来まで日本を治めることに定められている、という歴史観である。過去には「神代」は入っていない。神代に地上を支配していた「出雲」から、高天原の天照大神が地上の国の支配権を譲り受けたのが「国譲り」である。国譲りを実行して、天照大神の孫のニニギが「筑紫の山」に天下ったのが「天孫降臨」である。

日本書紀で「国譲り」と「天孫降臨」がハイライトであるのには、理由がある。

「国譲り」は、大和朝廷が地上を支配すべき「王権の正統性」を保障する。

「天孫降臨」は「国覓《ま》ぎ」という「新天地開拓の正当性」を強調する。南九州を大和朝廷の新たな「国」として求めていくのである。また、東国から東北にかけて新たな「国」を開拓する原理でもある。

この「新天地開拓」の原理が、明治から戦前の皇国史観では、朝鮮半島や満州、中国などへの「侵略」を支える思想的原理として利用された。

禁書にされた三国志

大和王朝が覇権を握った八世紀の初めには、早ばやと禁書令が出されている。

○山沢に亡命し、禁書を挟蔵して、百日首《もう》さぬは、復《また》罪すること初めの如くせよ。〈続日本紀、和銅元年正月〉

和銅元年は西暦708年で、712年には古事記が成立し、720年には日本書紀が成立している。続日本紀は日本書紀の成立に関しては詳しいが、古事記は抹殺している。『日本書紀』には神功紀の魏志倭人伝の引用など、

『古事記』にはない記事が豊富に含まれており、特に百済系三史料から大量に引用されている。古事記の成立以後に「禁書」とされていた書籍を大量に手に入れて、大和王朝史に挿入したわけであり、魏使倭人伝を含む『三国志』もその一つである。

891年ごろに成立した『日本国見在書目録』は、平安初期の日本に存在した漢籍の目録を挙げている。「見在」とは「現在」という意味だ。その中に後漢時代の史料として『東観漢紀』『後漢書』『後漢紀』『帝王世紀』とともに『三国志』を挙げている。また、平安末期、藤原通憲（信西）の『通憲入道蔵書目録』には「『魏呉蜀志』二十帖」があるし、藤原頼長は読了した漢籍として「『三国志』帝紀十巻」を挙げている（『台記』巻三・康治二年（1143）九月二十九日条）。

このように、『日本書紀』成立後も『三国志』が日本に残っていたのは確かであるが、これは藤原道長のような権力者だけが読むことを許されていたもので、一般には「禁書」が継続されていたはずである。なぜなら、神功皇后をむりやり卑弥呼と壹与にあてていることが、「魏志倭人伝」を読めばすぐに分かってしまうからだ。『日本書紀』の権威は台無しになってしまうだろう。

長い間「禁書」になっていた、ということを前提とすると、何となく不思議に思っていた謎が解けてくる。魏志倭人伝に触れた本が、江戸時代にならないと出て来ないという不思議な現象である。

1301年には成立していた卜部兼方の『釈日本紀』（日本書紀の解釈書）には、後漢書や旧唐書の「倭奴国」に触れ、隋書のことをぼかして「或る書に曰く」として「筑紫の人、隋代に彼の国（和奴国＝倭奴国）に到り」云々と述べており、「邪馬臺、耶馬堆、耶靡堆」など後漢書や隋書などに出てくる名前を挙げているが、魏志の「邪馬壹国」には触れていない。

三国志の刊本は、当時すでに北宋の咸平本（１００３年）や、南宋の紹興本（１１３１〜６２年）、紹熙本（１１９０〜９４年、「咸平本」の重刻本）が刊行されており、それらはすべて「邪馬壹国」である。瑞《ずい》渓周鳳《ほう》の『善隣国宝記』（１４７０年頃成立）には、漢書地理志の「楽浪海中、倭人有り」や、その唐代の師古注に引用された魏略の「帯方東南の大海の中に在り、山島に依りて国を為す。海を度る千里、復国有り、皆倭種」や、新唐書の「日本は古の倭奴也」などの引用はあるが、魏志倭人伝には触れていない。十六世紀に日本を訪れた明の鄭舜功の『日本一鑑』（１５７３頃成立）も、日本書紀や漢書、梁書からの引用はあるものの、魏志倭人伝のことは出て来ない。

はっきりと魏使倭人伝を読んだことがわかるのは、１６９３年の松下見林『異称日本伝』である。卑弥呼《ヒメコ》は神功皇后のオキナガタラシ姫尊《ヒメノミコト》の名前がなまったものだとし、後漢書の著者・范曄《はんよう》と三国志の著者・陳寿を並べて「曄・寿、豈《あに》我が国の是れ神国たるを知らんや」と、皇国史観をまともに述べている。

魏志倭人伝の研究の始まりがこれだけ遅れたのも、『三国志』が「禁書」だったからこそである。

この点は『古事記』についても言える。古事記の現存する最古の写本は、真福寺本（１３７１〜７２）であるが、本居宣長などによる研究が始まったのはやはり江戸時代である。

魏志倭人伝が「禁書」によって日本人の目から隠されてきた間に、『日本書紀』の皇国史観は知識人たちの頭に染み込んでいった。禁書がゆるんできた江戸時代に魏志倭人伝が読めるようになっても、まずは「皇国史観で魏志倭人伝を解釈する」というのが当然の態度だったのである。

皇国史観と新井白石

皇国史観で魏志倭人伝を解釈すると、当然、卑弥呼は近畿大和の女王ということになる。魏志倭人伝の研究は「近畿説」から始まり、それがしばらくは続く。ただし、江戸時代は合理的精神の発達した時代である。そこで、皇国史観と合理的思考とがぶつかり合うことになる。

合理的思考は、最初は皇国史観に合理的根拠を与えるために用いられる。その典型的例は、新井白石の『古史通或問』（1716年）に見られる。まず、卑弥呼を日本書紀に従って「神功皇后」とする。そして、古事記の仲哀天皇の崩年干支「壬戌」が、正始四年（243）の卑弥呼の二度目の遣使の前年にあたることに着目して、卑弥呼の最初の遣使は「景初二年」ではなく「正始四年」だと大胆に訂正する。

また、「末盧国」を松浦郡、「伊都国」を糸島半島の怡土郡、奴国を博多の那珂郡にあてるなど、のちの「邪馬台国論争」の原動力となる「地名・音当て主義」を展開する。「邪馬台国は即ち今の大和国なり」としていて、この時の新井白石の説はもちろん「近畿説」である。

しかし、白石は晩年になって「外国之事調書」という巻物を書いて、そこに

○邪馬臺　筑後山門郡

と記したが、公表はせず家蔵されていたのを、現代の研究者、宮崎道生氏が発見した。したがって、新井白石が「九州説」の創始者であることは長いあいだ知られていなかった。ただ、白石の九州説も、皇国史観が「邪馬壹国」を大和《ヤマト》に結びつけたいために、音の近い後漢書の「邪馬臺《たい》」を援用した動機を忘れて、ヤマトを「山門」郡に当てはめたに過ぎず、皇国史観の影響は歴然としている。

本居宣長の九州説

九州説を初めて公にしたのは本居宣長の『馭戎慨言』（1778年）である。彼も後漢書の「其の大倭王は邪馬臺国に居す」を論拠とし、卑弥呼は大和にいる「神功皇后」だという。ただし、魏志倭人伝の内容からすると、その都は九州南部にあると考えたところが宣長の合理主義の発揮されたところだ。

彼の「九州説」の根拠は次のようである。

①末盧国（松浦郡）から伊都国（怡土郡）まではよいが、奴国、不弥国、投馬国などは音韻的に大和への道筋にあてはまる地名はない。

②不弥国から女王の都まで「南」をさしているのは、大和に合わない。筑紫から大和へは「東」をさして来るからである。

③「女王国自り以北」というのも方角的に合わない。大和からなら「以西」となるはずである。

④「投馬国〜女王の都」を「水行十日、陸行一月」というが、「陸行一月」は大和に合わない。瀬戸内海を難波の津までは水行するのが当然で、途中の山陽道で陸路に切り替えるなどは、あるはずがない。「一月」を「一日」の誤りとしても、どこの海辺からでも一日では大和に行けない。

⑤「周旋、五千余里」と倭地を言っているのも、九州島と周辺の島々とすれば、よくあてはまる。

⑥「女王国の東、海を渡る千余里、復《また》国有り、皆倭種」も大和には合わない。筑紫から海を隔てて東にある四国のことを言っている。

これらは近畿説に対する痛烈な批判であり、すでに近畿説に対する基本的な批判はここに示されている。近畿説の論者はその後現在に至るまで、まともに宣長の批判に応えていない。

方角の問題は、魏志倭人伝の「方角」が九十度狂っている、つまり「南」とあるのは「東」だと原文改定するか、内藤湖南「卑弥呼考」のように、中国の古書では「東と南と相兼ね、西と北と相兼ぬるは、その常例」と、用例も挙げずに、都合のよい解釈で逃げようとするかのどちらかである。

「原文改定」でなく「解釈」によって原文の意味を実質的に曲げてしまうのは、現代まで続く悪弊であり、憲法改定がだめなら解釈改憲でいくか、という現代の代表的な例を思い出さずにはいられない。

そのような無理を重ねても、方角問題のうち⑥は解決できていない。「東」を「南」に変えたとしても、近畿の南の海を渡ったら太平洋に「倭種」の国々がある、などということはあり得ないのである。

中国人への蔑視

興味深いのは、宣長が①で、奴国をナ国と読むことを否定している点である。「漢音、呉音、唐音にも「奴」をナと読む例はない」というのはそのとおりで、呉音はヌ、漢音はドである。

ところが、宣長はすぐ後で、「さて思ふに」として、これと矛盾することを言い出す。奴国は仲哀紀の「儺《な》の県《あがた》」、宣化紀の「那の津」だとするのである。おそらく、白石の「那珂《なか》郡」説では余りに「奴国《ぬ》」と音が違いすぎると思っていたのが、「儺《な》の県、那《な》の津」であれば許容されると思ったのであろう。

この思い付きによる「奴国＝博多」説が、新井白石以来の「伊都国＝怡土郡」とそろうことによって、二つの「地名比定」が通説となり、倭人伝の研究を迷路に導くことになる。宣長の音韻批判も、ご本人が翻してしまったのでは、その後の近畿説論者がきちんと受け止めなかったのもやむを得ない。

宣長は「合理的思考」によって、魏志倭人伝の女王の都は「九州」であると考えたが、「皇国史観」を信奉するもう一人の宣長は、それを許すことは出来なかった。

そこで考え出した折衷案が、卑弥呼の使いとは、

○筑紫の南のかたにていきほひ（勢い）ある、熊襲などのたぐひ（類）なりしものの、女王（神功皇后）の御名のもろもろのからくに（韓国や唐国）にまで高くかがやき（輝き）ませるをもて、その御使といつはりて（偽って）、私につかはし（遣わし）たりし使なり。

というものである。つまり、南九州の熊襲のたぐいが、神功皇后の名を勝手に名乗って使いを魏に出し、魏もそれを信用して騙された、という説だ。

ここには、中国人は皇国日本のことなど分からず、簡単にだまされる愚かなやつだ、という皇国史観の真髄が顔を出している。中国に尊敬の念をもつ漢学者は、ここまで大胆に魏志倭人伝の記述を捨て去ることはできなかった。なにしろ、倭人伝には魏使が卑弥呼に会ったと明記されているのだから。

鶴峰戊申の九州王朝説

魏志倭人伝の研究心を大いに刺激したのは、天明四年（１７８４）年に、志賀島で石棺と思える巨石の下から発見された「漢委奴国王」の金印である。これが後漢書の「建武中元二年（５７）、倭奴国、奉貢朝賀す。……

光武（帝）、賜うに印綬を以てす」の「印」であると見なされたのは当然で、上田秋成、伴信友らの学者・文人が「委奴国とは何か」を論じた。

「委奴国」は最初「大和」と考えられたが、近畿と志賀島を結びつけるのが難しく、すぐに「伊都国」説が有力になった。伊都国が「偽って」あるいは「私に」漢と通じたと言うところに、宣長流の「皇国史観」の影響が感じられる。『日本書紀』に漢から金印をもらったという記事がないことは、後漢書の「倭奴国」と大和王朝を直接むすびつけられない弱点として意識されたわけである。金印は古代の倭国に対する関心を掻き立て、最も情報量の豊富な「魏志倭人伝」への関心も高まった。

「魏志倭人伝は大和王朝とは無関係」という宣長の説を、さらに拡大したのが鶴峰戊申《ぼしん》である。

彼は文政三年（1820）『襲国偽僭考』（熊襲の国が偽って大和王朝を僭称した、という意味）を著わして、宣長の南九州説を受け継いだ。それだけでなく、後漢書の「委奴国」や「倭国王帥升《すいしょう》」はもちろん、宋書に見える「倭の五王」、そして朝鮮半島に現存する最古の史書である『三国史記』（1145年成立）の「倭」もすべて、熊襲が大和王朝を偽って僭称したものとした。

さらに、『海東諸国記』（1471年成立、李氏朝鮮の申叔舟の著）などに見える「善記」（522年）から「大長」（698年）に至る三十の（大和王朝が認めていない）年号を、「九州年号」と称した。

この鶴峰戊申の説は、あくまでも九州の豪族的存在が大和王朝を僭称したとしているものの、実質的に古田武彦氏の「九州王朝」説の先駆である。

白鳥庫吉の九州説

明治時代になると、魏志倭人伝研究にも西洋的な思考が入ってきて、倭人伝の語句を広く検討しようという傾向が強くなってきたが、しばらくは江戸時代の研究を引き継いだものが多かった。

その中で、那珂通世、久米邦武、菅政友、星野恒、吉田東伍ら、明治二十年代から頭角を現した論者は皆、本居宣長と鶴峰戊申の「九州説」の影響を大きく受けていた。明治政府の文部行政は、本居宣長の弟子筋の国学者が主流だったので、宣長の影響は当然大きかった。一方、西洋列強と伍していくには史学も国際化を急がねばならない、ということもあって、大和一元説の国粋主義がややゆるみ、近畿説より「九州説」の方が合理的に見えたという事情もあると思われる。

「近畿説」と「九州説」の対立は、明治も押し詰まった明治四三年（1910）に確立された。三人の論者が雑誌連載で詳しく魏志倭人伝を論じたが、まず並行したのは白鳥庫吉と内藤湖南である。

白鳥庫吉は「倭女王卑弥呼考」（『東亜の光』六・七月）で「九州説」に立ち、初めて「総里程」と「部分里程の総和」の食い違いを論じた。帯方郡から邪馬壹国までの「総里程」は「万二千余里」であるのに対し、帯方郡から不弥国までの「部分里程の総和」は「一万七百余里」であり、残りの「千三百里」が「不弥国〜邪馬壹国」にあたる、と白鳥は考えた。

不弥国からは「南至る投馬国、水行二十日」と「南至る邪馬壹国、女王の都する所、水行十日陸行一月」とあるので（白鳥は「水行十日」を、宣長に倣って「水行一日」に原文改定している）、「不弥国→投馬国→邪馬壹国」と順次式に読むと「不弥国〜邪馬壹国」は計「水行二十一日プラス陸行一月」となる。この日程はいかに長大に見えても、距離は「千三百里」だというわけである。対馬と壱岐の間が「千余里」なので、九州北岸部と考えた不弥国から「南」へ「千三百里」では九州から出ることはできない、というのが白鳥の直観であった。この「千三百里の不足」問題は、魏志倭人伝の最大の難問として論者たちにつきまとい、原文が信頼できないという論拠ともなった。

白鳥は、肥後に邪馬台国があるという「肥後・山門」説を唱えた。一方で「倭国」とは九州全体のことだと述べたが、全部が女王の所領というわけではなく、南部は「狗奴国」に属し、熊襲にあたるとした。「九州説」といっても沖縄が視野に入っていなかったのは、現代にまで至る宿弊といえる。

「九州説」のリーダーとなった白鳥の学説は、「魏志倭人伝の原文には、重要な点で誤りがある」という間違った常識を、「九州説」にも浸透させたという一面を持つ。しかし、彼の合理主義的な直観は「大局」を見るときに効果を発揮し、領域論などで、現代から見てもなるほどと思える点を含んでいる。

白鳥の「九州説」は、熊襲が（大和王朝を僭称した）女王国である、という従来の「九州説」から変化し、正統な「王朝」が九州に存在したと考える点で画期的であった。白鳥の「肥後・山門」説は、星野恒が明治二五年に唱えた「筑後・山門」説を受けて、「九州説」が多様化する道筋を作った。

内藤湖南の近畿説

白鳥庫吉の「倭女王卑弥呼考」と同じ明治四三年（１９１０年）に、内藤湖南は「卑弥呼考」（『芸文』五・六・七月）を発表し、「近畿説」を強烈に主張した。彼は、逸文しか残っていない『魏略』をもとにして魏志倭人伝は書かれたと断言し、「原文無視」の傾向に拍車をかけた。

また、卑弥呼は「倭姫命」だとした。倭姫命は女王ではなく、垂仁天皇の四女にすぎないが、神託により近江・美濃などを遍歴の末、伊勢神宮内宮を創建して天照大神を祀ったとされ、甥にあたる日本武尊に天の叢雲の剣（草薙の剣）を与えた。卑弥呼の「鬼道に事え、能く衆を惑わす」や「夫婿（＝夫）無し」が、神功皇后より「倭姫命」によく当てはまると考えたのである。これによって、同じ大和王朝内でも「神功皇后」以外に卑弥呼を当てることが可能だと示し、後に近畿説の学者や考古学者たちが「倭迹《と》迹《と》日《ひ》百《もも》襲《そ》媛命」（箸墓の被葬者に比定されている）を卑弥呼にあてる道を開いた。

内藤は、本居宣長と鶴峰戊申が「卑弥呼とされているのは熊襲の首長だ」という説を出したために、明治の史家たちが一様に「九州説」を取っていることを「卑弥呼考」で憤慨し慨嘆している。当時は「九州説」が優勢だったことが、この論文を読むとふつふつと実感される。

内藤は方角については「支那の古書が方向を言ふ時東と南と相兼ね、西と北と相兼ぬるは、その常例ともいふべく」「途中の著しき土地の位置等より、方向の混雑を生ずることも珍しからず」で片づけた。昔の中国人は西も東も分からぬ輩だ、と言わんばかりである。

一方、白鳥が強調した「北九州から千三百里では大和まで行けない」という問題については、「然れども当時の道里の記載はかく計算の基礎とするに足るほど精確なるものなりや否や、すでに疑問なり」と、これも中国人の能力を低く見ることで済ませている。

代わりに内藤が力を入れたのは、地名、官名、人名という固有名詞を、『日本書紀』をはじめとする国内史料に引き当てることで、「固有名詞、音当て主義」ともいうべきものである。すでに江戸時代に始まっている方法であるが、内藤はこれを全面的に展開したのが一種の迫力を生んだ。しかしながら、範囲が限定されない中で似た音の固有名詞を探し、そのうえ「不呼国《ふこ》＝伊福《いふく》＝伊吹《いぶき》」のように相当の音の違いも許容するわけだから、何の証明にもならない代わりに「百家争鳴」をもたらすのは当然である。

中国人が現地取材に基づいて書いた「魏志倭人伝」の史料価値を、すなおに認めることができないため、きちんと原文どおり読み解くことを徹底できず、時代もかなり後の国内史料に頼るというこの方法は、現代にまで受け継がれた。「皇国史観」の象徴ともいうべき方法である。

橋本増吉の九州説

内藤の「卑弥呼考」の数カ月後に発表されたのが、白鳥庫吉の門下生である橋本増吉の「邪馬台国及び卑弥呼に就て」（『史学雑誌』１９１０年十月〜十二月）である。

橋本は内藤の地名・官名・人名の比定について、「邪馬台は畿内大和にして卑弥呼は倭姫命なるべしとの仮定の下になされたる比定にして」、もしこの仮定が誤りであったら「全部徒労無意味の事たるに過ぎざるべし」と厳しく指摘する。そして地名比定は九州内でも十分可能だと網羅的に示す。

橋本は、日本書紀に示された上古の「年代」の検討に力を注ぐ一方で、西洋式測量による明治政府の精密な「地図」の成果を大いに利用して、九州の平野部は山脈により大きく二つに分断されているとする。そして、北方の筑紫・肥前が「女王国」の領域で、南方の薩摩・大隅・日向が「狗奴国」であるとし、白鳥庫吉の説を補強した。

邪馬台国は「筑後の山門郡」だというのが橋本の比定で、筑紫の君・磐井が筑後平野に拠っていること、付近の高良山《こうらさん》や山門郡女山《ぞやま》に神籠石《こうごいし》という大建築の跡が残っていること、この二点も論拠としている点が注目される。

橋本は、末盧国（唐津）から「東南」陸行とあるのに、通説では「東北」方向にあたる糸島半島の怡土郡《いと》（伊都国）に向かうという矛盾に直面した。そこで、精密な地図がない古代においては、方位は「出発地点における道路の方向に従てこれを定むる」という「最も便宜なる一方法」を魏使たちは使った、というアイデアをひねり出した。つまり、唐津からの「出発方向」は「東南」だが、途中で道なりに方向転換して「東北」に向かったために、結果的に「全体方向」も「東北」になった、という説である。

古田武彦氏は1971年に『「邪馬台国」はなかった』で、同じような説を述べて「道しるべ読法」と巧みなネーミングを行った。だが、この橋本・古田説も、中国人の方向感覚を信用せず「現地を知らない読者は方角をイメージできない」という根本的欠陥において、内藤湖南の「東と南と相兼ね」と五十歩百歩の違いしかない。

「九州説」の橋本は、唐津（末盧国）から「東北」の糸島半島（伊都国）をへて博多（奴国）に向かうという、近畿説から出発した通説を認めたために、もう一つ便法を編み出さなければならなかった。博多から「東行百里」の不弥国の港から「南至る投馬国、水行二十日」は、九州東岸の海を行くとなると、九州をはるか突き抜けて沖縄付近まで行ってしまうので、この「水行」は「川」を行くと見なしたのである。以来、これは「九州説」では定説に近い扱いを受けている。

明治の膨張主義と皇国史観

明治四三年に発表された白鳥庫吉、内藤湖南、橋本増吉の三人の説を見てきたが、すでにこの時点で、現在の「邪馬台国論争」の基本的な問題がほとんど出尽くしていることに驚かざるを得ない。

内藤湖南は昭和三年（１９２８）に、このエポックメイキングな年を振り返って次のように述べる。

○ただ余が満足せし一事は、この一時の議論ありし結果、並時の学者が九州説を定論とせし迷信的意嚮（＝意向）より離脱し、再び近畿説と九州説との両端について考慮するに至りしことにして、六、七年前、『考古学雑誌』において、すでに幾多の議を再発し、有力なる学者にして、また畿内説を主張せらるる人を出すに至り、その中には九州以東の海路を山陰に考察する説（＝笠井新也、山田孝雄らの説）などをも生じたり。

ここには、次第に重みを増していく考古学者が、①古墳の密集することなどを理由に近畿説をとる傾向が強いこと、②近畿説も「地名音当て主義」によって多様化していくことが的確にとらえられている。「海路を山陰に」という「日本海側」沿岸航海説は、内藤が「陸行一月」については、現存刊本のどれにも「一日」としたものがないことを理由に、原文どおり読むことを主張したことから始まる。つまり、「瀬戸内海」航路の難波津では「大和」に近すぎるので、敦賀方面に上陸地点を設定する必要が生じて考え出された。敦賀なら、大和に「陸行一月」かかっても妥当だと考えたのである。

この明治四三年以来、京大は地元「近畿説」、東大は「九州説」という学閥と結びついた華やかな「邪馬台国論争」が、世間の注目を浴びるようになった。ではなぜ、それまで「九州説」が圧倒的であった明治の傾向が変わってきたのだろうか。

明治は西洋化が急がれた時代である。魏志倭人伝の研究もそれなりに合理的思考が進められ、「日本書紀に従って卑弥呼は神功皇后とする」という単純な「皇国史観」では済まなくなっていた。

　また、永遠と思われていた江戸幕府が崩壊して、首都「東京」の比重が「近畿」より高まり、「天皇制」もまだ強固ではない段階では、何も「近畿大和一元主義」でなくともよいではないか、という気分が「九州説」を支えた面もあったと思われる。何も「偽僭説」（熊襲などの九州の酋長が、偽って近畿大和の天皇の名を僭称したという説）でなくとも「倭国」は九州にあったとしてよい、という考えである。「偽僭説」がすっかり姿を消したのもそのせいであろう。

　しかし、不平等条約改正のために西洋化を急いだ「鹿鳴館」時代が終わり、日本が西洋列強に伍して一流国の仲間入りをしたと感じられるようになると、国粋主義が再び力を持ってくる。特に日清戦争（１８９４〜９５）と日露戦争（１９０４〜０５）で勝利した影響が大きい。日清戦争の勝利によって、中国文明の価値を低く見る風潮が生まれ、日露戦争にも勝利したことによって、日本人は日本の伝統的な価値に自信を持つようになった。二つの戦争の勝利が「天皇制」の下で可能になったことで天皇の権威も強化され、『日本書紀』による「皇国史観」が江戸時代以上に力を持つようになってきたのである。

　中国人の書いた「魏志倭人伝」に『日本書紀』と合わない記事が多く、ツジツマが合わないように見えるのは、自分たちの読解力不足のせいではなくて、「魏使倭人伝」に誤りが多いせいだと考えたわけである。内藤湖南の「卑弥呼考」は、そういった「皇国史観」の気分を体現していた。そのために、論理的にはかなり大雑把でありながら、学者や知識人からも歓迎されたといえよう。

2 「邪馬台国」ブームと考古学

『まぼろしの邪馬台国』と吉野ヶ里

「神話」が事実として教えられていた戦前、古代史で一般的に人気の高かったテーマは、天孫降臨地、つまり「高千穂の峰」は九州のどこか、という問題であった。

戦後になると、「神話」そのものが実際の歴史と無関係な「作り話」とされてしまったので、「高千穂の峰」論争は主役の座を降り、代わりに「邪馬台国はどこか」が国民的な関心事となった。「神話」は当てにならないが、魏志倭人伝という歴史史料ならば、具体的に研究する価値があるというわけである。

１９６７年に出版された宮崎康平『まぼろしの邪馬台国』は、学者でなくても「邪馬台国さがし」にロマンを追い求めることができる格好のモデルとなって、「邪馬台国ブーム」を本格的なものにした。

高度成長期に入った６０年代から、土地開発によって考古学的発見が相次ぎ、マスコミをにぎわすようになった。文献的な発見や論争は、雑誌レベルのページ数がないと分かりにくいが、新聞やテレビには、遺物や遺跡の映像で惹きつけることのできる「考古学」の発見が格好の題材となったのである。

実は『まぼろしの邪馬台国』ブームも、「邪馬台国」を発掘できるのではないか、という考古学ブームが大きく寄与している。盲目の著者が杖をつきながら、郷土の島原の各地を訪ね歩く「現場主義」は、人々の感動を誘った。「邪馬台国」ブームは郷土愛とも結びついている。しかしながら、宮崎氏の方法論は、江戸時代以来の「地名・

音当て主義」に基づいており、「邪馬台国」が全国各地に比定される「百家争鳴」状態も、この「地名・音当て主義」が原動力になっていることを象徴的に示している。

新たな「考古学」的発見があるたびに「邪馬台国」との関連に触れるのは、マスコミのお馴染みの光景となっている。1986年からの佐賀県「吉野ヶ里」遺跡の発掘に伴う発見のうち、最初に大々的に報道されたのは「物見やぐら」跡の発見で、魏志倭人伝の「楼観」にあたるとされ、「魏志倭人伝」の記述を裏付ける証拠とされた。論調の基本にあるのは、「魏志倭人伝」の記事には確たる信頼性がないが、「考古学的な物証」が見つかったものだけは信用できる、とする姿勢である。

冷静に考えれば、この「物見やぐら」と「楼観」が同じ類としても、「邪馬壹国」が吉野ヶ里にある証拠にはならないし、「九州説」の証拠にもならない。一方、三世紀の倭国に「楼観」が存在したという証拠であれば、現地報告に基づく「魏志倭人伝」に「楼観あり」とされている以上の証拠はありえない。

このように「魏志倭人伝」は信用せず、というところは戦前の「皇国史観」と変わらず、冷戦体制のもとで中国を長らく「中共」と呼んで敵視政策をとってきたこととつながっている。

魏志倭人伝を「原文どおり読む」ことを強調した古田武彦氏の『「邪馬台国」はなかった』が、1972年の「日中国交正常化」の前年に出版されたことは、その点を象徴しているといえよう。

「伝世鏡」理論

「魏志倭人伝」の代わりに「考古学」を信頼するという傾向も、時代風潮の影響が大きい。

戦前の精神主義的・浪漫的・観念論的「皇国史観」と「軍事国家日本」に対する反動で、戦後はアメリカとの圧倒的な差を見せつけられた「経済力」を復興し、成長させることが国策となった。経済力とはすなわち「物」中心主義であり、古代史の研究においても「物」を扱う考古学の比重が飛躍的に高まったのである。しかし、「物」自体は、いくら研究しても「倭人は島に住んで国を作っている」というような、三世紀の中国人の現地報告に基づく「人間の複雑な認識」を語ることはできない。

また、考古学の重要な学説が、鏡などの「文字の解釈」に基づき「観念の操作」によって成り立っていることは、一般にはほとんど知られていない。例として「伝世鏡」理論を挙げよう。

近畿説の考古学者たちは「三角縁神獣鏡」が魏の鏡だとしている。それはいくつかの「文字」の解釈から来ている。有名なのは「景初三年鏡」（島根県神原神社古墳から出土）で、卑弥呼の遣使を原文改定で「景初三年」としたのに基づき、これが魏から送られた「銅鏡百枚」の内の一枚というわけである。

三角縁神獣鏡は弥生時代の墳墓からは一面も出土せず、すべて古墳から出土している。この矛盾を切り抜けるために、卑弥呼の時代から百年ぐらいたってから三角縁神獣鏡は一斉に埋められた、という説が京大の小林行雄によって唱えられた。これが「伝世鏡」理論である。しかし、伝世された鏡が存在するからといって、全部が伝世されたとするのは、いかにも非合理的である。さらに、この三角縁神獣鏡は中国から一面も出土せず、しかも銘文が韻を踏んでいないなど、中国鏡にあるまじき特徴がいろいろ見られる。

三角縁神獣鏡は、古墳時代に作られた国産鏡であると考えるほうがはるかに自然だ。

巨大古墳と卑弥呼の墓

古墳については、マスコミや考古学界が暗黙のうちに前提としている先入観がある。「巨大古墳が多い地域が、倭国の中心地域だ」という先入観である。しかし、これは大きな間違いであり、事実は全く逆と思われる。近畿に圧倒的に多い巨大古墳は、中国の王朝と没交渉であることの証しなのだ。

中国では後漢の時代に儒教の合理思想が普及し、曹操は２０５年に厚葬を禁じた。後を継いだ魏の文帝も２２２年に「薄葬令」を出してこう言った。「骨には痛みや知覚がないから、巨大な墳墓やぜいたくな副葬品は無駄であり、盗掘を誘っているようなものだ」。現代の日本人顔負けの合理思想と言える。

魏志倭人伝に卑弥呼の墓は「径百余歩」とあり、短里で直径が約三〇メートルの円墳である。文帝の「薄葬令」を忠実に守っているわけで、それでも倭国としては「大いに冢《ちょう》（塚の原字）を作る」という大土木事業であり、「殉葬者百余人」を収容するには十分の大きさである。もともと「塚」は、近畿の「古墳」ほど巨大なものに使う文字ではない。直径約三〇メートルの円墳が目立つほどの地域と時代が、三世紀の倭国の中心地である。

「一里＝約七六メートル」の短里説によらず、「径百余歩」を「一八〇メートル」（斎藤忠）、「一五〇メートル」（小林行雄）、「七、八〇メートル」（榎一雄）のように巨大にとる説は、いまだに根強い。

論者により説が違う理由は、次のようだ。まず、「歩」を「一里＝三〇〇歩」という里の下部単位と正しくとって、「長里」（一里＝約四三四メートル）で考える立場では、「余里」をどの程度と見るかによって一五〇メートル（小林行雄）から一八〇メートル（斎藤忠）の幅が生じる。次に「歩」を「歩幅」ととる立場では「百余歩」は七〇～八〇メートル（榎一雄）となり、九州説の学者でも何とか許容できる数値になるわけである。

榎一雄は、戦後の「九州説」に新機軸を開いた東大教授であったが、「短里」を想定しなかったため、卑弥呼の墓に相当する大きな墳丘墓がないことを「九州説」の弱点として気にしていた。

○径百余歩、殉葬者百余人という大規模な卑弥呼の墓が、北九州の、邪馬台国に当てられているどの地点にも発見されないことは、確かに九州説の弱点である。一歩を平均七〇センチメートルとすれば、百余歩は七、八〇メートルである。（略）それにしても相当の大きさである。（略）しかし、倭人伝には卑弥呼の墓の大きさは書いているが、それがどこにあったかは書いてない。我々はなお今後の調査に期待すべきであろう。

〈榎一雄『邪馬台国』至文堂、１９６０年〉

だが、榎は「邪馬台国」として自らが想定した筑後平野に、巨大古墳がないことにこそ自信を持つべきだったのである。筑後平野に串状に突き出した高良山の麓には「祇園山古墳」がある。一辺が二四メートル前後のややいびつな方墳とされるが、最も早い時期の古墳であり、魏の諸侯なみ（親魏倭王）に扱われた卑弥呼の墓は、この程度の規模がふさわしい。

卑弥呼の墓として考古学界で一番人気の「箸墓古墳」（二七八メートル）などは、「円墳」ではなく前方後円墳である上、「歩幅」としても「長里」としても巨大すぎて、魏志倭人伝の「径百余歩」を全く無視しているとしか思えない。近年は、近畿の「前方後円墳」を卑弥呼の墓にあてるため、「円墳」が先に出来て後の時代に「前方部」が付け加わったという説が出てきたが、それでも「箸墓」などは円墳と前方部が同時に作られたことが判明している。さらに「古墳時代」そのものを繰り上げて「卑弥呼の時代」に近づける説が盛んに試みられている。

近畿には巨大古墳が集中しているだけではない。高松塚古墳やキトラ古墳と、九州の装飾古墳との行政的保護の違いでもわかるように、長いあいだ天皇の都が置かれていた近畿の古墳は、他の地方の墳丘墓に比べて圧倒的に手厚く保護されていて、研究に従事する考古学者も多い。したがって、考古学者の大多数は「近畿説」であり、考古学的発見があるたびにマスコミを通じて「近畿説」が強調されることとなる。戦後になってかえって皇国史観が拡大再生産されている、と言っていいのかも知れない。

大化改新の薄葬令

ここで近畿以外の墳丘墓も簡単に振り返ってみよう。

出雲を中心とする山陰や、北陸、吉備に見られる四隅突出型墳丘墓は、二世紀末から三世紀にかけて最盛期を迎えるが、それでも方形部分の一辺の長さは最大で四〇メートル程度で、大きくない。ここにも中国文明の影響が考えられる。九州の北中部では装飾古墳が目立ち、規模はさほど大きくない。いち早く中国文明圏に入ったからであるのは言うまでもない。

中国文明の支配下になければ、なるほど古墳の大小は権力の大小を表す。その点、吉備の「造山古墳」と「作山古墳」は、同時代で比べれば近畿の古墳より巨大であり、特に全国第四位の巨大さを誇る「造山古墳」（全長三五〇メートル）は、巨大古墳ベストテンの中でも最も早い五世紀前半のものである。その吉備の最後の前方後円墳である江崎古墳（全長四五メートル）は、六世紀後半とされている。

近畿大和王朝で「薄葬令」が出されたのは「大化の改新」の時であり、646年とされている。ただし、654年に亡くなった孝徳天皇の陵墓は、直径三五メートルの円墳または八角墳であり、薄葬ではないなど、大和朝廷が薄葬令を施行した実際の年代はもっと後、おそらく持統天皇の頃とされている。

巨大古墳の宝庫、近畿の最後の巨大古墳は、686年に亡くなった天武の陵（東西五八メートルの八角墳）であり、702年に亡くなった妻の持統天皇は、火葬の後、天武陵に合葬されている。最新式の薄葬である。大和王朝が急速な中国化を行った時期にあたる。

それぞれの地域は、中国王朝に臣属すると薄葬令を守り、巨大古墳が作られなくなるのである。

私の方法

なぜ今まで「魏使倭人伝」をきちんと読み解けなかったのか、研究史を振り返ることによって確認することができた。その点を踏まえると、私の方法は次のようになる。

一、原文の誤りがきちんと証明されない限り、「魏志倭人伝」と『三国志』を信頼して原文のまま読む。（原文の誤りは、紹熙本による限り、魏志倭人伝の中では「弜」の弓偏がケモノ偏になっていた一字だけであった。）

二、「魏志」の著者・陳寿や、当時の洛陽の読者の立場に立って読む。疑問の語句は、『三国志』の全用例を検討することを第一に、陳寿が親しんだ漢書や史記の用例を参照して、意味を確定する。

三、解読のための新しいアイデアは、「人間の理性や常識」に反しないかを常に検証する。

四、当時の読者が魏志倭人伝を読んでイメージした「倭国に関する地理像」をつかむことができたら、そこで初めて、当時の読者が知らなかった現実の地図、地形とどう対応するかを、検証する。

この方法を徹底すれば、どのような倭国の地理像が明らかになるだろうか。いよいよ次章から検討していく。

第V章 「島国」と漢書、後漢書

1　倭人の三十国は「島」にある

倭国は「島」にある

倭国の「地理」に関する情報は、魏志倭人伝の前半に集中している。冒頭は次のような文章だ。

○倭人‐在　帯方‐東南　大海‐之中。／依‐山島　為‐国邑。
旧　百余国。漢時‐有　朝見‐者。／今　使訳‐所通　三十国。
（倭人は帯方東南の大海の中に在り。山島に依り、国邑を為す。）
（旧、百余国。漢時、朝見する者有り。今、使訳通ずる所、三十国。）

原文を三字とか四字に分けているのは、原文のリズムを視覚的に感じるためである。三字とか四字がつづいているところは、文意もつながっているのが理解される。／は、意味の区切りを明示する。

倭人伝でまず明快に打ち出されているのは、倭の地はすべて「島」にあるということだ。ここで、倭国の三十国から真っ先に除外されるのは「狗邪韓国」である。朝鮮半島が「島」とは誰も言わない。

「大海」は中国人に昔から認識されていた。「東に大海有り」と『楚辞』にあるとおりだ。「大海」の認識地点は、魏の時代には、高句麗を追って毌丘倹や王頎の軍隊が東夷を駆け巡ったために、飛躍的に広がった。『三国志』

東夷伝には、北から挹婁伝、北沃沮伝、東沃沮伝、濊伝、韓伝で「東」に「大海」が広がっているという認識が語られている。

しかし、倭人伝の場合は、他の国々と本質的な違いがある。倭人は「大海の中」に住んで「山島」つまり、山がちの島に「国邑」を作っている。「国邑」とは国と邑（＝村）ではなく、「諸侯の封地」をさす用語である。卑弥呼は「親魏倭王」に任じられ、「王」は諸侯と同格だ。「国邑」はそのことを反映している。倭王の領地である「倭人の三十国」全部が「島」にある。

「帯方郡の東南の大海」と限定したのは、「大海」が中国南部の東から「挹婁」の東まで、広い範囲に及んでいるので限定する必要があるからだ。「帯方の東南」とすることで倭国の方角も読者にわかりやすく指示している。「帯方郡」は今のソウル付近である。したがって、「帯方の東南」にあたる島は、対馬、壱岐、九州本島と四国（及びこれらに付属の小島）に限定される。「本州」は「島」と認識されたのが七世紀以降なので「倭人の三十国」から除外される。近畿は方角的にも帯方の「東」に近い。

倭人の三十国が「島」にあることは、倭の地理を述べた最後にも繰り返され、強調されている。

〇参問 - 倭地　絶在 - 海中　州島 - 之上／　或絶 - 或連　周旋　可　五千 - 余里。

（倭地を参問するに、海中・州島の上に絶在し、或いは絶え或いは連なり、周旋、五千余里なる可し。）

「参問」とは、諸侯を訪問するという意味だ。郡使が実地踏査した倭地は「海中の州島の上に絶在」し、その洲島も大小いくつもあるから、倭地は「或いは絶え、或いは連な」っている。

津軽海峡の論証

漢書地理志の段階では「楽浪海中、倭人有り」とあるだけで、「九州本島」さえも島と認識されていなかった。魏志倭人伝では九州北岸に達しているのは明らかだから、その「九州本島」も島と認識されている。中国人の認識としては大進歩だが、一気に「本州」までも島と認識することは可能だろうか。

「九州本島」を島と認識した以上、本州と九州の間の「関門海峡」は当然、認識されている。問題は本州と北海道との間が海で仕切られているか、つまり「津軽海峡」を陳寿が知っていたかである。

本州は、魏志倭人伝の段階では「島」と認識されていなかった。この一点だけでも「近畿」説は一挙に崩壊する。古田武彦氏はこれを「津軽海峡の論証」と呼んでいる。実に明快である。

本州はいつ島だと分かったのか。大和朝廷が本州を島と認識した可能性が出てくるのは、『日本書紀』に「津軽の蝦夷」が初めて登場する斉明元年（655年）である。北海道を島と知った可能性があるのは、斉明四年（658）以後になる。

○斉明元年（655）、柵養《きこう》（軍事基地である柵作りか）の蝦夷九人、津軽の蝦夷六人に、冠、各二階を授く。

○斉明四年（658）夏四月、阿陪臣〔名を闕《もら》せり〕船師一百八十艘を率いて、蝦夷を伐つ。齶田《あぎた》・渟代《ぬしろ》（通説では、音の類似から、秋田県の秋田市と能代市にあてる）二郡の蝦夷（……が降伏した）。仍《よ》りて恩荷に授くるに、小乙上を以てして、渟代《ぬしろ》・津軽、二郡の郡領に定む。遂に有間浜に渡島《わたりのしま》の蝦夷等を召し聚《つど》えて、大いに饗して帰す。

この「渡島」は説が分かれているが、北海道南部（現在の渡島《おしま》）とする説もある。もっとも、斉明四年の記事で「阿陪臣」のことを分注で「名を闕せり」としたり、そっくりの記事が「四年是歳」条など別の箇所にも出て来たりして、これが大和王朝の出来事とするのは大いに怪しい。

この後、続日本紀には、次の二つの記事が目立つ。

○養老二年（718）二月十四日、出羽幷《なら》びに渡島《おしま》の蝦夷、八十七人来りて、馬千匹を貢す。則ち位禄を授く。

○養老四年（720）正月二十三日、渡島・津軽の津の司従七位上、諸君鞍男等《ら》六人を靺鞨《まっかつ》国（粛慎、挹婁の末裔の国）に遣わし、その風俗を観せしむ。

『日本書紀』が成立する720年頃には、大和朝廷の認識も津軽に及んでいる。いずれにせよ、日本人が「本州」を「島」と認識したのは、早くても七世紀の後半である。

旧唐書と新唐書

中国正史が本州を「島」と認識したのは、さらに遅れる。945年に成立した『旧唐書』は「倭国伝」と「日本伝」を別立てにしていて、「倭国伝」のほうはまぎれもなく九州をさしている。

○倭国は古の倭奴国也。京師（＝都の長安）を去ること一万四千里。新羅の東南の大海の中に在り、山島に依りて居す。……四面に小島、五十余国、皆、焉《これ》に附属す。〈旧唐書、倭国伝〉

魏志倭人伝の「帯方郡」の代わりに、七世紀後半に朝鮮半島を統一した「新羅」が入り、「四面に小島、五十余国」という「九州」にしかあり得ない新情報が加わっている。まさに九州王朝である。

これに対して「日本国伝」のほうは、疑いなく「本州」に中心を置いた地形を示している。

○日本国は倭国の別種也。……或いは云う、日本は旧《むかし》は小国、倭国の地を併せたり。……西界・南界、咸《みな》大海に至り、東界・北界、大山有りて限りと為し、山外は即ち毛人の国なり。〈旧唐書、日本国伝〉

日本国のほうは「島」とは書かれていない。東と北が大山に遮られているというのは、日本アルプスの山々をさす。地図を開いてみるとよく分かるが、日本アルプスは富山・新潟の日本海側から、長野・山梨を経て、静岡県の太平洋側の海岸近くまで、本州の中央部を占領している大山塊である。

この日本国伝には開成四年（８３９）の遣唐使の朝貢までが載せられているから、九世紀の半ばでもまだ中国は「津軽海峡」を認識できてはいないし、本州を「島」とも認識できていないことがわかる。おそらく、大和朝廷自身も、この時点では「本州」を島と確認できていなかったとする方が自然だ。

１０６０年に成立した『新唐書』になると「日本伝」に統一され、ようやく本州が島と認識される。

ア　日本は古の倭奴也。京師（＝北宋の首都の開封）を去る万四千里。直《ただ》に新羅の東南、海中の島に在りて居す。……其の王、姓は阿毎氏、自ら言う、「初めの主、天御中主と号す。彦瀲《ひこナギサ》（神武の父である彦ナギサ建ウガヤフキアヘズノ尊）に至る、凡そ三十二世。皆、尊を以て号と為し、筑紫城に居す。彦瀲の子、神武立ち、更に天皇を以て号と為す。徙《うつ》りて大和州に治す。

イ　子の天智立つ。明年（６６２）、蝦蛦と与《とも》に朝を偕《とも》にす。蝦蛦も亦、海島の中に居す。其の使者、須《ひげ》の長さ四尺許り。

元は筑紫の城に代々の王がいたが、神武の代から天皇を名乗って大和に移り住んだという皇国史観が披露されている。神話扱いではなく、「神」も「人」であったという立場を伝えているのが興味深い。

イでは、遣唐使が蝦夷の使者を伴って朝貢している。「蝦夷もまた海島の中にいる」とあるので、大和王朝のある本州も、もちろん「海島」であると認識されているわけである。
ただし、これは天智朝の時代の認識ではなく、『新唐書』の書かれた十一世紀の認識である。この頃、ようやく中国が、本州（と北海道）を「島」として認識したことを示している。

2　楽浪海中の倭人「百余国」

前漢以来の「中国との交渉史」

魏志倭人伝の冒頭の文章は、漢書地理志「燕地」条の有名な文章を踏まえている。

〔魏志倭人伝〕倭人‐在　帯方‐東南　大海‐之中。／依‐山島　為‐国邑。
旧　百余国。漢時‐有　朝見‐者。／今　使訳‐所通　三十国。

〔漢書地理志〕楽浪‐海中　有‐倭人。／分為　百余国。以‐歳時　来‐献見云。
（楽浪海中、倭人有り。分かれて百余国を為す。歳時を以て来り献見す。）

両者の構成はよく似ている。まず「倭人」の居場所を記し、国の数を述べ、貢献についても語る。

国数と貢献については、漢書のほうは「百余国」が「歳時を以て来り、献見す」という現状だけである。だが、魏志は、①漢書を踏まえた「旧、百余国」という「前漢」の時点、②『後漢書』に記された「朝見」という「後漢」の時点、③「使訳通ずる所、三十国」という「今」（魏～西晋）の時点、という三層構造になっている。

漢書地理志では、「倭人」は「楽浪海中」という漠然とした場所に「有り」（存在する）とされているだけだが、魏志倭人伝では「帯方東南の大海之中」の「山島」に「在り」（居場所を示す）として、認識が格段に進んだことを簡潔に示している。

『後漢書』そのものは五世紀前半の作だが、著者・范曄が見た後漢時代の倭人の「朝見」史料は、「漢―魏―西晋」と禅譲を受けた「西晋」の史局長官となった陳寿も、当然見ている。魏志倭人伝の冒頭には、前漢以来の中国との交渉史が要約されている。

おしまいの「云」

漢書地理志の最後を、通説では「歳時を以て来り、献見すと云う」と伝聞のように読み下している。しかし、おしまいの「云」は「云う」ではなく「焉」と同じく強調の助辞だ（読み下しでは読まない）。

おしまいの「云」は助辞（助字）だという説は、1992年十一月発行の『漢文教室』173号に、翠川渡氏が「漢文訓読法の改革」という題で紹介している西沢道寛の説である。江村北海・著、西沢道寛・訳註『日本詩史』（岩波文庫、1941年）の凡例で、次のように説かれている。

○「云」の字は、句の末に用ひて、「蓋肇於此云」といふやうに用ひたときは、助字であつて、焉の字と同義に用ひてゐる。

「蓋肇於此云」は「蓋《けだ》し此《これ》に肇《はじ》まる」と読み下せばよい。翠川氏は西沢説に「故聖人曰、礼楽云。」（故に聖人、礼楽を曰う――『礼記』楽記）という用例を付している。これを「故に聖人、礼楽を曰うと云う」と伝聞の意味に読んでしまうと、たしかに他人事のようで力強さが抜けてしまう。

おしまいの「云《うん》」と「焉《えん》」は断定の助字であり、音韻もよく似ている。ともに平声であり、上古音の韻分類では同じ文部《もん》（an）に属する。「云」が「焉」に通じたのは、この音韻の共通性が大きな支えになっていたはずだ。

史記や漢書、三国志などを調べていると、この「おしまいの云」は、それこそウンザリするほど出てくる。その中で「云う」という意味ではあり得ない例をいくつか挙げておこう。

まず、『三国志』では「烏丸鮮卑伝序文」の最後に出てくる。

○故に但《ただ》、漢末魏初以来を挙げ、以て四夷の変に備う云（以‐備　四夷之変云）。　〈烏丸鮮卑伝、序文〉

これは著者・陳寿が自分の方針を述べた箇所であるから、伝聞であるはずがない。

○故に詳らかに著《あらわ》せり（故　詳著云）。　〈呉志、宗室伝、評〉

陳寿自身の批評を載せる「評」の最後の言葉であり、これも伝聞ではありえない。

漢書地理志でおしまいの「云」を調べてみよう。

①臨淄《りんし》は海・岱《たい》の間の一都会也。其の中に五民を具う云。
②其の君は禹の後（＝後裔）、帝少康の庶子云。会稽に封じられ文身断髪、以て蛟龍の害を避く。
③武帝の時に至り、尽く滅して以て郡と為す云。　〈斉地の末尾〉

④王莽輔政……船行二月可《ばか》りにして日南・象林界に到る云。　〈以上三例とも、粤地〉

いずれも「伝聞」ではありえない分かりやすい例だ。①は現在の状況であり、伝聞とする必要がない。②③④の三例は、歴史的事実として周知のことであったから、これらも伝聞の「云」ではありえない。

「いう」という意味の漢字は「云」のほかにも「言、曰《えつ》、謂《い》」などがあるが、もともと、

○牢曰く「子（＝孔子）云わく『吾、試《もち》いられず、故に芸あり』」　〈論語、子罕〉

のように、動詞「いう」の「後」に、言った「内容」が続くのが決まりである。

これをなぜ、「云」だけ「と云う」という形で「内容の後」にも置けると誤解してきたのか、不可解である。おしまいの「云」は漢和辞典にも載っているが、いずれもあいまいな記述に終わっている。

諸橋大漢和は九番目の意味として「句末の辞」を挙げ、「然に同じ」としている。「然」は「終尾の辞」とあり、「焉に同じ」とか「なり。決定の字。也に同じ。」とか述べている。「云＝焉＝然＝也」という「終尾の辞」のグループが浮かんでくる。翠川氏が「云」が助字である用例とした「故聖人曰、礼楽云《うん》。」は、諸橋をはじめ日本の漢和辞典ではあいまいな解釈だが、中国の大辞書『辞海』には「作語助、無義」（助字で意味はない）の語末に用いる例として出てくる。翠川氏と同じ解釈である。

漢書地理志の孔子と倭人

漢書地理志の「倭人」記事は、次のような文脈の最後に出てくる。

A　玄菟・楽浪、武帝の時、置く。皆、朝鮮・濊貉《わいはく》（＝濊）・句麗（＝高句麗）の蛮夷。

B　殷の道衰え、箕氏去りて朝鮮に之《ゆ》く。其の民に教うるに礼儀を以てし、田蚕織作せしむ。楽浪の朝鮮の民、禁八條を犯せば（殺人者は即時に殺されることによって償い、傷害は穀物で償い……民はよく治まってついには戸締りもしないようになった……ところが役人や往来する商人が夜になると盗みを働いたため、民俗はしだいにそこなわれ、今は禁を犯す者がますます多くなって、禁制も六十余條に至った。）

C　貴ぶ可きかな仁賢の化や。然《さ》ても東夷、天性従順、三方の外（南蛮、西戎、北狄）に異なる。

D　故に孔子は道の行われざるを悼《かな》しみ、浮（桴＝小さな筏）を海に設け（設浮於海）、九夷に居らんと欲す。以《ゆえ》有る也夫《かな》。

E　楽浪海中、倭人有り、分かれて百余国を為す。歳時を以て来り献見す云。

Aは『漢書』の現在、つまり一世紀前半の地名「玄菟・楽浪」を挙げ、その起源を述べる。

Bは、「楽浪郡」の管轄下にあった朝鮮の歴史を、殷末の箕《き》氏にさかのぼって振り返る。箕氏は殷の宰相として天子の紂《ちゅう》王をいさめたが、暴君の紂王は聞かず、遂に箕氏の親友である忠臣・比干を殺すに至った。紂王を討ち、殷を滅ぼした周の武王は、箕氏を朝鮮に封じた。その箕氏の朝鮮統治は、わずか八条の禁制でよく治まるほど成功したが、時代が下ると、よそから来た役人や商人のせいで民俗が損なわれ、今は、禁制は六十条余りに達した。

Cは、箕氏という「仁賢」の感化を貴重なものと評するとともに、素直に受け入れた東夷の「従順」もほめたたえる。

Dの「孔子は道の行われざるを悼《かな》しみ、浮（桴＝小さな筏）を海に設け（設浮於海）、九夷に居らんと欲す」では、箕氏を敬愛した孔子が登場し、論語の二つの文章からの引用が示される。

○子、九夷に居らんと欲す。或るひと曰く、陋《いや》しきこと之を如何せん。子曰く、君子、之に居らば、何の陋しきことか之有らん。〈論語、子罕第九〉

○子曰く、道行われず、桴《いかだ》に乗りて海に浮かばん（乗桴浮於海）。我に従う者は、其れ由《ゆう》（＝子路）か。子路、之を聞きて喜ぶ。子曰く、由や、勇を好むこと我に過ぐ。材を取る所無からん。〈論語、公冶長第五〉

「九夷」とは東夷の九種の異民族をさす。「君子が居たら、何のむさくるしいことがあろうか」と言う孔子の念頭には、箕氏のことがあったであろう。

孔子は「道が行われない」ことを嘆いて、いかだに乗って海の向こうの東夷の地に行こうか、と半ば冗談で言う。孔子は魯（山東省）の出身だから、山東半島から海を渡って、箕氏の故地である朝鮮に行く、というイメージであろう。孔子が「私について来てくれるのは子路ぐらいだな」と言ったので子路は喜んだが、孔子は「おまえは、勇気は私を越えているが、筏の材料を取ってくる才覚はなさそうだ」と的確な人物批評で落ちをつける、というエピソードである。

漢書地理志の「設浮於海」を、古田武彦氏は「設《も》し海に浮かばば」と読んでいるが、ちくま文庫版の小竹武夫訳のように「筏を設けて海に浮かび」と読むのが正しい。「浮」には「浮き袋や、釣りの浮き」、つまり「浮く役目のもの」という意味がある。地理志の「設浮於海」は論語の「乗桴　浮於海」を踏まえており、「設浮」の「浮」は同じツクリの「桴」を連想させている。「設」は「筏を設ける、作り上げる」の意味である。

このあとの「以有る也夫《ゆえかな》」の「也夫」という熟語は「詠嘆の辞」として諸橋大漢和に載っており、「感嘆文」を作る。実際に、漢書地理志の中華書局・標点本も「有以也夫！」と「！」を付けている。孔子が海を渡って箕氏の徳化が残る朝鮮に行こうとしたことを、「もっともなことだ！」と感嘆文で強調している。ところが、古田氏は「也夫」を「疑問」の意味にとり、論拠として、諸橋大漢和の「夫」の項の「か。疑問の助辞」の語義に見られる二つの引用を挙げる。

①猶《なお》、義なる也夫。〈疏《そ》〉「夫」は是、疑怪の辞。〈春秋左氏伝、昭、十六〉

②申子《しんし》、我に説きて戦はしむ。我を相と為す也夫。〈注〉夫は不満の辞。〈呂氏春秋、審応〉

ただし、②の例は、諸橋大漢和では「句末・句中に在る感嘆の助辞」に入っており、「疑問の助辞」ではない。また、①も標点本では「殺親益榮，猶義也夫！」となっていて、感嘆文である。古田氏は「猶《なお》、義のごとき也夫《か》」と読んでいるが、「疏」の「疑怪の辞」というのは「親を殺して益々栄えるとは、それでも義なのだ」と皮肉を言って疑い、否定しているのであって、別に疑問文ではない。

古田氏は「以有る也夫《ゆえか》」と疑問文に読んで、孔子が筏に乗って東夷の所に行くと発想した理由があるのか、という意味にとり、「楽浪海中、倭人有り。分かれて百余国を為す。歳時を以て来り献見すと云う」がその根拠だとする。ここから古田氏の破天荒な「新説」が出される。

①孔子は朝鮮にではなく倭に行こうとしたのであり、倭人の「百余国」は孔子の時代の現状である。

②倭が孔子にとって魅力的だったのは「道（天子への忠誠）が行われている」からで、その証しが伝聞の「歳時を以て来り献見すと云う」であり、孔子より五百年以上前の周の成王への貢献「成王の時、越常（＝裳）、（白）雉を献じ、倭人、鬯《ちょう》（草）を貢す」（論衡）をさしている。

だが、もし倭人の「百余国」が孔子の時代の話なら、『春秋』や『史記』が全く記録していないのは不可解だ。また、成王の時の一回きりの倭人貢献と、楽浪郡が設置されてからの歳ごとの貢献では、密度がまったく違う別の話であり、同一視はできない。

「地理志」というのは地理の現状を記述するものであり、古田説のように過去の話に終始するのはいかにも奇妙である。「楽浪海中、倭人有り、分かれて百余国を為す。歳時を以て来り献見す云。」は、楽浪郡が設置されて以来の倭人に関する「現状報告」であり、断定の「云」が使われているように、同時代の出来事を力強く言い切っている。驚くべきことに、漢書には同時代の出来事として、越裳の白雉貢献と並んで、大海を渡ってきた東夷の王の朝貢さえ記されている（次節参照）。

以上の検討を踏まえると、問題の箇所の正しい理解は、次のようになる。

○孔子が海を渡って九夷に住もうとしたのは「有以也夫！」もっともなのだ。孔子の故郷に近い山東半島から海を渡れば朝鮮半島があり、孔子の敬愛する箕氏の偉大な感化を受けた、従順な東夷の民がいたからだ。今は朝鮮半島の良俗も失われてしまったが、楽浪郡の先の海中には今も倭人がいて百余国あり、歳ごとに貢物をもって楽浪郡にやってくる！　武帝が楽浪郡を設置して以来の現状だが、天子への忠誠という美徳は「倭人」に見事に残っているのだ。

このように解すると、AからEまでの一節が有機的につながり、特にAの楽浪郡設置と、Eの倭人の「楽浪郡への献見」とが、見事に照応しているのが理解される。

なお、「夫《そ》れ楽浪海中、倭人有り」と読む説は、直前の「有以也夫！」を「有以也。」（以有《ゆえ》る也）として、余った「夫」を「楽浪海中」に付けたものだが、ここは詠嘆の「也夫」の方がふさわしい。

会稽海外の東鯷人

漢書地理志では、倭人のいる場所は「楽浪海中」とある。「楽浪郡の先の海」というだけの情報である。楽浪「海中」のニュアンスは、同じ漢書地理志の次の文と比較するとわかりやすい。

○会稽海外、有東鯷人、分為　百余国。以-歳時　来-献見云。　〈漢書・地理志・呉地〉

（会稽海外、東鯷人有り、分かれて百余国を為す。歳時を以て来り献見す。）

「東鯷人」の「鯷」は「ナマズ」という意味だが、「是」に「端っこ」という意味があり、それに特産物が魚という意味で「魚」偏が付いたのが「鯷」だ、と指摘したのは古田氏である。つまり「東鯷人」は「東の端っこにいる人」という意味になる。

会稽郡から東はまさに「大海」が広がっており、陸地に出会うのは南西諸島（奄美大島から琉球諸島）を待たなければならない。この海の遠さを表しているのが「会稽海外」という表現であり、それに比べると「楽浪海中」のほうは（沖合よりは遠いものの）まだ近い海域を表している。

漢書地理志の「倭人」と「東鯷人」は、文章がそっくりであることからも分かるように、一対となる存在として記されている。北の朝鮮半島経由で献見したのが、対馬・壱岐など北部九州の「倭人」であり、上海など南の呉地を経由して献見したのが、琉球弧の「東鯷人」である。

3　志賀島の金印と『後漢書』

王莽への倭王貢献

漢書地理志の「楽浪海中、倭人有り」と、後漢書の５７年の「倭奴国、奉貢朝賀す。……光武、賜うに印綬を以てす」（志賀島の金印）との間に、もう一つ、ひっそりと倭人の貢献が記録されている。前漢末の貢献だが、実質的には実力者・王莽への貢献である。

○（元始五年＝西暦５年）越裳氏　重訳　献‐白雉／　黄支　自‐三万里　貢‐生犀
東夷‐王　度（＝渡）大海　奉‐国珍。〈漢書、王莽伝上〉

「越裳」は周代の話として「越裳《えつしょう》、白雉を献じ、倭人、鬯草《ちょうそう》を貢す」と出てきた。一世紀後半に王充が書いた『論衡』の記事である。王充には「越裳の白雉貢献」は現代の話でもあったのである。

この王莽伝の記事は、元始五年（西暦５年）の王莽の上奏文に出てくる。「王莽が既に国内を太平にし、北は匈奴を化し、東は海外の民を招致し、南は黄支国を懐かせ、ただ西方だけは手を付けていなかった」が、その西方の羌族も帰順させたという状況での上奏文である。「太皇太后が大権を掌握されてから数年」とまず記されているので、元始五年から数年以内の過去の出来事である。

実際に平帝紀には、元始元年（西暦1年）正月に「越裳氏　重訳　献　白雉一、黒雉二、詔して三公をして宗廟に薦《すす》めしむ（＝供えさせた）」と出てくる。「三公」というトップスリーに献上品を宗廟に供えさせるわけだから、「遠夷朝貢」が中国の王朝にとっていかに国家的慶事であるかがわかる。

平帝紀にはもう一つ、翌元始二年春に「黄支国　献・犀牛」という記事がある。「犀牛」とは、水牛のような形状の犀である。このように「越裳」と「黄支」は帝紀に該当記事が出てくるが、「東夷の王が国珍（国の珍宝）を奉じた」に相当する記事はない。よって年次は確定できないが、越裳、黄支の後に出てくる貢献なので、上奏文の元始五年に近い年である。

この「東夷」は「大海」を渡って来ているので「倭人」と考えるのが自然だ。朝鮮半島の韓や濊であれば、陸続きで楽浪郡や長安へ来られる。東鯷人（琉球圏）は南方なので、中原の漢にとっては「東夷」のイメージはあまりなさそうだ。

この一世紀初頭の「倭王」の貢献は、57年の「倭奴国」奉貢朝賀のわずか半世紀前の出来事である。年代がわかる貴重な貢献記事であるが、今まで注目されなかったのは、実質的には王莽への貢献なので、『漢書』自体も重要な扱いはせず王莽伝にしか記さなかったこと、「東夷」としか書かれていないので倭人の記事とは思われなかったこと、この二つが要因であろう。王莽の「新」は西晋8年から23年まで続いた。

前にも述べたように倭国は、魏の初期には遼東半島の公孫氏へ、魏の末期には実力者・司馬氏へ、さらに成立したばかりの西晋王朝へは壹与の壮麗な朝貢と、貢献を続けていた。倭人は前漢から王莽へ、王莽から後漢へ、さらに公孫氏、魏、司馬氏へと、覇権の変遷に対応しながら、連綿と中国への貢献を続けていたことになる。

倭国王帥升とスサノヲ

魏志倭人伝では、漢書地理志の述べた時代を「旧《むかし》」と捉えて「旧、百余国」と述べている。「漢時、朝見する者有り」は『漢書』地理志には出て来ない。これは、後に『後漢書』に記された後漢時代の二つの朝貢をさしている。

Ａ　建武中元二年（５７）、倭奴国、奉貢朝賀す。使人自ら大夫と称す。倭国の極南界也。光武、賜うに印綬を以てす。

Ｂ　安帝の永初元年（１０７）、倭国王帥升《すいしょう》等、生口百六十人を献じ、請見を願う。

Ａは、例の志賀島の金印を光武帝が与えた記事で、すぐ後で詳しく検討する。

Ｂについてはまず、百六十人という多くの生口（奴隷）が印象的だ。朝貢の特産品が「物」ではなく「人」であることを物語っている。金印の「漢委奴国王」の「委」にニンベンが付いて、表記が「倭」に変わるきっかけとなった朝貢と思われる。「高句麗」は馬が特産品だから馬ヘンの付いた「高句驪」になり、「東是人」（東の端の人＝琉球列島の住人）の特産品は魚だから、魚ヘンが付いて「東鯷人」になっているのと共通した文字遣いだ。

次に、倭国王の「帥升」の中古音は「シュイ・シャン」に近く、日本語として読めば「シュ・シャ」である。現在でもサシスセソはｓａ、ｓｈｉ、ｓｕ、ｓｅ、ｓｏで、セを「シェンシェイ」（先生）のように発音する地域もあるが、十六世紀末に来日したポルトガルの宣教師によれば、京都の標準音ではセは「シェ」であった。こうした点から、卑弥呼以前のサ行は「シャ・シ・シュ・シェ・ショ」であったと思われる（小松英雄『日本語の世界７　日本語の音韻』１９８１年、中央公論社）。

したがって「シュ・シャ」は「ス・サ」であり、出雲神話に出てくるスサノヲ（須佐之男、「スサ＝すさまじい」

の男）が、倭国王（出雲王朝の王）として中国側に記録されたと考えられる。

「委奴国」の年賀と「神無月」

Aの「倭奴国」は『後漢書』時代の常識による文字の改変で、本来は志賀島の金印に刻まれたとおり「委奴国」が正しい。「朝賀」は年始の賀をいう。
○年始を改め、朝賀、十月朔（＝一日）自《よ》りす。〈史記、秦始皇紀〉
秦の始皇帝が紀元前221年、暦を「黄帝暦」に変えて「十月」を年始とした記事だが、この「黄帝暦」は前漢の武帝の時代、前104年（楽浪郡が設置されてから四年後）に「太初暦」（一月が年始）に変わるまで続いた。この間、正月はずっと十月だったわけであり、朝賀も十月に行われていた。これの国内版が、十月に全国の神々が出雲に集まる「神無月」の話である。

光武帝は、建武中元二年の正月に「漢委奴国王」の金印を授与した翌月、二月に亡くなっている。

「使人自ら大夫と称す」は、魏志倭人伝の次の文をアレンジしている。
○古自《よ》り以来、其の使い中国に詣《いた》り、皆自ら大夫《たいふ》と称す。
「大夫」とは夏・殷・周の制度である「卿・大夫・士」の二番目、諸侯の大臣に相当する。

後漢の光武帝の時に書かれた『論衡』には「周の時、天下太平。越裳、白雉を献じ、倭人、鬯草を献ず。」とある。周は「古」というにふさわしい時代だ。このような朝貢の使節が中国の制度に則って古より「大夫」と自称した。景初二年の卑弥呼の正使、難升米も「大夫」と記録されている。

倭国の「極南界」

倭奴国が「倭国の極南界也」とあるのは、魏志倭人伝を范曄が誤読した結果だ。すなわち「女王国自り以北」に入らない「其の余の旁国」――つまり女王国「以南」の旁国二十一国――の最後に出てくる「奴国」を「倭奴国」と見なしたものである。

范曄はなぜ「倭奴国」を、二万余戸の大国であるもう一つの「奴国」と取らなかったのであろう。この「奴国」は「女王国自り以北」にある点が重要だ。

○女王国自り以北には、特に一大率を置き、検察せしむ。諸国、之を畏憚《いたん》す。

常に伊都国を本拠とし、中国の州長官である「刺史」のような権勢をふるった一大率を、女王国以北の国々は畏れ憚っている。その一国である「奴国」が、後漢の時代に女王国を押しのけて、光武帝から印綬をもらうような強国であったはずがない。逆に「極南界」にあって、女王国や伊都国から「遠絶」と言えるほど遠く離れている「旁国の奴国」であれば、光武帝に朝貢して印綬をもらうことも可能だ、というのが范曄の考えであろう。

もっとも、范曄は、問題の「印」が千三百年も後に、志賀島の金印として発見されるとは夢にも思わなかった。金印は、民族を代表する王に与えられるものであり、奴国のような従属国に与えられるものではありえない。范曄もその点は理解していたはずで、銀印か銅印と考えたのであろう。

彼の見た史料には「金印」とは書かれていなかった。同じ史料は、西晋の史局にいた陳寿も当然見ているはずであり、魏志倭人伝に「漢時、朝見する者有り」とだけ書いて、倭王とも金印とも書いていないのが傍証となる。

したがって、「倭の奴国」が光武帝から印綬を賜ったという范曄の理解も、あながち間違いとは言えないが、志賀島の「金印」が出てきて光武帝から授与された印と判明した以上、これが「倭の奴国王」に与えられたと考えるのは不可能である。

「委奴国王」とは金印の与えられる民族の代表者であるから、「委奴」とは民族としての「倭」に等しい。「委奴」は「匈奴」と対比した言葉で、匈奴が全盛だった漢代にふさわしい名称だ。「奴」には「自己の卑称」という意味もあるので、倭王が自国の卑称としてみずから使った可能性もある。

「匈奴」の「匈」は「さわがしい」とか「たけだけしい」（「兇悪」の「兇」に通ず）という意味で、漢は北方民族の「匈奴」に手こずり悩まされた。逆に「委」は「したがう、すなお、おだやか」であり、倭人はそのような存在として中国の歴代王朝に認識されてきた。

魏の如淳注「委面」でも触れたように、「委」には「あやのあるさま」つまり「文様のある様子」という意味もあり、すでに漢の時代に「入れ墨」が「倭人」の特徴として知られていた可能性も強い。

「委奴＝大和」説

天明四年（１７８４）に志賀島で金印が発見されて、まず現れたのは「委奴＝大和」説である。亀井南溟はこの年のうちに『金印弁或問《わくもん》』を出して、「倭奴国」をヤマトノクニと読んだ。つまり「倭国」である。倭奴国＝倭国と見なすのは、中国史書に先例がある。先にも挙げた『旧唐書』と『新唐書』だ。

○倭国は古の倭奴国也。〈旧唐書、倭国伝〉

○日本は古の倭奴也。〈新唐書、日本伝〉

このように「倭奴国」を「倭国」として受け取るのは自然な説だが、「倭国」の都を近畿大和とすると、なぜ金印が志賀島から出土したか、という難問が立ちはだかる。金印出土と同じ天明四年に、竹田定良は『金印議』で、安徳天皇が入水した時に金印が海中に没し、志賀島に流れ着いた、という苦肉のアイデアを述べている。

こういう無理が避けられないため、早速おなじ年のうちに、上田秋成は『漢委奴国王金印考』を出して、「委奴国＝伊都国」説を述べた。伊都国王が「皇命を恐《かしこ》みながら、私に漢朝にも通交して、二心を抱ける者の所為なるべし」という形で、皇国史観に合わせている。

その後、藤井貞幹、青柳種信、伴信友らが上田説に追随し、明治半ばの久米邦武や星野恒まで「委奴＝イト」説は定説の位置を占めていた。伊都国は宗主国ではないが、一大率が置かれて「諸国、之を畏憚す」と記されるなど存在感の大きな国であることも、この説を後押ししたのであろう。

「伊都国」から「倭の奴国」説へ

明治二五年（１８９２）に、三宅米吉は「漢委奴国王印考」を発表して、「伊都国」説に反論した。三宅米吉の論理を要約すれば、次のようになる。

○「委奴」の「委」はウィだが、「伊都、怡土」の「伊、怡」はイであって音が合わない。また「奴」の当時の中国音はトでもドでもない。倭人伝の官名「卑奴母離」はヒナモリ（夷守）であろうから、「奴」はナと読み「奴国」は「ナ国」、つまり儺県（博多）の辺りである。金印を「漢ノ委（＝倭）ノ奴ノ国ノ王」と読めば、金印の出所の志賀島は奴国の領域になり、いかにも自然である。

「奴」を三宅のように、中国音でナと読むのは無理で、中古音ではノ（ｎｏ）またはド（ｎｄｏ）である。「卑奴母離」もヒノモリで、「火の守」または「日の守」で意味が通じる。

しかし、三宅説は「委奴国＝伊都国」説よりは音韻的に適切と受け取られ、特に金印が志賀島から出土したという事実が、「奴国＝博多」という本居宣長以来の通説に都合がよかったために、三宅の「委奴国＝倭の奴国」説もまた通説となって、今日に至っている。

しかし、三宅説に対する根本的批判は、まもなく明治四四年（１９１１）に出された。稲葉君山の「漢委奴国王印考」である。

一、金印は宗主国に与えられるものであって、奴国のような属国に与えられるものではない。

二、「漢の委の奴」と三段に分けて読むのは、漢の制度に反する。

これらは的確な批判であったが、稲葉君山自身の説は「委奴＝ヤマト」説に後退した。

昭和十八年には、筑後山門説に立つ市村瓚次郎が『支那の文献に見えたる日本及び日本人』の中で三宅説を批判し、「支那の方から異民族の国王等に贈りました印は大抵《たいてい》漢何々王印とありますが、漢の委の奴の国王と云ふ三段に書いた所の印は無いのでありますから、この説は実際に於いて如何《いかが》かと思ひます。」と述べている。「印」は「授与する者と授与される者」の二者の関係を示すから、「漢と委奴国王」の二者でなければならない。

このように、金印を「漢の委の奴の国王」と読んで奴国王に与えられたとする三宅説は、全く成立の余地がないが、それでも定説としての位置を保っているのには、次の三つの大きな理由がある。

①最大の理由は、金印が発見された志賀島が、皇国史観から生まれた「奴国＝那の津＝博多」の領域に属していることである。これによって「伊都国」説や、後漢書の「旁国の奴国＝極南界」説は捨てられ、「女王国以北の奴国」説にスポットライトが当てられた。

②「漢の委の奴国」と読むのは、後漢書の解釈を踏襲し、後ろ盾としている。後漢書の「倭奴国＝極南界」は「倭の奴国」と解釈したことは明らかである。

③「倭の奴国」説は、九州説だけでなしに、近畿説も満足させる。「奴国」が金印にふさわしい宗主国でないという欠点は、「九州説」にも「近畿説」にも共通するので「おあいこ」である。「委奴国＝倭国」説は、「近畿説」の場合は「なぜ金印が、大和から遠く離れた志賀島から発見されたか」という難問に苦労するが、「奴国」であればその苦労から解放される。

実は「金印がなぜ志賀島から発見されたか」という問題は、九州説でも厄介な問題である。志賀島は、大和ほどではなくとも都から離れているからだ。「委奴国＝倭国」という当然の説がなかなか浸透しないのは、この問題がつきまとうからでもある。

古田武彦氏の「邪馬壹国＝博多」説は、この厄介な問題を回避できることが一つのヒントになったと思われる。従来の通説では「奴国」にあてられていた博多を、「邪馬壹国」そのものにあてる、という発想の転換である。ただし、古田説が通説と同じく、末盧国からの「東南」を「東北」と解するという「原文離れ」から生じていることは忘れてはならない。

第Ⅵ章■「従郡至倭」と起点と経由

1　行路記事、最初の一文はどこまでか

中国語のリズム

魏志倭人伝の文章は、散文であるにもかかわらず実にリズミカルで、簡潔かつ明晰である。現代人の感覚でいえば最上級の名文といえる。まずこの点を説明しておくことにしよう。

〇倭人在《ゐーじんざい》　帯方東南《たいほうとうなん》　大海之中《たいかいしーちゅう》／　依山島《いーさんとー》、為国邑《ゐーこくゆー》。

魏志倭人伝の冒頭の一文である。ルビは音読みで付けている。ただし、依《い》のような短い音は「いー」と延ばしている。要するにお経のような読み方だ。お坊さんが「般若波羅密多」を「はん・にゃー・はー・らー・みっ・たー」と読んでいくように、波《は》や羅《ら》のような一音節の音は「はー」「らー」と二音節に延ばして読む。インターネットで「お経の読み方」を検索すると「般若波羅密多」の般若心経でも、「如是我聞」（にょうー・ぜー・がー・もん）の阿弥陀経でも、やはりこのようなルビが付けられている。漢文や漢詩はこのような読み方をすれば、リズムの骨格だけは誰にでもつかめる。

中国語の一音節は、基本的に日本語の一音節の倍の長さになる。一音節が日本語のように短いと、母音の前後に子音を付けたり、「四声」という音の抑揚をつけたりする時間的余裕は持てない。

「倭」の当時の音はｗｉなので、ルビは「ゐー」となる。これに合わせて、「為」も旧仮名遣いに基づき「ゐー」とした。このようにすると、「倭人在《ゐーじんざい》」と「為国邑《ゐーこくゆー》」が韻を踏んでいるのが分かりやすい。

日本語の一音節は八分音符で、半拍に相当するが、中国語では一音節（＝一字）が一拍（四分音符の長さ）である。日本語の二倍の長さだ。漢詩は、ふつう二拍子または四拍子となる。五言（＝五拍＝五字）の絶句とか七言の律詩とかは、休止符を入れてみると分かりやすい（●を一拍の休止符とする）。

杜甫の有名な五言律詩「春望」を例にしてみよう。／は小節の切れ目である。

国破／山河　／在●／　城春／草木　／**深**●／
感時／花・濺／涙●／　恨別／鳥・驚／**心**●／
烽火／連・三／月●／　家書／抵・万／**金**●／
白頭／掻・更／短●／　渾欲／不・勝／**簪**●／

国破れて　山河在り　城《しろ》春にして　草木深し
時に感じては　花にも涙を濺《そそ》ぎ　別れを恨んでは　鳥にも心を驚かす
烽火《ほうか》　三月《さんげつ》に連なり　家書《かしょ》　万金《ばんきん》に抵《あた》る
白頭《はくとう》　掻《か》けば更に短く　渾《す》べて欲す　簪《しん》に勝《た》へざらんと

〈杜甫、春望〉

「花濺涙」は、意味上は「花　濺・涙」だが、リズム上は「花濺／涙●」のように二音節ずつ括られて二拍子になる。

「鳥　驚心」以下も同じ。

「国破／山河／在●／　城春／草木／深●／」と意味上も二音ずつ静かに、沈痛な思いを載せて始まったリズムは、「花・濺／涙●」のように意味上は一音が先に立ち、小節をまたいだリズムとなると、同じ二拍子でも込み上げるような激情を表すリズムとなって、最後まで達する。杜甫の見事な表現である。

五言詩は「二字＋三字」とされているが、実際はこのように「二字＋二字＋一字」と「二字＋一字＋二字」が混在した二拍子である。太字にした「深《しん》、心《しん》、金《きん》、簪《しん》」で脚韻を踏んでいる（平声侵《しん》韻）。

こくはー／さんがー／ざい●／　じょうしゅん／そうもく／**しん**●／
かんじー／かーせん／るい●／　こんべつ／ちょうきょう／**しん**●／
ほうかー／れんさん／げつ●／　かーしょー／ていばん／**きん**●／
はくとう／そうこう／たん●／　こんよく／ふーしょう／**しん**●

このように音読みすれば、二拍子のリズムが実感できる。

五言詩は以上のように偶数句で脚韻を踏む。脚韻と脚韻の間は五小節（中国語の十音節）離れている。実験的には日本語の一音節の長さは約〇・一秒で、中国語ではその二倍の〇・二秒、それが十音節であるから、計二秒ほどは前の脚韻（●という休止によって強調される）の記憶が印象に残っているわけだ。

七言の場合はどうか。李白の七言古詩「長恨歌」をみてみよう。

春寒　賜浴／華清 - **池**●／　温泉　水滑／洗 - 凝**脂**●／
侍児　扶起／嬌 - 無力●／　始是　新承／恩沢 - **時**●／　〈李白「長恨歌」〉
（春寒くして浴を賜ふ　華清の池　温泉水《みず》滑らかにして　凝脂《ぎょうし》を洗ふ）
（侍児《じじ》扶《たす》け起こせば　嬌として力無し　始めて是れ新たに承《う》くる　恩沢《おんたく》の時）

有名な楊貴妃の入浴場面である。七言は「四字＋三字」とされるが、「二字＋二字＋三字」と考えたほうがよい。つまり「二・二／三●」の四拍子二小節が単位である。「三」は意味によって「華清・池」のように「二・一」に分かれたり、「洗・凝脂」のように「一・二」に分かれたりする。

「一・二」の場合でも、音声上のリズムは「洗凝・脂●」のように「二・一」と同じになるが、意味上のリズムとずれるので（「拍」をまたいだ感じになる）、多少違ったリズムのように意識される。それが、音声上は同じリズムがつづいても、単調に感じられない秘密といえよう。いずれにしても、最初の小節は「春寒・賜浴」のようにきちんと「二・二」でなければ、四拍子として起動しない。

韻は「池《ち》、脂《し》、時《じ》」（平声支《し》韻）だが、七言は五言より長くなるので、脚韻の踏み方も変わってくる。「脂」（しー）と「時」（じー）との間は、十四音節分も離れている。中国語の一音節は〇・二秒に相当するから、この間、二・八秒も記憶が維持されなければならない。そのために最初の二句で、「池」（ちー）と「脂」（しー）で韻を踏み、この間、六音節（一・二秒）と短い時間で脚韻を印象づけている。

「倭人伝」冒頭のリズム

○倭人《ゐーじん》‐在《ざい》　帯方《たいほう》‐東南《とうなん》　大海《たいかい》‐之中《しーちゅう》／依《いー》‐山島《さんとー》、為《ゐー》‐国邑《こくゆう》。
旧《きゅう》　百余《ひゃくよー》‐国《こく》。／　漢時《かんじー》‐有《ゆう》　朝見《ちょうけん》‐者《しゃー》。
今《きん》　使訳《しーやく》‐所通《しょうつう》　三十《さんじっ》‐国《こく》。

（倭人は在り、帯方東南の大海の中。山島に依り、国邑を為す。）
（旧、百余国。漢時有り、朝見者。）
（今、使訳通ずる所、三十国。）

倭人伝冒頭のリズムを見よう。まず「倭人在《ゐーじんざい》●」と三音で、冒頭にふさわしい重みをもって始まる。「倭《ゐー》」

「之《しー》」「依《いー》」「為《ゐー》」とi音を重ねた歯切れのよさ、特に「倭《ゐー》」「為《ゐー》」と頭韻を踏んだ点が注目される。

そして「帯方《たいほう》・東南《とうなん》、大海《たいかい》・之中《しーちゅう》」と、「二十二」の四字一句の小節を重ねて展開する。もちろん四拍子だ。「帯、大」で韻を踏んでいる（去声泰《たい》韻）。日本語の「大海の中」であれば「の」は前の「大海」に付くが、「之」は「これ」と読むことからもわかるように独立性が強く、ここは「大海・之中」と二字ずつに分ける方がよい。

この四字を二句重ねたところで意味が大きく切れるが、それに伴ってリズムも大きく変わる。それが「依《いー》・山《さん》島《とー》、為《ゐー》・国邑《こくゆう》」の三字二句で、「動詞（一字）＋名詞（二字）」という対句的な構成になっている。

「旧　百余国」でまたリズムが変わって新しい文に移り、「百余国、漢時有、朝見者」と三字がつづく。「百余・国」と「漢時・有」「朝見・者」は語構成が同じである。

「今　使訳所通」でまたリズムが変わるが、「旧」と「今」が対語になっている。「三十・国」はまた三字にもどり、ここで一つの段落が終わる。

「百余国、漢時有、朝見者、X、三十国」のように、大きな区切り（三十国）が来る直前に「予告」の意味で違う字数の語句X（今　使訳所通）を置くという手法は、魏志倭人伝でよく見られる手法だ。

従郡至倭の一文はどこまでか

「今、使訳通ずる所、三十国」を受けて、その三十国への行程記事が始まる。魏志倭人伝の解釈で問題が集中する所だ。その最初の一文は、次のようになっている。

a　従郡至倭《じゅうぐんしーゐー》
①　循海岸《じゅんかいがん》　水行《すいこう》
②　歴韓国《れきかんこく》／　乍南乍東《さーなんさーとう》　到其北岸《とうきーほくがん》　狗邪韓国《こうやーかんこく》　七千余里《しちせんよーりー》
③　始度一海《しーどーいっかい》　千余里《せんよーりー》、　至対海国《しーたいかいこく》。

a　郡従《よ》り倭に至るには、
①　海岸に循《したが》いて水行し、
②　韓国を歴《へ》るに、乍《たちま》ち南し乍ち東し、其の北岸・狗邪《こうや》韓国に到る、七千余里、
③　始めて度《わた》る一海、千余里、至る対海国。

行路記事の冒頭部分だが、まずは意味を正しく取って区切るのが大切。ここまでが一つの文である。岩波文庫の『魏志倭人伝』を始め日本の学者は、②の「七千余里」までを一つの文と解釈しているが、これでは陳寿の文の明快さが失われてしまう。実際は③の「対海国に至る」までが一文であり、中華書局の標点本でも「至対海国。」のようにここで初めて句点（マル）が打たれている（写真参照）。

中華書局標点本は、中国での定説とも言うべき標準的な区切り方を採用している。中国で出版された『三国志今注今訳』（湖南師範大学出版社、1991年）や『三国志今訳』（中州古籍出版社、1991年）も同じような句読点の打ち方を採用している。中国人には、これが自然な読み方なのである。

この一文の基本構造は「a郡より倭に至るには、（①②③のようにして）対海国に至る」というもので、「倭に至る＝対海国に至る」であることを示している。

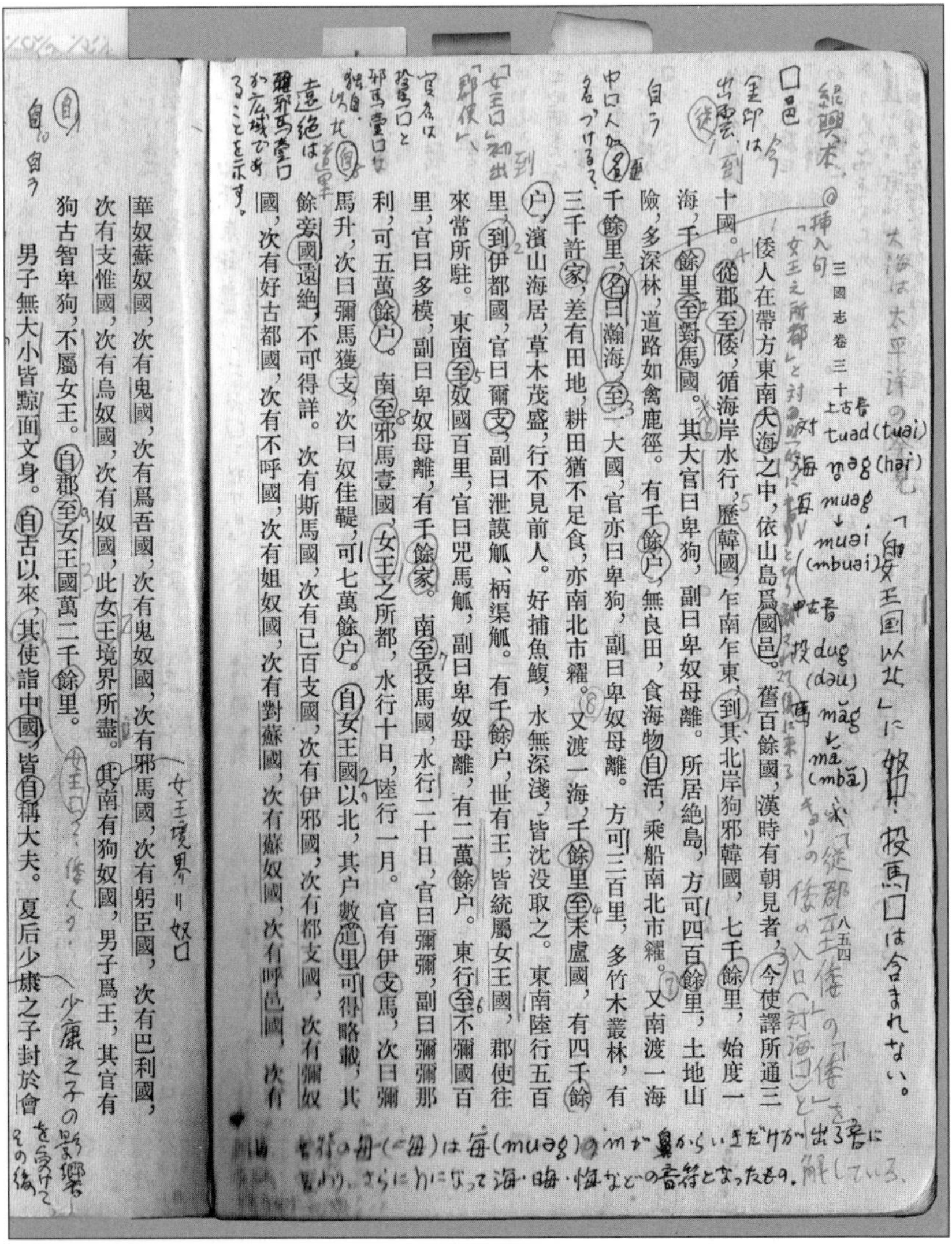
三國志卷三十

倭人在帶方東南大海之中，依山島爲國邑。舊百餘國，漢時有朝見者，今使譯所通三十國。從郡至倭，循海岸水行，歷韓國，乍南乍東，到其北岸狗邪韓國，七千餘里，始度一海，千餘里至對馬國。其大官曰卑狗，副曰卑奴母離。所居絶島，方可四百餘里，土地山險，多深林，道路如禽鹿徑。有千餘戶，無良田，食海物自活，乘船南北市糴。又南渡一海千餘里，名曰瀚海，至一大國，官亦曰卑狗，副曰卑奴母離。方可三百里，多竹木叢林，有三千許家，差有田地，耕田猶不足食，亦南北市糴。又渡一海，千餘里至末盧國，有四千餘戶，濱山海居，草木茂盛，行不見前人。好捕魚鰒，水無深淺，皆沈没取之。東南陸行五百里，到伊都國，官曰爾支，副曰泄謨觚、柄渠觚。有千餘戶，世有王，皆統屬女王國，郡使往來常所駐。東南至奴國百里，官曰兕馬觚，副曰卑奴母離，有二萬餘戶。東行至不彌國百里，官曰多模，副曰卑奴母離，有千餘家。南至投馬國，水行二十日，官曰彌彌，副曰彌彌那利，可五萬餘戶。南至邪馬壹國，女王之所都，水行十日，陸行一月。官有伊支馬，次曰彌馬升，次曰彌馬獲支，次曰奴佳鞮，可七萬餘戶。自女王國以北，其戶數道里可得略載，其餘旁國遠絶，不可得詳。次有斯馬國，次有已百支國，次有伊邪國，次有都支國，次有彌奴國，次有好古都國，次有不呼國，次有姐奴國，次有對蘇國，次有蘇奴國，次有呼邑國，次有

八五四

華奴蘇奴國，次有鬼國，次有爲吾國，次有鬼奴國，次有邪馬國，次有躬臣國，次有巴利國，次有支惟國，次有烏奴國，次有奴國，此女王境界所盡。其南有狗奴國，男子爲王，其官有狗古智卑狗，不屬女王。自郡至女王國萬二千餘里。男子無大小皆黥面文身。自古以來，其使詣中國，皆自稱大夫。夏后少康之子封於會

中華書局標点本「魏志倭人伝」——著者の書き込みの入った冒頭部分。

「從郡至倭」に始まる一文は、通説の「七千余里」で終わるのではなく、「対馬国」まで続いているのがわかる。ただし「対馬国」は紹熙本の「対海国」が正しい。

意味の区切りとリズムの変化

文章のリズムが、a①②③の区切りにふさわしく変化している点を見ていこう。先の「旧　百余国／漢時有、朝見者。／今　使訳所通、三十国。」という三音（三字）主体の段落に区切りがついたことを、まずaの「従郡至倭」という四音への変化で示し、①「循海岸　水行」という「三音＋二音」の新しいリズムで補強する。

②の「歴韓国」は三音で、同じ一文でも別の部分に入ったことを示す小主題である。次の「乍南乍東　到其北岸　狗邪韓国　七千余里」は四音（四拍子）を続けて、同じ小主題に属していることを示している。この中で「到其北岸」は必ずしもここに入れなければならない句ではない。単に「到　狗邪韓国　七千余里」としてもよいわけだが、四音のリズムを続けるために「到其北岸」としたのである。意味上も、倭国の対岸に来たのだと分かる。「七千余里」で②が終わったことは文意から確かだが、ここでこの一文が終わったわけではない。リズムの上でそれを示すのが「始度一海」で、②と同じ四音を続けている。そして、そろそろ一文の終わりですよ、と「千余里」でリズムを変えて文末を予告し、「至対海国。」の四音に戻って締めくくっている。

行路記事に「里」と「国」がたびたび出てくるのは当然のことながら、音韻の面では、やはり②③で「里」と「国」が適切に配置されているのが心地よい。

②歴韓国／乍《さー》南乍《さー》東　到其《きー》北岸　狗邪韓国　七千余里《りー》／　③始《しー》度一海　千余里《りー》　至《しー》対海国。

「国」が小主題の提示と、中間部、文末に使われている。巧みに感じられるのは、「狗邪韓国」が②の末尾に来ることを、わざと避けている点である。「乍南乍東　七千余里　到其北岸　狗邪韓国」とすることもできるが、そうすると「歴韓国～狗邪韓国」の対応から、そこで文が終わったかのような感じが出て、好ましくない。「七千余里」を最後にすることによって、長い航海であり、そこからまた海を渡らなければならないという印象も強まる。

「乍《さー》南乍《さー》東」は、朝鮮半島の西岸部を沖合航海で「南」へ直行し、次は南岸部を「東」へ直行するという意味だが、「乍《さー》～乍《さー》～」という音の繰り返しが、いかにも急行している感じを強めている。

「其《きー》」（平声之《し》韻）と「里《りー》、始《しー》」（上声止《し》韻）は、声母（語頭の子音）は違うが、韻母（母音部、ɪei）は四声は別にして、発音記号で書けば全く同じだ。「至《しー》」（去声至韻、tʃiɪ）は「始《しー》」（ʃiei）と声母も韻母も違うが、i音で終わる音であることは同じである。この「其《きー》、里《りー》、始《しー》、至《しー》」の発音の共通性も、リズム感に貢献している。

陳寿の文章は内容にマッチしたリズムを持ち、内容のスムーズな理解を助けている。

「Xに至る」と長里説

「従郡至倭」の「倭に至る」とは、通説が主張するような「倭の都に至る」のではなく、「倭の入口に至る」ことを意味する。夫余、高句麗など魏志東夷伝の国々も、同じように、その国の入口である境界までの距離が記されている。（図2-1、78ページ）

○高句麗は遼東（郡）の東、千里に在り。南は朝鮮・濊貊と、東は沃沮と、北は夫余と接す。丸都の下に都し、方二千里なる可し。

「高句麗（B）は遼東（A）の東、千里に在り」とは、「Aの境界（出口）からBの境界（入口）までが、千里」ということである。もし「遼東郡から東に千里」が、遼東郡（の東の境界）から「高句麗の都▲（丸都）」までの距離であるとすれば矛盾が生じる。高句麗は「方二千里」（二千里四方）であり、丸都は高句麗の中央よりも東寄り（奥）にあるから、遼東郡の境は高句麗の中にかなり食い込んでいることになる。

長里説は「遼東郡治（遼東郡の都、襄平）～高句麗の都（丸都）」を「千里」とするが、そうすると「方二千里」の高句麗の領域は、遼東郡治（襄平）まで含んでしまうことになる。「襄平～丸都」は約二五〇キロである。長里に直すと約五七五里になる。長里説が「都～都」までを「千里」ととるのは、これが長里にとっては最大の距離で「千里」に最も近くなるからだ。とは言っても五七五里は「千里」の半分強に過ぎず、違いが大きすぎる。

「遼東の東、千里」を「境界（出口）～境界（入口）」ととると約七五キロで、短里説の「千里」にぴったりだ。だが、長里では約一七三里で「千里」にはほど遠い。

長里説が成り立たないのは以上で明らかだ。「千里」は短里で「遼東郡境（出口）～高句麗の国境（入口）」の距離であり、この「千里」はどちらの領域ともつかない無人の地である。

同様のことは、次の二例にも言える。国と国との間に、山岳部や荒野などの無人地帯が広がっているのは、夷蛮の地では当然のことと言えよう。
○夫余・在　長城・之北　去・玄菟　千里。
○挹婁・在　夫余・東北　千余里。
「長里説」の最大の論拠は、高句麗、夫余、挹婁などを例とした「東夷伝・長里説」である。その「東夷伝・長里説」は、国間距離（あるいは郡と国との距離）を「都～都」ととる誤った通説に支えられている。さらに、夫余や挹婁になると「都の所在地」そのものが「東夷伝」に示されず、不明である。

飛行機が飛ぶようになるまで、「A国に至る」といえばもちろん「A国の入口である国境に至る」という意味であった。この点は魏志倭人伝でも同じで、「倭に至る」は倭の入口である「対海国に至る」という意味であり、

「対海国に至る」は「対海国」の入口である港（国境）に至ったことを意味する。

冒頭の一文のポイント

行路記事の冒頭の一文を、言葉を補って分かりやすく訳してみよう。

ａ（帯方）郡を通って倭（の入口、倭の最初の国）に至るには（次のようにする）、

①（まず、帯方郡では）沿岸航海を行い、

②（次に）韓の国々（である島や岬）を過ぎてゆくにあたっては、（韓の入口で沖合航海に転じて）一気に南下し、今度は方角を転じて一気に東に向かい、（倭の最初の国の領海の）北岸である狗邪韓国に至るが、ここまでが（方四千里の韓の二辺——西辺と南辺——の計八千里のうち）七千余里になり、

③（次に）初めて（大海のうちの）一海を渡り、千余里で対海国に至る（つまり、倭に至った）。

この一文のポイントは、次のようだ。

一、「従郡」は帯方郡を「通って」という意味で、「従」は起点を意味しない。

一、「従郡」（帯方郡を通って）の様子が「循海岸　水行」である。

一、「至倭」とは「倭の入口」に至るという意味で、文末の「対海国」を指す。首尾が対応している。

一、「七千余里」は「歴韓国」の距離であり、帯方郡治からの距離ではない。

一、「其の北岸」とは「倭の北岸」つまり、「対海国の北岸」であり、「倭の海域の果て」である。

2　「従」は経由、「自」は起点

「従」を起点とする誤読

「従郡至倭」の「従」は、長いあいだ誤解されてきた。「従」とは「通《とお》って」という経由の意味で、起点を示す「自」とは異なる。ところが、通説はこの「従」を起点ととって、《帯方郡の都を出発点にして、倭の都に至るには》と解している。行程論のつまずきは冒頭の「従」の誤読から始まっている。

「自」と「従」の区別は、『角川漢和中辞典』に次のように明快に書かれている。

○自は起点を示す、「自古至今」。従は経由する意、京から江戸へ行くというのは「自《よ》り」、東海道を選んで行けば、「東海道従《よ》り」と使い分ける。

秋山茂ほか編『改訂新版　机上漢和辞典』（誠文堂新光社、昭和五二年）にも次のように出ている。

○「より」（自・由・従）の別――「自」は、動作・時間の起点を示す。「由」は由来・経過の意。「従」は経由する意。選択する意を含む。

藤堂明保『チャート式漢文』（数研出版）には、「コンパス⑲」として、「より（自・従）＝起点・経由を示す」

とした上で、次のようにまとめている。

○「自」＝動作や時間・場所などの起点を表す。「〜から。」

「従」＝経由する。「〜を通って。」

「従郡至倭」の「従」が「自」と同一視され、「起点」と解されてきたのには、いくつか理由がある。

①「従」も「自」も同じく「より」と訓読される。

②文語的な「より」も口語の「から」も、ともに「起点」にも「経由」にも使われる。

○一時より会議を開く。神戸港から船出する。〔起点〕

○正門より入る。風が窓から入る。〔経由〕

これらは正門や窓を「経由」して入るわけだが、ふだん余り「経由」とは意識しない。つまり、「経由」は「起点」に比べて意識にのぼることが少ない。

③近・現代の中国語では起点に「自」ではなく「従」を使う。

あいまいな大漢和辞典

『諸橋漢和大辞典』は「自」について「より。から。」という簡単な語義ですませ、引用された注釈類には「自、従也。」と繰り返し出てくる。「従」については「より。から。自に同じ。段々に経歴する意に用ひる」とし、中途半端で混乱を招く表現になっている。「自」は、経歴する意味には用いない。

『角川大字源』は「助字解説」を見ると、「自」で「起点」の意味に絞っているのはよいとして、「従」でも「より。動作・行為の始まる時間的空間的起点を示す。」で、〔経由〕の意味には触れていない。

簡野道明『増補　字源』（角川書店、昭和三十年）は、次のように述べる。

○従は就也、順也と註す、譬へば其処に往くに、甲乙二道あるを、甲に従ひて来るとか、乙に従ひて来るとかいふ意。自と略々同じけれども、自よりは重し。

「従」の一側面を指摘しており、この「二道」の例が、前掲の『角川漢和中辞典』や『改訂新版　机上漢和辞典』にも影響しているのが確認できる。しかし、「自と略々同じけれども」は無いほうがよいし、「自よりは重し」は意味不明である。

『字源』の影響は、『新明解漢和字典』（第四版）の「語法」欄にも見られる。

「従」▼「つきしたがう」意から転じて「自」と同じく「……から」の意の助字になったもの。したがって、「自」よりは重く、中間の道筋をふくめて「どこそこから」の意。たとえば、「自江戸来」、「従東海道来」のように使い分ける。ただしふつうはそれほど厳密に区別されず、互用されるし、「従自」と連用することもある。

「自」▼時間や場所について「……から」と起点を示す。「従」とは異なり、起点のみを示して中間のコースは問題にしない。「従」や「由」よりも軽く、用例も多い。

傍線部分については、少なくとも『三国志』にはあてはまらない（次節参照）。また、「従自」という熟語は『諸橋大漢和』にも載っていないので、「自従」の間違いと思われる。

漢和辞典が「自」と「従」の区別をあいまいにしがちなのは、有名な「魏志倭人伝」の冒頭に出てくる「従郡至倭」を、通説が「帯方郡起点」と解釈してきたことも影響しているように感じられる。

3 「従」の全用例調査

「従」全用例調査の分類表

『三国志』における「従」と「自」の全用例を調べてみた。そうすれば、『三国志』の著者・陳寿がどのような意識で「従」と「自」を使っているのかが、実証的に理解できるはずである。

三国志全体では、「従」は九二九個、「自」は一三五一個使われている。

まず、「従」の全使用法を分類して掲げる。傍線を付けたのは固有名詞である。

「従」総計九二九例

〔I〕〈経由〉一九〇例

A　空間経由1（普通名詞）……………………〔四五例〕

○兵・遂散　従他門　並入。　〈魏志、巻一八、典韋伝〉

（兵は遂に散り散りになって、他の門から入った。）

B　**空間経由2（地名）**……………………〔七五例〕

○潜遣‐鋭衆　**従**小平　北渡。　〈魏志、巻六、董卓伝〉

（潜かに鋭衆を遣わして、小平から北に渡らせた。）

C　**空間経由3（特殊例）**…………………〔五例〕

a　客体の空間経由　（四例）

○**従**城上　以‐大石　激突‐中　柵門。　〈魏志、巻六、袁紹伝〉

（城壁の上から大石を落として、柵門に激突・命中させた。）

b　従＋（里数）　（一例）

○其妻‐聞　其病‐除　**従**百余里　来‐省之。　〈魏志、巻二九、方技伝〉

（妻が夫の病気がなおったと聞いて、百余里の道を通って見舞いにやってきた。）

D　**時間の経由**…………………………〔五例〕

○疎親‐悉発　乃　**従**後‐去。　〈蜀志、巻八、許靖伝〉

（親類やそうでない者が皆、船で発った後で、岸を離れた。）

E　**その他の経由**………………………〔五七例〕

a　官職・官位・身分　（一八例）

○**従**中庶子　転為　左輔都尉。　〈呉志、巻一九、諸葛恪伝〉

（中庶子から転じて左輔都尉となった。）

b　事　（七例）

○今聴-孝廉　不以-経試　恐-学業　**従**此-而廃。　〈魏志、巻一三、華歆伝〉

（今、孝廉に経典の試験を課さないことを許せば、恐らく学業は此のことによって廃《すた》れるでしょう。）

c　人　（三〇例）

○**従**　司馬徳操　宋仲子等　受-古学。　〈蜀志、巻一二、尹黙伝〉

（司馬徳操・宋仲子らから古学を受けついだ。）

d　手段　（二例）

○朝覲《きん》-莫**従**。　〈魏志、巻一九、陳思王植伝〉

（天子にまみえるのに手段がありません。）

F　**自従**（**「起点＋経由」の経由**）……………〔三例〕　＊「時間」が二例、「人」が一例。

○**自従**-始初　以至-於終。　〈蜀志、巻七、法正伝〉

（最初から最後まで）

〔Ⅱ〕〈**随行**〉**二九二例**

G　**随行**（**つき従う**）………………………〔二九二例〕

a　随行する　（二七九例）

○所**従**　歩騎千人。　〈魏志、巻三、明帝紀〉

（従う者は　歩兵と騎兵、千人。）

○**従**討　袁譚-尚。〈魏志、巻一〇、荀攸伝〉

（主君につき従って袁譚・袁尚を討った。）

b　おとも（名詞形）（九例）

○靖　身坐-岸辺　先載-附**従**。〈蜀志、巻八、許靖伝〉

（許靖は、自分は岸辺に坐り、一緒についてきた者たちを先に船に載せた。）

c　集まる（互いにつき従う）（四例）

○以類-相**従**。〈魏志、巻二一、劉劭伝〉

（類を以て集まる。）

〔Ⅲ〕〈従う〉二五三例

H　従う（言うことを聞く）……〔二五三例〕

○帝　不**従**。〈魏志、巻二五、楊阜伝〉

〔Ⅳ〕その他　一九四例

I　従事（官名）……〔一〇七例〕

○**従**事中郎。〈魏志、巻一〇、荀彧伝〉

J　その他の官名……〔二例〕

○冗**従**僕射《や》　劉賢。〈魏志、巻九、夏侯玄伝〉

K　親族……〔五五例〕

○**従**弟。〈魏志、巻一、武帝紀〉

L　ほしいまま（＝縦）……………………………〔一例〕
〇従心・恣欲。〈魏志、巻二五、楊阜伝〉

M　従容（ゆったり、ひま）……………………〔一三例〕
〇曹公・従容　謂・先主　曰。〈蜀志、巻二、先主伝〉
〇并　従容之官。〈魏志、巻一三、王粛伝〉
（ひまな官職を合併する。）

N　たて（＝縦）………………………………〔一五例〕
〇連横・合従。〈蜀志、巻一五、楊戯伝〉

O　人名　………………………………………〔一例〕
〇牟平賊　従銭。〈魏志、巻一二、何夔伝〉

全部でA～Oの十五分類のうち、ここで問題になるのは〔I〕〈経由〉に含まれるA～Fであり、とりわけ「空間経由」のAとBである。

Aの例文では、典韋が或る門の中で戦ったので、敵兵は他の門から入らざるを得なかったというわけであり、「他門」が起点ではなく「経由」場所であることは明らかだ。

Bの例文「潜遣・鋭衆　従小平　北渡」では、董卓は平陰から黄河を渡るように見せかけて、ひそかに精鋭を小平から渡らせたわけであり、これも「従」が「経由」を意味していることは明らかである。

従＋（場所の普通名詞）

A「従＋（場所の普通名詞）」の四五例を、普通名詞の種類によって分類し、検討を加える。

1「道」一八例（陸道3、他道3、間道2、東道2、水道、大道、正道、西道、南道、北道、諸道、道）

このうち、「自」と「従」を一文の中で明快に使い分けている例を、最初に挙げておく。

①帝　遂以‐舟師　自譙　循渦　入淮／**従**陸道　幸徐。〈魏志、巻二、文帝紀〉

（帝（＝文帝）、遂に舟師（＝水軍）を以《ひき》いて、譙自り渦（＝渦水）に循《したが》い、淮（＝淮水）に入り、陸道従り徐に幸（＝行幸）す。）

譙《しょう》が水軍の出発地であり、渦水と淮水の二つの河を経て、文帝は「陸道」を通って徐に行幸したわけである。『三国志』全体の中で、「自○○」と「従○○」が共存している唯一の例であるが、「自」が起点、「従」が経由の意味であることを明確に示している。また、経由を表すのには、「従」以外にも「循」（したがう）や「入」など、様々な具体的な言い方があるのがわかる。

②**従**他道　引去。〈魏志、巻二六、田予伝〉

③**従**間道　退。〈蜀志、巻六、張飛伝〉

これらも経由を示すことは明らかだ。

「道」の一八例はすべて経由の意味である。「道」はかなりの長さをもっており、起点にはなり得ない。「道」は「通る」ものであり、いわば「経由」を代表するものと言える。

2「方角」七例（南2、東南、東北、東方、申《さる》（＝西南西）、西）

④京都‐地震　**従**東南‐来。隠隠‐有声　揺動‐屋瓦。〈魏志、巻三、明帝紀〉

方角の場合、起点を含むことが多いが、方角は基本的に点ではなく、長さと幅をもっており、「従」を使った場合は「その方角をずうっと通って」という「経由」の意味に重点が置かれているのである。

⑤**従**城‐東北　因山‐乗険　得‐将（＝率いる）其衆　突入‐城。〈魏志、巻二八、諸葛誕伝〉

魏の諸葛誕は、反乱を起こして寿春の城にこもり、呉に救援を求めた。魏の鎮南将軍の王基が到着し、諸軍を指揮して寿春を包囲したが、包囲が完成しないうちに、呉の将軍らは城の東北から山伝いに難所を通り、援軍をひきいて城に突入した、という話である。「城の東北」は経由地であり、起点は呉の都の建業である。

3「璿璣《せんき》」（北斗の四星）一例

⑥時時有　景雲‐祥風　**従**璿璣　下来。〈蜀志、巻二、先主伝〉

これも方角の一種。璿璣の方向をずうっと通って「景雲祥風」が下りて来た。

4「方向」五例（上風（風上の意）・前・後・旁・外）

⑦**従**前　先上。〈蜀志、巻一四、費禕伝〉

車に前方から先に乗ったという話。「前」が起点でないのは明らかである。

5「門」二例

⑧将‐歩騎　**従**‐南門　出。〈魏志、巻二六、田予伝〉

（歩兵と騎兵をひきいて南門から出た。）

「門」は出る場合は起点にもなるが、起点が別にあると経由ともなる。あとで「自」の用例「自北門」も同じ田予伝に出てくるが、主人公の田予は、旗や太鼓などで主力軍のように見せかけた歩兵と騎兵を、南門から（従南門）出撃させて敵の目を引きつけ、自分は精鋭を率いて北門から（自北門）出撃している。将軍の田予とともに「北門」近くにいた副将軍格の一団が、「南門」経由で出ていくというニュアンスで書かれている。

6　**「臨時の通り道」三例**（外水、堰下、塞上）

⑨**従**外水　上江陽。〈蜀志、巻六、趙雲伝〉

（別の川を通って、江陽に上った。）

「外水」は「道」の一種と見なせる。「堰の下」（巻六）や「塞上」（巻六〇）にしても臨時の通り道である。

7　**「水中、海中、谷中」三例**

⑩得 - 一布衣　**従**海中　浮出。〈魏志、巻三〇、東沃沮伝〉

海中は経由場所であり、布衣がもともとから海中にあったわけではない。

8　**「高殿、層宮之内、朽壌（朽ちた土壌）、肺」四例**

⑪**従**　層宮 - 之内　瞰　四国 - 之外。〈呉志、巻一二、張温伝〉

（奥まった宮中から、四方の国々の果てまで眺め渡す。）

8の四例は、起点と経由を兼ねているが、経由に重点があることは「層宮」「高殿」という広い空間を示す言葉からもうかがわれる。

9　**「樹間、山」二例**

⑫箭　**従**樹間　激中　数歳　女子 - 手。〈魏志、巻二九、方技伝〉

鶏を射ようとした矢が、樹間を抜けて女の子の手に命中したのだから、起点でないのは明白だ。

以上、Aの普通名詞の「場所経由」四五例の分析によって、次の三点が明らかになった。
一、「従」が起点としかとれない例は一つもない。
二、起点ではあり得ず、経由としかとれない例が圧倒的に多く、全ての例は経由ととることができる。
三、起点と経由を兼ねる例の場合、「経由すべき空間性」が十分にあり、重点は経由にある。
「経由」というと一点を通過すると考えがちだが、実際はAの四五例のうち、一点に近い短い距離を通過するのは5の「門」だけだ。ほかは「道」を代表としてかなりの距離を通り、「海中」や「層宮」のように広い空間性を代表するものもある。「道」や「方角」「方向」にしても、それなりの幅、つまり空間性を備えている。

「自」の「起点」がいわば「一点」を特徴とするのに対して、「従」の「経由」とは「空間」を通っていくことを意味している。

従＋（地名）

次は「地名の経由」、つまりBの七五例を検証してみよう。Bには「従郡至倭」の「郡」（＝帯方郡）と同じように、見かけは普通名詞でも、実際は固有名詞（地名）であることが明らかな場合も含めた。

なお、白崎昭一郎氏が１９９５年九月の『古代史の海』第１号で「従○○（地名）は経由を意味するか」と題して反論され、翌年三月の第３号に、私は「〈従〉と〈自〉の使い分けについて」と題する再反論を載せた。そこで必要な範囲で、白崎氏の説にも触れることにする。

1「道」

①太和中　遣曹真　**従**子午道　伐蜀、車駕　東幸許昌。〈魏志、巻一三、華歆伝〉

（太和年間、曹真を遣わし、子午道を通って蜀を伐たせ、天子の車駕は東の許昌に行幸した。）

隠された主語は、魏の明帝である。Bにも、この「子午道」のように「道」がついたものが七例あり、いずれも経由でしかあり得ないことは明白である。

ここでの起点は首都の洛陽である。この間の事情が具体的によく分かるのは、曹真伝の記事だ。

○（曹）真　以-八月　発長安　**従**子午道　南入。司馬宣王　泝（＝さかのぼる）漢水　当会（＝合流する）南鄭。諸軍　或　**従**斜谷道　或　**従**武威　入。〈魏志、巻九、曹真伝〉

太和四年（２３０）に曹真は洛陽で、軍事の最高職、大司馬に任じられ、「数道並入」による蜀討伐を提言し、明帝はこの計を受け入れた。曹真が西討（＝蜀討伐）に出発するとき、明帝は洛陽で自ら見送った。

南鄭はすでに漢中であり、蜀の領域である。最初の出発地は「首都」洛陽であったが、いわばベースキャンプに相当する第二の出発地が長安である。出発地が「首都」洛陽である場合は省略できるが、長安になると略せないということである。「発長安」として、起点を明示する「自」を避けているのも当然の処置といえる。

2「方角」

②大流星　長-数十丈　**従**　首山東北　墜　襄平城　東南。〈魏志、巻八、公孫淵伝〉

公孫淵滅亡の予兆となった大流星の話。これも方角が付いた例だが、流星が首山の東北を、尾を引いて通り、襄平城の東南に墜ちたわけである。流星であるから、「首山の東北」が起点でないのは明らかだ。

この流星をどの地点から眺めたかは不明だが、首山と襄平との位置関係からすると、流星は図のように飛んだ

ことになる。（図6-1）

③（明帝）使曹休　従廬江南　入合肥。〈魏志、巻二六、満寵伝〉

曹休は魏の大司馬であり、軍事の最高職にあったから、もちろん首都の洛陽を出発して、廬江郡の南部の皖を通り、北上して呉の最前線である合肥に入った。ここでも出発点としての「首都の洛陽」が省略されている。

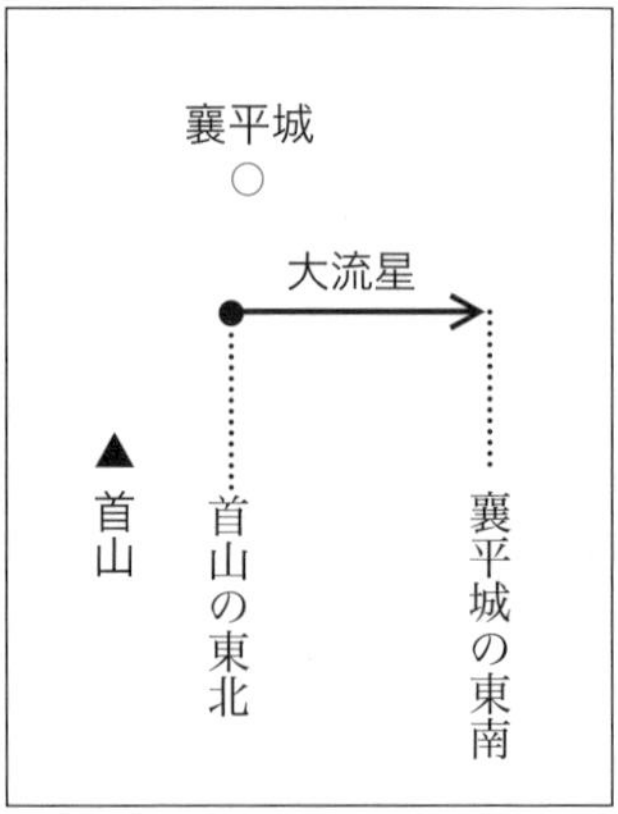

図6-1　大流星の進路

この「南」は、ちくま文庫の訳では「廬江から南に向かい合肥に入らせ」と動詞になっているが、地理的関係から言って間違い。『三国志今注今訳』（湖南師範大学出版社、1991年）の現代中国語訳で「派曹休　従廬江郡南部　侵入合肥」とあるように、「廬江郡南部」ととるのが正しい。（図6-2）

また、私が「廬江は合肥の西にある」と述べたのに対し、白崎氏は「どの地図を見ても廬江は合肥のほぼ正南にある」と述べて、「この文には何らかの錯誤があるのではないかと疑われる」とされている。氏が原文を理解されなかったのは、「廬江」（=廬江郡）を「廬江郡治▲」とされたからだ。しかも当時は「魏の廬江郡治（六安）」と「呉の廬江郡治（名目上、皖）」と「廬江郡治」が二つあったことに気づかれず、後者を取られている。さらに、南から北上して呉の最前線である合肥に向かうのが、理屈に合わないと思われたようだ。

魏は北、呉は南、という固定観念で解釈すると、「南に向かい」合肥に入るというちくま文庫訳と同じ誤りをおかすことになる。実際は、合肥は呉の最前線となる重要基地であり、廬江郡（魏の廬江郡と呉の廬江郡を合わせた本来の廬江郡）の中心部よりは東寄りにあって、呉の首都である建業に近い。曹休が（本来の）廬江郡の南部にある皖を経由し、北上して合肥に向かったのは現実に合っている。

3 「渡し場」

④従 延津西南 縁河 至汲・獲嘉 二県……斬首・獲生 各数千。〈魏志、巻一七、于禁伝〉

（延津の西南を通って、黄河に沿い、汲・獲嘉の二県に至り、……斬首や生け捕りがそれぞれ数千。）

Bには、このように「津」（渡し場）の付いた地名が三つあり、そのほかにも最初に例文に挙げた「小平」のように、渡し場である地名がかなりある。これらはいずれも経由地である。

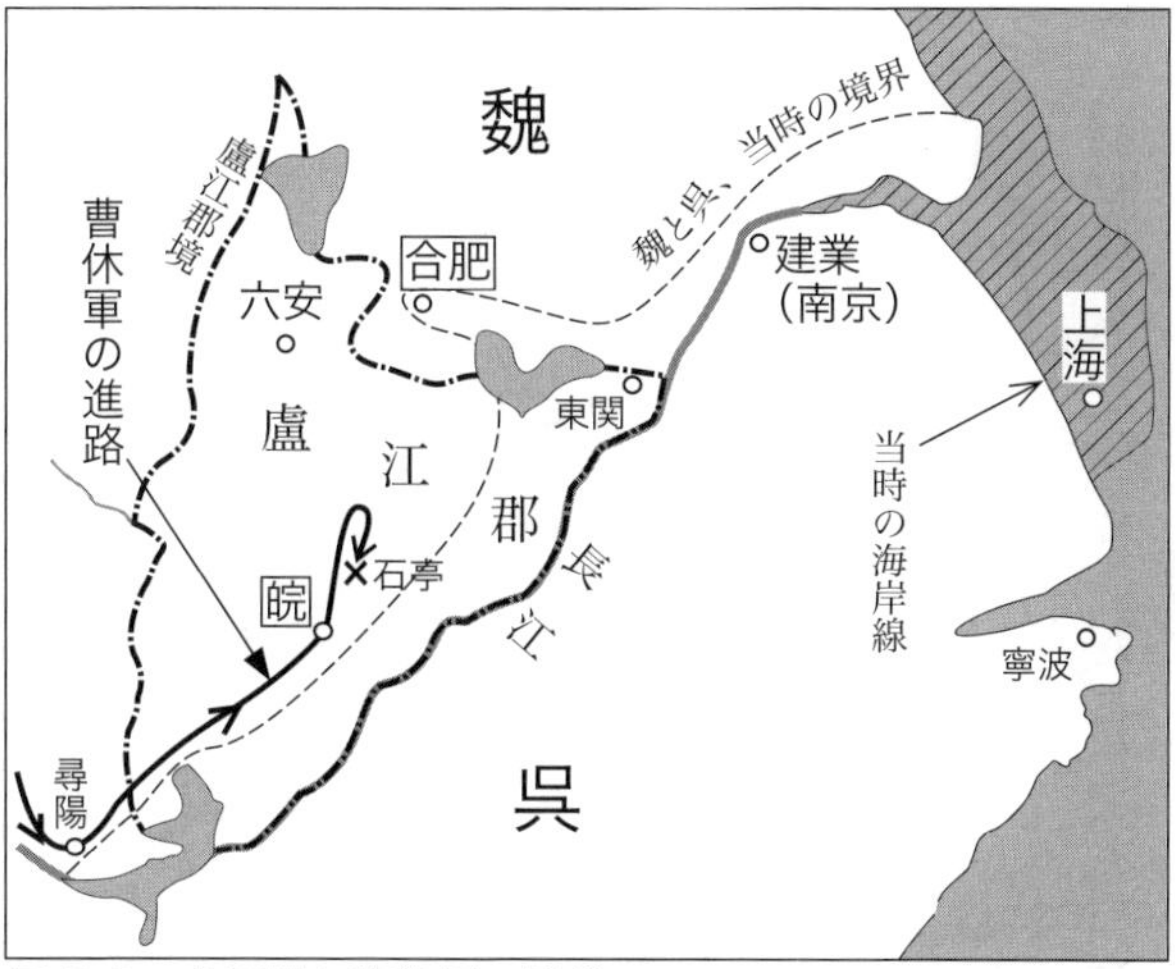

図6-2　盧江郡と曹休軍の進路

白崎氏は「于禁は前から延津の守将であったから、延津が出発点である」とされる。しかし、ここの段落は「太祖（＝曹操）は先陣を希望した于禁に、歩兵二千人を指揮させて派遣し、延津を守らせて袁紹を防がせた」で始まる。つまり、于禁は派遣されて延津に行っており、延津は純粋な起点ではあり得ない。そして「于禁は袁紹の攻撃に対して延津を固守したばかりか、さらに近隣の袁紹の別営を攻撃して戦果を挙げた」という文脈で④が登場しているから、「従 延津西南」は経由を表している。

4 「谷」

⑤関西民 従子午谷 奔之（＝張魯）者 数万家。〈魏志、巻八、張魯伝〉

関西は函谷関より西の地。張櫓は道教の五斗米道の創始者。子午谷を通って張魯のもとに身を寄せた者が、数万家に及んだとい

図 6-3　呉の予州侵攻
呉は東関を出発点に、盧江郡と江夏郡から魏の予州に侵攻した。

うからすごい。Bにはこのように「谷」のついた地名が四例ある。地図を見ると実際に谷であると思われる。「谷」は経由にふさわしいが、文脈からも経由と判断できる。

⑥（鍾）会統　十余万衆　分**従**　斜谷・駱谷　入。　〈魏志、巻二八、鍾会伝〉

鍾会は十余万の衆を、斜谷経由と駱谷経由の二つに分けたわけである。

5「諸軍の分遣」

諸軍を分けて派遣すると、それぞれ別々の方面を経由することになる。

⑦時孫権　在東関　当予州南　去江（＝長江）四百余里。毎　出兵‐為寇　輒《すなわち》　西**従**江夏　東**従**廬江。　〈魏志、巻一五、賈逵伝〉

東関は長江とその西方の巣湖の中間にあり、『中国歴史地図集　三国・西晋時期』（地図出版社、上海、1982年）で確認すると、長江とは約三一・五キロ離れていて、短里（一里＝約七六メートル）で約四一四・五里に相当する。まさに「四百余里」だ。この一節は魏の明帝が即位して間もない頃の話であるが、「四百余里」は現状紹介の話なので、西晋朝の「短里」が使われている。「西晋朝短里」を証明する簡明な一例といえよう。（図6‐3）

呉の孫権のいる東関は、予州（魏）の南にある。そして、魏側と呉側とを合わせた「本来の江夏郡と廬江郡」は、予州南部を西と東から挟み込むように位置している。呉軍は東関を出発点として、西は江夏郡経由で、東は廬江郡経由で、予州を荒らしまわったのである。

⑧太和二年（228）（明）帝　使（賈）逵　督　前将軍・満寵　東莞太守・胡質等　四軍　**従**西陽　直向東関、曹休　**従**皖、司馬宣王　**従**江陵。　〈魏志、巻一五、賈逵伝〉

（明帝は賈逵《かき》に、前将軍・満寵、東莞太守・胡質らの四軍を監督して、西陽経由で東関に直行させるとともに、曹休には皖経由で、司馬宣王には江陵（武漢のはるか西にあり、荊州の都）経由で進ませた。）

⑦の少し後に出てくる記事。③と同じ呉征討作戦を述べている。曹休と司馬宣王の出発地が首都・洛陽であることは、同じ作戦を描いた曹休伝（と明帝紀）の記事に明らかだ。

○太和二年、(明) 帝 為-二道 征呉。遣 司馬宣王 従漢水 下、(曹) 休 督-諸軍 向尋陽。賊（＝呉）将-偽降 休-深入 戦-不利 退還 宿-石亭。軍-夜驚 士卒-乱、棄 甲兵・輜重 甚多。

〈魏志、巻九、曹休伝〉

明帝は、洛陽から出発する魏軍を二つに分け、二方面から呉に向かわせた。大将軍の司馬宣王が率いる軍には、西から漢水を下らせた。位が上である大司馬の曹休は総大将とし、諸軍を監督して南南東方向の尋陽（今の九江）に向かわせた。呉の将軍が偽って降伏したので、曹休は深入りして戦ったが退却し、宿泊した石亭では 軍が大混乱に陥って大敗北を喫した。（図6-2）

「従……還」の分析

「従＋（地名）＋還」の形は、三国志全体で八例ある。（地名）が普通名詞の場合はこの形はない。

「還る」には折り返し点があり、二次的出発点である折り返し点を起点と解釈することも可能である。現実に三国志では、「自＋（地名）＋還」が三三例あり、「従＋（地名）＋還」よりも圧倒的に多い。二次的出発点でありながら起点の「自」が使われるのは、「還」が付く場合にほぼ限られる。「還」の場合に限って、経由地でありながら起点扱いの「自」が多くなるのは、「方向が逆向き」（折り返し点）になるので、新たな起点という感じが強まるからであろう。

ただし「従＋（地名）＋還」の場合は、やはり「従」にふさわしく経由の意味が強く込められている。

①臣昔　**従**遼東　**還**。〈魏志、巻九、曹爽伝〉

司馬宣王が曹爽を弾劾した上奏文に出てくる。この一文は昔、司馬宣王が遼東の公孫淵の討伐に成功して、洛陽に帰還したことを指している。「遼東」は「遼東郡治」ととるよりも、「遼東郡」を遠征でへめぐって（経由して）と解するほうがはるかに自然だ。

②帝　**従**寿春　**還**。〈魏志、巻一二、鮑勛伝〉

黄初六年（225）の文帝の遠征である。文帝紀によれば広陵の故城まで行っており、寿春は帰路の起点ではない。寿春は、淮水と渦水の交流点であり、帰路の経由地として記すにふさわしい地点である。

③恕　**従**趙郡　**還**。〈魏志、巻一六、杜恕伝〉

「従趙郡」は、杜恕の経歴の「在朝（＝朝廷）八年　出・為　弘農太守、数歳　転・趙相、以疾（＝病）去官……拝（＝任命）御史中丞」をさす。弘農郡の次が趙国（＝趙郡）であり、これも経由がふさわしい。起点で到着地でもある首都が省略されている。

④巴郡　文立　**従**洛陽　**還**蜀。〈蜀志、巻一二、譙周伝〉

文立は、裴注所引の『華陽国志』によれば、蜀の滅亡後、晋から最初の梁州別駕従事に任じられている。洛陽滞在が短かったので、「従」は経由の意味だ。

⑤戊辰　陶濬《とうしゅん》　**従**武昌　**還**、即引見。〈呉志、巻三、孫晧伝〉

呉の武将・陶濬は、反乱軍の討伐に遠征したが、武昌まで行ったところで魏軍が押し寄せてきたと聞き、そこから引き返している。これも「経由」がふさわしい。「還」が首都・建業に還ったという意味であるのは「即引見」からも明らかだが、呉の天子「孫晧」伝の中なので首都名の省略も当然といえる。

⑥蔡伯喈　**従**朔方　**還**。嘗　避 - 怨　於呉。〈呉志、巻七、顧雍伝〉

この話は、董卓伝の裴注所引の『漢紀』で事情がわかる。蔡伯喈は、後漢代の高名な学者・政治家である蔡邕《さいよう》。朝廷に仕えていて、意見を具申したことから朔方郡に流されたが、彼の名声と道義は天下の志士を動かし、朝廷に還ってきた。ところが宦官たちに憎まれたため、怨みを避けて呉に行ったというわけだ。この「還」は首都の洛陽に還ったことをさしていて、「首都の省略」の一例でもあり、流された朔方郡を経由地と見ている。

次の二例は、やや話が込み入ってくる。

⑦恐受 - 其禍　乃　避之（＝行く）遼東。……（太史）慈　**従**遼東　**還**。〈呉志、巻四、太史慈伝〉

（太史慈は、郷里で禍いを受けるのを恐れ、遼東郡に行った。……慈は遼東郡から還った。）

郷里の東莱郡（山東半島）の役人をしていた太史慈は、青州との役所間の確執で、州の鼻を明かし憎まれたことから、一時、対岸の遼東郡に難を避けていたが、そこから戻ってきたという話。

白崎氏は、⑦の十数行あとに「慈　自遼東　還」とあることをもって、⑦の場合も遼東を起点と考えるべきである、とされた。しかし、この使い分けは別に不思議ではない。⑦の場合は、太史慈が禍を避けて遼東郡に行った、という文から一～二行あとに、太史慈の帰還が記される。遼東に行った記述のすぐ後であるから、遼東が経由地であることを示す「従遼東　還」がふさわしい。

これに対して「自遼東　還」は、かなり間をおいて話が一段落した後に出てくる。つまり、遼東へ向けて出発した事実はあまり問題ではなくなっている。そこで、新たな起点としての側面が表に出てきて、「自遼東」が使われているのである。

なお、「従＋（地名）＋還」と「自＋（地名）＋還」が共存している例はこれだけである。同一事件に対しては「自柳城　還」「自徐州　還」のように、同じ「自A還」を何度も繰り返す例が多い。

⑧胡　常‐怨望（倉）慈　皆労之（＝胡）欲詣‐洛（＝洛陽）者　為封‐過所（＝通関手形）欲**従**郡（＝敦煌郡）**還**　官為‐平取（＝公平な取引）。　〈魏志、巻一六、倉慈伝〉

（西域の胡人の商人たちは、豪族の不当な扱いに怨みを抱いていたが、敦煌郡太守の倉慈は胡人たちを皆労り、洛陽に行こうとする者には通行証を作ってやり、洛陽から敦煌郡を通って西域に還ろうとする者には、官で公平に取引きしてやった。）

敦煌郡の太守であった倉慈の仁政ぶりが描かれている。この直前に「以前、西域の雑胡（種々の異民族）が来朝して貢献したいと欲していた頃は、豪族たちが邪魔をして遮ることが多く、豪族たちと交易をするようになってからは、豪族がだましたりいい加減にあしらったりして、不明朗なことが多かった」とあり、雑胡が洛陽へ行きたいというのがこの一節のテーマになっている。

白崎氏は「従郡還」を洛陽に行く者に対比させて、西域から敦煌郡治に来てそのまま西域に還る者とされた。しかし前述のように、西域の雑胡たちは洛陽に行くことを強く願っていたのであり、敦煌郡治で引き返すほうが異常である。白崎氏は「郡」を起点とするために「郡治」（郡の都）の意味にとっているが、これは無理だ。『三国志今注今訳』でも「在郡中」として、敦煌郡に滞在（経由）していることを明示している。もともとの起点は西域であり、「従郡還」の二次的起点である「首都」洛陽が省略されている。

三国志で郡治を示す場合は、武昌のようにきちんと「郡治名」を記すのが基本である。合肥（淮南郡治）、襄平（遼東郡治）、宛（南陽郡治）など皆そうだ。「郡」とあれば「郡」全体をさすのが通例である。

従＋（郡名）（自明の場合は「郡」）……全一五例

自＋（郡名）（自明の場合は「郡」）……全一六例

三国志では以上のようになっているが、郡名で「郡治」を表しているのは倭人伝の次の一例しかない。

○**自郡**　至女王国、万二千余里。

この例は、極めて特殊な条件下に成立していて、具体的な郡治名をさす必要がない。

第一に、倭人伝冒頭の「倭人-在　帯方東南　大海之中……従郡-至倭」を引き継いで、「郡」＝「帯方郡」が自明である。第二に、「万二千余里」という総里程を示していることから、「自郡」といっても「千里」以上はある「帯方郡」全体が起点ではなく、起点は「帯方郡治」であることが明らかだ。

「自……還」と首都起点の省略

比較の意味で「自＋（地名）＋還」三三例の中から、いくつか取り上げておこう。

ア　慈　**自遼東**　**還**。〈魏志、巻一六、倉慈伝〉

これは先ほど⑦のところで説明した。

イ　**自葭萌**　受任　**還**攻-劉璋。〈蜀志、巻六、黄忠伝〉

ウ　先主　**自**葭萌　**還**攻‐劉璋。〈蜀志、巻六、趙雲伝〉

この二例の「還」は「引き返して」の意味であり、起点の「自」のほうが確かにふさわしい。

エ　興平元年　春　太祖　**自**徐州　**還**。〈魏志、巻一、武帝紀〉

太祖（曹操）は前年の秋、徐州の牧（長官）の陶謙を征伐に出かけ、十余城を下したが、陶謙の守る城を攻略することはできず、遂に帰還した。この場合も新たな出発地というニュアンスが強くなるので、起点の「自」を使うのが適切だ。このときの「太祖　自徐州　還」は巻九と巻十にも各一例登場する。

「自＋（地名）＋還」の例は、いずれも起点の「自」がふさわしいという著者の判断を示している。

「従＋（地名）」で首都起点を省略するのは、洛陽に限らない。

○董卓　遷‐天子　長安。（華）歆　求出　為‐下邽令　病‐不行、遂　**従**藍田　至南陽。

〈魏志、巻一三、華歆伝〉

後漢の首都は洛陽であったが、乱世となるとこのように都を長安に遷すということも起きる。董卓を見限っていた華歆《かきん》は、何とかして董卓支配下の長安を離れようとし、いったんは病気のために断念したが、遂に南東方向に、藍田を経由して南陽へ逃げ出すのに成功した。この場合、直前に長安という地名を出しておいたので、首都起点の省略が可能になるわけである。

首都の省略が多いのは、首都には天子がいるうえ、軍隊や官庁が集中しており、出発地として自明な場合が多いからだ。また、第一の読者たる天子をはじめ、読者の大部分は首都におり、地理的説明の場合も首都を起点として説明したほうがわかりやすいからである。

「首都起点の省略」で「従郡至倭」と密接な関係があるのは、『隋書』俀《たい》国伝の記事である。

○上（＝隋の煬帝）遣　文林郎（＝官職名）裴清　使於‐俀国。

度（＝渡）百済　行至‐竹島……経‐都斯麻《つしま》国……〈隋書、俀国伝〉

帝が裴清を俀国に遣わした、と記した直後に、「度百済」で行路記事が始まる。重要なのは、「首都」から山東半島までの中国本土の行路は省略していることである。魏志倭人伝も同じだ。魏志倭人伝と隋書俀国伝の行路記事が、ともに朝鮮半島から始まっていることの意味が見逃されてきたのである。

C「**空間経由の特殊例**」

Cの五例も空間経由であり、その特殊例である。Ca「客体の空間経由」四例の代表として挙げた「従城上以大石　激突　中‐柵門」では、「大石」は自分で移動したのではないから「客体」というわけだ。

①漢時　賜‐鼓吹技人　常‐**従**玄菟郡　受‐朝服・衣幘。〈魏志、巻三〇、高句麗伝〉

漢の時代に天子からブラスバンドを賜ったが、彼らは常に玄菟郡を通じて（経由して）、礼服や衣幘を受け取っていた。朝服・衣幘の「起点」は漢の朝廷である。

②国‐出鉄　韓・濊・倭　皆　**従**取之。〈魏志、巻三〇、韓伝〉

「国」は弁辰・辰韓の国をさす。韓だけでなく北隣りの濊や、南の倭もこの「国」を通じて鉄を入手している。倭人は直接、鉄の産地まで行かなくても、たとえば狗邪韓国でも鉄を入手できるわけである。この「従」も経由であり、起点はさほど意味がないから省かれている。

Ｃｂは一例しかないが、「従＋（場所）」ではなく、「従＋（距離）」である点で特殊な一例である。

③其妻‐聞　其病‐除　**従**百余里　来‐省之。〈魏志、巻二九、方技伝〉

妻が（名医・華陀の診察を受けた）夫の病気がなおったと聞いて、「百余里」の道を通って見舞いにやってきた、という話。この場合、どこからという場所が書いてないが、起点は妻のいる家であることは明らかだ。「百余里」を経過した、つまり道筋の全部が経由なのである。

「空間の経由」と「時の経由」ほか

以上、Ｂ「従＋（地名）」とＣ「空間経由の特殊例」の計八〇例の検証結果をまとめると、Ａと同様の結論が引き出せる。

一、「従」が起点としかとれない例は一つもない。

二、全ての例は「経由」と解する方が自然であり、特に「経由」としかとれない例が圧倒的に多い。

三、「従＋（地名）＋還」のように、考え方によっては新たな起点ともとれる例もあるが、その場合も「従」は起点より《経由》にふさわしい文脈で使われている。

四、起点が自明な場合は省略される。その典型的な例は「首都」の省略である。

要するに、ＡＢＣあわせた「従＋（場所）」の計一二五例は「経由」の意味を表しているのである。

このことはＤ（時の経由）、Ｅ（その他の経由）についても該当する。

Dの「時」は五例しかなく、「自＋（時）」（すべて起点）が二〇九例もあるのに比べて極端に少ないこと自体が、起点を表す表現としては不自然である。五例の内訳は、

「従後」……………………二例

「年従十五」「従朝至夕」「従今」……各一例

「後、年（＝年齢）、朝」が、経由すべき「時間の長さ」を持っているのはすぐわかる。

○**従**今-已去　六十年-之外　車-同軌　書-同文　恨　不及-見也。〈呉志、巻一二、陸績伝〉

「従今」の例である。若くして病に倒れ、死ぬ日を予期して「今から六十年の後に、天下が統一され、轍《わだち》の規格も、文字の書体も全国同一になるのを見ることができないのは心残りだ」と言っている。「今」（今年）の中には、死に至るまでに経由すべき日数がまだ残されている。

Dの五例は起点と経由を兼ねているが、経由にポイントをおいて「従」を使っている。

E（その他の経由）のうち「起点か経由か」が問題になるのは、a（官職・官位・身分）一八例だけである。官職を例にとれば、初任にしては皆かなり高い官職であって、明らかに「経由」を表している。

Fの「自従」（起点と経由）三例については、次節で扱う。

4　「自」の全用例調査

「自」一三五一例の分類と解説

〔I〕〈空間の起点〉一二八例

A　普通名詞の起点　…………〔九例〕

①道　**自**近　始。〈魏志、巻二二、陳羣伝〉

②自天　祐之。〈魏志、巻二九、方技伝〉

③**自**-北門　出。〈魏志、巻二六、田予伝〉

④使者・丁忠　**自**北-還　説（孫）晧。〈呉志、巻一六、陸凱伝〉

①は「道徳は近い所を出発点とする」の意。「近」は指定性が強いので、固有名詞に近い。

②は「天から助けがある」の意。「天」は一つしかないから、固有名詞に等しい。

③の例は「従」の「門」のところで触れた。「北門」も特定の門である。

④は、呉が北の西晋へ派遣した使者の帰国。「自〜還」の一例でもあり、帰還先の呉の首都・建業は略されている。「北」は西晋を意味し、「地名」に等しい。①〜④のいずれも、起点を意味するのは明白である。起点には「特定性」がつきまとうので、どの普通名詞も固有名詞の役割を果たしている。

B　**地名の起点**　…………〔一一九例〕

①自淳于　**還**鄴。　〈魏志、巻一、武帝紀〉

②遂　自居巣　**還**呉。　〈呉志、巻九、周瑜伝〉

③自江州　**還**　来朝。　〈蜀志、巻一五　宗預伝〉

④二月　軍**還**　**自**東興。　〈呉志、巻三、孫亮伝〉

①〜③は「自＋（地名）＋還」の形であるが、④は「自」の上に「還」が来ている。①②は帰還先を記す必要があり、③④は帰還先が蜀や呉の「首都」であることが自明なので、省いている。②は「遂に」でわかるように長期滞在であるから、経由より起点の「自」がふさわしい。④は呉が、前年の十月から東興に大軍を配し、十二月に魏軍を大破していて、東興は経由地には当たらない。

このように「自〜還」「還〜自」は、すべて起点の「自」がふさわしい文脈で使われている。

⑤**自**許・蔡　**以**南。　〈魏志、巻一八、李通伝〉

⑥**自**許　**以**南。　〈魏志、巻二六、満寵伝〉

⑦**自**高柳　**以**東　濊貊　以西。　〈魏志、巻二六、田予伝〉

⑧**自**単単大山領　**以**西　属-楽浪。　〈魏志、巻三〇、濊伝〉

⑨**自**女王国　**以**北　其-戸数・道里　可得-略載。　〈魏志、巻三〇、倭人伝〉

⑩**自**女王国　**以**北　特置　一大率。　〈魏志、巻三〇、倭人伝〉

⑨⑩は倭人伝の例。起点の「自」には、このように「自＋（名詞）＋以〜」の形が多く見られる。「以上、以下、以来」なども多いが、「自＋（地名）」の場合は東西南北の「方角」が付きものだ。

対照的に「従」には「従＋以～」の形が全く見られない。「従」が起点としては使われていない一つの傍証といえる。
⑪自上庸　通道　西行　七百余里。〈魏志、巻九、夏侯尚伝〉
⑫（鄧）艾　自陰平道　行　無人之地　七百余里、鑿山・通道　造作・橋閣。
先登（＝先陣）　至・江由。〈魏志、巻二八、鄧艾伝〉
⑬黄気　見　自秭帰　十余里中。〈蜀志、巻二、先主伝〉
⑭自郡　至女王国　万二千余里。〈魏志、巻三〇、倭人伝〉

「自＋（地名）」が「里数」を伴う例が、四例ある。「自」が起点を表すことを象徴的に示している。

⑪は、夏侯尚が荊州の牧であったときに、上庸から道路を通し、西方へ七百余里も軍隊を進めて、住民を帰順させたことを述べている。「七百余里」は、短里（一里＝約七六メートル）ではちょうど荊州の西端に届く距離だが、長里（短里の約五・七倍）では西隣りの益州（＝蜀）を突き抜けてチベットまで行ってしまう。現在の西晋朝の単位として「短里」を使っている。

⑫の陰平道も江由も蜀の地名であり、この道なき道を行く「七百余里」も短里でこそぴったり合う。蜀を降伏させたこの攻撃には、ほかにもいくつか里程が出てくるが、いずれも「短里」の証例である。

⑬は黄色い雲気が、先主の当時の本拠である秭帰《しき》から「十余里」先に見えたという話。短里なら一キロ弱といったところだが、長里では五キロを超えることになり、これも短里説に有利であろう。

⑭も短里であるのは言うまでもない。「従郡至倭」から末盧国（唐津）まで計一万里が記されており、これは短里でほぼ該当し、長里ではとうてい当てはまらないからである。

〔Ⅱ〕**〈時間の起点〉**二〇九例

C　**「自古」**……………………………〔二三例〕

〇自古　及今。〈魏志、巻二、文帝紀〉

D　**「自今」**……………………………〔一八例〕

〇自今　以後。〈魏志、巻二、文帝紀〉

E　**「自是・自此・自斯・自頃・自頃年」**……〔二五例〕

〇自此　始也。〈呉志、巻七、歩騭伝〉

F　**「自＋〇〇＋（年数・日数・代数）」**……〔一〇例〕

〇自八月　沈陰 - 不雨　四十余日。〈呉志、巻三、孫亮伝〉

G　**その他**………………………………〔一三三例〕

〇自正月　至閏月。〈蜀志、巻二、先主伝〉

〔Ⅲ〕**〈その他の起点〉**四六例

H　**「自従」**…………………………〔三例〕　＊「時間」二例、「人」一例。

①**自従**　君 - 所言　無告　我意也。〈魏志、巻一一、田疇伝〉

②**自従** - 始初　以至 - 於終。〈蜀志、巻七、法正伝〉

③**自従**　孫弘　造 - 義兵　以来、耕種 - 既廃。〈呉志、巻一六、陸凱伝〉

「自従」の三例は「従」の経由とも関わってくる。①は、太祖が夏侯惇に田疇の説得を頼むところで、「君の気持から出た話として、わしの意向だとは告げないでくれ」と言っている。この場合、夏侯惇の気持が起点、それが夏侯惇の口を経由して出てくるというニュアンスが感じられる。
②は、徹頭徹尾というニュアンスに近い。「始」が始まりを意味するのに対し、「初」は「初めの頃」を意味する。②のフレーズは、「自始」で起点を表すだけでなく、「従初」で経由も強調している。
③も、孫弘が義兵を挙げようとして失敗した時期を「ずーっと」経由して以来、農耕に力が注がれることがなくなったというニュアンスで、「従」が使われている。

I　**官職・身分**……………………〔一二例〕
○自夫人　以下　爵　凡-十二等。〈魏志、巻五、后妃伝〉

J　**人**……………………〔一八例〕
○（袁）安以下　四世　居-三公位。〈魏志、巻六、袁紹伝〉

K　**事など**（理由）……………………〔一三例〕
○自是　拝-建義校尉。〈呉志、巻一二、朱拠伝〉

〔IV〕**その他**　九六八例

L　**「自ら」**……………………〔九三九例〕
○（呂）布　**自**称　徐州刺史。〈魏志、巻七、呂布伝〉

「自ら」（みずから、おのずから）は、いわば究極の起点であり、九三九例と数が圧倒的に多い。

M　**熟語**（自然3、自若15、自非8、終自1）など……〔二九例〕
○（黄）権　挙止・顔色　**自**若。〈蜀志、巻一三、黄権伝〉

「従」と「自」の使い分け

これで「従」と「自」ともに『三国志』における全用例調査の分析を終わった。

最も重要な点は、三国志では経由の「従」と起点の「自」が明確に使い分けられているという点だ。「自」と同じ起点と思われてきた「自従」も、やはり「従」の経由の意味を含んでいると確認された。一見同じように見える「自＋（地名）＋還」三三例と「従＋（地名）＋還」八例も、それぞれ「自」（起点）がふさわしい場合と「従」（経由）がふさわしい場合で使い分けられている。

『三国志』以前の『史記』『漢書』でも、経由の「従」と起点の「自」の使い分けは守られている。

○自玉門・陽関 出-西域 有-両道。従鄯善 傍-南山北 波（＝沿）河-西行
至-莎車、為-南道。 〈漢書、西域伝上〉

中国本土から西域への「起点」は玉門・陽関であり、鄯善を「経由」して行くのが西域南道である。

「従郡至倭」の「従郡」が経由となると、起点はどこか。

答えは強いて言えば、中国の本土、特に、天子を始め当時の読者が集中する首都・洛陽だが、この問題の立て方はあまり正確とは言えない。実は起点を特に意識してはいないというのが、著者・陳寿と当時の読者の感覚と考えたほうがよい。「経由」を強調するのが「従」の機能で、起点は特に意識しないのである。ただ、洛陽の読者は自然に、自分のいる洛陽を起点と前提して読んでいくわけである。

第Ⅶ章■狗邪韓国と「七千余里の論証」

1　乍南乍東と到其北岸

沿岸航海と歴韓国

行路記事の冒頭から、原文の意味を読み解いていこう。

a　従郡・至倭

①　循・海岸　水行

②　歴・韓国／　乍南・乍東　到其・北岸　狗邪・韓国　七千・余里

③　始度・一海　千余・里　至・対海国。

「従郡・至倭」はこの一文のテーマであり、「帯方郡を通って、倭の入口に至る」という意味である。「従郡」の具体的内容を記しているのが、①「循・海岸　水行」だ。「循」は「沿う」「ものに沿ってだんだんとしたがい行く」という意味（角川大字源）。

○循山　而南。　〔注〕依山　南行。　〈春秋左氏伝、昭公、二三〉

「循・海岸　水行」とは沿岸航海であり、「従郡至倭」のうち帯方郡は沿岸航海で行くということである。陸地をさしているはずの帯方郡に、海域がルートとして明示されている。帯方郡には海域が付属していて、「領海」の概念がすでに『三国志』の時代に存在していることがわかる。

「歴」は「歴訪、歴年」という言葉でもわかるように、「並んだ点を次々と通る」という意味だ（学研漢和大字典）。つまり「歴」の対象となる「韓国」は複数であり、「韓の国々」という意味である。

東夷伝をみると、「民族名＋国」という形は、「韓国」六例、「倭国」三例だけである。

〔韓　伝〕1　民　多‐流入　韓国
2　諸韓国　臣智
3　楽浪　本　統‐韓国
4　古之亡人　来適（＝行く）韓国

〔倭人伝〕5　歴‐韓国
6　王　遣使　詣‐京都　帯方郡　諸韓国
7　及　郡　使‐倭国（郡の倭国に使いするに及び）
8　倭国‐乱　相‐攻伐　歴年
9　正始元年……詣‐倭国

2と6の「諸韓国」、5の「歴韓国」はあきらかに複数であり、8の「倭国」も「相攻伐」でわかるように複数である。このほかの例も、文脈を調べるといずれも複数の国々をさしていて、国家という意味ではない。『三国志』が書かれた当時、「韓国」という国家が存在しないことは、韓伝に「二郡（＝楽浪郡と帯方郡）、遂に韓を滅ぼす」とあるのでわかる。

国家にあたるものは、「夫余、高句麗、濊、韓、倭」のように民族名で表現されている。東夷伝の各伝の冒頭も「夫余」「高句麗」「韓」「倭人」のように始まっていて、「夫余国」「高句麗国」「倭国」のような『宋書』以降のスタイルではない。

韓半島の西岸沖合にも島々はあるし、南岸の海は島だらけといってよい。これらの島々を次々と経過したのが「歴韓国」で、別に「陸行」しなくても「韓の国々を歴《へ》る」ことは可能だ。

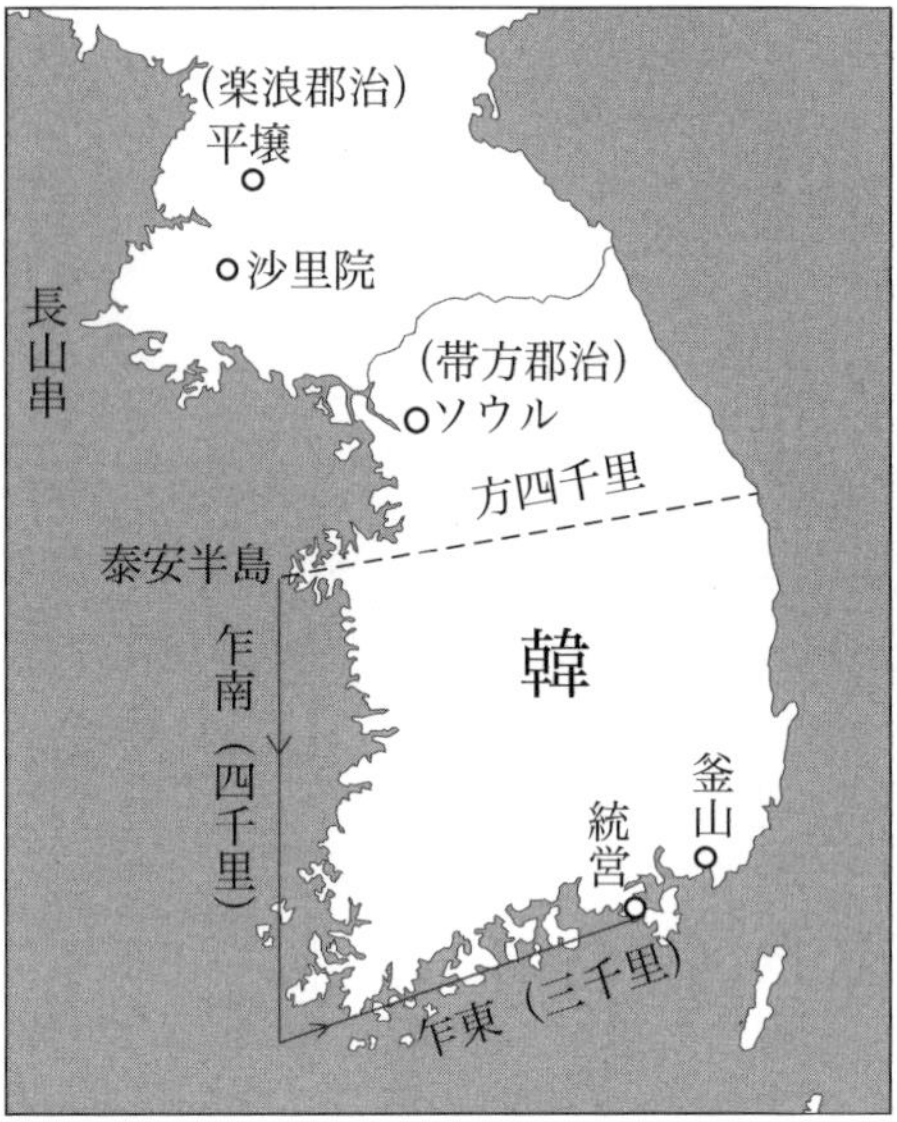

図7-1　韓の「乍南乍東」

乍A乍Bと天文志

「歴韓国」の様子を簡潔に記したのが「乍南乍東」である。これを通説のように、南行と東行を小刻みに繰り返すとして「沿岸航海」ととるのは、方角の点でも奇妙なことになる。韓の西岸を「南と東」にしか行かないのなら、どんどん「南東」方向に行くことになって陸地に乗り上げてしまう。（図7-1）

古田武彦氏はこの難点を避けて、「韓地陸行」説を唱えた。（図7-2）

もっとも、帯方郡を沿岸航海して韓の入口まで来たのに、そこで早々と船を乗り捨てて陸行に移り、狗邪韓国でまた船を調達するとは、常識では考えにくい。大量の人員と物資を運ぶには船が一番だが、古代ではもっと陸路との差が大きい。また、ここには「陸行」を明示する言葉もない。

○帝　遂以-舟師　自-譙　循-渦　入-淮　従-陸道　幸-徐。〈魏志、巻二、文帝紀〉

「従」の全用例調査で引いた例だが、水行から陸行に移る場合は「従陸道」のように「陸行」を明示するのが当然だ。

倭人伝でも末盧国（唐津）からは「東南陸行　五百里、到-伊都国」として、水行から陸行に移ったことを明示している。

「乍」は「たちまち、にわかに、急に」という意味であって、岩波文庫が「乍南乍東」を「あるいは南しあるいは東し」と読み下しているような「あるいは」という意味はない。沿岸航海ととるためには、「乍南乍東」が繰り返しの現象でなくてはならず、そのために編み出された変則的な読みである。

「乍A乍B」という文型は、「急にAという現象が出現し、そのまましばらく続いたあと、今度はまた急にBという現象が起きて、そのまましばらく続く」という一往復（一組）の現象を表している。このことをはっきりと示すのは、史記「天官書」や漢書など多くの「天文志」に記された惑星の動きだ。

①（歳星＝木星）其-角動　乍小乍大　若《もし》色-数《しばしば》変　人主-有憂。　〈史記、天官書〉

②（熒惑《けいわく》＝火星）及-乍前乍後　左右　殃《わざわい》益《ますます》大。　〈史記、天官書〉

③（熒惑＝火星）及-乍前乍後　乍左乍右　殃　愈《いよいよ》甚。　〈漢書、天文志〉

④三年秋　太白（＝金星）出-西方　有光-幾中　乍北乍南　過期-乃入。　〈漢書、天文志〉

②の「左右」は「乍左乍右」を省略したもの。地球から見た惑星の動きには「順行・留・逆行」が見られるが、順行からしばらく留まって逆行したとしても、次はずーっと順行がつづくわけで、一往復の現象はあっても、二往復の現象はない。「乍前乍後」も「乍左乍右」も「乍北乍南」も一回の現象である。

⑤月行　乍南乍北。　〈晋書、天文志〉

『日本大百科全書』の「月」の項には、「月は地球や太陽から複雑な力を受けるため、地球から見て一様に動くものではない。一様な運動からの外れを不等という。その最大のものは、中心差と呼ばれる6・29度の半振幅で、一近点月（27・55日）で振動する。」とある。月の「外れ」も一回の往復である。

⑥（流星）乍明乍滅‐者　賊　敗成也。〈隋書、天文志〉

流星が明滅を繰り返すとは思えないので、これも一回の現象である。

⑦偏天‐薄雲　四方　生‐赤黄気、長三尺　乍見乍没　尋《まもなく》皆‐消滅。〈隋書、天文志〉

これは雲気の例だが、短い時間の話なので、現れたり没したりを繰り返すのは無理である。

このように「天文志」には多くの「乍A乍B」が見られる。その種類は「月、星、隕石、雲気」の四種類だ。「史記、漢書、後漢書、宋書、隋書、晋書、新唐書」の七つの史書について調べた結果、三〇例を見出したが、ほとんどの場合に一回性の現象であることを確認できた。

乍南乍東は沖合直行

①日‐中（＝中天）　必移、月‐満　必虧（＝欠）、先王之道　乍存乍亡。〈史記、日者伝〉

漢和辞典によく引かれる例だ。日が中天にかかれば必ず西に移り、月が満ちれば必ず欠ける。これらは「一回の現象」に焦点をあてている。先王（聖王）の道も、急に現れては急に消えてしまうが、これも同じように一回の現象に着目した言い方である。

②乍雨乍晴　花‐自落。〈欧陽脩、長短句、浣渓沙〉

急に雨が降って来てさっと晴れる。いつのまにか花が落ちている。これが一回の現象だからこそ詩情が生まれるのであって、これが何回も繰り返しているのであれば詩情は飛んでしまう。

次は、古田氏が「たちまち小刻みに繰り返す」意味の「決定的証拠」として挙げられた例である。

③瘴瘧とは、山渓の蒸毒、人をして迷困発狂、或いは瘂し、乍寒乍熱、乍有乍無‐者なり。

〈医学入門、感異気〉

④寒熱、相等しく、乍往乍来、而‐間作（間をおいて起きる）也。

〈医学入門、往来寒熱〉

この二つは諸橋大漢和に引用されている。『医学入門』は二十世紀目前の光緒二十年（１８９４）に刊行された近代の医学書であり、「瘴瘧《しょうぎゃく》」（マラリア）について近代医学の立場から記述している。

マラリアの症状は、悪寒と高熱と平熱が長い周期（二～三日）で繰り返すもので、「小刻み」なものではない。しかも平熱期をはさんでいる。この「乍寒乍熱、乍有乍無、乍往乍来」も、やはり一回の現象に着目した記述である。平熱期をはさんだ「周期性」のほうは、「間作」によって的確に表現されている。

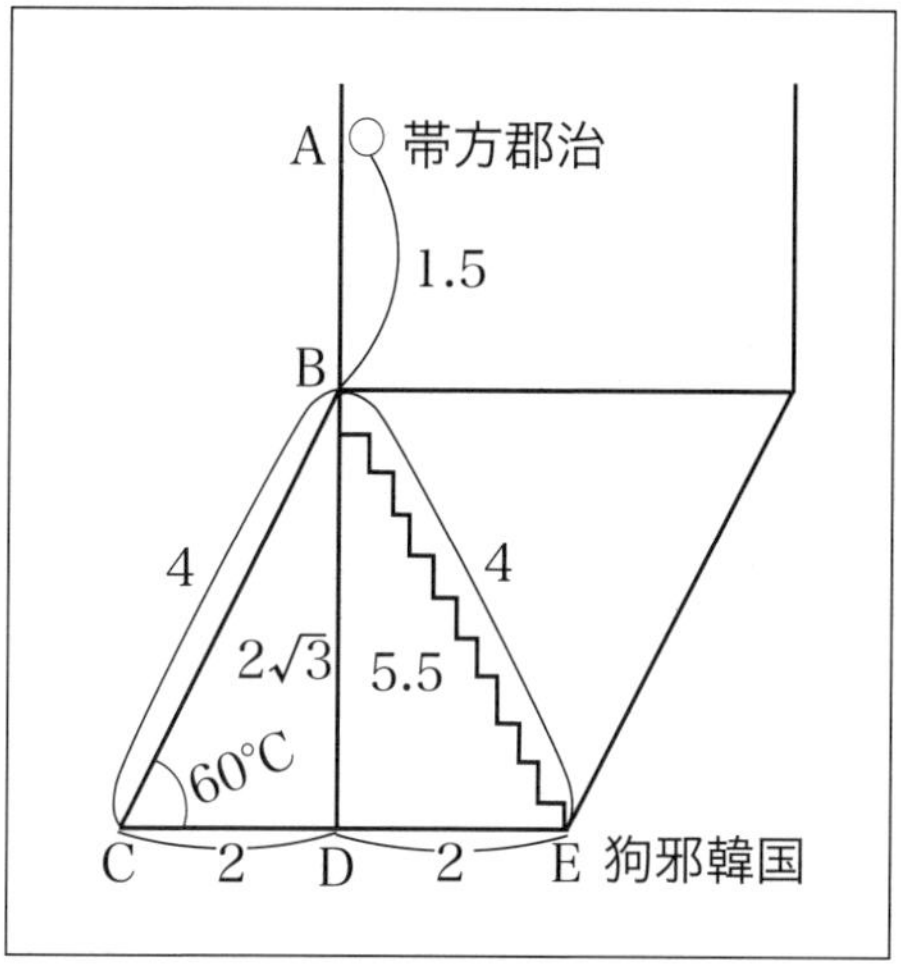

図7-2　古田氏の「韓地陸行」説

このように「乍A乍B」は、「AとBという対照的な一連の動きが、急に起きる」という一回の現象を表している。「乍南乍東」も一回の現象であり、「急に南に進路を変えて、そのまま南行し、次は急に東に進路を変えてそのまま東行する」と解するしかない。韓半島の地図にあてはめてみると、的確な航路であること

がわかる。（図7-1）

韓半島は、西に張り出した長山串《ちょうざんくし》から沿岸航海でゆるやかにカーブしながら南下し、ソウルの外港である仁川をへて南西に船を進め、泰安半島の先端で急に方角を「南」に変える。ここが韓の西北端だ。

韓の西岸は大きく湾曲しているうえ、潮の干満の差が大きく、沿岸航海では座礁の危険がある。泰安半島から韓の西南端までは、沖合をまっすぐ南下したほうが安全でもあり、距離も短い。西南端の珍島付近で、今度は「東」に方向転換すれば、対馬海流に乗ることができる。

「岸」の基準は「水域」

「其の北岸」とはどういう意味か。現在では「九州の北岸」「アメリカの東海岸」のように、陸地を基準として呼ぶのは普通になっているが、この呼び方はかなり後代になって生じた。

「岸」はもともと「行き止まりの崖」という意味であり、古典では「水域の涯《はて》にある崖」を意味していた。「琵琶湖の北岸」「筑後川の北岸」のように、水域を基準とする呼び方は現在でも使われている。

『三国志』には「(方角)＋岸」の例が九例あるが、問題の「其北岸」以外の八例は、いずれも長江や黄河など「川」の水域を基点にしている。＊が、いま問題の「其北岸」の例。

①往年　龍舟-飄蕩（＝流浪）　隔在-南岸　聖躬《みずから》-蹈（＝踏）危　臣下-破胆。〈魏志、巻一二、鮑勛伝〉

②賊　拠-西岸。〈魏志、巻一四、蒋済伝〉

③太祖　将-北渡　臨-済（＝渡）河（＝黄河）　先-渡兵……留-南岸　断-後。〈魏志、巻一八、許褚伝〉

④渡-水（＝江水＝長江）撃之。賊 奔-南岸。〈魏志、巻二七、王昶伝〉

⑤臨-江（＝長江）夜-大風 呉将・呂範等-船 漂至-北岸。〈魏志、巻二八、王淩伝〉

＊⑥到-其-北岸 狗邪韓国 七千余里。〈魏志、巻三〇、倭人伝〉

⑦遇於-赤壁。……瑜《ゆ》（＝周瑜）等 在-南岸。〈呉志、巻九、周瑜伝〉

⑧渡-屯-北岸。〈呉志、巻九、周瑜伝〉

⑨巡-南岸 禦（＝防）-祜《こ》（＝羊祜）。〈呉志、巻一三、陸抗伝〉

①は、黄初五年に帝の舟が危険な目に遭ったことを例に出して、呉親征を諫めている。②は、濡須水という川を基準にした西岸。③は黄河、④⑤は長江が基準。⑦は有名な赤壁の戦い。⑧はその続き。⑨は長江の南岸、羊祜は西晋の将軍。

三国志では、ふつうなら「陸地」を基準に「東岸」と言いそうなところでも「東岸」を使っていない。

○王頎《き》 別遣 追討-宮（＝高句麗王・宮）尽-其東界。問-其耆《き》老 「海東 復《また》有人-不《いなや》」。〈東夷伝、北沃沮伝〉

「東岸」の代わりに「東界」を使っている。「海東」という言葉も「水域」を基準に東をさしている。

同じ出来事を、東夷伝序文では次のように言う。ここでも「東岸」は使われていない。

○過-沃沮 践-粛慎之庭 東臨-大海。〈魏志、東夷伝序文〉

このように三国志では、「陸地」を原点として岸の「東西南北」をいう呼び方は、まだ成立していない。

海の北岸

水域でも「川」ではなくて「海」を基準とする例は、日野開三郎「北岸」（『東洋史学』第四輯、昭和二七年六月）が、三例挙げている。

唐代の地理志の例。登州から八方向の到達点を述べた文の一つ。都里鎮は旅順で、大海は黄海だ。

○西北-微東　至-大海北岸　都里鎮　五百二十里。　〈元和郡県志〉

○正北-微東　至-海北岸　都里鎮　五百三十里。　〈太平寰宇記〉

○塘水　東-滄州界　去-海西岸　黒竜江口　西至　乾寧里。　〈武経総要、辺防、塘水〉

この二例は宋代の例で、いずれも「海」の「北岸」「西岸」としている。

日野の言うように、海で暮らしている漁民にとっては、海を基準として方角を言うのが自然であろう。

魏志倭人伝の「其の北岸」とは、構文を見れば分かるように「倭の北岸」である。

○従郡-至倭……其-北岸　狗邪韓国……至-対海国。

ここの「倭」は、具体的には倭の入口である「対海国」をさす。当時は「水域」を基準とする北岸しかないから、「対海国の領海の北岸」ということになる。これを現代風に言い換えると「対海国の北の対岸」となる。日野も「倭と海を距ててその北岸」と解している。

日野以前にも、直観的に同様のことを感じ取っていた学者はほかにもいる。那珂通世は「皇国ヨリ北ニ当レル対岸ノ義ナルベシ」と記し、白鳥庫吉は「倭韓両国の間に横はる海洋の北岸と見れば、文意通ずべし」と述べている。榎一雄『邪馬台国』（１９６０年）は「狗邪韓国が倭人の地である対馬を隔てて朝鮮海峡の北岸にあることを意味しているもので」「魏志倭人伝では朝鮮海峡は倭の領海と考えられているので、狗邪韓国を倭の北岸と言ったのである」と正解を述べている。

「到」と「至」

「到其北岸」とは簡潔で巧みな表現である。

①これによって、倭国（の最初の国）の「北の対岸」に来たのだとすぐにわかる。

②「西北岸」ではなく四分法で「北岸」としたことで、対海国と一大国（壱岐）で一回ずつ出てくる「南北市糴」という簡潔な表現を使えるようにしている。

③「其北岸」としたおかげで、直後の「始度一海、千余里、至対海国」では方角を示す必要がない。

④「至」ではなく「到」を使ったおかげで、「到其 - 北岸　狗邪 - 韓国」と、似たひびきの音が効果的に頭に並ぶ。

「到」tau と「狗」kɑu は同じ韻ではないが、近い音であるのは変わりない。

⑤「到」を使ったおかげで、「従郡 - 至倭」の「至倭」が対応するのが「到其 - 北岸　狗邪韓国」ではなく、「至 - 対海国」であることが、視覚的・聴覚的に明確になる。

「到其北岸」の巧みさは「到」の字の意味にもある。

「到」は「至＋刀」であり、「トウ（タウ）」という音も「刀」から来ている。『学研漢和大字典』には「至は、↓型の矢が一線に届くさま。刀は、⤵型にそったかたな。まっすぐ行き届くのを至といい、⤵型の曲折をへて届くのを到という。」とある。

「到」には「到来」「到着」「到頭」「到達」など「やっと届く」というニュアンスがあり、どれも「至」の字に置き換えることはできない。一方、「至」には「一直線に飛んで行く」というイメージがあり、「至上」「至高」などは「到」の字で置き換えることはできない。

韓の西北端から狗邪韓国へは、「乍南乍東」によって一度大きくカーブしている。そこで「到其北岸」と「到」の字を使ったのである。

2 「七千余里の論証」

方四千里

倭人伝の直前には韓伝がある。韓伝の冒頭には次のように書かれている。

○韓・在　帯方・之南／　東西　以海・為限　南与・倭接、方　可四千里。

〈魏志、韓伝〉

「2＋4、2＋4」で始まるリズムで、「在《ザイ》と西《サイ》」「之《シ》、以《イ》、為《ウィ》、倭《ウィ》」は音が似ている。リズミカルな文だ。一字の「方」が「文末予告」の機能を果たしている。

「南、倭と接す」の「接」は、「夷蛮民族の間で接触がある」という意味である。「東西、海を以て限りと為し」

の「東」は、日本海をはさんで、北陸から北の倭人たちとは接触がない、ということになる。「方四千里なる可し」は、四千里四方の正方形がイメージされている。北の帯方郡を含めて「東西南北」方向が示されていて、イメージもはっきりしている。「四千里」は短里で約三〇〇キロだが、韓半島の西辺も南辺もほぼ三〇〇キロで、驚くべき精度である。（図7-1）

一辺が「四千里」という計算は、どのようにして出されたのだろうか。陸路では複雑な海岸線なので、当時の測量技術では無理である。沿岸航海でも直線距離を出すのは無理だ。「乍南乍東」による「沖合の直線航海」だからこそ、西岸と南岸、東岸の直線距離が四千里であることが分かったわけである。

沖合航法が可能になったのは、魏が「海船」を建造したからである。景初元年（237）に、明帝は青州など四州に命じて大いに「海船」を作らせ、翌年、朝鮮半島への渡海作戦に使って、公孫淵の背後を制した。山東半島の港は、歴史的にみて今の煙台であり、朝鮮半島で最も近いのは長山串である。

この四州に作らせた「海船」を転用したからこそ、正始元年の郡使・梯儁《ていしゅん》の倭国訪問も可能になり、沖合航法による韓の海上測定も可能になって、「方四千里」という新知識も獲得できたのである。

七千余里で決まる狗邪韓国

通説では「七千余里」の起点は帯方郡治（ソウル）であり、終点の狗邪韓国は東南端の「釜山」だ。そうすると、韓の西岸と南岸だけで、直線距離が「方四千里」の二辺の八千里になり、「七千余里」をオーバーする。しかも、帯方郡も韓も沿岸航海である。一万里を軽く超えてしまうだろう。さらにソウルから韓の西北端まで、沿岸航海では短里で千三百里（約一〇〇キロ）ぐらいになる。

こうなると、どう理屈をつけても「七千余里」には収まらない。そこで、お決まりの「魏志倭人伝は信用できない」というところへ逃げ込むしかなくなり、「方四千里」の無視を決め込んだのである。

通説が狗邪韓国を金海（釜山）付近とするのは、金海付近にあった後代の「加耶《かや》」と「狗邪《こうや》」の音がいくらか似ているという論拠しかない。例の「地名音当て主義」だ。狗邪韓国は、倭人の国に始めて渡る出港地である。狗邪韓国の位置が解らなければ、読者は行路をきちんとイメージすることができない。

狗邪韓国の位置を求めるのは簡単である。韓の西岸と南岸を全部行くと八千里であるから、「七千余里」とは韓の南岸を「三千余里」行ったところであり、ここが狗邪韓国の位置である。当時の読者は、韓伝を読んでから倭人伝を読むわけであるから、狗邪韓国の位置をすぐに頭に思い浮かべることができる。何の苦労も要らない。まさに明快な記述である。


「七千余里」の狗邪韓国の位置を、現在の地図にあてはめてみよう。東南端の釜山から千里（約七六キロ）弱のところだから、大体七〇キロぐらい西の地点である。

そこには統営《トンヨン》という古代から良港として知られている港湾都市がある。固城半島の先端に位置し、巨済島などの島々によって外海の荒波から守られている。豊臣秀吉が朝鮮に出兵した文禄の役（1592〜93年）のとき、大海戦の戦場となり、以来、水軍の本拠地となった。「統営」という名は「統制営」が置かれたことから来ている。

秀吉が明の支配体制に挑戦した文禄・慶長の役は、十六世紀における世界最大の戦争だったとされる（朝日新聞2006年六月二八日夕刊）。この文禄・慶長の役で朝鮮水軍を指揮した忠武公・李舜臣の名をとって、統営は1994年までは忠武と呼ばれていた。

狗邪韓国は、韓伝に「弁辰狗邪国」として登場する。倭人伝の中で出す場合は、誤解を避けるために「狗邪韓国」として、韓の一国であることを明示している。韓伝には「弁辰瀆盧国」という名前も見え、「其（弁辰）の瀆盧国は倭と界を接す」とある。「弁辰瀆盧国」はよく巨済島とされているが、倭の北端にある「対海国」（対馬）に最も近いのは巨済島であるので、この推定は正しい。

統営から巨済島を経由して、対馬の中心地の浅茅湾に向かうのは最短距離であり、対馬海流を利用して最短時間で行き着ける最も合理的なルートである。この朝鮮海峡を渡るのを「南」ととらえたのは、統営から「南」に向かうつもりであれば、海流の力で自然に「東南」の対馬に向かうことになる、という現地感覚も影響しているのかも知れない。

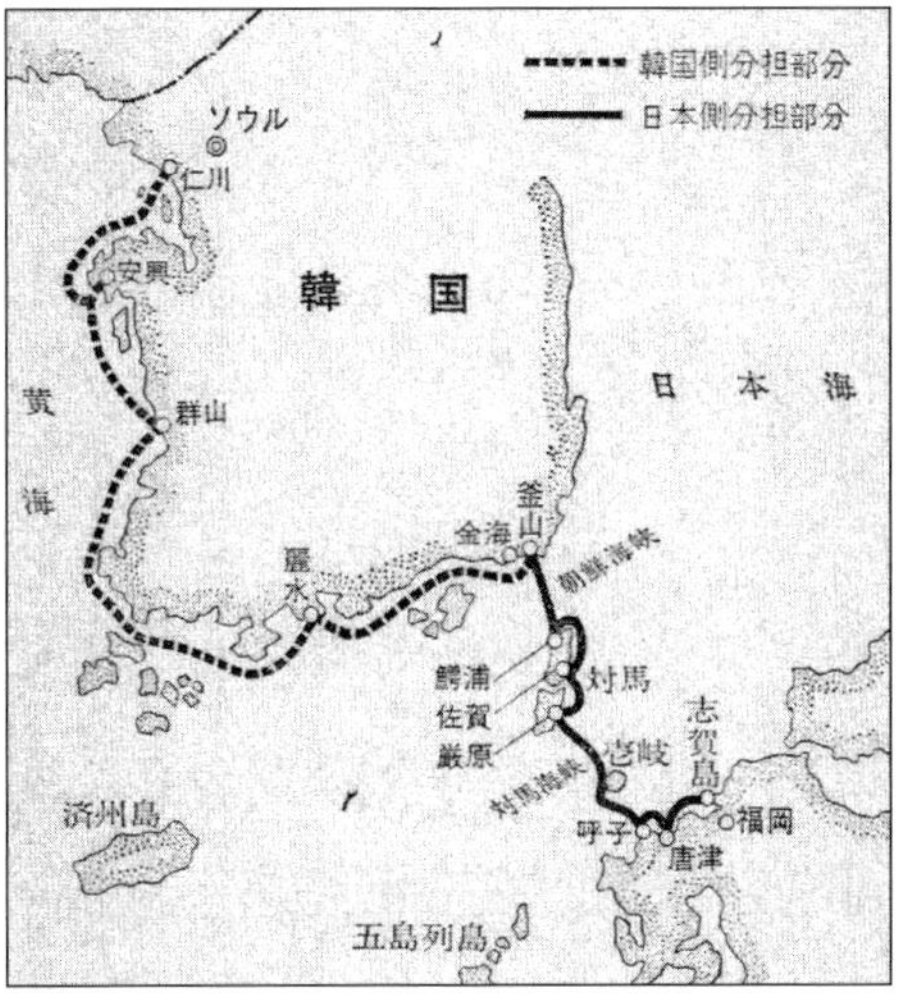

図7-3　古代船（野性号Ⅰ）の航路
古田武彦『邪馬一国の証明』角川文庫

「野性号の冒険」と「海賊」

1975年、角川春樹氏の企画した「野性号Ⅰの冒険」は、通説に従って釜山を出港し、対馬に向かったが、対馬海流に流されて自力では対馬にたどり着けなかった。（図7-3）

○朝鮮海峡の「渡海」は二日間にわたったが、二十一、二十二両日とも潮と風に妨げられ、一部区間はパイロットにえい航された。自力「渡海」は失敗に終わったわけだが、それだけに古代の「渡海」がいかに危険なものであったかを知るのに十分な体験航海であった。
（朝日新聞1975年七月二三日）

この実験航海は、対馬海流の影響を無視して、間違ったルートをとった。帆船ではなく、オールで漕いで渡ろうとしたのも無謀であろう。二十人の若者たちが力を込めて漕いでも流されてしまったという。当時の大型船は、当然のことながら帆を備えていた。

○時　北風　(丁)奉　挙-帆。二日-至。
〈呉志、巻一〇、丁奉伝〉

これは川の例であるが、風の力を利用して急行している。

「海船」が帆船である例は、三世紀、魏晋朝の人、木華による「海賦」という詩に出てくる。

「海賦」は六世紀に編纂された『文選』に収録されている。『海賦』が重要なのは、魏志倭人伝の記事を踏まえている点だ。（古田武彦『邪馬壹国の論理』1975年）。

①或いは裸人の国に製製洩洩し、或いは黒歯の邦に汎汎悠悠す。
②若し其れ穢《わい》を負うて深きに臨み、誓いを虚しうして祈りを愆《あやま》てば、
③一越三千、終朝ならずして、届《いた》る所を済《すく》う。

①は有名な裸国・黒歯国。②の「穢」（きたない者）は有名な「持衰《じさい》」だ。「其の行来・渡海、中国に詣《いた》るには、恒に一人をして頭を梳《くしけず》らず、蟣蝨《きしつ》（しらみ）を去らず、衣服垢汚《こうお》……之を名づけて持衰《じさい》と為す」とある。③の「一気に三千里を越えて、あっという間に到達した所を救う」とは、卑弥呼のＳＯＳに応じて倭国に至った張政を指している。三千里とは「狗邪韓国～末盧国」の「千余里×３」である。

この「海賦」には、帆船に関する言葉が「百尺（帆柱）を掲《あ》ぐ」「帆席」（むしろの帆）、「帆を決《やぶ》り、檣《ほばしら》を摧《くだ》き」と出てくる。倭国への航海に帆船が使われたことを、雄弁に物語っている。

「海賦」に出てくる「毛翼」を古田氏はコンドルと解しているが、アホウドリではないか。「巌坻《がんち》（巌の坂）の隈、沙石の嶔《きん》（そびえた山）に、毛翼ヒナを産み」「群がり飛び、ともに浴し、広きに戯れ、深きに浮かび、霧に翔し、連なり軒《あ》がって」「翻動して雷を成し」にアホウドリの生態が活写されている。

後漢書と東夷伝の郡境

後漢書の范曄は、「七千余里」の起点については正しく理解していた。

○其（＝倭）大倭王　居‐邪馬臺国。楽浪郡徼《きょう》（＝境）去‐其国（＝邪馬臺国）万二千里、
去‐其（＝倭）西北界　狗邪韓国　七千余里。
〈後漢書、倭伝〉

楽浪郡の南部を割いて帯方郡ができたのは、後漢も末期の２０４年なので、ここでは楽浪郡を使うしかない。楽浪郡境とは三国時代の帯方郡境と同じであり、帯方郡と韓との境である。そこから狗邪韓国までが「七千余里」と正しく捉えており、「歴韓国」の距離をさしている。

後漢書が「楽浪郡境」を起点とした原型は『漢書』西域伝にある。

○鄯善国、本名（＝旧名）楼蘭　王治（＝王都）扞泥城　去‐陽関　千六百里、
去‐長安　六千一百里。
〈漢書、西域伝〉

まず王都を記すのは「大倭王　居‐邪馬臺国」に相当する。陽関は、中国本土と西域との境（中国領の出口）

であり、「楽浪郡境」に相当する。起点を示すのに西域伝は「去」を使っている。この「去」を、後漢書は邪馬臺国や狗邪韓国への距離を示すのに使ったわけである。

魏志東夷伝も、まず中国領の「郡境」を基準に、国々への距離を記している。（図7-4、247ページ）

①〔夫余〕　去・玄菟　千里。　〈夫余伝〉

②〔高句麗〕　高句麗・在　遼東之東　千里。　〈高句麗伝〉

③〔韓〕　韓・在　帯方之南。　〈韓伝〉

④〔倭〕　倭人・在　帯方・東南　大海・之中。　〈倭人伝〉

▼〔倭〕　自・郡（＝帯方郡）　至・女王国　万二千余里。　〈倭人伝〉

中国領が基準になって紹介されている国（民族）は、①～④の「夫余、高句麗、韓、倭」の四つであり、いずれも魏・西晋にとって要となる国である。

①と②は、玄菟郡と遼東郡という中国領の郡境（出口）を起点に「千里」という里数を出している。①の「去」がそのことを明快に示している。「フランスを去ってスイスに移り住んだ」といえば、首都のパリを去ったという意味にはならないように、ここも領域全体から去ったことを意味する。

③に里数が記されていないのは、帯方郡と韓が「境界を接している」からである。

④の倭人伝冒頭の記事で里数が示されないのは、帯方郡からは直接「倭」には行けず、韓を経ないと「倭」に到達できないからである。その代わり▼で「自」と起点を示して、帯方郡治から女王国までの里数を明示している。

東夷伝で「王都」が記されているのは高句麗（丸都）と倭（邪馬壹国）の二国だけである。この二国が東夷の動向を握る大国であるためだ。「高句麗」は中国の敵国として、「倭」は忠実に臣属する国として、共に重視されていることを示している。

丸都の位置が書かれていないのは、高句麗が漢の時代からよく知られ、丸都の位置も周知の事実だったからであろう。邪馬壹国の位置は魏代の新事実だから、道程が詳しく記されているのである。

足元にあった「千三百里」

通説は「従郡至倭」を帯方郡治「起点」ととって、「帯方郡治～狗邪韓国」が「七千余里」だと誤解した。本当は「帯方郡境（＝韓境）～狗邪韓国」が七千余里なのに、余計な「帯方郡治～帯方郡境」が「七千余里」の中にまぎれこんでしまった。（図7-1）

この「帯方郡治～帯方郡境」は短里で約「千三百里」だ。だから、「七千余里」以下、邪馬壹国までの部分里程をすべて足しても、帯方郡治からの総里程「万二千余里」にはどうしても「千三百里」足りなくなる。その「千三百里」を、狗邪韓国からあとの行程に血眼になって探したのが、明治以降の「里数問題」の本質である。戦後の画期的な説と言われた榎一雄氏の「伊都国中心・放射線」説も、古田武彦氏の「対海国・一大国の半周」説も、結局はそこに帰着する。

灯台もと暗し。問題の「千三百里」は、帯方郡治からの出発点に横たわっていた！

陳寿はなぜ、「帯方郡治～郡境」の「千三百里」をきちんと記さなかったのか。帯方郡が中国領であり、中国人には既知の情報であったために、記す必要がなかったからである。帯方郡治の具体的な名前が出て来ないのも、同じ理由による。それにここは倭人伝である。倭人伝の中でわざわざ「帯方郡治～郡境」の距離を記すほうが、かえって不自然である。

こうしてみると、通説が「帯方郡」（中国の直轄領）と「韓国」（夷蛮の領域）を「七千余里」として一緒に括っていることの不自然さが、あらためて浮かび上がってくる。「帯方郡治～郡境」は中国領の既知の距離として記さず、東夷の新情報「韓の方四千里」と「郡境～狗邪韓国の七千余里」を併せて提供するのが、東夷伝序文に言う「前史の未だ備えざる所に接《つ》ぐ」なのである。

沙里院と帯方郡

帯方郡治の位置を確認しておこう。通説は現在の「ソウル」であり、二十世紀になって、平壌に近い「沙里院」説も有力視されてきた。

沙里院が注目されるようになったのは、1912年に発掘された墓から「帯方太守　張撫夷塼」と刻まれた塼《せん》（瓦）が出土したからである。帯方郡太守であった張撫夷の墓であった。張は姓。「撫夷」は夷蛮を慰撫するという意味であるから、ニックネームのようなものであろう。

張撫夷は漁陽郡の出身である。漁陽郡は北京の東側にある郡だ。海を挟んで故郷の地を望むため、ソウルより故郷に近い沙里院に墓を作るのは、自然の情である。沙里院には中国人社会があったことがわかっており、帯方郡太守をやめたあと、張撫夷は沙里院に住んでいたのかも知れない。「張撫夷」の瓦は、帯方郡治が沙里院にあった証拠にはならないのである。

今までも「沙里院」説の欠陥として、重要なポイントが二点、指摘されてきた。

一つは、公孫氏が韓を統治しやすいように楽浪郡の南部を分けて帯方郡を設置したのに、沙里院では楽浪郡治の平壌に余りに近すぎて、分郡の意味がないという点。

もう一つは、帯方郡治が沙里院となると、郡境（韓境）も長山串付近まで北上することになる。これでは韓の「方四千里」という正方形からは完全にはずれ、南北に長い長方形になってしまう。

「沙里院」説を明快に否定するのは、「千三百里」である。帯方郡治は、帯方郡境（＝韓境）まで短里で「千三百里」（約百キロ）程度で行ける所になければならない。ソウルはちょうどそれに適合した場所にある。一方の沙里院は、ソウルからさらに三百キロ（短里で約四千里）以上離れた大同江の河口を、かなり遡らなければならない。

「ソウル」説の根拠

帯方郡治が今のソウルとされて来たのには、文献的根拠がある。漢書地理志には、楽浪郡の二十五の県の一つとして帯方県が記され、含資県のところに「帯水、西して帯方に至り、海に入る」とある。含資県から発した帯水が西に流れて、河口付近の「帯方」を経て海にそそぐ、という意味である。

呑列県のところには「分黎山は列水の出る所、西して粘蟬に至り、海に入る、行くこと八百二十里」とあり、長里だから相当の大河である。「列水は遼東に在り」という『後漢書』郡国志の記述をもとに、遼東郡の西北部を流れる「太子河」とする説も見られるが、後代史書の『後漢書』に頼るのは危険だ。『漢書』では列水は楽浪郡にあるのだから、従来から有力とされてきた「大同江」（沙里院を流れる川）と見なすのが適切である。となると「帯水」は、朝鮮半島の中部を西流する大河「漢江」と考えざるを得ない。その河口部のソウルが帯方郡治ということになる。

このようにして、以前は定説とされてきた「帯方郡治＝ソウル」説が成立していたわけだが、私も「ソウル」説が正しいと考える。漢江をさらに遡る広州（ソウルの東南四十キロ）説も存在するが、短里で五百里以上も距離がのびるので、「千三百里」には合わなくなるし、「従郡」＝「循海岸　水行」という行路記事に合うのは、やはり河口に近い都市でなければおかしいからである。

以上、「韓の方四千里」と「七千余里」を併せて考えることによって、次のような事実が確定する。

一、「七千余里」の起点は帯方郡治ではありえず、帯方郡境（＝韓境）である。
二、「七千余里」は「歴韓国」の里数である。
三、「帯方郡治」は沙里院ではあり得ず、ソウルである。
四、「乍南乍東」はジグザグの沿岸航海ではありえず、韓の西岸と南岸の直行航路である。
五、「狗邪韓国の位置」は、韓の南岸を三千余里進んだ港（統営付近）と読者に明示されている。
六、「帯方郡治〜女王国」の部分里程の不足「千三百里」は、「帯方郡治〜韓境」の里程である。

これらをまとめて、「七千余里の論証」と呼ぶことにする。

3　「狗邪韓国＝倭地説」批判

韓の南岸部に倭地があった、という説はすでに、内藤湖南が明治四三年に論文「卑弥呼考」で述べている。その論拠は、韓伝の二つの記事から来ている。

①東西　海を以て限りと為し、南、倭と接す。〈魏志、韓伝〉

②其（弁辰）の瀆盧国は、倭と界を接す。〈魏志、韓伝〉

韓国内に倭地がなければ、「東西」だけでなく「南」も「海を以て限りと為し」とすべきであるし、弁辰瀆盧国は「倭と界を接する」ことが出来ないと主張する。これは、「接」は「陸地」で接する意味だ、と考えているからである。

喜田貞吉「漢籍に見えたる倭人記事の解釈」（『歴史地理』1917年）はこれに第三の理由を加えた。

「韓の南部＝倭地」説

○従郡‐至倭／　循‐海岸　水行／　歴‐韓国　乍南乍東　到其‐北岸　狗邪韓国　七千余里／始度‐一海　千余里　至‐対海国。〈魏志、倭人伝〉

通説は、この行路記事の冒頭の一文は「七千余里」までであると、間違って解釈している。正しくは「対海国」までである。喜田はこの通説の誤りに基づいて、「倭に至る」とは倭の最初の国である「狗邪韓国」に至ることだ、と解したのである。

古田武彦氏は『「邪馬台国」はなかった』（1971年）で、内藤湖南と同様、狗邪韓国だけでなく、韓半島の南岸全体が倭国に属していた、と主張した。古田説は、狗邪韓国は釜山付近（金海）だという通説に従っているが、金海だけが倭国に属していたのでは「南、倭と接す」とは書けず、「東・西・南の三方、海を以て限りと為し、東南、倭と接す」となるべきだとする。

さらに、古田氏は「韓国の西海岸」と「半島南岸部」を「全水行」したならば、それだけで「八千里になる（「方四千里」の二辺）」として、私が「乍南乍東＝沿岸航海」説の難点とした問題を「全水行」説の難点とする。この古田説は、基本的な「通説の誤り」を土台としている。一つは、狗邪韓国を「八千里」の終点である釜山付近としたこと。もう一つは「七千余里」の起点を帯方郡治とした点である。

狗邪韓国が倭地ではあり得ないのは、倭人伝に明快に示されている。倭人は「大海の中の島に住んで国邑を作っている」と、冒頭に記されているからだ。しかも、「女王国自り以北、その戸数・道里、得て略載すべし」とあるのに反して、狗邪韓国には「戸数」もなく、国名だけがぽつんと投げ出されている。この点、最初の倭国にふさわしい豊富な記事をもつ「対海国」とは、対照的である。

海をはさんだ「接」

「狗邪韓国＝倭地」説の最大の論拠は、「南、倭と接す」の「接」が「陸地で境界を接する」という意味だという解釈にある。

海をはさんだ二国間に「接」が使われている例が、『唐会要』にある。しかも倭国がテーマだ。

○北限・大海　西北　接・百済　正北　抵・新羅　南　与・越州　相接。〈唐会要、倭国条〉

『唐会要』は北宋の961年に完成した。「倭と百済」「倭と越州」という海を越えた関係が「接」と表現されている。「接」は「倭と韓」のような、海をはさんだ関係にも用いることが出来る。

注目されるのは、同じく海を越えた新羅との関係には、「接」ではなく「抵」が使われていることだ。「抵」は「ぶつかる」という意味である。唐代の白村江の戦いのころには、倭国は百済と親密な関係をもっていたのに対し、新羅とは抗争関係にあった。つまり、「接」は単なる地理的関係ではなく、「他民族との非敵対的・友好的な接触」を表しており、敵対的な関係には「抵」が使われていることになる。

「接」の基本的な意味は「人と交わる」であり、『三国志』や『唐会要』の用法はこの基本義にのっとって使われている。

ついでに言えば、この『唐会要』の倭国は、百済を「西北」とし、新羅を「正北」（真北）と記していることから、ほぼ九州に限られると見なしてよい。

○〈百済〉南　接・新羅　北　拒・高麗。〈隋書、百済伝〉

隋の時代には任那はすでに滅亡し、百済の南は確かに新羅と接している。また、百済は高句麗と敵対関係にあり、高句麗征討を隋に請うたりしているので、「拒」が使われているのも納得がいく。

○〈赤土〉東　波羅刺国　西　婆羅娑国　南　訶羅旦国　北　拒大海。〈隋書、南蛮伝〉

○〈真臘〉南　接・車渠国　西　有・朱江国。〈隋書、南蛮伝〉

○〈党項〉東　接・臨洮国　西　拒・葉護。〈隋書、西域伝〉

『隋書』の夷蛮伝から抜き出してみたが、「接」「拒」「有（交渉関係なし）」が使い分けられている。

韓伝の「其の瀆盧国は倭と界を接す」の「接・界」は明らかに「境界を接している」という意味だ。対馬に最も近い巨済島が「瀆盧国」であり、対海国（対馬）の領海と境界を接していることを示す。

この「瀆盧国」が、前に列挙された辰韓・弁辰の二十四国の一国「弁辰瀆盧国」をさすのは明らかだ。この省略は、「弁辰狗邪国」が倭人伝で「弁辰」を略して「狗邪韓国」と呼ばれる布石にもなっている。

次の三例を比較してみよう。

○狗邪韓国……狗邪＋韓　〈倭人伝〉
○邪馬壹国……邪馬（＝山）＋壹（＝倭）　〈倭人伝〉
○不耐濊………不耐＋濊　〈濊伝〉

いずれも「地域名＋民族名」という形をとる。古田氏自身が強調されたように、邪馬壹国は邪馬（＝山）にある「壹＝倭」の一国である。同様に、狗邪韓国は「狗邪」の地にある「韓」の一国なのである。

無人地帯をはさんだ「接」

魏志東夷伝から、陸地どうしの「接」でも「無人地帯」をはさんでいる例を挙げておこう。

①夫余は「東、挹婁と接す」（夫余伝）と記されているが、挹婁は「夫余の東北、千余里に在り」（挹婁伝）となっている。「接」とあっても境界を接していない端的な例である。（図7-4）

「東」と「東北」が対応しないが、このような関係は日本地図をみるとよくある例だ。たとえば、長野県は「北、

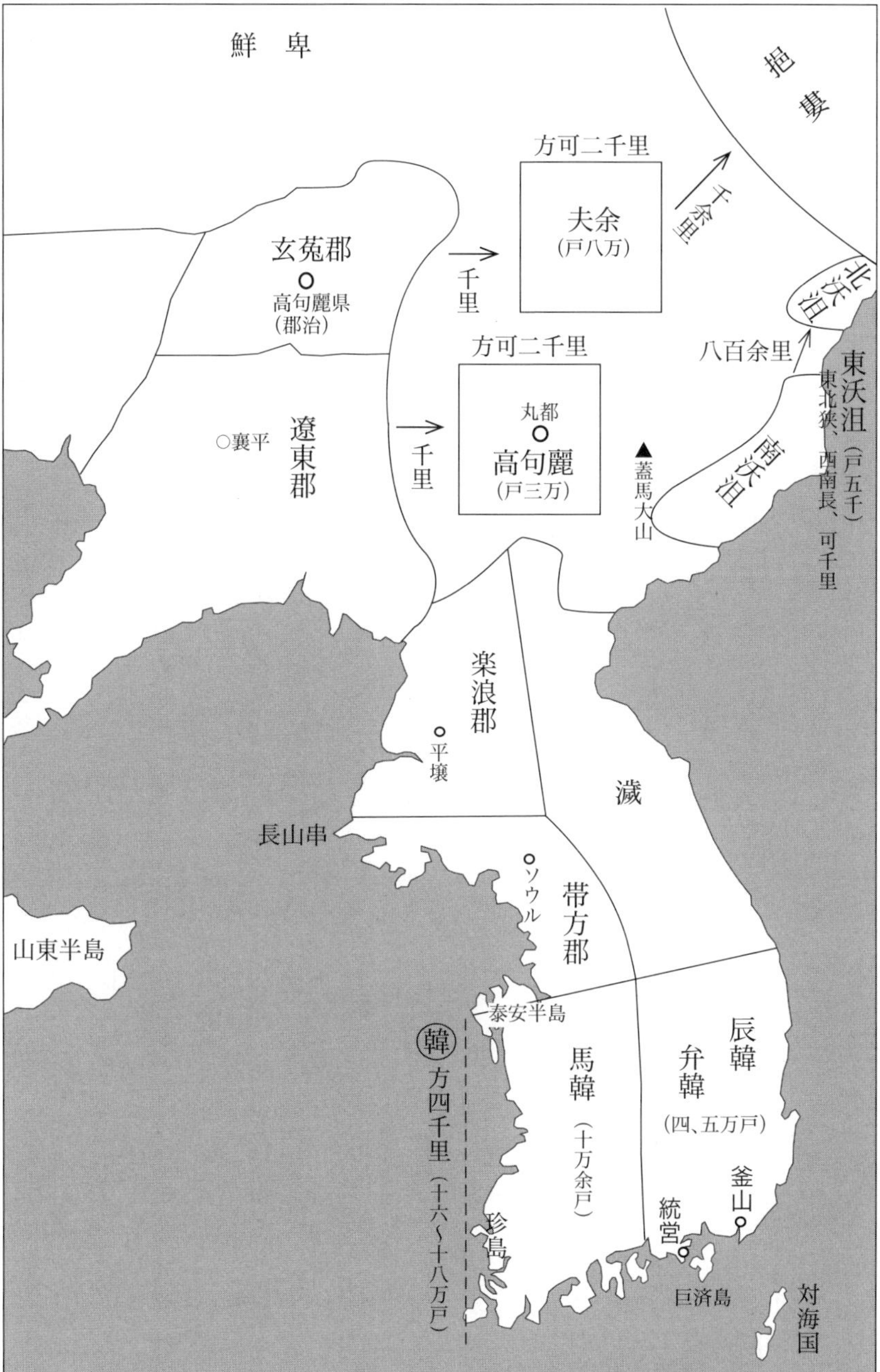
鮮　卑
挹婁
方可二千里
夫余
(戸八万)
千余里
玄菟郡
高句麗県
(郡治)
千里
北沃沮
八百余里
東沃沮
(戸五千)
東北狭、西南長、可千里
方可二千里
丸都
高句麗
(戸三万)
遼東郡
襄平
千里
蓋馬大山
南沃沮
楽浪郡
平壌
濊
長山串
ソウル
帯方郡
山東半島
泰安半島
韓
方四千里（十六〜十八万戸）
馬韓
(十万余戸)
辰韓
弁韓
(四、五万戸)
釜山
統営
珍島
巨済島
対海国

図7-4　東夷の各領域図

新潟県と界を接す」だが、新潟県は「南西、長野県と界を接す」である。

②高句麗は沃沮（東沃沮のうちの南沃沮）と「接」しているとなっているが、東沃沮は「高句麗の蓋馬大山の東に在り」と記されている。ここでは「接」とは書かれていないし、蓋馬大山（現在の蓋馬高原、「朝鮮の屋根」と呼ばれ、最高点は冠帽峰2541メートル）は広大な非居住地帯を含んでいるから、この二国の関係も境界を接してはいない。

③北沃沮は挹婁と「接」しているが、「土地山険」の挹婁は、海の凍らない夏の期間、北沃沮に略奪のため船でやって来る。すなわち、北沃沮と挹婁も陸地で接してはいない。海路を介した接触である。

『三国志』の段階では、『隋書』や『唐会要』と違って、二国間に「抵（ぶつかる）」や「拒」は使われていない。つまり『三国志』では、「接」は敵対的交渉も含めた国際関係の存在を示している。

このような「接」の用法は、『漢書』西域伝に先例が見られる。

〔于闐国〕北、姑《こ》墨と接す。

〔姑墨国〕南、至る于闐《うてん》、馬行十五日。

両国の間には広大なタクラマカン砂漠が広がっており（馬行十五日）、国境を接しているとは考えられない。同様の例は、砂漠をはさんだ南北の関係ではよく見られる。（図8-7、302ページ）

〔鄯善国〕西北、去る都護治所、千七百八十五里。至る山国、千三百六十五里。

〔山国〕東南、鄯《ぜん》善・且《しょ》末と接す。

鄯善と山国は「西北と東南」の関係であるが、千三百六十五里離れていても「接」が使われている。

〔且末国〕北、尉犂《いり》と接す。
〔尉犂国〕南、鄯善・且末と接す。

お互いに「接」している例だが、やはり広大な沙漠をはさんでいる。

こうしてみると、海をはさんだ二国間に「接」を用いるのは、陸地の場合の応用であることがわかる。つまり二国が「界を接している」場合だけでなく、無人の海域をはさんでいてもよいのである。

「始度一海　千余里、至対海国。」で行路記事の最初の一文が終わる。

「始」と「至」は似た音でリズムを整えている。「始めて一海をわたる」は、始めて「外海」を渡って倭国へ向かうことを示し、心のときめきを感じさせる。倭人は帯方東南の「大海の中」に在り、いよいよその「大海」に乗り出したことを強調している。

紀行文の形式をとった行路記事なので、単なるガイドブックとしての記述ではなく、中国人の使節が始めて大海に乗り出したという胸躍る体験を、読者は追体験することができる。「対海国」すなわち「海に対している国」という国名も、効果を挙げている。

韓の「方四千里」や、倭人伝の「七千余里」、対海国への「千余里」等の里数は、実地に基づいている。

このことを薄々感じながら、「倭人伝の里数は五、六倍の誇張がある」という段階にとどまって、「短里」の概念に到達するのに膨大な年月を費やしたのは、「魏志倭人伝は信頼できない」という通念と「鶏と卵」のような関係にある。魏志倭人伝の真の理解にとっては、まことにもったいなかった。

韓伝の国数——原文を復元

歴史地図や教科書では、三世紀の韓の東側は「北部が辰韓、南部が弁辰」となっているが、これは『後漢書』に基づいたもので、はっきりと間違いである。

『三国志』では「馬韓は西に在り」「辰韓は馬韓の東に在り」としたあと「弁辰は辰韓と雑居」とあるので、弁辰と辰韓を地域的にはっきり分けられないのは確かだ。「辰韓・弁辰」の二十四国の並べ方をみると、辰韓二国から始まり、弁辰は弁辰、辰韓は辰韓で二、三カ国連続して出てくることも多い。おそらく北から南へ、行路順も考慮しながら並べていったのだろう。

女王国の南にある「旁国二十一国」は、最南端として奴国を記載しており、これも同様の「北から南へ」という記載方法である。

韓伝では、辰韓十二国と弁辰十二国、計二十四国の国名を入り混ぜて列挙している。ややこしい上、時代が経つほど重要性が薄れる記事なので、写本の段階で誤記が入りやすい。紹熙本でも合計が二十六国になっている。原形を復元できるか推理してみよう。

まず、紹熙本にしたがって、原文が現在どのような形で残っているかを見ておく。伝写の際に誤記が生じやすい記事であることが実感できる。紹熙本も紹興本も一行十九字で書かれているが、三世紀の当時も一行の字数は大体似たようなものだと思われる。

問題の部分は、たまたま国名の列記が行頭から始まっている。最初のAは国名の間に区切りを入れ、Bは区切りなしの原文（白文）で挙げてみよう。

A
有‐已柢国　不斯国　**弁辰**弥離弥凍国　**弁辰**接塗国
勤耆国　難弥離弥凍国　**弁辰**古資弥凍国　**弁辰**古‐
淳是国　冉奚国　**弁辰**半路国　弁楽奴国　軍弥国　弁‐
軍弥国　**弁辰**弥烏邪馬国　如湛国　**弁辰**甘路国　戸‐
路国　州鮮国　馬延国　**弁辰**狗邪国　**弁辰**走漕馬国
弁辰安邪国　馬延国　**弁辰**瀆盧国　斯盧国　優中国
（弁辰韓　合　二十四国）

B
有已柢国不斯国弁辰弥離弥凍国弁辰接塗国
勤耆国難弥離弥凍国弁辰古資弥凍国弁辰古
淳是国冉奚国弁辰半路国弁楽奴国**軍弥国**弁
軍弥国弁辰弥烏邪馬国如湛国弁辰甘路国戸
路国州鮮国**馬延国**弁辰狗邪国弁辰走漕馬国
弁辰安邪国**馬延国**弁辰瀆盧国斯盧国優中国

計二十四国のはずが、Aで確認すると二十六国ある。内訳は、頭に「弁辰」が付く国が十一国、「弁」が付く国が二国、その他（辰韓）が十三国である。

なぜこうなったかは、次のように推理できる。

①「馬延国」がBの五行目と六行目に、隣り合わせでほぼ同じ位置に二度出てくるのは、目移りによる重複であろう。これで一国減るので、Aで「その他」とした辰韓十三国は、元は「十二国」となる。

②三行目から四行目にかけて「弁楽奴国」「軍弥国」「弁軍弥国」と連続して出てくる。弁辰が十一国しかないので、「弁楽奴国」と「弁軍弥国」のどちらかは「弁辰」を「弁」と誤記したと考えられる。

「弁軍弥国」と「軍弥国」とは同一国と思われるので、最初に出て来る「弁楽奴国」のほうが原形は「弁辰楽奴国」であろう。「弁軍弥国=軍弥国」まで元は弁辰とするわけにはいかない。そうすると、辰韓がさらに一国減って十一国になってしまうからだ。

「弁辰楽奴国　軍弥国」が「弁楽奴国　軍弥国」となったあと、「弁楽奴国」に引っ張られて「軍弥国」が「弁軍弥国」になり、「弁軍弥国」と「軍弥国」の両方の写本が存在する状態になった。そして、片方を註釈で補ったのが本文化されて「弁楽奴国　軍弥国　弁軍弥国」と並ぶことになったのだろう。

原形はやはり弁辰十二国、辰韓十二国でツジツマが合っていたことになる。

第Ⅷ章■対海国から女王国まで

1　なぜ「東南」へ陸行しないのか

末盧国と唐津

狗邪韓国から、対海国、一大国をへて末盧国まで三つの海峡を渡る。そこで陸路に転じて伊都国に至る。この間の原文を見よう。太字は「行路」記事。文章のリズムを理解するため、語句のかたまりは四字以内とした。なお、①は官名、②は自然地理、③は人文地理（戸数と暮らし）である。

A　a　**始《し》度‐一海　千‐余里《り》　至《し》‐対海国。**

①　其《き》‐大官　曰《えつ》‐卑狗　副曰　卑奴母離《り》。

②　所居‐絶島　方可　四百余里《り》。／　土地‐山険　多‐深林《しん》　道路‐如　禽《きん》鹿‐径。

③　有《ゆう》　千‐余戸。／　無‐良田　食‐海物　自活、乗船　南北‐市糴《てき》。

B　b　**又《ゆう》南《なん》渡‐一《いち》海　千余里《り》　名曰‐瀚《かん》海　至‐一《いち》大国。**

①　官　亦曰《えきえつ》‐卑狗　副曰　卑奴母離《り》。

②　方　可‐三百里。／　多《た》　竹木‐叢林。

③　有《ゆう》　三千‐許家。／　差《さ》有《ゆう》‐田地　耕田　猶《ゆう》不‐足食、亦　南北‐市糴。

C　c　**又《ゆう》渡‐一海　千余里　至‐末盧国。**

③有《ゆう》四千-余戸　浜-山海-居。／草《そう》木-茂盛　行　不見-前人。
好《こう》捕-魚鰒　水無-深浅　皆　沈没-取之。

D

d　**東南-陸行　五百里　到《とう》-伊都国。**

（A）a　**始めて度る一海、千余里、至る対海国。**

①其の大官を卑狗と曰い、副を卑奴母離と曰う。

②居る所は絶島、方四百余里なる可し。土地は山険しく深林多く、道路は禽鹿の径《こみち》の如し。

③千余戸有り。良田無く、海物を食して自活し、乗船して南北に市糴す。

（B）b　**又、南渡る一海、千余里、名づけて瀚海と曰い、至る一大国。**

①官を亦も卑狗と曰い、副を卑奴母離と曰う。

②方三百里なる可し。竹木・叢林多し。

③三千許りの家有り。差田地有り。田を耕すも猶食するに足らず、亦も南北に市糴す。

（C）c　**又、渡る一海、千余里、至る末盧国。**

③四千余戸有り。山海に浜《そ》うて居す。草木茂盛し、行くに前人を見ず。
好んで魚鰒を捕らえ、水深浅と無く、皆沈没して之を取る。

（D）d　**東南陸行、五百里、到る伊都国。**

末盧《まつろ》国は、通説どおり唐津でよい。「狗邪韓国（統営）～対馬（浅茅湾）～壱岐～唐津」は、古代から朝鮮半島と九州本島を結ぶメインルートであり、方角が「東南」で一定であるという特長がある。

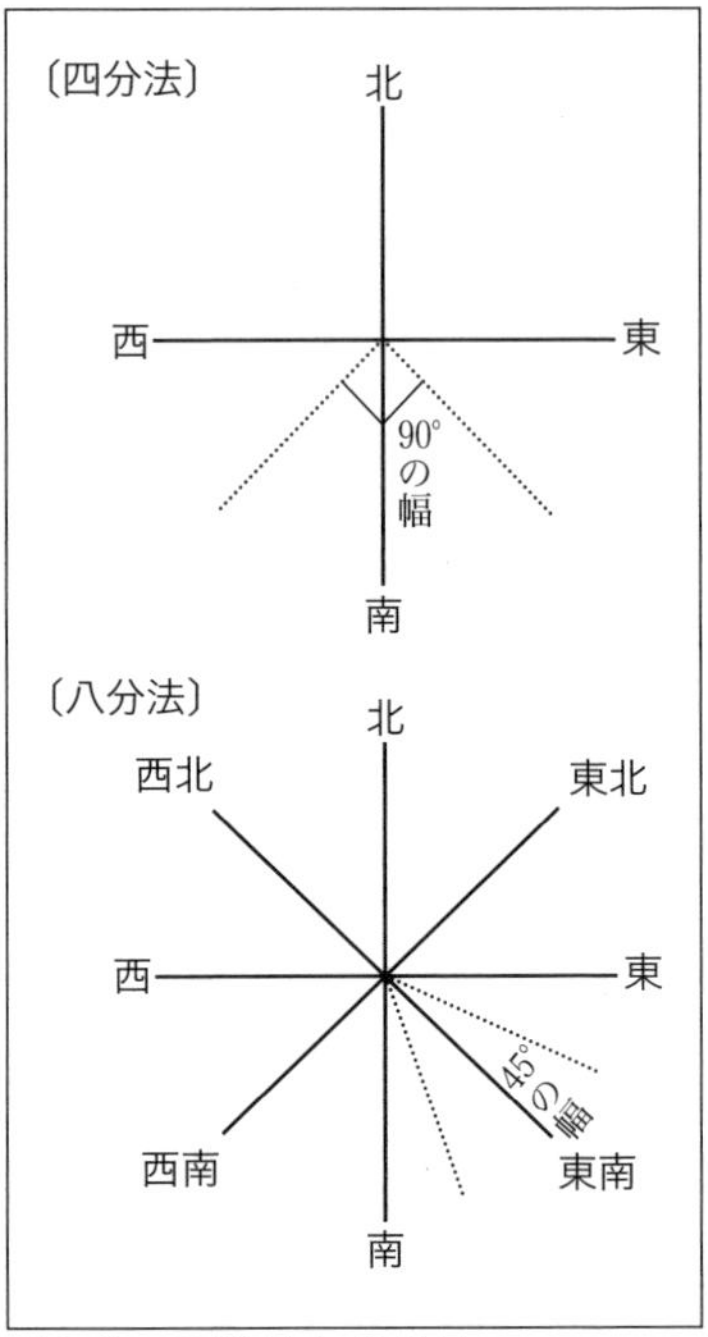

図 8-1　四分法と八分法

aの「始めて一海を度《わた》る」に方角がないのは、直前の狗邪韓国が「北岸」とされているからで、「一海」とは狗邪韓国の「南」に横たわる朝鮮海峡である。この「南北」関係は、「南北-市羅」（米を売買する）で強調されている。bでも「又南渡-一海」とあって、aも「南渡」であることが明示されている。

「南北」の三海峡

「南渡-一海」の「南」は東西南北の「四分法」であり、「八分法」の東南から西南まで九〇度の幅がある。（図8-1）統営から対馬の浅茅湾は「東南」にあたるが、なぜ「南」と記されているかと言えば、「南渡-一海」や「南北-市羅」「北岸」は「海をはさんだ関係」を述べていて、点と点の関係ではないからだ。

「南渡-一海　千余里　至-対海国」で「南」が直接さしているのは、「海」という幅のある対象だ。狗邪韓国から出港しても、海を渡った結果、対海国（対馬）のどこの海岸に船が着くかはかなりの幅がある。まして「南北市羅」となると出港地もお互い様々であり、四分法で「南北市羅」と簡明に表現しておくほうが適切である。「北岸」にしても「狗邪韓国」だけが朝鮮海峡の「北岸」にあたるのではなく、「北岸」にあたる多くの地点の一つが「狗邪韓国」であるという意味だ。

従来、近畿説を中心に、対海国（対馬）と一大国（壱岐）の関係などははっきり「東南」であるから、このあたりの方角（南）は四十五度の狂いがある、という説が唱えられてきたが、「海をはさんだ関係」には四分法が適切である、という視点が見逃されていたわけである。

韓国南岸と九州北岸の間の三海峡は、北から西水道（朝鮮海峡）、東水道（狭義の対馬海峡）、壱岐水道である。広義の「対馬海峡」は西水道と東水道を合わせていう。魏志倭人伝では、そのうち対馬と壱岐の間の「対馬海峡」（東水道）だけ「瀚海《かんかい》」と中国名が付けられている。以前から中国人が「瀚海」と呼んでいれば「南渡 - 瀚海」となるはずだから、郡使が倭国へ航海中に命名したものと思われる。

対馬から壹岐へ向けて船に乗った経験では、壱岐の島影がなかなか見えず、随分広い海だと思った記憶がある。郡使も同様に感じて「瀚海」（広い海）と名付けたのだろう。これに対して、狗邪韓国から船出すると対馬の長い島影が見えやすく、壱岐からは距離が短めで、幅広い九州北岸が目に入りやすい。

壱岐～唐津の「千余里」

一大国でも「南北市糴」と記したあと、末盧国へは「又　渡 - 一海」と今度は方角の「南」が省かれている。「南北市糴」で念を押してあるうえ、「南」への渡海も三回目であり、さらに「又」も二回目であるので、さすがに「南」は自明だからである。

三海峡の各「千余里」がどれだけ妥当か、地図によって測ってみよう。里数は短里である。

▽統営〜対馬の浅茅湾………約九六キロ（約一二六〇里）
▽浅茅湾〜壱岐の勝本港……約八八キロ（約一一六〇里）
▽壱岐の勝本港〜唐津………最大七三キロ（約九六〇里）

対馬のほぼ中央部にある浅茅湾は、近くに豊玉姫を祀る和多都美《わたつみ》神社があるなど、古代から対馬の中心地であり、真珠の産地でもあった。現代でも真珠の養殖がおこなわれている。「対海《たま》国」（＝玉国）の名にふさわしい中心地である。統営から渡海すると、多少方向がずれて対馬に着いても、西側に大きく口を開けた浅茅湾には沿岸航海で容易に入ることができる。

壱岐の勝本港は「壱岐〜唐津」間が最大になるように、仮に選んだものである。

末盧国の港は、現在の唐津港より東南にあり、旧・松浦川の河口を少し遡ったあたりと思われる。1600年頃、度々氾濫を起こしていた松浦川と波多川を一本化する大規模工事が行われ、現在の松浦川となったわけで、それまでの松浦川の河口は、現在より東にあった。現在の唐津港では「一大国〜末盧国」が「千余里」よりも余りに短い。それに、末盧国から「東南」方向にある邪馬壹国としては、現在の唐津港よりだいぶ近い「松浦川の河口の手前」に港を置くのが当然と思われる。このように考えると、「一大国〜末盧国」は千里近くにはなるが、それでも「千余里」というにはやや短い。

二十年ほど前に、対馬で土地の古老に聞いた話では、戦時中、対馬から韓国へ伝馬船でよく出かけていたが、半日で行けたという。三世紀の帆船でも事情は変わらないであろう。それに「大海」の中で夜を過ごすのはなるべく避けたいはずだ。三海峡はそれぞれ「一日行程」だったと思われる。

「方四百余里」と周代の短里

官名が対海国も一大国も同じ「卑狗、卑奴母離」であることは、両国の歴史的な強い結びつきを感じさせる。「卑狗、卑奴母離」の「狗」は当時の中国音でコウ（kəu）、「奴」はノ（no）なので、「卑狗」は「ヒコ」（日子、彦）、次官の「卑奴母離」は「ヒノモリ」（日の守り）であろう。

末盧国に官名が登場しないのは、対海国（対馬）の千余戸よりはるかに多い「四千余戸」を抱えているだけに、一見、不思議に思われるが、伊都国には「一大率」の本部が置かれていて、女王国以北の諸国を検察しているので、九州本土の玄関である末盧国を直接管理していたものと思われる。

対海国の「方可四百余里」と一大国の「方可三百里」も明らかに「短里」だ。二つの島は百里単位で記されている。同じく船上からの計測とはいえ、島の場合は対象が動かない陸地なので誤差が少ない。

対海国（対馬）の「方四百余里」は、これを正方形と捉えるといかにも変だ。対馬は極端な縦長の地形だからである。「方○里」というのは古代における「面積の一般的な表示法」であり、ここもその一例である。どんな形でも、正方形の面積に換算して示せば、広さは分かりやすい。

○昔は五帝の地、方千里。　○古の帝は、地、千里に過ぎず。　〈史記、秦始皇帝本紀〉

この二つは同じ意味を表している。このように「方」が省かれて、「千里」のような単なる里数で面積を示すことも時々見られる。帝の地の「千里」の広さを具体的に示したのが、次の例だ。

○東西、長にして、南北は短。短長相覆いて、千里を為す。　〈漢書、地理志、周地〉

これは周の二つの都（後の洛陽と長安）を結んだ地域（畿内）の面積を「方千里」としたものであり、ちくま学芸文庫の訳も「方千里」となっている。唐の師古注は長里で理解しようとしているが、実際は「短里」である。地図上で測ってみると、東西が約三六〇キロ（短里で約五千里）、南北が一五キロ（短里で約二百里）で、面積は「方千里」に該当する。「周代の短里」の典型的な例である。

対馬の面積算出法

魏志東夷伝の各国も、形状を無視してすべて「方〇里」とされている。韓伝の「方四千里」はもちろん、夫余伝の「方二千里」や高句麗の「方二千里」もほぼ正方形と見なして構わないが、次の例は形がかなりいびつである。

〇其の地形、東北・狭　西南・長　可・千里。〈東沃沮伝〉

この「千里」は言うまでもなく「方千里」の意味である。周の畿内の「千里」は実測に基づいているが、「東沃沮」の場合は実測したわけではないので、推定の「可」が使われている。

このように形を明示すれば、読者は正方形ではないことを知る。しかし、形を明示しなければ、読者は「方〇〇里」の正方形のイメージで面積を受け取る。その場合、著者は「面積」という広さを伝えるのが第一で、形は「正方形」と取られても別に構わないと思っている。

形が正方形であることを示している例は、韓のほかにもある。

〇合浦《ごうほ》・徐聞《じょぶん》自《よ》り南、海に入れば大州を得る。東西南北、方千里。〈漢書、地理志、粤地〉

「大州」（大きな島）とは海南島のことであり、実際の形も、真四角とはいかないが正方形に近い。韓の場合と同じく、東西南北を示すことによって正方形であることが明示されている。

対馬が細長い島であることは、魏使一行も船の上からすぐにわかったはずであり、これを正方形と誤認して報告し、そのまま史料として残されることはあり得ない。魏や西晋の使いは何度も倭を訪問し、その往復の際に必ず対馬を訪れているから、なおさらである。（図8-2）

では、なぜ対馬についても「南北長、東西狭」のように地形を記さなかったのだろうか。東沃沮は民族（国家）であるのに対し、対海国は倭人の三十国の一つに過ぎないからだ。対海国や一大国は、形よりもまず大きさを伝えるのが大事だったのである。

郡使一行は船上からの計測で、次のようにして対馬の面積を出したと思われる。

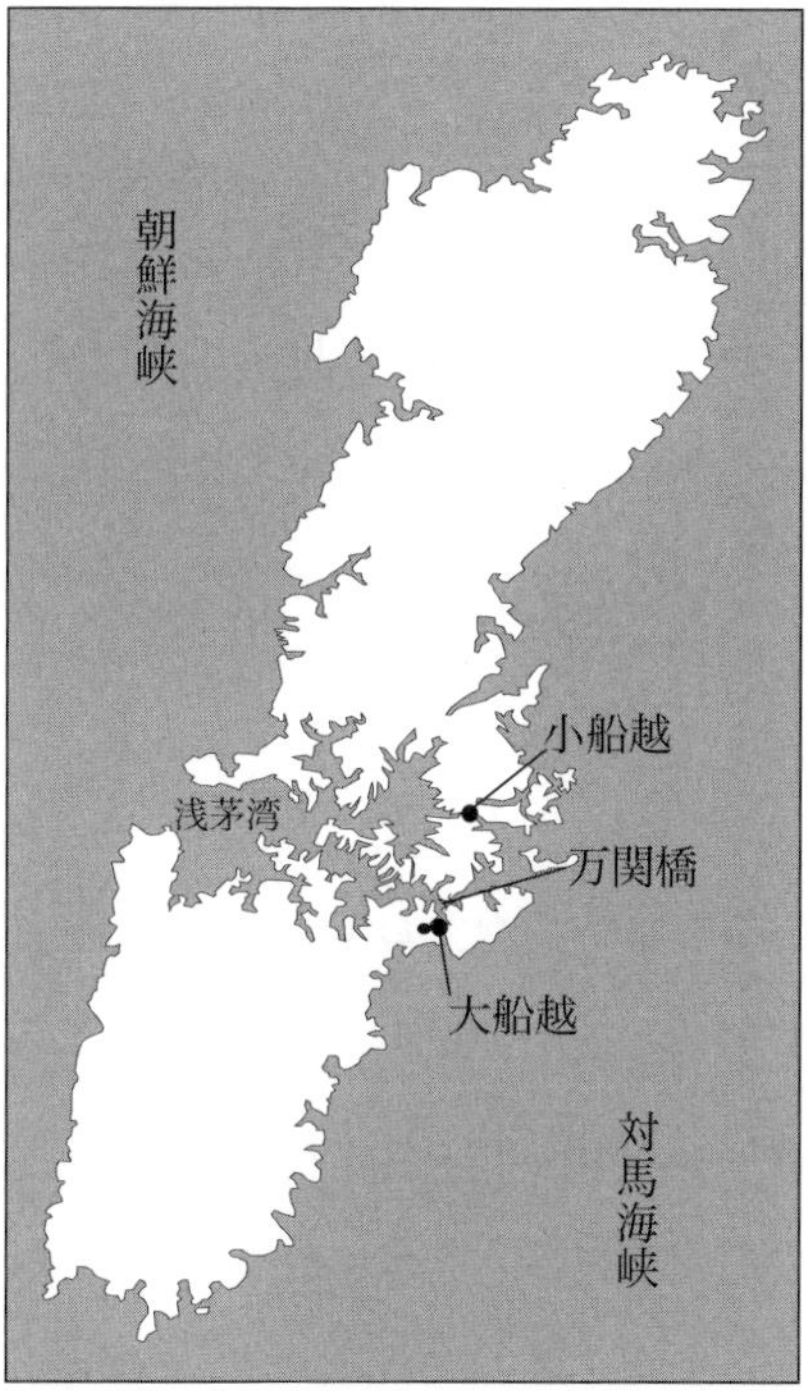

図8-2　対馬の地図

対馬は縦が約七〇キロ（九二一里）、横が一〇～二〇キロで平均一五キロ（二〇〇里）前後である。百里単位で縦「九百里」、横「二百里」を掛け合わせると、面積は「一八万平方里」となる。正方形の面積に直すと「方四二四里」程度となり、これが「方可四百余里」と表示されたわけである。

一方、壱岐のほうは円形に近いが、正方形と見なすと縦横一九キロで、ちょうど「方二五〇里」になる。倭人伝の「可方三百里」には少し不足だが、四捨五入ではぎりぎりセーフといえる。

対馬も壱岐も、面積には誤差を見込んで推測の「可」を付けている。

古田武彦氏は「方四百余里」を正方形ととらえ、対馬全体では都合が悪いので、南島（下県郡）だけを対海国にあてた。だが、この説は肝心な点を見落としている。対馬の浅茅湾から、東側の対馬海峡に抜ける水路が通じて、対馬が南北二つの島に分かれたのは、江戸時代である。（図8-2）

浅茅湾を対馬の腹に見立てると、腹が大きく引っ込んで背中とくっつきそうになっている地点がある。大船越と小船越だ。昔は船を引いて丘を越え、浅茅湾と対馬海峡をつないだのが、地名の由来である。

浅茅湾の南東隅に位置する大船越の南は、数百メートルで対馬海峡だ（西側の朝鮮海峡に出るまでは十五キロもある）。1672年に、この大船越瀬戸の開削工事が完成した。魏志倭人伝の時代、対馬は一つの島であった。

南島自体も、南北方向が約二七キロ（約三五五里）、東西方向が平均一二キロ、最大でも二〇キロ程度（約二六〇里）だから、正方形からはほど遠く、「方四百余里」とも大きくくずれている。

「戸」と「家」

「戸」は税を納める単位だ。漢書地理志には、次のように郡ごとに戸数と人口が記されている。（　）内は一戸当たりの平均人数である。

〔遼西郡〕戸　七万二千六百五十四　　口　三十五万二千三百二十五　（一戸四・八五人）

〈遼東郡〉戸　五万五千九百七十二　口　二十七万二千五百三十九　（四・八七人）
〈玄菟郡〉戸　四万五千六　口　二十二万一千八百三十五　（四・九三人）
〈楽浪郡〉戸　六万二千八百一十二　口　四十万六千七百四十八　（六・四八人）
〈南海郡〉戸　万九千六百十三　口　九万四千二百五十三　（四・八一人）
〈鬱林郡〉戸　万二千四百一十五　口　七万一千一百六十二　（五・七三人）

地理志の順序どおりに、北部の幽州に属する四郡と、南部の交州に属する二郡を並べてみた。一戸平均では楽浪郡が六・四八人で目立って多いが、多くは五人前後である。

一応、一戸平均五人とすると、対海国は「四千余戸」であるから、人口は二万一千人前後になる。2014年の対馬の人口が三万三千人であるから、妥当という感じがする。

一大国は「三千ばかりの家」であり、これも一家平均五人とすると、人口は約一万五千人である。2010年の壱岐の人口は約二万九三〇〇人で対馬よりやや少ないから、三世紀当時も対馬と壱岐の人口比率はさほど変わっていない。（三世紀、対馬の人口は壱岐の約一・四倍、現在は約一・一三倍。）

問題はなぜ、対海国が「戸」で一大国が「家」で数えられたか、ということである。

これが理解できたのは、日本神話が読み解けてきたからである。簡単に論証抜きでいえば、天照大神を祀る最も古い神社「阿麻氐留《あまてる》神社」がある対馬は、古事記の島生み神話に「天之狭手《あまのさた》（タ＝田）依《より》ヒメ」という「亦の名」で出てくる。巫女的女王である天照大神の原型だ。朝鮮半島からいち早く稲作を導入した対馬は、この「天之狭手依ヒメ」の時代に、月読命《つくよみ》を祀る月読神社のある壱岐を、稲作のために植民地化して経済力・軍事力を増し、この二国連合をもとに隠岐の島から国東半島の姫島まで、「亦の名」に「天《あま》」の付く七つの島を「天国《あまくに》」の領域とした。

一大国は倭人伝に「やや田地有り」とある。壱岐に住む人たちは対馬の戸主たちの小作人だったり、息子たちだったりしたので、「女王国」に対して壱岐の税を払うのは対馬の「戸」であり、壱岐の「家」は税を払う単位ではなく、単に住居としての単位なのである。

「土地 - 山険」で「深林」の多い《対馬》には「良田」が無く、平地に恵まれてはいるが竹や木のやぶや林が多い《壱岐》には、いくらか田地があるが、狭い島なのでそれでも米は足りない。記紀神話の「狭田《さた》」は対馬の田、「長田」は壱岐の田にあたる。

末盧国（唐津）は、唐津平野のほかは、東側の背振山地と西の東松浦半島の山地にはさまれた松浦川の流域に、大部分の住民が住んでいる。「山海に浜《そ》うて居す」は的確な記述だ。それでも四千余戸といえば、二万人余りの人口になり、やはり唐津平野の存在が大きい。

リズムとひびき

ここまでの文章のリズムを振り返ってみよう。リズムの特徴は、次の三点にまとめられる。

ア〔変化〕文や段落など意味の大きな切れ目では、リズム（字数）を変えて注意を促す。

イ〔連続〕同じ段落や文の中では、同じ字数の語句をつづけて、リズムを流れやすくする。

ウ〔文末予告〕文や段落が終わる語句の直前は、わざと違ったリズムにして切れ目を予告する。

「始度-一海　千余里　至-対海国。」は、四字主体の中に三字を入れて、文末を予告している。対海国の説明に移って「其-大官　曰-卑狗」は、リズムを三字に変化させて新しい文に移ったことを示す。

次の「副曰　卑奴母離。所居-絶島　方可　四百余里。土地-山険」は「二-四、四」「二-四、四」のリフレインであり、つづく「多-深林　道路-如　禽鹿-径。」は三字句の繰り返しである。

ここで「有　千-余戸。」と三字句の前に一字付加して小変化をもたらすが、三字句自体は「千-余戸。無-良田　食-海物」と今度は「一字-二字」のパターンも同じにして続けている。

このあとは「自活、乗船　南北-市糴。」としばらく「二字、四字」主体が続くが、次は「又　南渡-一海　千余里」とリズムを変えて、新しい文に移ったことを示す。変化を表現するのに、「又」のような独立性の強い一字を付加するのは、「旧　百余国」「今　使訳所通」のように効果的な手法である。

「(又)　南渡-一海　(千余里)　名曰-瀚海　至-一大国。」と四字句を連続させたあと、再び一字付加の四字句「官　亦曰-卑狗」が出てきて、小変化を表している。巧みなのは、このあと「副曰-卑奴母離。」をはさんで、さらに「方　可三百里。／多　竹木-叢林。／有　三千-許家。」と「一字＋四字」のパターンが連続することだ。変化が連続性に変わってくる面白さである。

四字（二字）主体はこのあとも「差有-田地　耕田　猶不-足食」とつづいているが、文末直前では「亦　南北-市糴。」と今回も一字を加えて文末を予告することを忘れないでいる。

次の文の始まりは「又　渡-一海」だが、「又渡-一海」と四字句にも聞こえるので、直前の「南北-市糴」との連続性はよくなる。意味上、また同じことを繰り返しているという感覚が出ている。「千余里」で文末を予告して、再び四字句に戻って「至-末盧国。」で文末となるのはいつものパターンだ。

「有　四千・余戸」は文頭らしく一字を加えて変化をつけるが、これも「一字＋四字」のパターン。

○有　四千・余戸　浜・山海・居。／　草木・茂盛　行　不見・前人。
　好捕・魚鰒　水無・深浅　皆　沈没・取之。

ここは四字句を続けながらも、中間部と末尾にやはり「一字＋四字」のパターンを入れて、リズムが単調にならないように工夫している。そして次の文も「東南・陸行　五百里　到・伊都国。」と四字主体の中に、例の「文末予告」パターンをきちんと入れているのである。

「有《イウ》」と「又《イウ》、猶《イウ》」は同音と言ってよいほど近い音だ。

○「有　千余戸」「又　南渡一海　千余里」「有　三千許家」「差有・田地　耕田　猶不足食」
　「又　渡・一海　千余里」「有　四千・余戸」

このように「有」と「又、猶」の似たひびきが、フレーズの頭に効果的に使われている。

「東南」を嫌った皇国史観

従来説は、末盧国（唐津）から原文どおりの「東南」へ進まず、「東北」の糸島半島方向へ向かった。
なぜ、こんなことになったのか。第Ⅳ章で検討した結果をもとに、整理してみよう。
①もともとは、「卑弥呼の都は、万世一系の天皇家が存在した近畿大和になければならぬ」という「皇国史観」から始まった。「邪馬壹国」を後漢書にならって「邪馬臺国」とすることによって、何とかヤマトと読めるようにした松下見林『異称日本伝』（１６９３年）の見解がその第一歩である。

新井白石や本居宣長になると、魏志倭人伝を合理的に読み解こうという試みが始まる。そして、唐津から近畿へ向かうのに、「東南」方向に進んで九州内部に入り込んでしまえば、近畿へ向かうのが遠回りで不自然になってしまうから、海岸伝いに「東北」へ向かわねばならぬ、という考えが大前提となる。

②この考えを支えたのは「地名音当て主義」である。「対海国」(紹熙本)は「対馬国」(紹興本)が正しいとし、「一大国」は「一支国」の誤写と受け取り、「一支《いし》」は「壱岐」と同音と考えられた。「末盧国」は「松浦郡」と音韻的に通ずるのは確かだ。となると、次の「伊都国」も「奴国」も、近畿へ向かう筑前北岸部に、対応する地名が見つかるはずだ。初めてそう考えたのは新井白石の『古史通或《わく》問』(1716年)で、伊都国は糸島半島の「怡土《いと》郡」、奴国は博多の「那珂郡」に当てた。

本居宣長が『馭戎慨言』(1778年)で、奴国は「儺の県」の博多だと、明確に「奴＝ナ＝儺」という音韻対応説を出してからは、「伊都国＝怡土郡」「奴国＝儺の県」の二つの「音当て主義」による地名比定は、近畿説だけでなく、橋本増吉や榎一雄など九州説の論者たちからも認められて定説となった。

さらに、通説を痛烈に批判した古田武彦氏も、伊都国の位置については疑わず、伊都国を基点として不弥国（東）と奴国（東南）の二方向に分けている。榎一雄の「伊都国中心・放射」説の一つのヴァリエーションと言える。そして、通説の「奴国＝博多」説は、古田氏によって「邪馬壹国＝博多」説へと、いくらか変形されて取り込まれた。

忘れてならないのは、1784年、つまり本居宣長が『馭戎慨言』で「奴国＝博多」説をほぼ確定させた六年後に、「金印」が博多湾頭の志賀島で発見された影響である。

博多が倭人にとって非常に重要な地域であることが確認されたわけで、これが「女王国以北」の二大重要国、つまり一大率がいて「世々王有り」の「伊都国」と、二万余戸の大国「奴国」が、糸島半島から博多にかけての海岸部にあるという通説はやはり正しい、という気分を助長したと思われる。古田氏の「邪馬壹国＝博多」説は、この金印との関係を徹底させて、金印にふさわしいのは「女王国」であるという結論に至ったものであろう。

伊都国はイツ国

実は、地名比定の土台となっている「伊都＝イト」自体が疑わしい。「都」は呉音がツ、漢音がトだ。「都」の中古音は「ｔｏ」なのでもちろんトと読めそうだが、ここには厄介な問題がある。中古音の韻母（頭子音につづく母音を中心とした部分）には「ｏ」（オ）はあるが「ｕ」（ウ）がない。そこでウ段の音もオ段の音も同じ漢字で表す（『学研漢和大字典』の付録にある藤堂明保氏の論文「中国の文字とことば」を参照）。だから、ツもトも「都」で表せる。漢音に先行する呉音では「都」をツと読んでいることから、当時の日本人には「都」はトよりもツに近い音として認識されていたと考えられる。

この点がよく分かるのは、古事記と日本書紀である。

古事記の上巻（神代記）には「伊都」という表記が、全部で六例（延べ九例）出てくる。

〇伊都之尾羽張（いつのをはばり、二例）　伊都久（いつく、二例）
伊都之竹鞆（いつのたかとも）　伊都之男建（いつのをたけび）

伊都岐奉（いつきまつれ、二例）　　伊都能知和岐知和岐弖（いつのちわきちわきて）

これらは、いずれも「伊都《いっ》」と読むが、用法としては次の二種類になる。（岩波古語辞典）

ア「厳《いっ》の」。霊威ある、厳粛な、神聖な。「いつ（稜威・厳）」は、神霊の威光・威力で、激しい雷光のような威力をさす。

イ「斎《いっ》く」。神の威勢・威光を畏敬し、汚さぬように潔斎して、これを護り、奉仕する。「斎く」は稜威《いっ》の派生語。後に転じて、主人の子を大切にして仕え育てる意味になった。

「伊都」は厳島神社の「厳」に相当するような、厳しいイメージの言葉である。

日本書紀の「神代紀上」にも「伊都」は「厳《いっ》」の意味で次のように使われている。

○稜威、此をば伊都《いっ》といふ。　〈第六段本文の分注〉

古事記では「伊都」のほかにも「都」の文字が多く使われている。神代記（上巻）では、二〇種、延べ二五の語句で「都」が出てくるが、いずれも「ツ」と読んでいる。音読みの字は片仮名で記した。

○大ゲ都ヒメ（三例）　天ヒト都柱　シナ都ヒコ神　建フ都神
　豊フ都神　ヨモ都シコメ　フキ都々　ウ都シキ　都ム刈之大刀
　天之都ドヘチネ神　ウ都シ国玉神　都ブタ都（＝粒立つ）　神アタ都ヒメ
〔以下、歌謡〕都マ（＝妻、二例）　ニハ都トリ（＝庭つ鳥）　オキ都トリ（＝沖つ鳥）（三例）
　ヘ都ナミ（＝辺つ波）　都キ（＝搗き）　マ都ブサニ　オキ都トリ

人代記でも「都」はやはり「ツ」と読まれている。

〔中巻〕ウサ都ヒコ・ウサ都ヒメ（神武記）キヒサ都ミ（垂仁記）
〔下巻〕シ都歌（雄略記）ソラミ都ヤマトノクニヲ（雄略記）

このように「都」は記紀ではツであり、特に「伊都」はイツ（厳）の意味で使われている。三世紀の伊都国が「イツ国」であったからこそ、その表記法が記紀にも受け継がれたと見るべきであろう。

伊都国には「女王国以北」を検察する一大率の本部が置かれており、「諸国、之を畏れ憚《はばか》る」とある。「伊都国」は「イツ（厳）国」の意味にいかにもふさわしい。

伊都国の戸数は「千余戸」、少なすぎるように見えるが、「千余戸」は税を徴収する対象にすぎず、ほかに多数の軍団（＝官僚組織）が役所に駐在している。管轄する「女王国以北」には女王国から対海国までが含まれる。広大な地域であり、一大率の組織はおそらく数千人から一万人という規模と思われる。

奴国は「野の国」

中古音の韻母に「ｏ」はあったが「ｕ」がなかったという問題は、「奴国」にも関わってくる。

中古音にはｎｏはあるがｎｕはないので、日本語のヌを表すには、中国語のｎｏの音の文字を流用した。しかし、ヌとノを区別する必要から、使用度数の多いヌの方へ、字画の少ない「奴」をあて、使用度数の少ないノの方へ字画の多い「努、弩」などをあてた。これが古事記や万葉集の用法である。

ところが、日本書紀の依拠した北方音ではｎｏの音がｎｄｏに変わり、日本語のノの音を表す文字さえ無くなった。そこで日本書紀では、「奴、努」などの文字を無理にヌとノ、さらにドやヅにもあて、一字で四つの音にあてる例を生じた。（岩波『日本古典文学大系　日本書紀・上』548ページ補注）。

「奴国」を「ナ国」と読む通説は、全く根拠がない。博多の古名「儺の県」に当てるため、「奴」を無理やり「ナ」と読んだのである。音韻的には「奴」の上古音が「ｎａｇ」であるが、上古音は前九世紀から前七世紀の歌謡集である『詩経』の分析を基にしており、魏志倭人伝の三世紀からすれば古すぎる発音である。古事記や万葉集にも「奴」をナと読んだ例は無い。

魏志倭人伝の「奴」は中古音に基づいてノかヌかだが、「ノ」と読むのが適切だ。

次官名「卑奴母離」は「日の守り」と見るのが妥当で、「奴」が助詞「の」であるのは動かない。

「奴」の付いた国名は、「奴国」二国のほかにも倭人伝に多数出て来る。「弥奴国、姐奴国、蘇奴国、華奴蘇奴国、鬼奴国、烏奴国、狗奴国」の七国。これら「○○奴国」は「野の国」と考えるのが自然だ。「野」と「山」は地形を示す二大基本語であり、倭人伝にも「山」は「邪馬壹国」（＝山＋倭国）「邪馬国」と出てくる。人は多く「野」に住むから、「山の国」よりも「野の国」が圧倒的に多い。

この「野」のことを万葉集に「奴」と書いた例もあって、ヌという語形もあったように見る説もあるが、「東国方言か、あるいは平安朝の誤字と見られる」（岩波古語辞典）。

不自然な「道しるべ読法」

末盧国からの「東南」を「東北」に読み替えるには、現実味のある理由が必要だと考えたのが、明治四三年（１９１０）に発表された橋本増吉の説であった。橋本は、まともな地図の存在しない古代に、見知らぬ外国へ出かけた中国人が、どうしても方位を記す必要があったら、「その出発地点における道路の方向に従てこれを定むるがごとき」は十分考えられることである、と主張した。

これと全く同じ説を「道しるべ読法」と命名して発表したのが、古田武彦氏の『「邪馬台国」はなかった』である。古田氏は唐津の「道しるべ」に、「西北陸行──呼子に至る」「東北水行──伊都国に至る」などと書かれていると想定する。「東南陸行──伊都国に至る」の場合は、「始発方向」さえ誤らなければ、あとは海岸線に沿って道は自然に「東北」方向に曲がって行き、伊都国に到達する。……

ここにはいくつも不自然な点が隠されている。

第一に、このような場合、道しるべには「陸行」とも「東南」とも書かないで、単に矢印で始発方向を示すのが普通であろう。「陸行」は不要の文字だし、「東南」と書くとウソになってしまうからだ。

第二に、魏使は唐津の現地で「東南陸行」と書いたのではない。伊都国に到着し、自分たちがどの方角に進んだかをきちんと確認して、「末盧国─伊都国」の「直線方向」を記録したに違いない。

第三に、伊都国は「郡使の往来、常に駐まる所」であるから、多くの郡使がこのルートを通っている。全員が「直線方向」を無視して「始発方向」だけを鵜呑みにしてきたとは考えられない。

「道しるべ読法」が何より不自然なのは、著者の陳寿と当時の読者たちを無視していることである。読者たちは現地の地形を知っているわけではない。陳寿は、始発方向の「東南」を示しただけで読者がきちんと伊都国への道をたどってくれるとは、毛頭考えなかったはずである。

「道しるべ読法」が史書に当たり前の記述法ならば、読者は「東南」と書かれていても実際に到着する方向は「北」か「南」か「東北」か「南西」か、全く理解できないことになってしまう。ふつうは「東南」と聞けば、「始発方向」

も「直線方向」も「東南」と人は考える。それが人間の常識であり、だからこそお互いの意思が通じる。

唐津から糸島半島の「前原」方面へ向かう「通説」の意外な弱点を指摘しておこう。

唐津と糸島半島を海岸沿いに結ぶ「唐津街道」ができたのは、江戸時代である。現在でも、県境付近は道幅にあまり余裕がない。というのは、背振山地の尾根が肥前（佐賀県）と筑前（福岡県）を分ける境界となっており、この背振山地は海岸近くまで迫っている。このため通説のように、唐津から海岸伝いに「前原」方面へ向かうのは「親知らず、子知らず」を通るように危険であった。

背振山地と荒波は、肥前と筑前との間の「陸行」を厳然と阻んでいた。だからこそ、背振山地が筑前と肥前の国境になっていたわけである。

2　「水行十日陸行一月」の謎を解く

伊都国から邪馬壹国まで

伊都国から邪馬壹国までの原文を見ておく。

①は官名、②自然地理、③人文地理、④その他である。

D

d　**（末盧国）東南‐陸行　五百里　到‐伊都国。**

①　官曰‐爾《にし》支、副曰　泄謨觚《こ》‐柄渠觚《こ》。

③　有　千‐余戸《こ》。

④　世‐有王　皆‐統属　女王‐国。／郡使‐往来　常‐所駐。

E

e　**東南‐至《し》　奴国‐百里《り》。**

①　官曰　兕《し》馬觚《こ》、副曰　卑奴母離《り》。

③　有　二《に》万余戸《こ》。

F

f　**東行‐至《し》　不弥国　百里《り》。**

①　官曰‐多模、副曰　卑奴母離《り》。

③　有　千‐余家。

G

g　**南至　投馬国　水行　二十日。**

①　官曰‐弥弥　副曰　弥弥那利。

③　可　五万余戸。

H

h　**南至《し》　邪馬壹国　女王‐之《し》所都。水行十日　陸行一月。**

①　官曰　伊支馬、次曰　弥馬升、次曰　弥馬獲支、次曰　奴佳鞮。

③　可　七万余戸。

（D）d（末盧国）東南陸行、五百里、到る伊都国。
①官を爾支と曰い、副を泄謨觚柄渠觚と曰う。
③千余戸有り。
④世々王有り、皆、女王国に統属す。郡使の往来、常に駐まる所。
（E）e東南、至る奴国、百里。
①官を兕馬觚と曰い、副を卑奴母離と曰う。
③二万余戸有り。
（F）f東行して至る不弥国、百里。
①官を多模と曰い、副を卑奴母離と曰う。
③千余家有り。
（G）g南、至る投馬国、水行二十日。
①官を弥弥と曰い、副を弥弥那利と曰う。
③五万余戸なる可し。
（H）h南、至る邪馬壹国、女王の都する所。水行十日、陸行一月。
①官を伊支馬と曰い、次を弥馬升と曰い、次を弥馬獲支と曰い、次を奴佳鞮と曰う。
③七万余戸なる可し。

リズムパターン

末盧国までは風土記事、特に②自然地理が詳しかったが、伊都国以降には全く見られない。①官名と、③戸数のほかは、伊都国で女王国および中国との歴史的な関係が述べられているだけである。理由は次のようだ。

一、「末盧国〜伊都国〜奴国〜不弥国」が陸行であるため、風土は一応「末盧国」で代表させたこと。

一、投馬国については郡使が実地に訪れていないため、「法俗」採取はできなかったこと。

一、王都である邪馬壹国の特徴は、あとで卑弥呼に関して詳細に述べることにしたこと。

一、倭の風土・社会制度の記事は、後にまとめて載せるので、ここでは必要なかったこと。

文章のリズムについて簡単に述べておく。

dの「到‐伊都国」は、リズム上は「到伊‐都国」と読んでいて、次の「官曰‐爾支、副曰」と同じリズムでつながっている。「泄謨觚‐柄渠觚」は官名としては一つと思われるが、リズム上は「三十三」である。「有　千‐余戸」の四字（一十三）をはさんで、「世‐有王　皆‐統属　女王‐国」と三字がつづき、「郡使‐往来」の四字で文末を予告して「常‐所駐」の三字に戻って文を終わっている。

E〜Hで注目されるのは、それぞれの先頭部分が、

e　東南‐至　奴国‐百里………①官曰……③有　二万余戸。

f　東行‐至　不弥国　百里……①官曰……③有　千余家。

g　南至　投馬国…………………①官曰……③可　五万余戸。

h　南至　邪馬壹国………………①官曰……③可　七万余戸。

のように、多少の変化を伴いながら同じパターンを繰り返し、リズムとひびきの美しさを作り出していることである。「副曰　卑奴母離……副曰　卑奴母離……副曰　弥弥那利」や、Hの「次曰　弥馬升、次曰　弥馬獲支次曰……」などにも、同じパターンと同音の効果を見ることができる。

伊都国へのルート

末盧国（唐津）から原文どおり「東南」へ進むルートを地図に当てはめていくと、図のようになる。佐賀県内を通り、佐賀市付近を通過するので、「佐賀ルート」と呼んでおこう。（図8-3）

唐津から東南へ五百里（短里で約三八キロ）「陸行」すると、佐賀市の手前の旧・小城町（現在は小城市）付近に達する。ここが伊都《いっ》国である。このルートは、松浦川とその支流・厳木《きゅうらぎ》川の川沿いに進む古代のメインルートとも一致する。

この「五百里」は、背振山地のすそを巡るようにカーブしている。そこで「到-伊都国」と、カーブしたルートを示す「到」が使われている。「乍南乍東　到-其北岸　狗邪韓国」と同じ使い方である。

魏志倭人伝中の残り三個の「到」の記事も挙げておく。

①帯方太守・劉夏、使いを遣わして汝の大夫・難升米、次使・都市牛利を送り……以て到る。

②（明帝から卑弥呼個人への賜り物）皆、装封して難升米・牛利に付す。還り到らば録受せよ。

③（正始）八年、王頎、官に到る。

①と②は、卑弥呼の最初の遣使に応えて、明帝が卑弥呼に与えた詔書に出てくる。①は帯方郡治から洛陽へ、

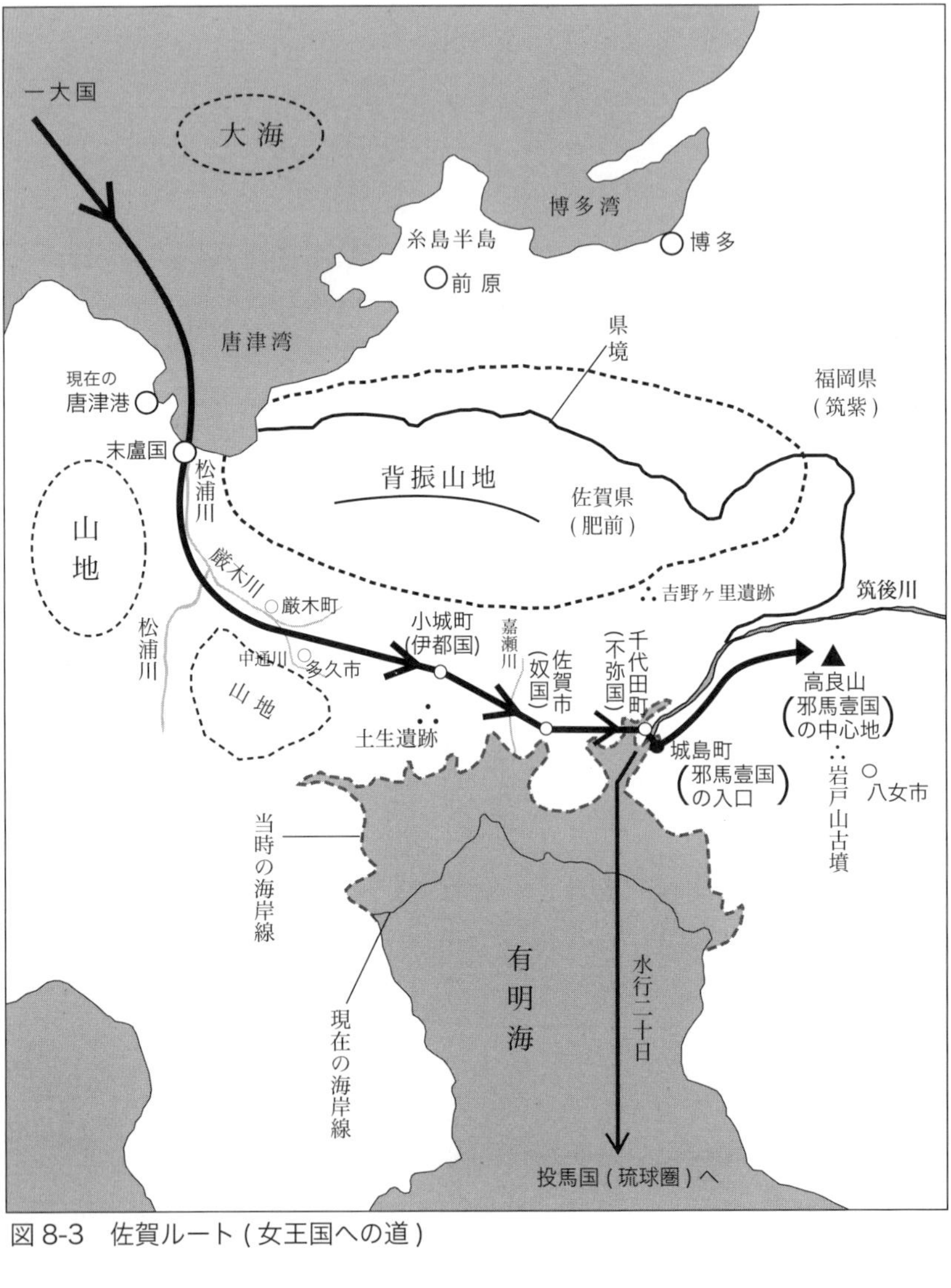

図 8-3　佐賀ルート(女王国への道)

難升米らがはるばるガイドに案内されて到着したので、曲折・遠距離の「到」がふさわしい。②は、洛陽から邪馬壹国まで難升米らが還るから、さらに遠距離であり、一層ふさわしい。

③は、王頎が帯方郡太守に任官したことを言っている。「韓の反乱」で帯方郡太守の弓遵が戦死するという混乱の末、東夷を転戦していた玄菟郡太守・王頎が、空位であった帯方郡太守にやっと任用された、という紆余曲折のニュアンスが「到」に込められている。

唐津（末盧国）から伊都国へのルートを、もう少し詳しく見てみよう。

唐津からの「東南陸行、五百里」は、松浦川とその支流の厳木川を遡ることになるが、「山海に浜《そ》うて居す」とあるように山地が迫っているので、幹線道路として考えられるのは松浦川と厳木川の左岸、現在ＪＲ唐津線と国道２０３号線が走っている川沿いの道しかありえない。

厳木川を東南に遡ると、川は厳木町で北東に方向を変え、背振山地の源流へと向かうが、厳木町から多久市へそのまま「東南」方向の山峡部を抜けると、佐賀平野が広々と開けてきて、旧小城町（現在は小城市）に達する。その小城町付近が、伊都国に相当する。この辺りには１９７１年に発見された国史跡・土生《はぶ》遺跡があり、佐賀平野西部では最大規模とされる弥生中期の集落跡が残っている。

奈良時代の八世紀前半には、佐賀市大和町の大字久池井に国府が建てられ、肥前国庁跡として発掘保存されているが、『和名抄』の巻五には、肥前国の「小城」に「乎岐《おぎ》国府」とあり、古くは「小城」が大和町と並ぶ肥前の中心であったことがわかる。まさに伊都国にふさわしい地と言えよう。

中国人にも有名「女王国」

伊都国では「世々王有り、皆、女王国に統属す。郡使の往来、常に駐《とど》まる所」とある。

ここでいきなり「女王国」という国名が登場する。魏志倭人伝で「女王国」や「卑弥呼」の説明が出てくるのは、ずっと後である。何の説明も無しに出しても、三世紀当時の読者はまともに理解できたわけだから、「女王国」という名前は当時の読者にはよく知られていたことになる。

三世紀の中国人は「女王」という存在を「卑弥呼」によって初めて知った。前漢の時代に相当する紀元前一世紀、エジプトにクレオパトラという女王がいたことも、彼らは知らなかった。女王国への行路記事を含む詳細な「魏志倭人伝」自体が、『三国志』の夷蛮伝では異例であり、東の果てにある「女王国」に対する魏・西晋朝の強烈な関心を物語っている。

伊都国の王は、代々「女王国」に統属している。倭国三十国の中で「女王国」のほかに王がいるのは、「女王に属せず」の狗奴国を除けばこの伊都国だけである。女王国は、伊都国との二国連合を核として発展してきた。

伊都国は「郡使の往来、常に駐まる所」である。「駐」という馬ヘンの文字が使われているのは、郡使が馬でやってきたからであり、一行はここで宿泊する。

末盧国からの五百里（約三八キロ）は、一日行程として適切。参勤交代の加賀藩の一日行程は平均四十キロだが、平均八十キロという驚異的な記録も残されている。郡使の約三八キロはむしろ余裕のある行程であろう。末盧国と伊都国の間に何も国がないということも、これが一日行程である証しである。

伊都国はいわゆる「郊迎の地」であり、使節を直接、都に入れては、防衛でも儀礼でも何かと不都合なので、都の郊外の地でまずは正式にお迎えするのである。

奴国と不弥国、吉野ヶ里

伊都国から再び「東南」へ百里（約七・六キロ）進むと、「奴《の》国」（＝野国）に至る。佐賀市付近だ。佐賀市北部の大和町にある国府跡は、その有力な候補地であろう。当時、有明海は佐賀市の南郊近くまで広がっていたが、それでも「奴国」には筑後平野の一部である佐賀平野がかなり広がっており、この穀倉地帯によって「二万余戸」という人口が支えられていた。（図8-4）

奴国への「東南百里」は、郡使が通る「主線行程」ではなく「傍線行程」（枝分かれした道）とする説がある。榎一雄の「伊都国・放射説」や古田武彦説など、九州説の中ではむしろ主流と言ってよい。

だが、「東南」という方向が変わらないことは「主線行程」である何よりのしるしである。もう一つ分かりやすい目安は「里数」である。「里数」があれば、郡使一行が実際に通っ

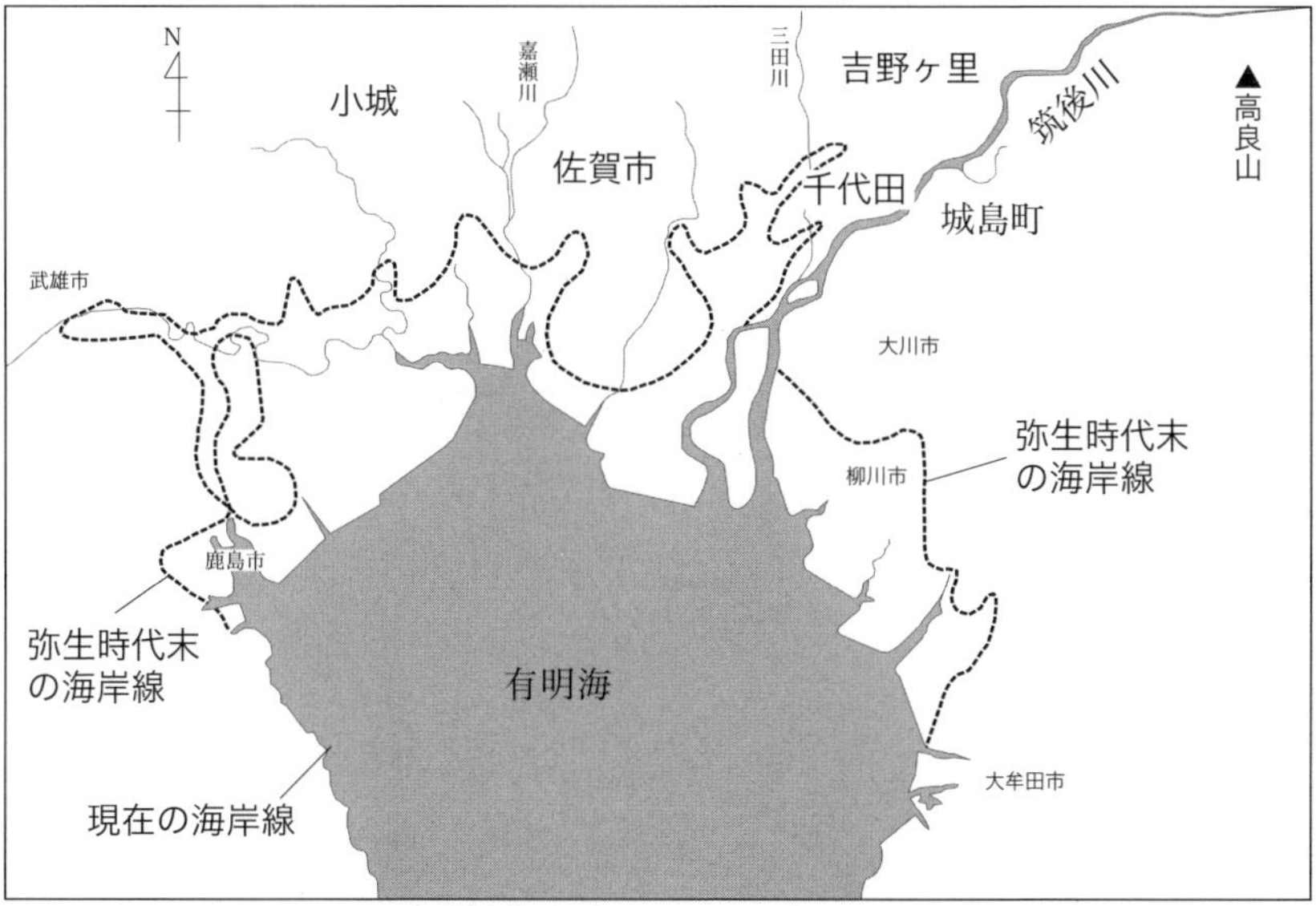

図 8-4　有明海の三世紀の海岸線（下山正一氏（九州大学）の論文を基に作図）

て里数を計測した証拠なので、主線行程である。「傍線行程」の場合は倭人から聞いて記録することになるので、日数となる。

「奴国」の佐賀市から東へ百里行くと、千代田町の辺りで筑後川にぶつかる。ここが「不弥国」だ。当時は筑後川の下流も現在より西寄りに流れ、「不弥国」は有明海の湾奥、筑後川の河口近くになる。

不弥国の「千余家」はなぜ「戸」ではないのだろうか。不弥国が「港町」として特化していて、港湾労働者の出入りが激しく、収税の単位として成立していなかったせいであろう。稲作の平野部は「二万余戸」の奴国に属し、ここから港湾労働者を供給する。また、対岸の女王国からも余剰労働力が不弥国にやってくる。稲作との関係もあって、港湾労働者は季節的な変動が大きい。彼らは奴国や伊都国、女王国の「戸」に属していると考えられる。

「不弥国」から南の「投馬国」へ、有明海を経由する「水行二十日」の海が広がっている。倭人伝では「万二千余里」とか「七千余里」とか、かなりの長距離でも里数が出されているので、長距離だから「日程」で表したということにはならない。「不弥国―投馬国」は傍線行程である。

吉野ヶ里遺跡は、千代田町（不弥国）の北、背振山地のふもとにあり、「奴国」の東北部に位置する。奴《の》国は二万余戸の穀倉地帯で、相当の広域であり、吉野ヶ里も含まれる。吉野ヶ里は不弥国の港まで七〜八キロの近距離なので、上陸する敵に備えて二重の環濠や、物見やぐらで防備を固めていたのであろう。一方、伊都国（小城町）から「東南、百里」にある佐賀市の北中部は、「奴国」の表玄関に当たり、郡使はここで迎えた。

投馬国とゴホウラ貝

筑後川の河口付近から有明海へ出て「南」へ「水行二十日」となると、九州島をはるかに過ぎて琉球圏に達する。薩摩半島から太平洋へ乗り出すとなると、一日行程は、唐津までの三海峡の各「千余里」よりもっと短くなると見てよい。

漢書地理志の粤《えつ》地条には、南海の航程が次のように書かれていて、かなり長い日数である。

○船行　可‐五月　有‐都元国。又　船行　可‐四月　有‐邑盧没国。

又　船行　可‐二十余日　有‐諶《しん》離《り》国。

これから見て、「不弥国‐投馬国」の「水行二十日」は仮に三海峡の約半分の速度、つまり一日「五百里」とすると、二十日で一万里（短里で約七六〇キロ）になる。これを有明海北岸部から「南」に延ばしていくと、直線距離で沖縄本島まで届くが、実際は沿岸航海も含まれていることもあり、もう少し手前の奄美大島あたりが「投馬国の入口」と見たほうがよさそうだ。（図10‐2、348ページ）

一つは、沖縄本島を入口とすると方角が「南西」寄りになってくるからだが、何よりも投馬国が「五万余戸」という大国なので、同じ琉球圏の奄美群島まで入れたほうが適切だからである。

「投馬国」は、漢書地理志の呉地に出てくる「東鯷《てい》人」の国の後身と考えられる。

女王国（ほぼ福岡県・大分県に該当する）の七万余戸、奴国の二万余戸に比べて、奄美・琉球の五万余戸は現代感覚からすると多すぎるが、その経済的基盤は琉球特産（奄美大島以南）のゴホウラ貝のゴホウラ貝の考古学的研究は、ここ四十年ぐらいの間に急速に進んだ。大型の巻貝で、スライスするとドーナツ型の腕輪になる。ゴホウラ貝の腕輪は、出雲や吉備、ソウルなどからも出土するが、北部九州が最大の消費地で、王権の象徴でもあった。

南九州の「狗奴国」が女王国と対抗できるほど強大であった理由は、ゴホウラ貝の加工貿易にある。有明海ルートにつながる薩摩半島では、吹上浜でゴホウラ貝の加工場跡が複数見つかっている。ゴホウラ貝交易の中継地として地の利を得ているからだ。琉球圏と北部九州との通交が、九州東岸経由ではなく、西岸の薩摩半島から有明海へのルートをたどっている点でも、倭人伝と考古学は一致している。

沖縄本島では、佐賀県腰岳《こしだけ》産の黒曜石で製作された石器が、多数出土している。沖縄と北九州を結ぶ交易ルートが、縄文時代から確立されていた可能性は高い。

投馬国の官名の「弥弥《みみ》」と「弥弥那利《みみなり》」は、ほかの国の官名と共通性をもたず、独自性が強い。これも遠く離れている琉球圏にふさわしい。投馬国は五万余戸の大国であり、女王国の配下というより、兄弟国と見るほうがよいだろう。「海幸彦、山幸彦」の神話で山幸彦（邪馬壹国の王を連想させる）を助けたワタツミの神（海神）の国は、投馬国をモデルにしているようだ。

「南至る投馬国、水行二十日」という原文を素直に読めば、琉球圏を想定しない方がおかしい。だが、江戸時代以来、誰もそうしなかった。——薩摩藩による琉球支配、明治以後の琉球処分（強制的な日本化）。太平洋戦争では沖縄は本土防衛の捨て石とされ、日本の独立後も現在に至るまで、米軍基地の大半は沖縄に集中する。沖縄は本来の日本（倭国）ではない、という潜在意識が、古代史研究にも深く影響してきたのではないか。

連続式では長すぎる

九州本土の末盧国に上陸してから邪馬壹国まで、行路記事だけを抜き出してみよう。

○（末盧国↓）東南・陸行　五百里　到・**伊都国**。
○東南・至　**奴国**　百里。
○東行・至　**不弥国**　百里。
○南・至　**投馬国**　水行　二十日。
○南・至　**邪馬壹国**　女王・之所都　水行十日　陸行一月。

投馬国への「水行二十日」と、邪馬壹国への「水行十日、陸行一月」は、行程論として密接に関係している。魏志倭人伝の研究が始まってかなり長い間、この二つの行程は、直前の不弥国までと同じように「連続式」（順次式とも）で読まれてきた。不弥国から投馬国へ「水行二十日」、投馬国から邪馬壹国へ「水行十日、陸行一月」と連続して行程がつながっていると読むわけである。

ところが、帯方郡治から女王国（邪馬壹国）までの総里程が「万二千余里」と明記してあるのに対し、部分里程を全部足していっても「一万七百里」（＝七千余里＋千余里×３＋五百里＋百里＋百里）にしかならない。「千三百里」が不足している。この「千三百里」は、残りの不弥国から邪馬壹国までの長大な「日程」、つまり「水行二十日」＋「水行十日、陸行一月」に相当すると考えられた。そうすると、この二つの「日程」をできるだけ短縮しなければならない。

まず、本居宣長が「陸行一月」を「陸行一日」の誤りだとした。それでも水行が計「三十日」も残ってしまうのは、九州説としては都合が悪い。そこで、「水行二十日」と「水行十日、陸行一月」は、倭人の誇張した表現を陳寿がそのまま取り入れたものだとする説や、大和への旅程を陳寿が誤って入れたものだ、という喜田貞吉の説まで現れた。

もう一つのアイデアは「水行十日、陸行一月」を「水行十日または陸行一月」と読むことで、どちらか一つに絞れるというものである。近畿説の志田不動磨が昭和二年（１９２７）に発表した。

この志田説に「水行二十日」を傍線行程として除外する案を合わせ、洗練させたのが、榎一雄の「伊都国中心・放射」説である（１９４７年）。「放射」は「四至」とほぼ同じ意味である。（図８-５）

「伊都国中心・放射」説

「水行十日または陸行一月」と読む説については、橋本増吉が強く批判したように、このような読み方は漢文としてあり得ない。「水行十日、プラス陸行一月」の意味である。「または」の意味に取ってほしいときは「水行十日　或従-陸道　一月」のような補足的説明を必要とする。

「伊都国中心・放射」説を最初に唱えたのは、近畿説の豊田伊三美である。彼は大正十一年（１９２２）の論文「邪馬台国論を読みて」で、伊都国までは、

①又　南-渡-一海　千余里……至-一大国。

②東南-陸行　五百里　到-伊都国。

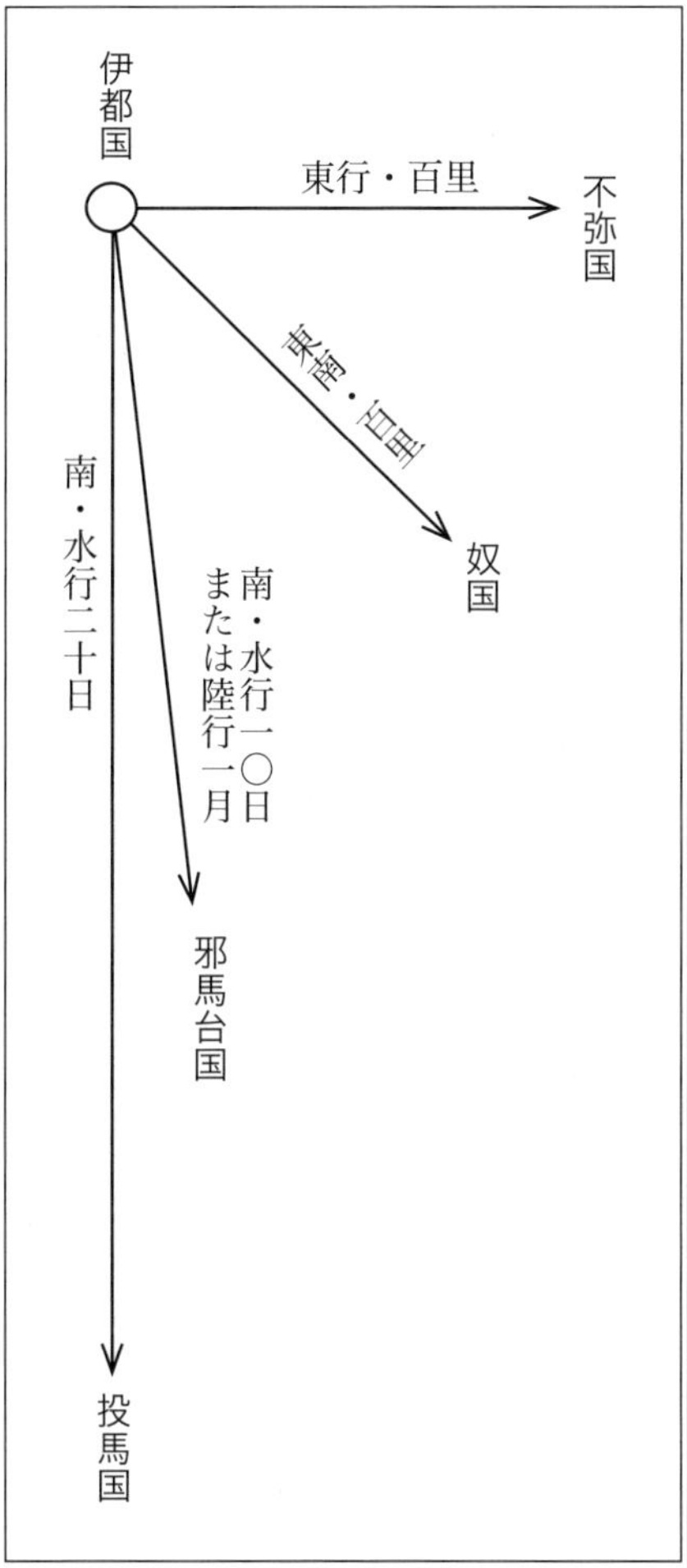

図8-5　榎一雄の「伊都国中心・四至」説

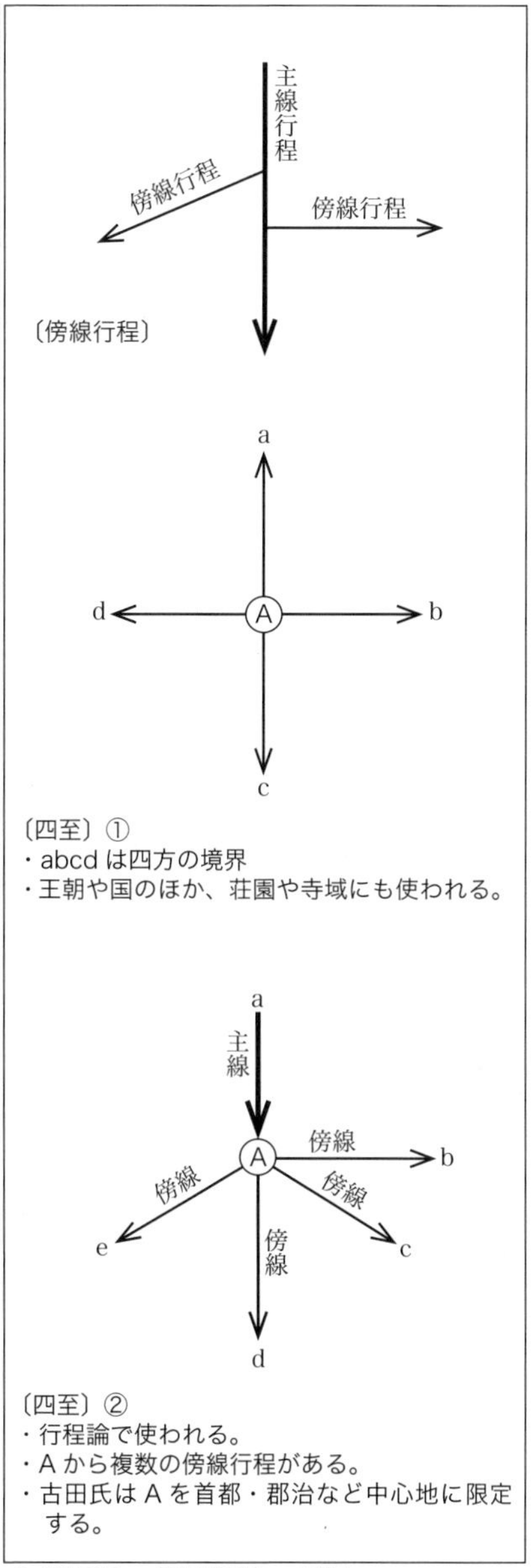

主線行程、傍線行程、四至

のように「方角＋距離＋地名」の順序で記されているが、伊都国以後は、

③東南・至　奴国　百里。
④東・行・至　不弥国　百里。
⑤南・至　投馬国　水行二十日。
⑥南・至　邪馬壹国……水行十日、陸行一月。

のように「方角＋地名＋距離」となっているのは、郡使が伊都国で聞いた内容を記したものとして、「伊都国中心・放射」説の論拠とする。この論拠も、榎一雄はそのまま採用している。

九州説では、安藤正直の「邪馬台は福岡県山門郡に非ず」（昭和二年、１９２７年）が最初に「伊都国中心・放射」説を述べている。

安藤の説で興味深いのは、唐津から原文どおり「東南」に向かったことである。「東南」に実際に行路を求めた説は私以外にいなかったと思い込んでいたが、一人だけだがさすがに先例はあった。

ただし、安藤は上古に肥後国が「横直（横も縦も）皆五百里」とされていることから、伊都国への「五百里」（短里で約三八キロ）を「十二、三里～二十里足らず」（この一里は現行の約三・九三キロ）つまり「約四七～七五キロ」と見て、伊都国を筑後山門《やまと》郡にあてている。皇国史観から出発した「邪馬壹国＝ヤマト」説の呪縛から、九州説もなかなか抜けられないのである。

豊田伊佐美と榎一雄は①②を挙げて「方角＋距離＋地名」は主線行程としたが、③④⑤⑥と同じように「方角＋地名＋距離」であっても主線行程を示す例がある。

○乍南・乍東　到・其北岸　狗邪韓国　七千余里。

このように「地名と距離」の順序を変えるのは、文章の単調さを避けるための「修辞上の工夫」に過ぎないという増本増吉などの批判を受けて、榎一雄は『邪馬台国』（1960年）では、確かにこれは主線行程で、修辞上の理由による変化だと認めたうえで、次のように反論する。

○始度・一海　千余里　至・対海国。（方角）＋距離＋地名
○又渡・一海　千余里　至・末盧国。（方角）＋距離＋地名

伊都国以前ではこのように、方角が省略されている例があるが、伊都国以後の③〜⑥はすべて一様に「方角＋地名＋距離」となっているのは、「単調さを避ける」という理由が当てはまらない。だから四至である。これが榎の反論である。ただし、ここの「方角の省略」は、省略しなければ「南北に市糴」などと重なって却ってくどくなる。すでに詳しく述べたとおりだ。

陳寿の「文型の違い」

ではなぜ、方角のあと「地名＋距離」の順だったり「距離＋地名」の順になったりするのだろうか。行路記事を出現順に並べてみよう。

①　歴韓国／　乍南・乍東　到其・北岸　狗邪・韓国　七千余里。
②　始度・一海　千余里　至・対海国。
③　**又**　南渡・一海　千余里　名曰・瀚海　至・一大国。

④　又渡・一海　千余里　至・末盧国。

⑤　東南・陸行　五百里　到・伊都国。

⑥　東南・至　奴国　百里。

⑦　東行・至　不弥国　百里。

⑧　南・至　投馬国　水行・二十日。

⑨　南・至　邪馬壹国……水行十日、陸行一月。

一見して、同じパターンが適宜繰り返されて、美しいリズムを作り出しているのが分かる。「始度・一海　千余里」「南渡・一海　千余里」「又渡・一海　千余里」の三組は形もそっくりであり、「〇渡（度）＋一海＋千余里」という構成である。

「七千余里」も含めると「千余里」が四回繰り返され、一転して⑤⑥⑦は「百里」を三回繰り返す。「東南・至」と「東行・至」、つづく「南・至」と「南・至」のリフレイン。「又」と「東南」も冒頭で繰り返す。「至・対海国」「至・一大国」「至・末盧国」「到・伊都国」も同じパターンだ。

①の「乍南・乍東」から⑤の「到・伊都国」までは、「千余里」の三字を挟みながらも四字主体がつづき、⑥の「東南・至」からは新しいリズムに変化する。同じリズムで文章の流れを作り、マンネリを避けるために変化する。

一方で、「意味」を明確にするための用字という面も見逃せない。

⑤の「陸行」は、「渡海」から「陸行」に大きく変わる地点であるから、ぜひ必要である。

⑦の「東行」で「行」を加えたのも、「東南・至」「東行・至」とリズムをそろえるだけでなく、実際的な意味がある。

同じ方角がつづけば自然に「主線行程」であると伝わるが、ここでは「東南」から「東」へ変わったために、傍線行程ととられるおそれがある。「行」によって主線行程であることを強調しつつ、「東南」がつづいた方角がここで「東」に変わったことも強調している。

もし「行」を抜いてみたらどうなるか。「東南-至」「東-至」「南-至」「南-至」と「方角+至」がつづいて「四至」ととられる危険が出てくる。慎重な陳寿はその点にも配慮を怠っていない。

榎説と古田説の「陸行一月」

「伊都国中心・放射」説は、郡使は伊都国までしか行かなかった、ということを前提としている。この前提は、魏志倭人伝をすなおに読めば、誰でもおかしいと思わざるを得ない。

第一に、伊都国が「郡使の往来、常に駐まる所」の「駐」は、「駐留軍」のように《一時的滞在》を意味する。伊都国は「往来」の途中である。

第二に、最初の郡使・梯儁《ていしゅん》は、詔書・印綬を卑弥呼に授与し、二度目の郡使・張政は二十年も倭国に滞在している。二人の郡使が首都・邪馬壹国に到着したのは、疑う余地がない。

にもかかわらず榎説が影響力をもったのは、「千三百里の不足」が解消されたように見えるからだ。

①「放射」説によって、投馬国への「水行二十日」のほか、奴国と不弥国の各「百里」も主線行程から除かれるので、部分里程の総和は「一万五百里+余里」となる。すなわち、総里程「万二千余里」に対する不足分は「千三百里」ではなく「千五百里」である。

②「水行十日、陸行一月」は「水行十日または陸行一月」と読んで、実質的に「陸行一月」に減らす。
③唐代の『六典』によると、陸行は馬が日に七十里、「歩行」は日に五十里である。この「日に五十里」で不足分の「千五百里」を割ると、ちょうど三十日、つまり「陸行一月」になる。
このように「部分里程の総和」が「総里程」に等しくなるとしたために、榎説は大きな影響力をもつことが出来た。だが、これは奇妙な計算だ。倭人伝は「短里」で書かれているのに、これを唐代「長里」の「五十里」で割ってみても無意味である。


古田武彦氏の「水行十日陸行一月」の解釈は、全く新しいものであった。これは部分日程ではなく、「総日程」だと考えたのである。コロンブスの卵だ。

これに伴って「不弥国―邪馬壹国」は一挙にゼロとなり、不弥国は邪馬壹国の「玄関」になった。

「七百里、百里、百里」と短くなってきた部分行程が、連続式では「水行二十日」＋「水行十日陸行一月」、榎説でも「千五百里」の長距離となるのは、異常だ。この不自然さも解消された。

しかし、古田氏は「七千余里」を「帯方郡治〜狗邪韓国」とする「通説」を疑わなかったために、「千三百里の不足」を正しく理解することができず、「水行十日陸行一月」の「総日程」の「起点」を帯方郡治としてしまった。そのため「陸行一月」の区間を「歴韓国」にあて、「韓国内をデモンストレーションしながら陸行した」という奇妙な新説を打ち出すことになったのである。

では、総日程「水行十日陸行一月」の起点はどこなのか。天子をはじめ、当時の読者が集中する「首都・洛陽」

以外にあり得ない。第Ⅵ章で「従」と「自」の三国志における全用例調査を分析したときに、「首都起点」が自明の例が多数存在し、その場合は「首都起点」は省略されることを詳しく論証した。「水行十日陸行一月」は、その典型的な一例である。

古田氏の「全用例調査」

古田氏は『「邪馬台国」はなかった』で、「主線行程」と「傍線行程」の判別法を次のように主張した。

a　「至」の前に移動を示す先行動詞があるか、先行動詞が省略された形であれば「主線行程」。

b　先行動詞がなく、省略形でもなければ「傍線行程」または「四至」。

この基準に従えば、bによって「東南　至 - 奴国　百里」は確かに「傍線行程」ととれる。

では、古田氏がこの基準を導き出した三国志の「至」の「全用例調査」を、再検証してみよう。行程に関係ない固有名詞などの例を省いて整理すると、古田氏の全用例調査は次のようになる。

a　主線行程（先行動詞あり、または省略）　六五二例

b　傍線行程・四至（先行動詞なし、省略でもなし）　六例

まず、この圧倒的な例数の差が異様である。しかもbは、「東至 - 於海、西至 - 於河、南至 - 於穆陵、北至 - 於無棣」（魏志、武帝紀）という勅書の中の「四至」一つだけで四例を占め、残りは古田氏が「傍線行程」と主張する問題の二例、つまり「東南　至奴国　百里」と「南至　投馬国　水行二十日」しかない。つまり、問題の二例のほかに

は、古田説にかなう「傍線行程」の例は皆無なのである。読者の誤解を誘う奇妙な「分類」だ。古田氏が「四至」として挙げた「東至‐於海、西至‐於河、南至‐於穆稜、北至‐於無棣」（武帝紀）は、曹操を魏公に任命する勅書の中の表現であり、周の成王の時代に斉の太公に「四方の界まで」征する権限を与えたことを述べているに過ぎない。これは諸橋大漢和の「四至」の定義「四方の境界」には当てはまるが、古田氏の定義による「首都からの傍線行程」という「四至」とは違う。行程論として一般的に使われている「四至」（漢書西域伝に多数出てくる）にも当てはまらない。（図8‐5、287ページ）

古田氏が巧妙なのは、「F　四至・傍線行程　六例」として、「四至」と「傍線行程」を一つのグループとしてしまうことによって、その例としては武帝紀の「四至」の例だけで済ませてしまった点にある。傍線行程の例を挙げるとすれば、「東南　至奴国　百里」と「南至　投馬国　水行二十日」のどちらかしかあり得ないから、さすがに読者も古田氏の「全用例調査」の奇妙さに気がついたであろう。

『三国志』全体で、古田氏流の定義でも「傍線行程」が倭人伝の二例しか見つからなかったという調査結果は、実は純粋の行程記事は「倭人伝」にしか存在しない、ということの裏返しである。ヴェールを取り去ってみれば、古田氏の「全用例調査」には虚しさが残る。

「至」の再検証

古田氏の「全用例調査」に疑問を抱いたのは、実際に中華書局の標点本で「至」の文脈を一つずつ自分で調べ始めてからである。文脈上、主線行程には違いないが、「至」が突然出てきて「先行動詞の省略形」ではありえない例が、次から次へと出てくる。
①冬十月　太祖　至-東阿。〈魏志、巻一、武帝紀〉
巻一で最初に目につく例だ。直前に「秋九月　太祖　還-鄄《けん》城」とあるから、先行動詞の省略形ではありえない。この例を、古田氏が「先行動詞」省略の代表例として挙げているのは解せない。
②会　呂布　至、又　撃破-之。〈魏志、巻一、武帝紀〉
③会　董卓　至-洛陽。〈魏志、巻八、公孫瓚伝〉
「会～」は「たまたま～の事態に出会う」という意味で、しばしば出てくる語法。突然の事態である。
④甲子　呉大将・孫峻等-衆　号-十万　至-寿春。〈魏志、巻四、高貴郷公紀〉
⑤先主　至-荊州。〈蜀志、巻一〇、劉封伝〉
⑥魏将・張遼等　奄《にわかに》至-津北。〈呉志、巻一〇、淩統伝〉
この三例も突然出てくる話なので、先行動詞の省略ではありえない。

このように省略形ではありえない例が、魏志・巻九までで二三例ある。三国志は通算で「巻六五」まであるから、全体では百を超えそうだ。それに最初の「巻一」だけで「例外」が五例も出てくるのだから、古田氏が「巻一」でさえ全用例を文脈まで検証したとはとても思えない。

しかも、私の調査では、古田氏の甘い基準に従って「勧・召・迎・率」など「移動」を間接的に示唆する動詞や、「自・従」などの前置詞が先行する場合は「例外」に入れていない。本来「行」のような「移動を直接示す先行動詞」の有無が問題なのだから、厳密な基準では「例外」はもっと多くなる。

諸橋大漢和に「至、来也」とあるとおり、「至」だけで移動を意味するのは漢文の常識である。確かに「陸行」や「行」などの「移動を示す先行動詞」があれば間違いなく主線行程であるが、逆は真ならず、「至」だけでも主線行程になりうるのである。

「島めぐり読法」批判

古田氏が「奴国・傍線行程」説を唱えたのは、実は「部分里程の総和」が「総里程」と同じ「万二千余里」になるという古田説の根幹に関わっている。

総里程に対する不足分は「千三百里」だ。ところが、榎一雄の「伊都国中心・放射」説では不足分が「千五百里」になり、唐代の長里による一日の「歩行」の五十里で割ってちょうど「陸行一月」になった。榎説を批判した古田氏は、不足分が「千四百里」であれば、うまく解消できることに気がついた。——対海国の「方四百余里」と一大国の「方三百里」を正方形とみて、この二つの島をそれぞれ半周すればちょうど「千四百里」になる。——古田氏はこれを「島めぐり読法」と呼んでいる。(図8-6)

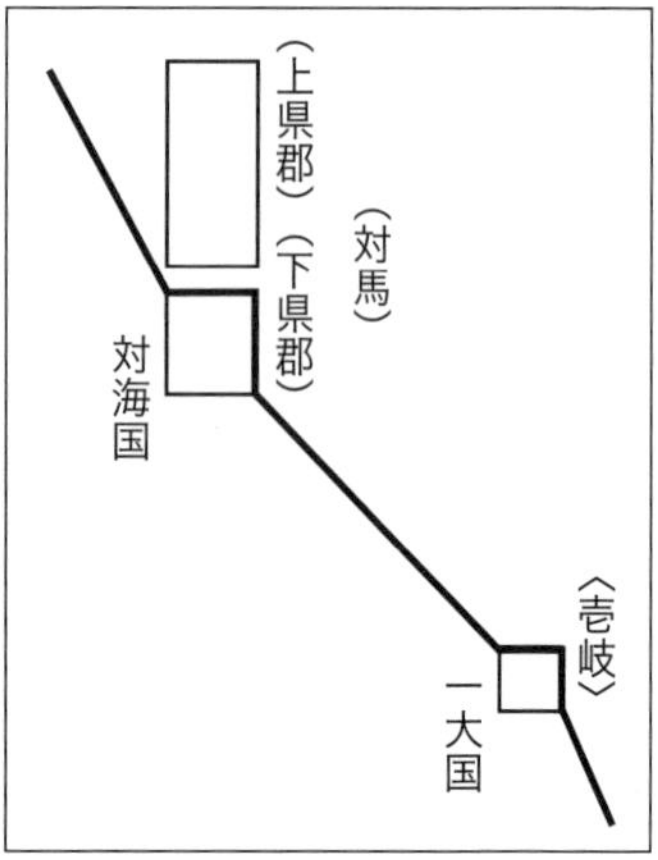

図8-6　古田氏の島めぐり読法
古田武彦『「邪馬台国」はなかった』朝日新聞社

古田氏は対海国を、対馬のうちの「南島」にあてる。ところが、細長い対馬が二つの島に分かれたのは江戸時代だ。それに、船をちょうど半周先まで回航させておいて、郡使一行は陸行で半周するというのは、非現実的である。二つの島で港が、ちょうど半周前と半周あとの地点に見つかるのは奇跡的であるし、船が座礁したり、間に合わなかったりする危険も出てくる。「島めぐり読法」は成り立ちようがない。

郡使一行の船は、対海国・一大国の役所に近い港に入り、当然そこに停泊して、郡使一行が戻って来るのを待ったのである。

不自然な「韓地陸行」説

古田氏の「韓地陸行」説も、アイデアとしては独創的である。(図7-2、227ページ)

まず、韓の「方四千里」を三〇度、東に傾けて菱形にする。「乍南乍東」は小刻みに繰り返すととり、東南端の釜山(狗邪韓国)まで「陸行」で到達する。この陸行距離をピタゴラスの定理を使って計算すると、$2+2\sqrt{3}$、つまり約五千五百里になる。「帯方郡治〜郡境(=韓境)」を約千五百里と仮定して合計すると、「帯方郡治〜狗邪韓国(=釜山)」が「七千余里」であるという誤った定説を満たすことになる。

「韓地陸行」説のもう一つの目的は、総日程「水行十日、陸行一月」のうちの「陸行一月」を韓半島に求めることであった。正しくは「洛陽〜山東半島の港」までが「陸行一月」の大部分である。

「韓地陸行」説の奇妙な点を挙げよう。

第一に、韓の西岸、つまり泰安半島から珍島までを結ぶ直線は「南北」に走っているのに、三〇度も傾けて「菱形」としている。南岸は確かに右肩上がりだが、西南端の珍島から東南端の釜山までの角度は、それでも一五度にすぎない。実際の地形は「菱形」より「正方形」の方がはるかに近い。

第二に、韓伝に「東西、海を以て限りと為し、南、倭と接す」とあるように、読者は「四隅が直角」である正方形と捉えるはずであり、「菱形」をイメージはできない。それに「方四千里」は面積の表示法でもあり、正方形の「四千里四方」に等しい面積でなければならない。「菱形」では面積が過少になる。

第三に、「乍南乍東」は小刻みな繰り返しではなく、一回きりの現象である。

第四に、帯方郡を沿岸航海してすぐに韓境で上陸し、ひと月もかけて陸行するのは非現実的である。

第五に、平方根を使って里程を計算するのは、当時の読者には無理である。

第六に、上陸地点を読者にわかるように明示しないのは、陳寿の書き方ではない。

漢書西域伝の傍線行程

「傍線行程」を「主線行程」と区別する書き方は、陳寿が先例とした『漢書』西域伝に示されている。同様に「水行十日、陸行一月」が首都・洛陽からの総日程である根拠も、西域伝に示されている。

漢書西域伝の行程記事は、基本的に次の順序で記されている。(②③④も「王都」が起点になっている。)

①王都(王治)+首都・長安からの距離。②都護治所への方角と距離。③(南道と北道の場合は)「傍線行程」、他の国々は「四至」。④(南道と北道の場合は)主線行程(「通」で明示)

これによって、南道の最初の国々を表にしてみよう。*は傍線行程の国である。(図8-7、302ページ)

A(鄯善国《ぜんぜん》)(本の名は楼蘭)

①王治す扞泥《うでい》城。（去る陽関、千六百里。）去る長安、六千一百里。
②西北、**去**る都護治所、千七百八十五里。
③（西北）至る山国、千三百六十五里。西北、至る車師、千八百九十里。
④西、**通**ず且末《しょまつ》、七百二十里。

B
〔且末《しょまつ》国〕
①王治す且末城。去る長安、六千八百二十里。
②西北、**至**る都護治所、二千二百五十八里。
③北、接▲す尉犂《いり》。南、至る小宛、三**日行**なる可し。
④西、**通**ず精絶、二千里。

＊
〔小宛国〕
①王治す扞零《うれい》城。去る長安、七千二百一十里。
②西北、至る都護治所、二千五百五十八里。
③東、婼羌《じきょう》と接▲す。（南に辟《かたよ》り、道（＝南道）に当たらず。）

C
〔精絶国〕
①王治す精絶城。去る長安、八千三百里。
②北、至る都護治所、二千七百二十三里。
③南、至る戎盧国、**四日行**。
④西、**通**ず扞弥《うび》、四百六十里。

＊
〔戎盧国《じゅうろ》〕
①王治す卑品城。去る長安　八千三百里。
②東北、至る都護治所、二千八百五十八里。
③東、小宛と、南、婼羌《じきょう》と、西、渠勒《きょろく》と接す。（南に辟《かたよ》り、道（＝南道）に当たらず。）

D
〔扜弥国《うび》〕
①王治す扜弥城。去る長安、九千二百八十里。
②東北、至る都護治所、三千五百五十三里。
③南、渠勒と、東北、亀茲《きゅうじ》と、西北、姑墨《こぼく》と接す。
④西、**通**ず于闐《うてん》、三百九十里。

＊
〔渠勒国《きょろく》〕
①王治す鞬都《けんと》城。去る長安、九千九百五十里。
②東北、至る都護治所、三千八百五十二里。
③東、戎盧と、西、婼羌と、北、扜弥《うび》と接す。

E
〔于闐国《うてん》〕
①王治す西城。去る長安、九千六百七十里。　【以下略】

＊の付いた傍線行程の「小宛国」「戎盧国」への距離は、「三日行」「四日行」のように「日数」で表されている。

砂漠を渡る（道とも言えない）道なので、里数が計測されていない。両国とも「位置が南に偏っていて西域南道に当たらない」と書かれている。明らかに「傍線行程」である。

一方、主線行程は、④で「至」の代わりに「通」を使って示されている。もちろん、里数表示である。「通」が使われているのは「南道」と「北道」という基幹道路上の国々だけであり、そこからはずれた遠方の国々はどれが主線行程ともわからない網目状につながれているので、「四至」で表現される。

「渠勒国」には「日程」は出て来ないが、それでも「傍線行程」とわかるのは、主線行程のD「扜弥国」の③、つまり傍線行程の国々の中に「南、渠勒と接す」と出てくるからである。それに、次の主線行程であるE「于闐国」より前に記述されていることからも、傍線行程であることに念が押されている。

「鄯善国」では、傍線行程だが砂漠を挟まない「山国」や「車師」にも里数が使われている。

このように、傍線行程には必ず「日程」が使われるわけではないが、「日程」が出てくれば「主線行程」ではありえない、つまり「傍線行程」か「四至」であることが確実にわかる仕組みである。

倭人伝の場合は、倭人が里数を知らないという特徴がある。そこで陳寿は、「里数」が出てくれば中国人が通った「主線行程」であり、「日程」ならば「傍線行程」と、単純明快に記述することができた。

投馬国の「水行二十日」は明らかに「傍線行程」である。

西域伝で「日程」が表示されている例が、先ほどの「三日行」「四日行」のほかに八例ある。いずれも主線行程ではない。

1〔罽賓国《けいひん》〕東北、至る難兜国《なんとう》、九日行。

2〔烏弋《うよく》山離国〕東北、至る都護治所、六十日行。

図8-7 紀元前一世紀の西域

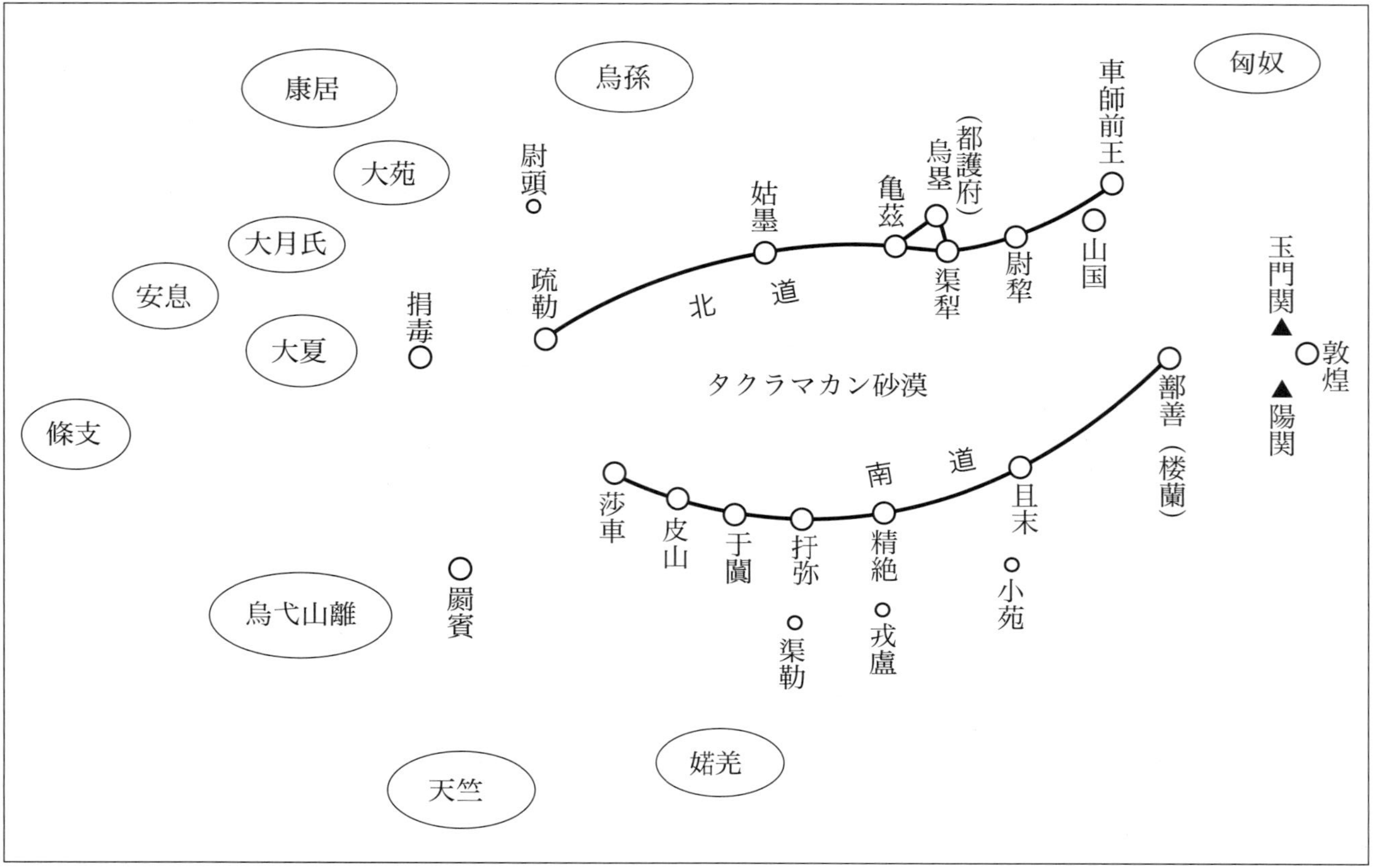

3〔烏弋山離国〕（西、條支と接す。）行くこと百余日なる可し、乃ち至る條支。
4〔烏弋山離国〕條支自り水に乗り、西行、百余日なる可し、日の入る所に近し云《うん》。
5〔大月氏国〕西、至る安息、四十九日行。
6〔康居国〕至る越匿地、馬行七日。
7〔尉頭国〕西、至る捐毒、千三百一十四里、径道（＝近道）、馬行二日。
8〔姑墨国〕南、至る于闐、馬行十五日。……東、通ず亀茲《きじ》、六百七十里。

8の姑墨国は北道の国、于闐は南道の国であり、「馬行十五日」は砂漠を挟んだ「傍線行程」を表す。1～7は、北道からも南道からも外《はず》れた遠方の国々であり、「四至」の例である。4の「日の入る所に近し」は、西方の行き止まりの国である。東夷の魏志倭人伝の「裸国・黒歯国」に相当する。7は里程と日程の両方が出ているが、馬による日程のほうは近道であり、別の行路である。

洛陽からの「水行十日陸行一月」

西域伝の場合は、各国とも「王都」を明示したあと、必ず「首都」（長安）からの総距離を記している。「王治す精絶城、去る長安、八千八百二十里」といった具合で、首都の読者を意識した書き方だ。
これをモデルとしたのが、女王国の「王都」邪馬壹国への行程記事である。
○南至　邪馬壹国、女王ｰ之所都、水行十日　陸行一月。

まず、倭の王都が「邪馬壹国」であることを示す。「女王‐之所都」はふつう「女王の都する所」と読んでいるが、「之」は「の」よりも独立性が強く、「女王、之《これ》、都する所」と読んだほうが原文のニュアンスに近い。「邪馬壹国」が「女王の都」であることを強調した書き方である。

この「王都」の直後に「水行十日、陸行一月」を置いているのは、これが西域伝でおなじみの「首都から王都までの総距離」であることを、読者に印象づける手法だ。

西域伝の場合は、長安から陸続きであるから「総里程」がわかりやすい。倭人伝の場合は「水行」と「陸行」

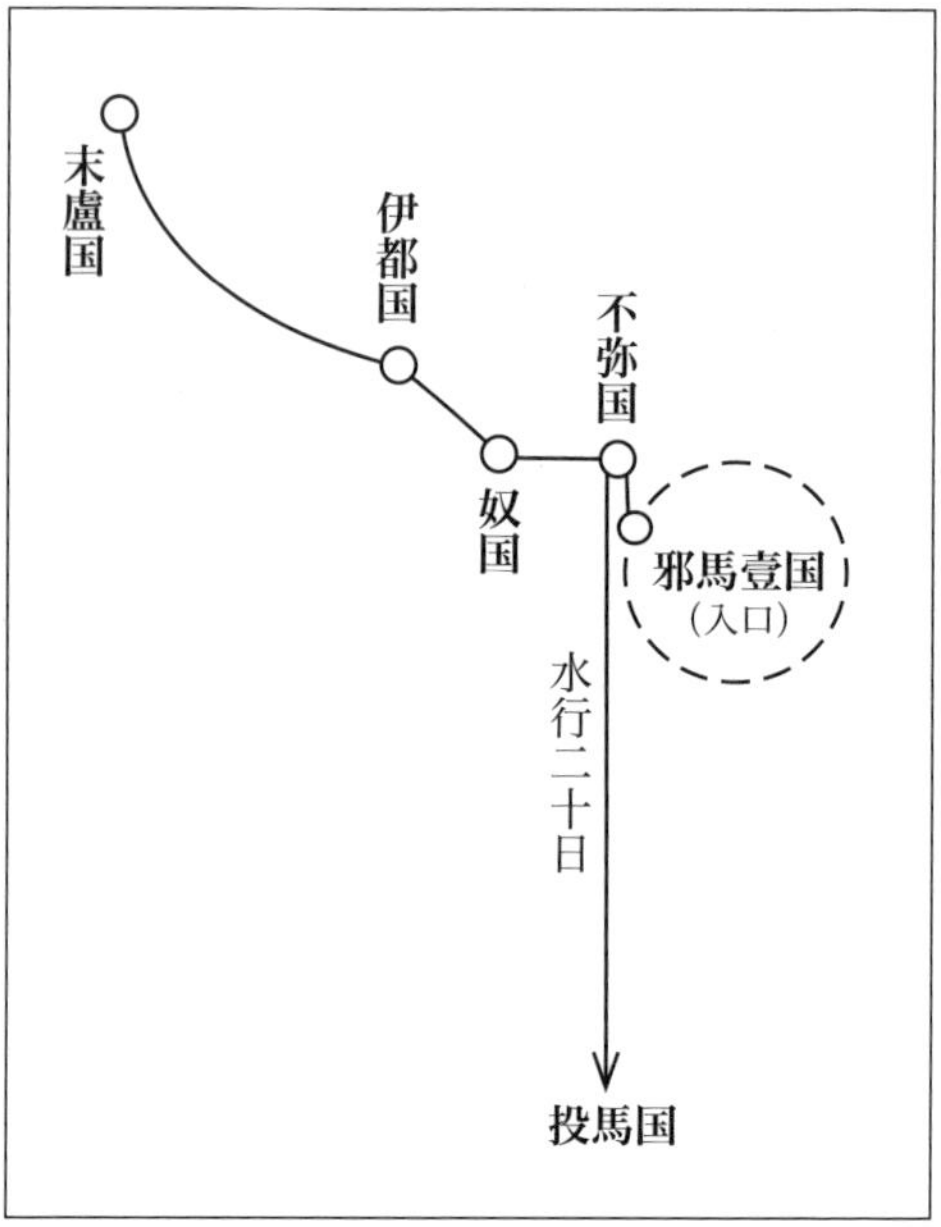

図 8-8　原文どおりの行路図

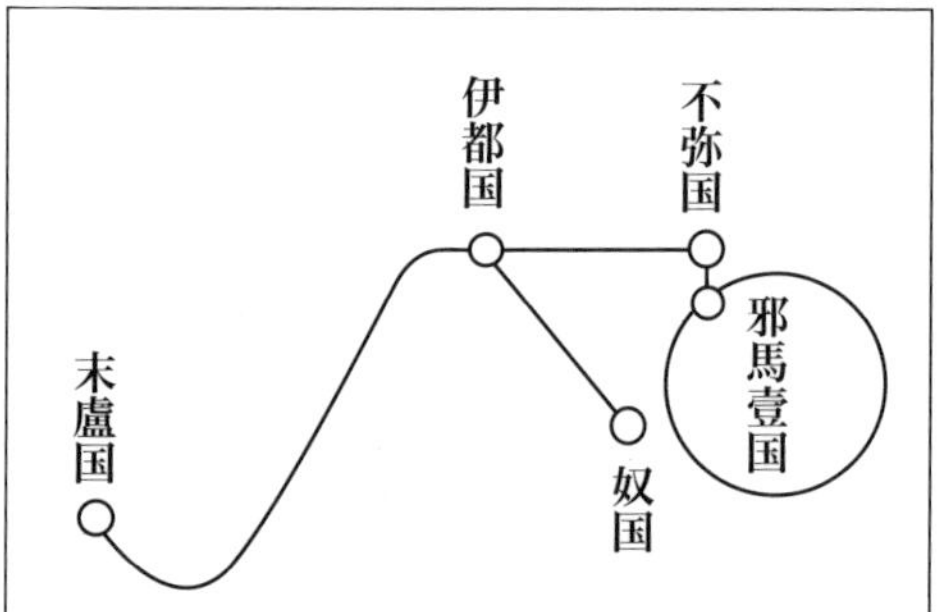

図 8-9　古田説の行路図

＊古田説を忠実に図にすると、末盧国や奴国は「女王国（邪馬壹国）以北」には入らなくなる。

が入り混じっている。しかも「水行」の場合は千里単位でしか表現できない。読者にどのくらい遠いというイメージを提示するには「総日程」の方がはるかに分かりやすく、しかも実際的である。

「水行十日、陸行一月」は、もともと部分里程ではありえない書き方だ。主線行程が「五百里、百里、百里」と短くなってきたのに、急に「水行十日、陸行一月」という長大な距離が出てくるはずがない。

末盧国から邪馬壹国までの行路を、原文どおりのイメージで図にしてみよう。比較のために、古田説の行路図も示した。（図8-8、9）

読者の行路イメージ

○東行　至-不弥国　百里。

○南至　投馬国　水行二十日。

○南至　邪馬壹国　**女王-之所都**。水行十日　陸行一月。

この書き方は、簡潔でしかも神経が行き届いている。

まず「東行」によって、不弥国までは「主線行程」であることが明示される。次に、不弥国は「南」方向に「水行二十日」の「海」が開けた河口付近の港町とわかる。同時に「百里」の直後の「水行二十日」という「長大」

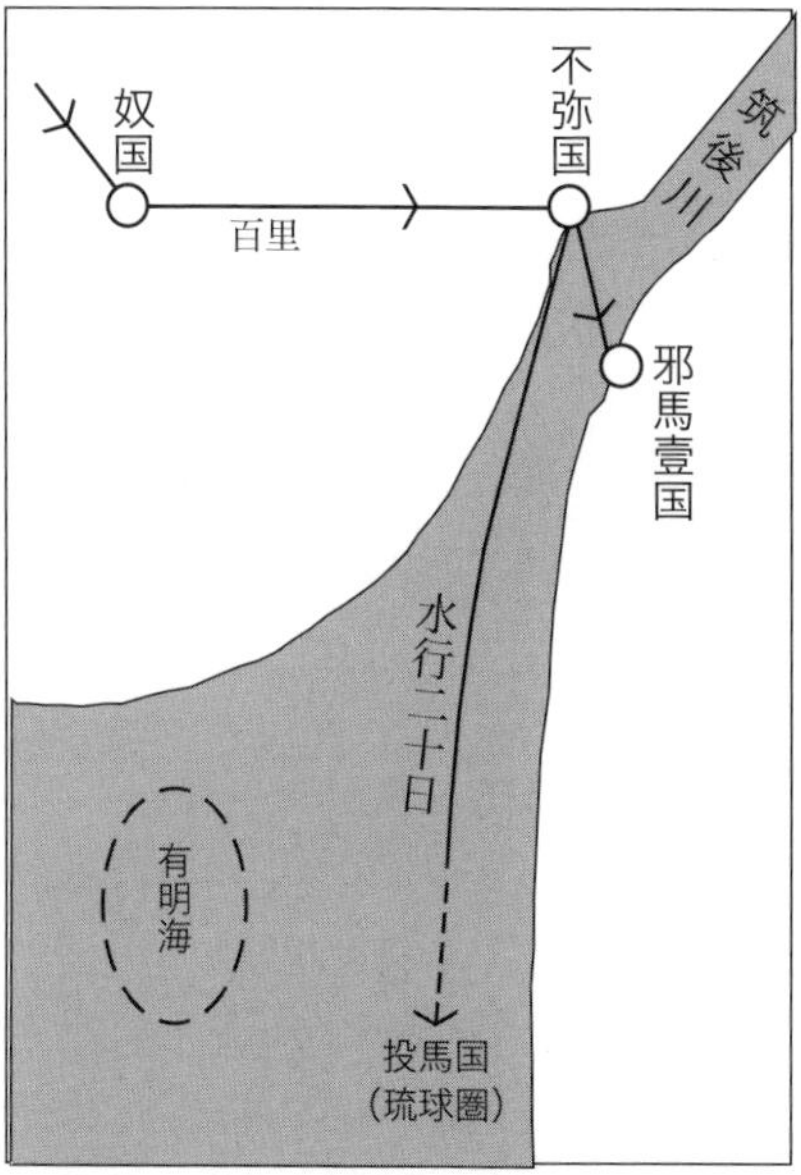

図8-10　「南水行」の投馬国と邪馬壹国

すぎる「日程」によって、投馬国へは傍線行程であることが示される。

投馬国が傍線行程となると、邪馬壹国への起点は同じく「不弥国」になる。しかも「南至…水行二十日」に引き続く「南至」なので、邪馬壹国へも同じく「水行」であることが分かる。（図8-10）

さらに「女王之所都」の直後に「水行十日、陸行一月」が置かれたことによって、これが「洛陽からの総日程」であることが読者に理解される。また「南至　邪馬壹国」の直後には里数が示されていないから、「不弥国↓邪馬壹国」の水行はゼロに等しい。直前の「百里」に比べてゼロに等しいとは、十里（短里で約七六〇メートル）か二十里であり、「水行ゼロ」とは、つまり川の対岸に渡るということだ。不弥国と同じ側の岸に着くのであれば、陸行でも行けるので「水行」の必要がなくなる。

女王国としても、直接「王都」の港に「投馬国」「狗奴国」や「旁国二十一国」の南方の船が入って来るのは防衛上も外交上も問題があるので、不弥国という海の表玄関を対岸に設けている。

筑後平野を制する者

原文のイメージを地図に照らしてみると（図8-3、278ページ）、筑後川の河口を、肥前（佐賀県）から筑後（福岡県）側に渡った所が「邪馬壹国」となる。当時、有明海はかなり北に広がっていた。不弥国は千代田町付近、邪馬壹国の入口は筑後の城島町（2005年から久留米市）付近である。城島町のあたりは古代の三潴《みづま》郡に当たる。筑後川の下流は、もともと肥前（佐賀県）と筑紫（福岡県）の境界をなしていた。

邪馬壹国の中心部は、女王の宮殿のある所である。これは「邪馬（＝山）壹国（＝倭国）」という名前からして、筑後川河口に近い「山」にあったと思われる。地形から見ても歴史的に見ても、筑後平野を制する位置にある「高良山」と考えるのが自然だ。

高良山には筑後一の宮である高良大社があり、現在でも神社建築としては九州一を誇る。この高良大社を囲むように、神籠石《こうごいし》の遺跡が残っている。（第Ⅻ章の写真と図を参照、406ページ）

○城柵、厳かに設け、常に人有り、兵（＝武器）を持して守衛す。〈魏志倭人伝〉

この一節を連想させる遺跡だ。城柵そのものは木であるが、その土台が残ったのが神籠石である。

現代でもそうであるが、古代は特に、食糧が豊富に生産できることが強国の条件である。筑後平野は九州で最大の穀倉地帯であり、筑後平野を制する者は九州を制したのである。

作家の金達寿は、民俗学者の谷川健一との共著『地名の古代史　九州篇』（１９８８年）で語る。

○高良神社のてっぺんに立って筑紫平野を眺めると、筑後川がバーっと眼下に流れてるわけ。それは広大な平野で、まさにここは栄えたところだったと思われます。邪馬台国は九州にあったと思うんですが、谷川さんはそれを筑後の高良山だったとしていますね。

この高良山のあたりは、六世紀前半に筑紫の君、つまり九州王朝の王者である「磐井」が本拠とした御井《みい》郡にあたり、北に筑後川、南に耳納《みのう》山地という天然の要害に守られている。一方、筑後川や西の有明海は、旁国二十一国や投馬国（琉球圏）との交通にも役立つ。唐津へは一日か二日の距離で、朝鮮半島や中国との通交・防衛にも適切な距離にある。

「七万余戸」という巨大な戸数は、人口に直すと四十万人近くになりそうだ。とても首都・邪馬壹国だけには収まらない。女王国全体の戸数である。女王国の南には旁国二十一国と狗奴国があり、女王国は九州の東岸に面している。これらを考えると、女王国は現在の福岡県と大分県にほぼ相当する。

「邪馬壹国」の中心を御井郡に求めた最初の提唱者は、植村清二のようだ。彼は「邪馬臺国・狗奴国・投馬国」（1955年）という論文で、筑後山門説の難点として、湿地であり狭小に過ぎるとした上で、次のように述べる。

○およそ古代の北九州において地政学的に大きい政治的勢力を成立させる各種の条件を具えている地域を求めれば、それは筑後川流域すなわち筑紫平野（＝筑後平野）以外にないことは、何人も異論のないところである。

さらに、現在は筑後平野の中心は久留米であるが、しばしば洪水の害をこうむっているので、「古代における中心はなお少しく山地に近いところに求めるのが適当であろう。」として、高良山や神籠石に注目している。榎一雄『邪馬台国』（1960年）も植村説を認めて、御井郡を邪馬台国としている。

二人とも、行路はともかく、大局的に「筑後平野が女王国の中心部」だと考えていたのである。

第Ⅸ章　倭の政治地図と裸国黒歯国

1　旁国二十一国と狗奴国

邪馬壹国と女王国

倭人の三十国の紹介は、女王国の後もつづく。まず、女王国から狗奴国までの原文を引用しておこう。

A　南至　**邪馬壹《い》国**　女王-之《し》所都。水行十日　陸行一《いち》月。

官曰　伊支馬、次《じ》曰　弥馬升、次《じ》曰　弥馬獲支、次《じ》曰　奴佳鞮。／　可《か》　七万余戸。

B　自《じ》**女王国《こく》**　以《い》北《ほく》　其《き》　戸数**道里《り》**　可《か》得《とく》-略載。／　其《き》余-旁国《こく》　遠絶　不可《か》-得《とく》詳。

（女王国自り以北、其の戸数道里、得て略載す可し。其の余の旁国《ぼうこく》は遠絶にして、得て詳《つまび》らかにす可からず。）

C　次《じ》有　斯馬国、次有　已百支国、次有　伊邪国、次有　都支国、次有　弥**奴**国、

次有　好古都国、次有　不呼国、次有　姐**奴**国、次有・対蘇国、次有・蘇**奴**国、

次有　呼邑国、次有　華**奴**蘇**奴**国、次有　鬼国、次有　為吾国、次有　鬼**奴**国、

次有　**邪馬**国、次有　躬臣国、次有　巴利国、次有　支惟国、次有　烏**奴**国、

次《じ》有　**奴**国、此《し》　女王-境界　所尽。

（次に奴国有り、此れ女王の境界の尽くる所。）

D　其《き》南　有　狗奴国。男《だん》子-為《ゐ》王。其《き》官-有　狗古智卑狗。／不属-女王。
（其の南に狗奴国有り。男子を王と為す。其の官に狗古智卑狗有り。女王に属せず。）

E　自《じ》郡　至《し》-女王国、万《まん》-二千余里。
（郡自り女王国に至る、万二千余里。）

「邪馬壹国」は正式名称である。だが、倭人伝の中で一回しか出て来ない。それがこのAである。

これに対して「女王国」は五回、「女王」は七回、ほかに「一女子を共立して王と為す」「卑弥呼の宗女・壹与、年十三なるを立てて王と為す」という「女王」を意味する表現が二つある。いかに「女王」が注目されているかがわかる。

「邪馬壹国」は現代で言えば、三多摩まで含んだ「東京都」に相当する。筑後川の河口付近の福岡県側の港が「邪馬壹国」の入口であり、めざす高良山の「卑弥呼の宮殿」までいくらか距離がある。

「女王の都」に着いたということは、「女王国」に着いたということである。「七万余戸」という巨大な戸数は、漢書西域伝の砂漠の「都市国家」より一ケタ多く、「広域の大国」に相当する。

○大月氏国（戸　十万）　○大宛国（戸　六万）　○烏孫国（戸　十二万）

道里は「道のり里数」

Bの「女王国自り以北、其の戸数・道里、得て略載す可し」の「道里」は誤解されている。「道里」は当然「道のり里数」だ。ところが、通説は「道里」を単に「距離」ととり「日程」も含める。すると「水行二十日」の投馬国も「女王国自り以北」となってしまう。

九州説では「投馬国」を大抵は「南九州」としている。「投馬」をツマと読んで宮崎県の妻（都万神社の所在地）にあてたり、接頭語のサを加えて薩摩にあてたりする。例の「地名音当て主義」だ。

近畿説の学者たちは、通説の上に立って九州説を批判する。投馬国が女王国（北部九州）よりずっと南にあるのに、「自女王国以北」に入っているのは矛盾する！　近畿説では、投馬国は女王国より「北」の瀬戸内海沿岸（備後国鞆《とも》浦など）や日本海沿岸（出雲《いずも》、但馬《たじま》国など）に置くので妥当というわけだ。

「道里」に日程を含める通説の誤りには、諸橋大漢和の「みちのり。道程。旅程」という語釈の影響が大きい。「里程」でも「日程」でも構わないという立場だ。この論拠とされるのが次の用例である。

○廉頗《れんぱ》、（趙王を）送りて（国）境に至り、王と訣《わか》れて曰く「王の行（＝今回の旅）、道里を度《はか》るに、会遇の礼畢《おわ》りて還るに、三十日を過ぎず。三十日にして還らざれば、則ち太子を立てて王と為すを請い、以て秦の望みを絶たん」と。王、之を許し、遂に秦王と澠池《べんち》に会す。〈史記、廉頗相如伝〉

戦国時代、強国の秦が列国を呑み込もうとしている時期。秦は趙を伐って戦果を挙げ、趙王に使いを出して「親善のため、西河の南の澠池《べんち》で会合したい」と申し入れた。趙王は秦を恐れて行くのを渋ったが、良将の廉頗《れんぱ》らは「行かないのは趙の弱くて卑怯なことを示すものです」と説得し、国境まで送って行った。その時の廉頗の言葉に「道里」が出てくる。「今回の旅の道のり里数を考慮すると、秦王との会見が終わって帰るまで三十日は超えないでしょう。三十日たって王がお帰りにならなければ、太子を立てて王にするお許しを願います。そして秦の（趙を併合するという）野望を絶つことにしましょう。」

ここには日数しか出ていないので、「道里」は日程を示すと考えられているようだが、実際は往復の「道のり里数」を日数に換算した上で、到着から会見の礼を終えるまでの日数を加え、「三十日は超えない」という所要日数を割り出している。日数を出すために、澠池《べんち》までどのぐらいの里数かという「道里」をまず出すわけである。

白居易、記里車、張騫伝

白居易の詩「江南の兄弟に寄す」には「相去ること幾許《いくばく》ぞ。道里、三千里に近し」とあり、「道里」が里数であることを明示している。次の例はもっと明快だ。

○古今注（＝晋の崔豹が編纂した書物）に曰く、大章車は、道里を識る所以なり。西京（＝前漢）に起こり、亦、記里車と曰う。〈事物紀原・記里〉

大章車とはメーター付きの「記里車」のことだが、「道里」を知るためのものだとある。

「道里」と「日程」が別ものであることを証明しているのが、漢書張騫伝の師古注である。

○匈奴の西に居し、（張）騫、因りて其の属（＝部下）と亡《に》げて月氏に郷《む》（＝向）かい、西走（＝行）数十日、大宛に至る。〈漢書、張騫伝〉

○其の道里の多少を指知せず、故に日数を以て之を言う。〈右の師古注〉

師古注は「道里」がわからなかったので「日数」で示したと言い、二つをはっきりと区別している。

魏志倭人伝では、実地調査できた道のりは「道里」という「里数」で書いていると宣言している。投馬国の「水行二十日」は「道里」ではないから、投馬国は「女王国以北」には含まれない。実際に投馬国（琉球圏）は「女王国」よりはるか「南」にあり、何の不思議もない文章だ。

読者のイメージ「女王国の島」

「女王国より以北」とは、対海国から一大国、末盧国、伊都国、奴国、不弥国までの六国をさす。図8-8（304ページ）を見ても明快に「女王国以北」にあるのが分かるが、図8-9の古田説などは、末盧国や奴国が邪馬壹国（女王国の入口）の「南」に位置することになる。

六国は、郡使が実際に通っているから「道里」も略載されている。「略載」とは、「千余里」とか、最低が「百里」単位の大まかな数であることをさす。漢書西域伝の「精細な」数字を意識している。

「其の余の旁国」とは「女王国以北」でない国々だから、当然「女王国より南」にある。（図9-1）

三世紀の読者が末盧国から先の行路をどうイメージしたか、整理してみよう。

①末盧国で島に上陸して、陸行が「七百里」つづく。奴国では、それまでの「東南」を変えて「東行」したのに、不弥国からはそれ以上「東」へ行けず、「水行」で「南」へ行かざるを得ないということは、不弥国の「東」側が水域でさえぎられていることを意味する。そして、不弥国から「南」へ「水行二十日」も行ける海が開けていて、「東」へは「水行」記事がないということは、この「東」側の水域が海ではあり得ず、河口に近い川であることをイメージさせる。この島は大きな島である。

②同じく「南」へ「水行ゼロ」に等しい「邪馬壹国」は、不弥国の対岸にある女王国の都である。

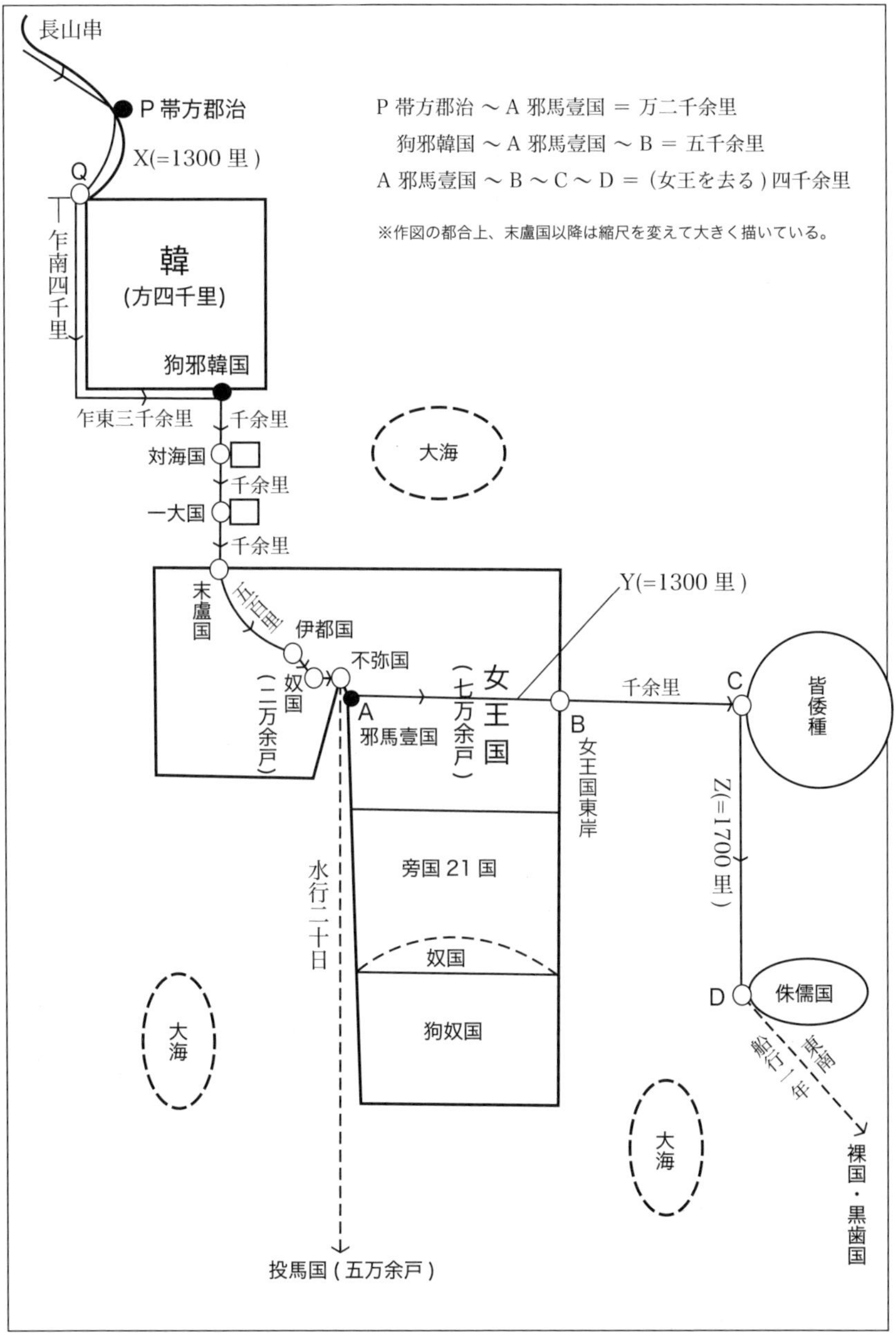

図9-1　西晋の読者がイメージした魏志倭人伝の地理

図9-2 魏志倭人伝の行路

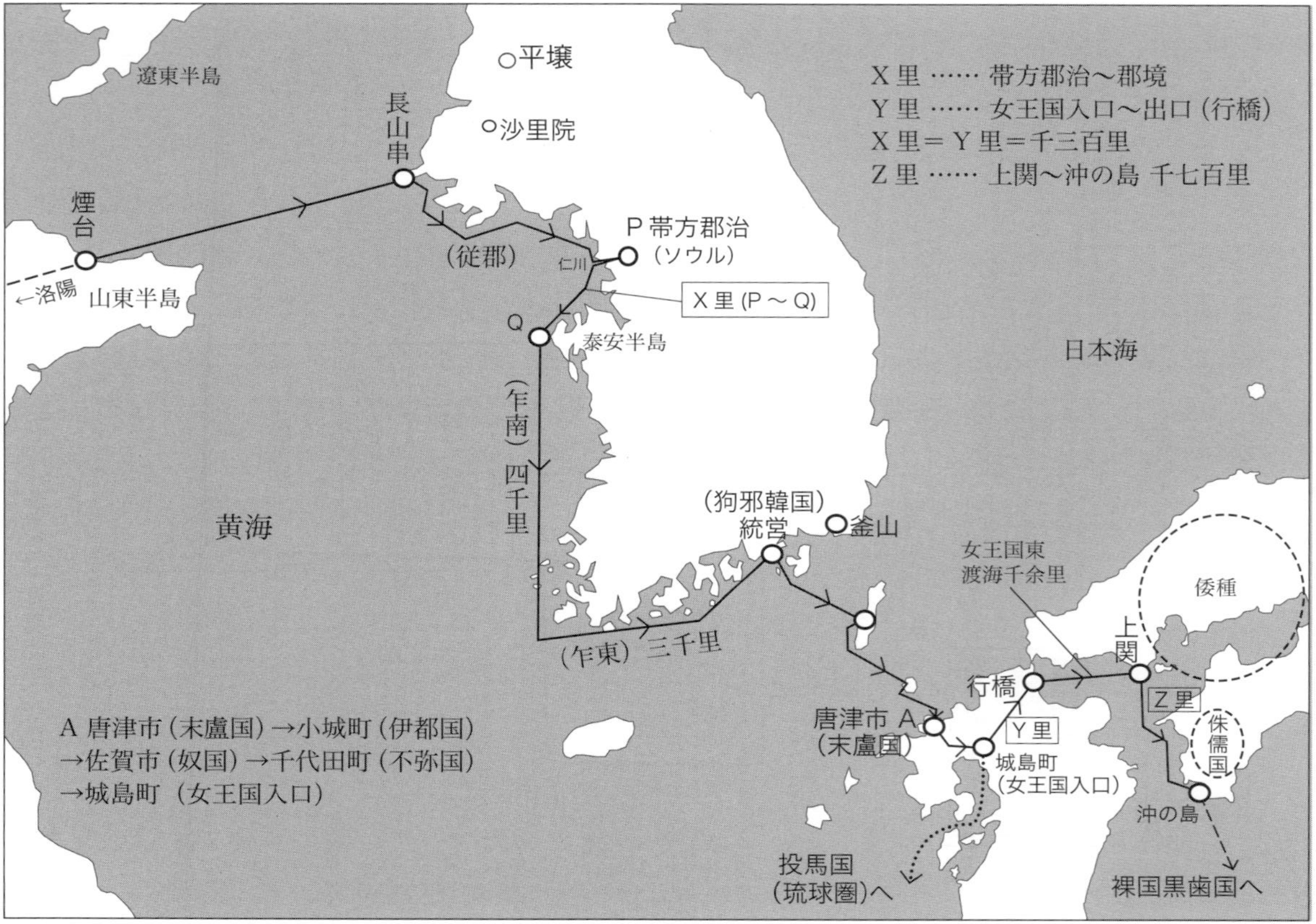

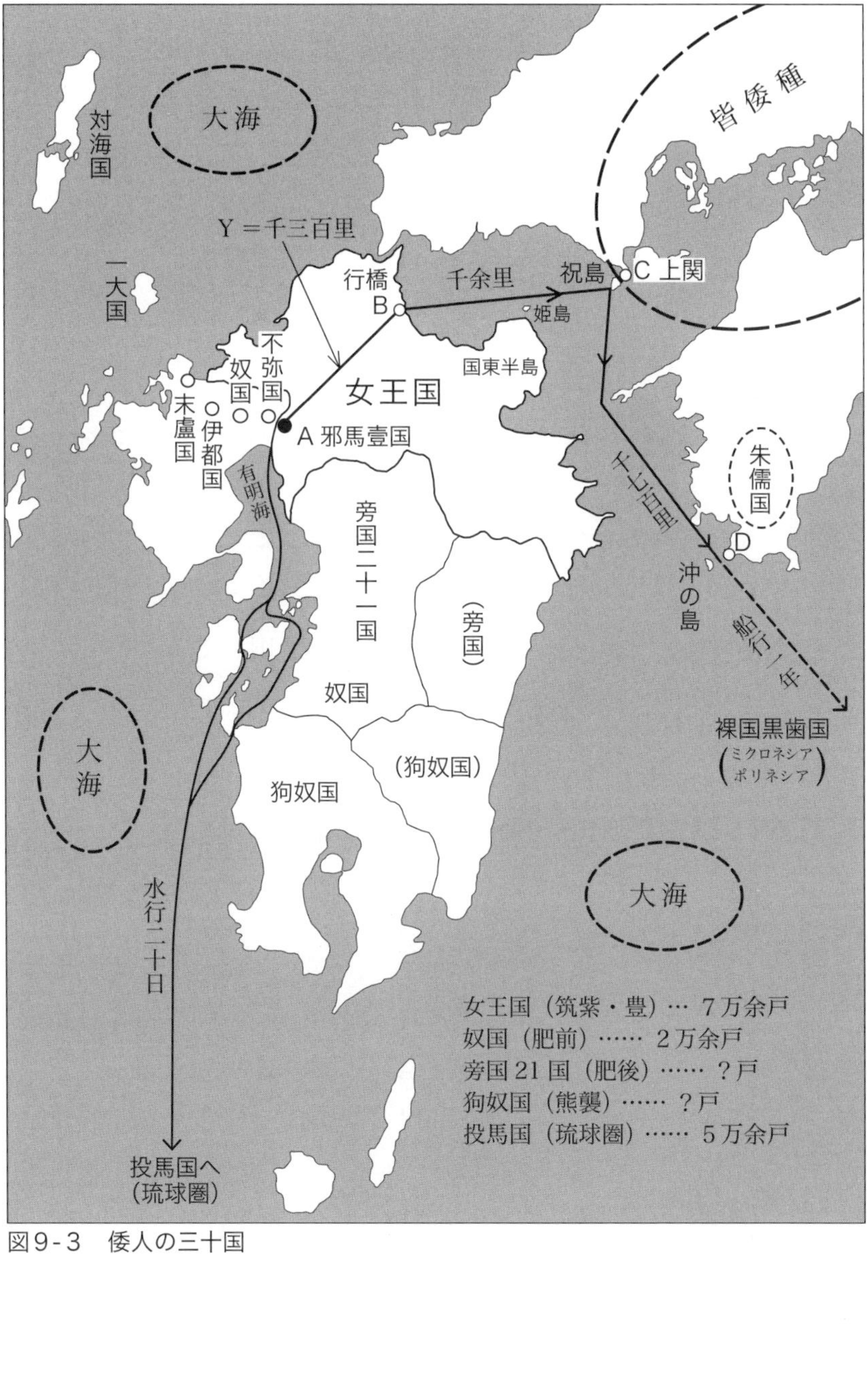
大海
対海国
皆倭種
Y＝千三百里
一大国
行橋
B
千余里
祝島
C 上関
姫島
不弥国
奴国
末盧国
伊都国
国東半島
女王国
A 邪馬壹国
有明海
朱儒国
旁国二十一国
千七百里
D
沖の島
(旁国)
船行一年
奴国
大海
裸国黒歯国
(ミクロネシア ポリネシア)
狗奴国
(狗奴国)
大海
水行二十日
女王国（筑紫・豊）… 7万余戸
奴国（肥前）…… 2万余戸
旁国 21 国（肥後）…… ？戸
狗奴国（熊襲）…… ？戸
投馬国（琉球圏）…… 5万余戸
投馬国へ
(琉球圏)

図9-3　倭人の三十国

③「女王国」は七万余戸の広い国であり、「南」には「旁国」二十一国と、その南に強国の「狗奴国」がある。それから先は何も記述がないから、「狗奴国」の南は「大海」であると考えられる。「倭人は大海の中の島にいる」からだ。女王国の領域は、邪馬壹国の入口から「東」や「北」のほか、「南」へもかなり延びている。「旁国」全体が「遠絶」とされているからである。

④女王国の「北」にも、もう別の国はない。あるのはやはり「大海」である。川をはさんだ西側には二万余戸の大国「奴国」があるが、東側には七万余戸の「女王国」があるので、西側より陸地が広い。

⑤あとで「女王国の東、海を渡る千余里、復た国有り、皆倭種」と出てくるように、女王国はこの大きな島の東岸まで達している。

⑥川の西側にある国は、「女王国自り以北」の末盧国、伊都国、奴国、不弥国ですべてである。これに対して、川の東側には、七万余戸の女王国の南に「旁国二十一国」があり、さらに強国の「狗奴国」もある。東側が西側に比べてかなり広域で、特に南に長いことがイメージされる。

女王国と狗奴国の領域

行路記事を原文どおりイメージ化したのが、図9-1である。女王のいる島は、現実の地図とは無関係に図にしたにもかかわらず、九州本島の本質的な特徴を十分捉えている。そこで今度は、原文のイメージを現実の地図にあてはめてみよう。その結果が図9-2、図9-3であり、図8-3（278ページ）が部分拡大図である。

「不弥国」の港がある川は「筑後川」であり、有明海にそそいでいる。「奴国」は、佐賀平野を穀倉地帯として二万余戸の人口を養う。その領域は、長崎県の本土部分の大半を含んでいる。

「女王国」は福岡県と大分県、昔の国名で言えば「筑紫」と「豊」に相当する。これなら、七万余戸、三十五万人以上の人口を養うにふさわしい広域国となる。特に、全国有数の穀倉地帯である「筑後平野」を抱えているのが大きい。

「旁国二十一国」の順序は「南」方向へ、基本的に隣接国を並べていると想定される。旁国の最後の「奴国」は最も南にあり、その南に「狗奴国」がある。

この「狗奴国」は南九州にある強国であるから、古代史上、有名な「熊襲・隼人」の地である。隼人は熊襲の後身とされる。現在の鹿児島県（薩摩・大隅）だけでなく、宮崎県（日向）の南部（えびの市や小林市、都城市など）も歴史上、薩摩・大隅との一体性が強いので「狗奴国」に含まれる。

そうすると、女王国と狗奴国に挟まれた「旁国二十一国」は、熊本県、それに宮崎県の北半部である。長崎県の島原半島あたりも熊本県の西側にあるので、旁国に含まれる。「奴国」は「野の国」の意味であり、狗奴国を南に控えている点からみて、熊本県の水俣から鹿児島県の出水市などの平野部に相当する。

筑後川と山地が境界

「九州」は中国の古典によく出てくる言葉で、中国全土を九つの州に分けたことから「天下」「全国」を意味した。その倭国版が日本の「九州」として現代まで残っている。

倭国が、対馬から沖縄まで、現在の行政区域としての「九州」とそっくり重なるのは興味深い。現在の「九州」

が、そのまま三世紀の「倭」という政治領域の「天下」だったのである。

大和朝廷が、八世紀の初めに、日向国から薩摩国や大隅国を分けて、九州を「筑前、筑後、豊前、豊後、肥前、肥後、日向、薩摩、大隅」という九国にしたから、そこから「九州」という名称が発生したわけではない。それなら「四国」は「四州」でなければおかしい。新たに九州全土を支配下に入れた大和朝廷は、現地で古くから使われていた「九州」に合わせて、国名を九つに増やしたのである。


海や山や大河が、自然の国境となる例は多い。倭人の「三十国」は七つに大別される。
①対海国（対馬）、②一大国（壱岐）、③投馬国（琉球圏）は「大海」に囲まれて「絶在」している。
九州島にあるのは、④女王国以北の大半（佐賀県、長崎県）、⑤女王国（福岡県、大分県）、⑥旁国二十一国（熊本県、長崎県の一部、宮崎県北半）、⑦狗奴国。これらも自然の境界によって隔てられている。

「女王国以北」の佐賀県（肥前）と、「女王国」の福岡県（筑紫）は、唐津湾にまで迫っている「背振山地」と、有明海にそそぐ「筑後川」の下流が、自然の境界を作っている。

「女王国」（筑紫、豊）と「旁国二十一国」（肥後、日向北半）を隔てるのは、高良山の南に続く耳納《みのう》山地と筑肥山地、「阿蘇くじゅう国立公園」となっている阿蘇山から九重連山へとつづく山地である。

旁国のうち、熊本県南部から宮崎県北部にかけては九州山地が連なり、その中に旁国の一つ「邪馬《やま》国」が存在したと思われる。「旁国」と「狗奴国」を隔てていたのは、熊本県と、鹿児島県や宮崎県南部を南北に隔てる国見山地、それに鹿児島県内の出水山地、さらに宮崎県と鹿児島県の県境にある霧島山であろう。「熊襲」の領域は時代によって変遷があり、「女王国」とその支配領域「旁国」の拡大によって次第に南下していったと考えられる。

旁国二十一国の名前を見ると、日本語として説明のつくものが多い。「奴国」の「ノ＝野」は「弥奴国」や「烏奴国」など計七つの旁国に見られるし、狗奴国も入れると八つ、それに「女王国以北」にも二万余戸の「奴国」があるので、倭人の三十国のうちの九国、三分の一近くを占める。

といっても、「弥奴国」は美濃国、「烏奴国」は岡山県の宇野である、などとしても意味がない。消え去った地名も含めれば、同音の地名が多数あるからだ。

「野」と同じく基礎的な日本語である「山」も「邪馬国」があり、首都の「邪馬壹国」も「山にある倭国」の意味であった。ほかにも、斯馬（＝島）、伊邪（＝祖谷、揖屋）、呼邑（＝宮崎県の児湯《こゆ》郡＝産湯《うぶゆ》）、鬼（＝木、城《き》）など和語として自然で、地名としてなじみのあるものも存在する。

狗奴国のジレンマ

九州説の主流は、「邪馬壹国」を筑後山門に当てる。そして「投馬国」を南九州に求める。すると、「女王国」（筑後山門）の南にある「狗奴国」は南九州を追い出されて、熊本県に求めることになる。

新井白石以来の論拠は次のようだ。

①肥後の地は、熊襲の占拠地であった。
②熊襲のクマは「狗奴国」のクナに音が通じ、また肥後には「球磨《くま》郡」がある。
③狗奴国の官名の狗古《くこ》智《ち》卑狗は菊池彦に通じ、肥後の菊池郡にちなんだ名と思われる。

ところが、この狗奴国と投馬国との関係は、都合が悪いことがある。「狗奴国」が、北に七万戸の「女王国」とその支配下の「旁国二十一国」、南に五万戸の大国の「投馬国」に挟まれることになる。これでは、とても「女王国」とは敵対できないはずだ。古田武彦氏も最初は「狗奴国＝南九州」説であったが、後にこの弱点を避けるため、「狗奴国」を後漢書に従って「女王国より東」に変更した。

こうした混乱のもとは、九州北部から「南へ水行二十日」もかかる「投馬国」を、九州本島内部に閉じ込めようとしたことにある。「投馬国」が琉球圏であれば、いくら五万余戸の大国であっても、南九州の「狗奴国」にすれば海を挟んで遠く離れており、さほどの脅威にはなりようがない。

さらに「狗奴国」自体が、琉球特産のゴホウラ貝の加工貿易で経済的にうるおっており、「投馬国」とも友好関係を保っていたと考えられる。

万二千余里と水行十日陸行一月

「狗奴国」まで「倭人の三十国」を全部、紹介した後に、

○郡自り女王国に至る、万二千余里。

という「帯方郡治からの総里程」が出てくる。普通なら「首都・洛陽からの総日程」の「水行十日陸行一月」の直後に書きそうなのに、そうならないのはなぜか。漢書西域伝の書き方に倣っているからだ。

○精絶国。王治す精絶城。去る長安、八千三百里。【戸、四百八十。口、三千三百六十。勝兵、五百人。精絶都尉・左右将・駅長、各一人。】北、至る都護治所、二千七百二十三里。

○大宛国。王治す貴山城。去る長安、万二千五百五十里。【戸、六万。口、三十万。勝兵、六万人。副王・輔国王、各一人。】東、至る都護治所、四千三十一里。

漢書西域伝ではこのように「首都・長安からの総里程」と「都護治所への総里程」との間に、【 】内の「戸数、人口、精兵の数、官名とその人数」が記されている。つまり、国家の骨格が紹介された後に、「都護治所への総里程」が記される。都護治所とは西域を管轄する役所で、倭人伝の帯方郡治にあたる。倭人の三十国の紹介(戸数や道里、官名など）という骨格部分が終わったからこそ、帯方郡治から女王国への総里程を記すことができたのである。

洛陽からの総日程「水行十日陸行一月」の内訳について考えてみよう。(図9‐4）。

まず、洛陽から山東半島の煙台までで「陸行一月」の大部分が費やされる。直線距離で八五〇キロ、道のり距離で九五〇キロとして二八日を要すれば、一日行程は約三四キロ。日本陸軍やローマ軍の一日行程とほぼ同じだ。江戸時代の東海道の旅は、成人男子であれば一日八里から十里強（約三二～四〇キロ）である。加賀藩の参勤交代は、二千人以上の大がかりな旅であったが、一日平均で四〇キロ、最速は一日平均八十キロという驚異的な例もあることは前にも述べた。秀吉の「中国大返し」でも大雨疾風の日に、三万の大軍が姫路まで一日七〇キロ進んだという記録がある。

昔の人は、現代人が考える以上に健脚である。洛陽から山東半島への道路は、秦の始皇帝も利用したくらいだから早くから整備されており、一日行程「約三四キロ」は妥当な数字といえよう。

陸行の残りの二日は、末盧国から邪馬壹国までの七百里（五三・二キロ）余りである。「末盧国～伊都国」の五百里（約三八キロ）が一日行程である。

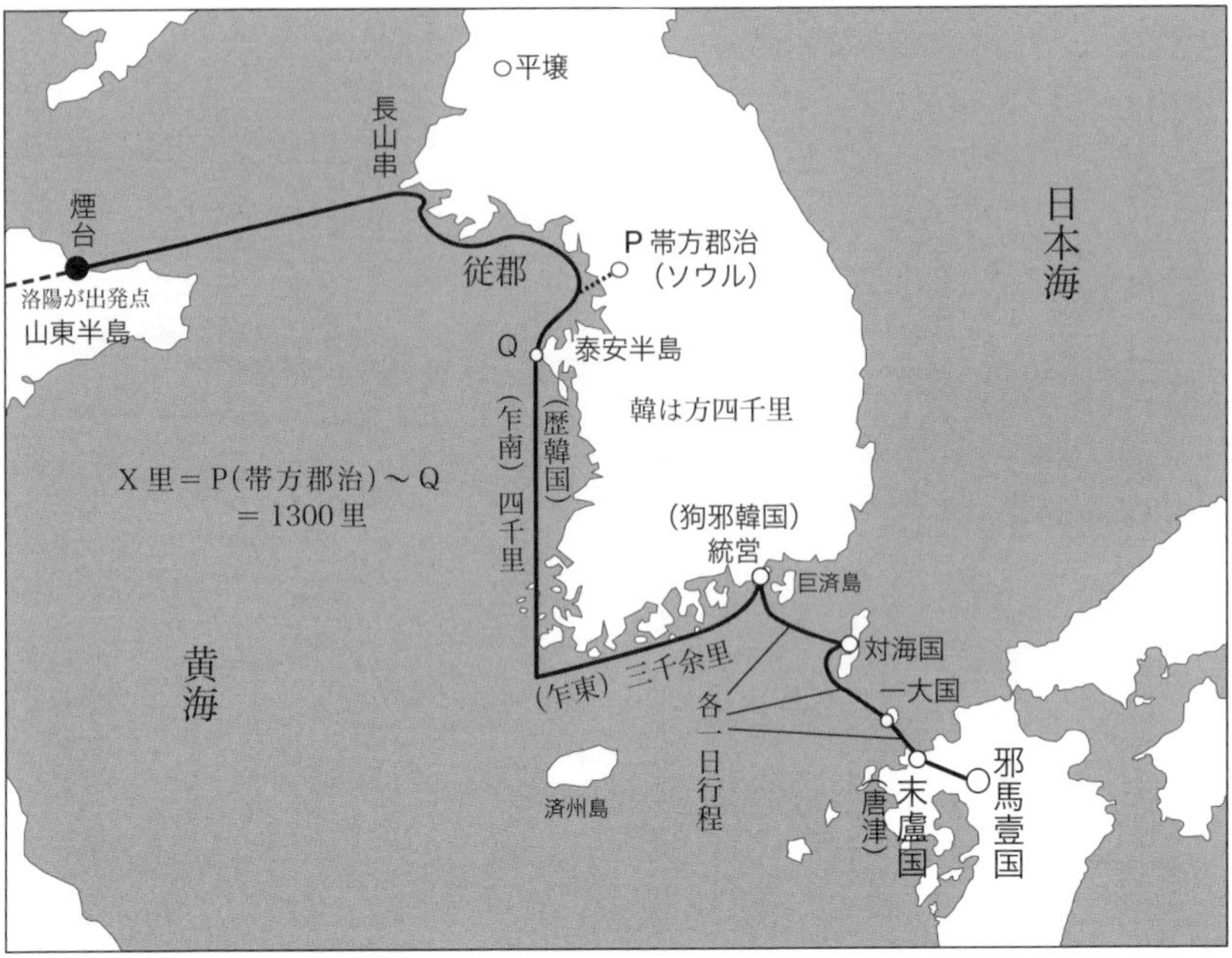

図 9-4 「水行十日」の航路

残りの「伊都国～奴国～不弥国～邪馬壹国」は二百里余り（約一六キロ）だが、邪馬壹国の入口（城島町）から高良山にある卑弥呼の宮殿までがさらに「二百里」程度なので、計「四百里余り」（約三一～三二キロ）である。余裕のある一日行程であり、朝発って夕刻には卑弥呼に会うことが可能であった。

水行は、山東半島の煙台から朝鮮半島の長山串へ渡って、ソウル（帯方郡治）の玄関・仁川までが「三日」、仁川から狗邪韓国までが「四日」で、一日航程はそれぞれ一六〇キロ前後。

狗邪韓国からの三海峡（各千余里、八〇～九〇キロ）は各一日で、計「三日」だ。三海峡の場合は「大海」であり、危険な夜の航海を避けて対馬、壱岐に宿泊する。そのため一日行程が短くなっている。

2　女王国東岸から裸国・黒歯国まで

女王国を基点にした外国紹介

「倭人の三十国」の紹介が終わったあと、風俗・風土の紹介をへて、女王国の歴史に移る。ここで初めて「卑弥呼」の名前が出てきて、彼女の人となりや宮殿の様子が描写される。

そして次は、女王を起点とした他の政治圏、文明圏との関係が示される。（図9-1）

①女王国《こく》　東-渡海　千-余里《り》　復-有国《ゆうこく》　皆-倭種。
②又《ゆう》-有《ゆう》　侏儒国《こく》　在-其南、人長　三-四尺。／去-女王　四千-余里《り》。
③又《ゆう》-有《ゆう》　裸国《こく》　黒歯国《こく》。／復-在　其-東南。／船行-一年《ねん》　可至《し》。
④参問-倭《ゐ》地　絶在-海中　州《しゅう》島-之《し》上、或絶-或連、／周旋《しゅうせん》-可　五千余里《り》。

①女王国の東、海を渡る千余里、復《また》国有り、皆倭種。
②又、侏儒国有り、其の南に在り。人長三四尺。女王を去る四千余里。
③又、裸国・黒歯国有り、復た其の東南に在り。船行一年、至る可し。
④倭地を参問するに、海中州島の上に絶在し、或いは絶え、或いは連なり、周旋、五千余里なる可し。

ここでも漢書西域伝に倣って、「王都」（邪馬壹国）を基点に、倭以外の外国への行程が記される。

①によると、「女王国」の東側は海に面しており、B地点から東へ千里渡ると、倭と民族は同じ「倭種」の国々の入口（C）に達する。「倭種」圏は、Cの東に広がっていると考えられる。

②によると、「倭種」圏の南には小人の「侏儒国」がある。侏儒国の入口をDとすると、「女王のいるA（邪馬壹国）↓B↓C↓D」の総距離は「四千余里」になる。

③は省略の利いた文章だ。侏儒国が女王のいる「邪馬壹国」から「東＋南」＝「東南」にあるように、裸国・黒歯国も侏儒国の「東南」にあり、船で一年も行けば必ず至ることが出来る、と言っている。

行路記事はここで終わる。倭人伝の冒頭に出てきた「帯方東南の大海」の最遠の地が、裸国・黒歯国であり、首尾がみごとに対応した記述である。

「参問」の意味

④の「参問」は諸橋大漢和にも載っていない。「問」が質問の意味でないことは、「五千余里」が倭人に尋ねても出るはずのない答えであることからも明らかだ。ここは「訪問」の意味だが、単なる訪問ではない。贈り物をもって諸侯を訪ねる、という意味で、礼制の一環である。

○諸侯を問す。〈儀礼、聘礼記〉

○天子に於けるを朝と曰い、諸侯に於けるを問と曰う。〈右の注〉

「卑弥呼といっても夷蛮の王にすぎないから、中国人は軽く見ているのではないか」と考えるのは、大変な間違いである。卑弥呼は「親魏倭王」の金印をもらっている。これは「王」として扱われるということであり、「王」は「諸侯」と同格である。

「参」の意味はたくさんあるが、まずは「目下の者が目上の人にお目にかかるのにいう」（角川大字源）でかまわない。郡使は、卑弥呼にお目どおりするわけである。

陳寿は「参」のほかの意味もひびかせている可能性がある。一つは「はかる（度）」とか「しらべてみる（験）」という意味だ。

○参、謀度也。〈集韻〉

○参を以て験と為す。〈荘子、天下〉

魏使一行は、実際に通った所は里数を度《はか》り、調べているので、この意味も間違いではない。

「参」のもう一つの魅力的な意味は、諸橋大漢和にある「多くのものがしたがひつづくさま」だ。

○【参譚《さんたん》】多くのものがしたがひつづくさま。〔集韻〕参は参譚、衆の多き貌《さま》。

魏使一行は、かなりの人数で行列を作って、各地を視察したので、この意味も捨てがたい。

以上の意味をすべて生かして受け取ると、「参問」とは、倭の女王の朝貢に対する返礼として、郡使が莫大な下賜品を贈るために、行列をなして、里数なども調べながら、倭地を訪問したことを意味する。

「倭地を参問」の「周旋五千余里」は、倭地でない最終地（狗邪韓国）から、倭地の最も遠い地点まで「訪問」した距離である。いわば「大海の中の倭地への旅」であることが「海中州島の上に絶在し、或いは絶え或いは連なり」で強調されている。

もう一つの「千三百里」

ここで重要になるのは、郡使はどこまで倭地を訪れたか、ということである。それによって「五千余里」の意味はちがってくる。（図9-1）

従来は、魏使が倭地を訪れた最終地は「邪馬壹国」と考えてきた。実際は、女王国の東岸（B）まで達している。「A（邪馬壹国）～B」（＝Y）が抜けていたわけだ。

最終地を「邪馬壹国」とすると、「狗邪韓国～邪馬壹国」は「三千七百里」であるから、やはり「千三百里の不足」が生じ、不足分は、日程しか出て来ない「不弥国～邪馬壹国」間に求めることになる。帯方郡治からの総里程「万二千余里」で「千三百里の不足」を探し回ったのと同じ事態だ。

「Y＝千三百里」は、「五千里」から「三千七百里」（三千里＋五百里＋百里＋百里）を引いただけである。当時の読者でも暗算によって、簡単に出せる数だ。

「Y＝千三百里」が分かったことによって、「女王を去る四千余里」の内訳がすべて判明する。

四千余里＝Y（＝千三百里）＋千余里（B～C）＋Z（C～D）

であるから、「Z＝千七百里」である。これも読者は暗算によって簡単に出せる。

女王国の都（邪馬壹国）から侏儒国までの郡使の行程は、「明快」に当時の読者に伝わったのである。

七千余里＋五千余里＝万二千余里？

「千三百里の不足」という問題が、なぜ長いあいだ解けなかったのか。そこには意外な偶然がある。

「千三百里」は、次のように偶然二カ所に存在する。

X里（帯方郡治～韓の入口）

Y里（邪馬壹国～女王国東岸）

「帯方郡治～邪馬壹国」の部分里程の総和は、総里程「万二千余里」になる。

①　X里＋七千余里＋三千七百余里＝万二千余里（帯方郡治～邪馬壹国）

これを「X里＝Y里」だけ後ろにずらすと、次のようになる。

②　七千余里＋三千七百余里＋Y里＝万二千余里（韓の入口～邪馬壹国～女王国東岸）

「三千七百余里＋Y里＝五千余里」であるから、これを置き換えると、次のようになる。

③　七千余里＋五千余里＝万二千余里（韓の入口～邪馬壹国～女王国東岸）

「七千余里＋五千余里＝万二千余里」は分かりやすい式だ。ところが「万二千余里」が「帯方郡治～邪馬壹国」の「総里程」として有名なため、従来説は次のように錯覚している。

④　七千余里（帯方郡治～狗邪韓国）＋五千余里（狗邪韓国～邪馬壹国）

＝万二千余里（帯方郡治～邪馬壹国、総里程）

ここでは「七千余里」は余計な「X里」を含んでいるし、「五千里」は必要な「Y里」が抜けてしまっている。「万二千里」の「総里程」は正しい区間だが、「七千余里＋五千余里」の「部分里程の総和」の区間は間違っている。このように、④は無意味な式であるのに、計算上はツジツマが合っているから、従来は「部分里程の総和＝

総里程」を表す正しい式だと思い込んできたわけである。
ここに、三世紀の読者にとっては明快であった、
(1)「従郡」で始まる「七千余里」は「帯方郡治」起点ではあり得ず「歴韓国」の距離であること、
(2)「周旋、五千余里」は「狗邪韓国から女王国東岸まで」であること、
この二つの真実に気づく機会を、日本の学者たちが失ってしまった「真の理由」があったのである。

もし「X里＝Y里」という偶然がなく、Y里が仮に千里多くて「周旋五千余里」が「周旋六千余里」だったとしたら、「七千余里＋六千余里＝万二千余里」などという間違った足し算を誰も考えはしなかったであろう。まことに、偶然とは思いがけないイタズラを仕掛けるものである。

陳寿は、こんなに明快に書いた「七千余里」と「五千余里」の区間を、まさか後世の日本の学者たちが二つとも誤解するとは考えもしなかったに違いない。

「四千余里」の旅

では「四千余里」の旅を地図の上でたどってみよう（図9‐3、317ページ）。

女王国の東岸のB地点は、特定が可能だ。九州から東へ、沿岸航海や島伝いではなく「渡海」で千余里（八五キロ以上）も航海できる地点は意外と限られており、福岡県の「行橋市」付近に限定される。

出港地が「行橋」より北になると、山口県の沿岸航海になってしまうし、行橋より南になると、これも中津市

や宇佐市を通って国東半島に沿う沿岸航海になる。さらに、国東半島から南になると、明らかに距離が足りなくなる。伊予灘や豊後水道を渡るのは、四国が近すぎるのである。

行橋から周防灘を東へ進むと、古代の海の関所として有名な山口県の上関にぶつかる。下関と対になる関所だ。ここが「皆倭種」圏の入口であるC地点である。地図上の計測では約千三百里（約九八・八キロ）で「千余里」に該当する。上関から東の瀬戸内海領域は「吉備王朝」の勢力圏で、これを「復国有《また》り、皆倭種」と記している。

上関の手前の祝島《いわいしま》までは約八七キロ（約一一五〇里）で、郡使の実際の航路としては祝島から南下したと思われる。祝島は漁民たちの原発反対運動で知られるが、古代は「斎《いわ》いの島」であり、航路の安全を願う神霊の島とされてきた。

行橋は、高良山（邪馬壹国）からの道のり距離も「千三百里」に適合する。

その経路を地形によって想定すると、久留米付近から国道三二二号線で甘木市、田川市を経由し、香春町《かわらまち》からは国道二〇一号線で行橋へ行くルートに近いと思われる。地図上の計測では約八二キロだが、三世紀当時はもう少し道が入り組んでいると思われるので、約一・二倍とするとほぼ「千三百里」（約九八・八キロ）になる。

行橋は長峡《ながお》川、今川、祓《はらい》川が流れる沖積平野で、港として地形的に恵まれている。縄文時代からの遺跡があり、古墳時代後期には御所ヶ谷神籠石《こうごいし》もあって、古くから栄えた。日本書紀によれば、景行天皇が豊前国の長峡県《ながおのあがた》に行宮を営んだので「京《みやこ》」と呼ばれ、「京都《みやこ》郡」の名前の由来とされている。

「行橋」と国東半島の先の「姫島」、それに「祝島」「上関」はほぼ一直線上に並び、「行橋」は瀬戸内海領域と九州北部をむすぶ絶好の位置にある。

九州島と裸国黒歯国

「祝島」から南下し、佐田岬の先端をかすめて豊後水道を進むと、「千七百里」（約一二九キロ）のD地点「侏儒国」に到達する。九州側は倭人の国々であるから除外すると、四国の西南端、宿毛市の沖の島付近がDと考えられる。「祝島～沖の島」は約一三〇キロ（千七百十里）で「千七百里」に極めて近い。

沖の島まで来れば、太平洋が眼前に開けてきて、九州と四国の間は海で隔てられていることを確認できる。九州が「島」であることを確認するには「関門海峡」の存在も確認する必要があるが、出港地の「行橋」は関門海峡に近く、その点でも好都合であった。

中国の南部、長江の河口より南（江南）からみると、東には琉球などの島々が点在する「大海」が広がっている。九州島の南と西と北が大海であることは、郡使たちには自明であったろう。したがって、九州島が「島」であるか否かを確認するには、「東」側が海で隔てられているかさえ確認すればよい。

郡使たちの「四千里の旅」の目的の一つが、「九州を島と確認すること」にあったことは疑いない。

侏儒国の入口の沖の島付近から「東南」へ「船行一年」の裸国・黒歯国は、ミクロネシアやポリネシアの島々にあたる。裸で暮らし、ビンロウの実で葉を黒く染める風俗が合致する。このように赤道付近の島々を、魏志倭人伝は「帯方東南の大海」の極限と認識していたのである。

「裸国・黒歯国」への行程は、里数が書かれていないから、郡使一行は実地に経験してはいない。「船行一年可至」と推定の「可」が使ってあることからも確かだ。

九州南端から房総半島にかけては、黒潮が流れている。この黒潮に抗して沖の島から「東南」へ航海するのは、一見むずかしそうだ。しかし、海流図には「東南」方向へ反転する「黒潮反流」がはっきり書きこまれている。倭人は、この黒潮反流に乗って「東南」へ旅をしたのである。（図9‐5）

「船行一年、至る可し」という言い方は、「船で一年も行けば、必ず行き着きますよ」と言っているように感じられる。的は大きいほうがよいが、別に大陸である必要はない。南海には「裸の国、黒い歯の国」の島が数多く散らばっており、いずれはどこかの島にたどりつく。どの島に行き着くかで相当の月日の差が出てくる。そこで一年以内には必ず「裸国・黒歯国」に行き当たるはずだ、と言っている。

ウナギの回遊ルート

２０１１年、ニホンウナギの産卵場所が、南太平洋、グアム島の近くであることがわかり、研究チームは遂に採卵に成功した。このニュースはマスコミでも大きく取り上げられた。

ニホンウナギの回遊ルートは、北赤道海流から黒潮に乗って、日本列島の川を遡り、そこで栄養を貯えてから、産卵のために再び南洋の生まれ故郷に帰ってくる。このルートは、倭人が裸国・黒歯国へ行って戻ってくるルートと瓜二つである。

東京大学大気海洋研究所の塚本勝巳教授を中心とする研究チームが、ついに突き止めたニホンウナギの産卵場所は、グアム島の西側にある西マリアナ海嶺（海底山脈）である。赤道にはまだ距離があるが、四国の西南端（侏儒国）から「東南」にあり、「裸国・黒歯国」では日本列島から最も近い地域だ。

卵から孵化したウナギは、北赤道海流から黒潮に乗って日本列島に向かう。この日本列島へのルートは、私の

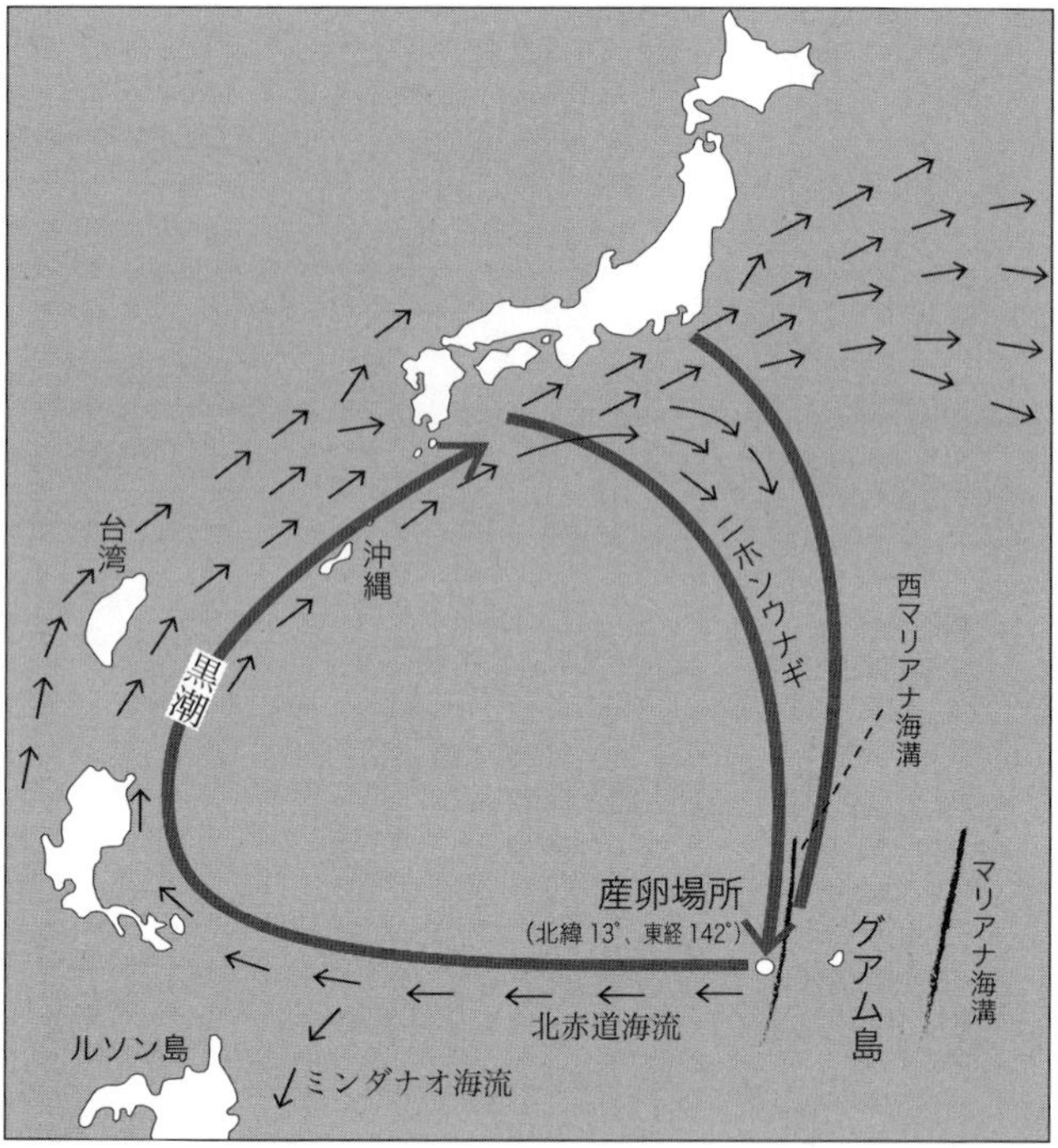

図 9-5　ニホンウナギの回遊ルート

推定した裸国・黒歯国からの倭人の帰路と基本的に同じである。

ウナギが日本列島の川を遡るのは、房総半島から西である。房総沖で、黒潮は本州から離れてしまうからだ。四国の西南端が「裸国・黒歯国」への起点とされているのは、黒潮反流がこの辺りから生じているからである。

ウナギが産卵のために、約二千五百キロ離れた西マリアナ海嶺に到達するのには「半年」かかる。

ウナギは、帆船ほど速度は出ない。その代わり、船は凪ぎになれば止まってしまうが、ウナギは水槽の中でも時速二キロ余りで泳ぐという。ほかにも、補給が要らない、方向感覚を備えていて道に迷わないなど、ウナギのほうが有利な点もある。「裸国・黒歯国」は西マリアナ海嶺からさらに遠くの赤道付近へも広がっているので、「水行一年、至る可し」は妥当な表現と感じられる。

第X章　倭国の風土と外交

1　「会稽東治」と後漢書の地理観

リズムパターン

倭人の三十国の紹介が「郡自り女王国に至る、万二千余里」で締め括られた直後に、「倭人の風土・法俗」記事が始まる。その冒頭に出てくるのが「会稽東治」記事である。

▼自郡《じ》　至《し》・女王国、万・二千余里。
① 男子　無・大小　皆。　鯨《げい》面・文身。
② 自古・以《い》来　其《き》使《し》　詣《けい》・中国、皆。　自称・大夫。
③ 夏后・少康　之《し》子《し》　封於・会稽、／　断髪・文身　以《い》避《ひ》　蛟龍・之《し》害。
④ 今　倭・水人　好・沈没　捕・魚蛤、文身・亦《えき》以《い》　厭　大魚・水禽、後　稍以《い》・為《ゐ》飾。
⑤ 諸国・文身　各《かく》異《い》　或《わく》左・或右　或大・或小　尊卑《ひ》・有差。
⑥ 計其《き》・道里《り》　当在・会稽　東治《ち》・之《し》東。

▼郡自り女王国に至る、万二千余里。
① 男子大小と無く、皆、鯨面文身す。
② 古自り以来、其の使い中国に詣《いた》るや、皆「大夫《たいふ》」と自称す。

③　夏后《かこう》少康の子、会稽に封ぜられ、断髪文身、以て蛟《こう》龍の害を避く。

④　今、倭の水人、好んで沈没し、魚蛤《こう》を捕え、文身、亦以て大魚・水禽を厭《はら》う。

　　後、稍《やや》以て飾りと為す。

⑤　諸国の文身、各異なり、或いは左に或いは右に、或いは大に或いは小に、尊卑、差有り。

⑥　其の道里を計るに、当に会稽東治の東に在るべし。

①は大段落の最初なので、「万-二千余里」から「男子　無-大小」へとリズムを大きく変える。

①の終わりの「鯨面-文身」と、②の「自古-以来」とは同じリズムで、スムーズにつながっている。①の「鯨面-文身」は現在の話だが、②の中国風の「大夫」という官職名をもつ古の男子たちも、もちろん「鯨面-文身」しているわけで、内容とリズムが対応しているのである。

興味深いのは、①の「男子　無-大小　皆。鯨面-文身。」(2+3、1+4)というリズムが、②の「其使　詣-中国、皆。自称-大夫。」(2+3、1+4)にそっくりそのまま繰り返されている点である。「皆。」がリフレインとなり、「自古-以来」と「自称-大夫」はリズムも対応する。「大夫」は諸侯の家老にあたり、「親魏倭王」の称号をもらった卑弥呼は、諸侯にあたる。

②の「古」から自然に、③の「夏后-少康の子」の話に移っていく。リズム的にも、②の終わりの「自称-大夫」と、③冒頭の「夏后-少康」がつながる。中国最古の王朝「夏」のことを「夏后《かこう》」とも言う。夏王朝の中興の祖とされているのが「少康」である。

③のリズムも面白い。(4+2+4、4+2+4)という繰り返しである。「之子《しし》」「以避《いひ》」も音が似ている。

○夏后-少康　之子《しし》　封於-会稽　○断髪-文身　以避《いひ》　蛟龍-之害

少康の子は会稽郡に封じられた。「断髪・文身」は王族がするような習俗ではない。文身とは身体に入れ墨をすることである。少康の子は自ら断髪文身を実行して、蛟龍（水中のワニやサメのような危険な動物）の害を避けた。その風習が会稽の民に広がり、やがて倭人にも伝わって今に及んでいる。

「文身」には呪術的意味が込められている。いわばトーテムである。それが④の「諸国の文身、各異なり……尊卑差有り」に示されている。

④は「今」の一字でリズムを変え、②③の「古」と対比させる。「倭・水人　好・沈没　捕・魚蛤」と三字のリズムが続いたあと、「文身・亦以」からは四字主体に移り、（1＋4）の繰り返しとなる。

〇厭　大魚・水禽　〇後　稍以・為飾

④の文末の「後　稍以・為飾。」（1＋4）から⑤の「諸国・文身　各異、或左・或右　或大・或小　尊卑・有差。」（4＋2、4＋4＋4）は、リズム上も四字主体でつながり、⑥の「計・其道里　当在・会稽　東治・之東。」にもそのままつながっている。

少康の子の「会稽東治」

「会稽東治」を通説は「会稽東冶」と読み替えている。「東冶《や》」は会稽郡の南部にある。

この通説が間違いであり、原文どおり「会稽東治」が正しいことを証明したのは古田武彦氏である。永安三年（260）に、「東治」を含む「会稽南部」は分郡されて「建安郡」となり、『三国志』でも永安三年を境に「会稽」と「建安」が使い分けられている。陳寿の執筆時点は「建安東治」である。

「夏后-少康　之子　封於-会稽、断髪-文身　以避　蛟龍-之害」は、漢書から採ったものだ。
〇其の君は禹の後にして、帝少康の庶子なり云《うん》。会稽に封ぜられ、文身断髪、以て蛟龍之害を避く。
〈漢書、地理志、粵地〉

「粵《えつ》」は「越」とも書く。会稽郡は今の浙江省、つまり上海や寧波のあたりが中心だが、その南の福建省までを領域とした時期も長い。会稽郡は、呉と越との境界領域である。（図10-2、348ページ）

越の君主は、夏后（夏王朝）を開いた禹の後裔だと漢書は言う。少康は夏王朝の六代目。この少康の子が会稽郡に封ぜられ、断髪・文身という王族にあるまじき習俗を身に施し、蛟龍の害を避けた。

古田氏は、会稽王である「少康の子」が海中の魚をとるためにみずから「断髪文身」するのは、「漫画的」だとして否定する。だが、会稽王がみずから断髪文身して率先垂範したからこそ、民も教化され、このエピソードが特筆されているのではないか。『漢書』の文は『史記』から来ている。

〇越王句践《こうせん》、其の先（＝先祖）は禹の苗（＝後裔）にして、夏后の帝、少康之庶子也。会稽に封じられ、以て禹の祀（＝祖先を祀ること）を奉守す。文身断髪、草莱《そうらい》（＝雑草の茂った荒れ地）を披《ひら》きて邑《むら》とす。
〈史記、越王句践世家第十一〉

この文脈では、明らかに少康の庶子がみずから文身断髪している。会稽王といってもいわば村長のようなもので、「文身断髪」も率先垂範、荒れ地で肉体労働もいとわないという感じがよく出ている。

少康の子が会稽に封じられたのは、禹の墓を守り、祀りごとを絶やさぬためである。禹の墓が会稽にあるのは、禹が「東巡」し、会稽で亡くなったからだ。このように、夏后少康の子は、夏の始祖である禹との結びつきが強く、禹の聖性を引き継いでいると見なされている。

「断髪文身」は会稽の民に広まり、東の倭人たちにも及んだ。そこには、倭人たちの地域が「会稽東治」の東にあたるという地理的な事実がある、というのが陳寿の言いたいことなのである。

「会稽東治」を「会稽東治」と原文改定してきたのは、「会稽東治」という言葉に馴染みがなかったからでもある。「東巡」という言葉は有名だが、「東治」は諸橋大漢和にも載らず、他の史書にも見ない。「東治」は禹の「東巡」を踏まえ、「少康の子」の「治績」にあてて陳寿が造語したと考えられる。なお、「東巡」「東治」の「東」は、夏の本拠であった長安からすると会稽は「東」にあたるからである。

禹は会稽に巡狩して会稽山に崩じたが、別に会稽で治績を行ったわけではない。古田氏は「会稽東治」を「禹の東治」と見なし、禹は〈会稽山にいたって「五服」の制を布き、神聖なる「東治」のもと、夷蛮を教化した〉としているが、明らかな間違い。禹の治績は「五服」の制をはじめ皆、帝「舜」の臣下として行ったもので、会稽では視察後まもなく亡くなったから、「東治」の暇などなかったのである。

○（帝位に即いて）十年、帝禹、東に巡狩、会稽に至りて崩ず。〈史記、夏本紀第二〉

後漢書の地理観

魏志倭人伝の「会稽東治」を「会稽東治」へ最初に原文改定したのは、『後漢書』の范曄である。「東治」という言葉になじみのなかった五世紀の范曄は、「東治の東」という「東」が重なる表現にも違和感を抱いたのであろう、「東治」を地名の「東治」に変えた。

後漢書の地理観を魏志倭人伝と比べてみよう。後漢書は「地理関係」を要領よく冒頭にまとめている。

〔魏志倭人伝〕

①倭人は帯方東南の大海の中に在り。山島に依りて国邑を為す。

②旧、百余国。漢の時、朝見する者有り。

③今、使訳通ずる所、三十国。

④従郡‐至倭　循‐海岸　水行、歴‐韓国　乍南乍東　到其北岸　狗邪韓国　七千余里　……

（中略＝対海国〜末盧国）

⑤〈伊都国〉世々王有り、皆女王国に統属す。……（中略＝奴国〜投馬国）

⑥南至　邪馬壹国、女王之所都（水行十日陸行一月。）……（中略＝旁国二十一国と奴国）

⑦自郡　至‐女王国　万二千余里。（男子大小と無く鯨面文身）……（中略）

⑧其の道里を計るに、当に会稽東治の東に在るべし。（其の風俗、淫ならず。）……（中略）

⑨有無する所、儋耳《たんじ》・朱崖と同じ。

〔後漢書・倭伝〕

①倭は韓の東南の大海の中に在り、山島に依りて居を為す。

②凡そ百余国。

③武帝、朝鮮を滅ぼして自り、使駅（使訳の誤り）漢に通ずる者、三十許《ばか》りの国。

⑤国皆、王を称し、世世統を伝う。

⑥其の大倭王は邪馬臺国に居す。

⑦楽浪郡徼（＝境）、其の国（＝邪馬臺国）を去る万二千里、
④其（倭）の西北界、拘邪韓国を去る七千余里。
⑧其の地、大較《おおむね》、会稽東治の東に在り。
⑨朱崖・儋耳と相近し。故に其の法俗、多く同じ。

范曄の編集を追体験してみよう。①では「帯方東南の大海」を「韓の東南の大海」に変えている。帯方郡（204年頃～313年頃）は後漢の終わり頃に出来たので、後漢の全体を扱う場合には使えない。また、五世紀は帯方郡が滅んで久しい。そこで、代わりに帯方郡の南にある「韓」を使っている。

東晋以後の南朝は、短里から「長里」に復帰し、宋（420～479年）の范曄も「長里」で魏志倭人伝を読んでいるから、邪馬壹国の位置は実際よりはるかに南と受け取っている。（図10-2）

②は漢書地理志から採られている。

○楽浪海中、倭人有り。分かれて百余国を為す。歳時を以って来り、献見す云。〈漢書、地理志〉

前漢の紀元前一世紀から、漢書の書かれた一世紀にかけての「現状」を表している。「百余国」すべてが「歳時献見」しているという点に注意しておこう。「漢書地理志」以上に、魏志倭人伝は執筆時点の現状報告であることを③の「今」によって強調している。魏志倭人伝では「今」が五回出てくるが、うち三回は、明帝が卑弥呼に与えた景初二年の詔書に出て来る。地の文の「今」は、③を含め次の二例になる。

○今、使訳-所通、三十国。（これが③）

○今 倭-水人 好-沈没 捕-魚蛤、文身-亦以 厭 大魚-水禽。

「今」は当然、執筆時点の西晋の「今」である。東夷伝全体では「今」は、倭人伝のほかに計十四回出現する。内訳は、夫余1、高句麗6、東沃沮1、北沃沮1、挹婁1、濊2、韓2。

漢書地理志にしても魏志の夷蛮伝にしても、このように現状報告がかなりの部分を占める。夷蛮対策では現状把握こそ緊急の課題だからだ。執筆年代が対象王朝の時代と近い点も見逃せない。

後漢書となると事情が大いに変わって来る。対象とする時代（一〜二世紀の後漢）と執筆年代（五世紀）が離れすぎただけでなく、地理的にも南朝は倭と遠くなり、現状把握が難しくなったからだ。

後漢書の②「凡そ百余国」は、文章上は五世紀の現状のはずだが、漢書地理志と魏志倭人伝の「百余国」を踏襲している。この点は、③「武帝、朝鮮を滅ぼして自り、使駅（使訳の誤り）漢に通ずる者、三十許りの国」が、明らかに間違いである点と関連している。魏志倭人伝は「今、使訳通ずる倭国が三十国」とし、この「三十国」が（魏から西晋に至る）「今」の「倭人の国の全部」であるとしている。この「三十国」を後漢書は「三十許国」とぼかし、武帝以来の「漢に対する貢献国」の数に置き換えてしまった。存在する国は「百余国」だが、そのうち使訳通ずる国は「三十許国」という解釈である。

漢への貢献国数は、漢書地理志が「百余国」とし、魏志も追認して「旧、百余国」としたのが正しい。

范曄の「百余国」と「三十国」

魏志倭人伝を下敷きに、范曄は次のように独断した。――「旧、百余国」は、漢書地理志の対象である前漢から五世紀の現在に至るまで、多少の増減はあってもさほど変わらないであろう。だから多少ぼかして「凡そ百余国」を前漢から現在までの国数とする。そのうち、中国に使訳通じた国は魏志に「三十国」とあって、前代の漢でもほぼ同じであったろう。だから「三十許国」とぼかして書く。また、倭による定期的な貢献が始まったのが武帝の「楽浪郡」設置以来であるのは常識だから「武帝、朝鮮を滅ぼして自り以来」と付け加えておく。――范曄は「長里」で読んで、倭国を実際より五～六倍、南北に長いと見なしたので、全部の国が貢献するのは無理だと考えたのかも知れない。

『宋書』の倭王武の上表文（478年）には、武の祖先たちが征服した国々の数が挙げられている。

○東征‐毛人　五十五国、西服‐衆夷　六十六国、渡平‐海北　九十五国。〈宋書、倭国伝〉

このうち、「衆夷、六十六国」(九州)と「毛人、五十五国」(「中国地方と四国」の西寄りの地域)を足すと、「百二十一国」となって「凡そ百余国」に適合する。宋はこの「百二十一国」を「倭王武の領域」と受け取っていたはずである。倭王武の上表文は、范曄の没後の話だが、後漢書の成立以前の421年と425年には倭王讃が宋に貢献しており、このときの国数も「百二十一国」と似たような数であろう。

そこで、范曄は漢代の「百余国」と宋代の「百二十一国」をつないだうえ、途中は多少の変動をみて、全体的には「凡そ百余国」とぼかした言い方をしたと考えられる。

後漢書の「国皆王を称し、世世統を伝う」と「其の大倭王は邪馬臺国に居す」は、倭王讃の貢献により得た新情報を反映した可能性のある箇所である。

○（伊都国）世々王有り、皆女王国に統属す。〈魏志、倭人伝〉

魏志では王を称しているのは、女王国以外ではこの伊都国と、狗奴国だけである。しかし、南北朝時代は権威が多元化して「王」がインフレ状態になっており、「王のインフレ」は記紀などの国内史料でも明らかなので、「国皆王を称し云々」も妥当であろう。

○南、至る邪馬壹国、女王の都する所。〈魏志、倭人伝〉

魏志倭人伝のこの箇所を踏まえて、後漢書の「其の大倭王は邪馬臺国に居す」は書かれているが、重要な点で異なる。まず、「女王」が「大倭王」になった点だが、六世紀前半の九州王朝の王「磐井」は男王であり、范曄の五世紀前半も男王であった可能性は十分ある。また、「邪馬壹国」が「邪馬臺国」になったのは、「壹＝倭」が称号のインフレに伴って「大倭《たいい》」となり、それを「臺《たい》」一字で表したものである。三世紀は「邪馬壹国」、五世紀は「邪馬臺国」、それぞれ正しい。

万二千余里と万二千里

後漢書の「楽浪郡徼（＝境）、其の国（邪馬臺国）を去る万二千里」を、魏志倭人伝の「郡自り女王国に至る、万二千余里」と比較しよう。「万二千余里」ではなく、「万二千里」になっている点が重要だ。起点は、三世紀に存在した帯方郡治から、楽浪郡境（＝帯方郡境）に変えている。（図10‐1）

「楽浪郡境〜邪馬臺国」が「万二千里」だから、「余里」は「帯方郡治〜帯方郡境」に相当する。魏志倭人伝ではこの区間は、「不足分」とされてきた「千三百里」（約九八・八キロ）に「短里」で該当する。范曄の頭には「短里」はなく、「長里」では「約二三八里」である。「万二千余里」の「余里」に当てはめるには適切な里数だ。そこで范曄は「余里」を省いたのである。

「郡境～邪馬臺国」を「万二千里」としたのも、范曄にとってはそれなりの論拠があったはずだ。部分里程にも「余里」が四回含まれている点に注目しよう。

○七千余里＋千余里＋千余里＋千余里＋五百里＋百里＋百里

これが部分里程の総和「一万七百余里」であり、不足分は「千三百里」だが、海上行程の「余里」が四回ある。「千三百里」を四で割ると、一回平均が「三二五里」となる。四回の「余里」はいずれも千里単位に対するものであり、「三二五里」は十分「余里」の範囲におさまる。実際は一万一千八百里でも一万一千七百里でも「万二千里」と言えるから、「余里」の平均は「三百里足らず」と范曄は解したのかも知れない。

「郡境～邪馬臺国」は「万二千里」であると、范曄は自信をもって書くことができたのである。

部分里程の「余里」を計算に入れて「一万二千余里」を考えた説は、日本では三宅米吉「邪馬台国について」（『考古学雑誌』大正十一年七月）が最初である。

三宅は、部分里程の合計は「一万七百里」プラス四つの「余里」で「一万一千何百里」とし、倭人伝は概数で「一万二千里」としたものと見なす。「一万一千何百里」とは、概数で「一万二千里」と見なせる「一万千七百里～一万千九百里」程度を意味したのであろう。「一万千九百里」では「一万七百里」プラス四つの「余里」分が千二百里になり、平均で三百里となる。つまり「一万一千何百里」は、「余里」の平均を「三百里」になるかならぬかだと三宅が見ていることになる。范曄と同様の考えである。

海上行程の「余里」は、信頼できる数字があって「余里」と簡易化したのではない。海路では誤差が大きいことを知っているから、「千里」単位は超えているという目安で「余里」を付けている。信頼性に乏しい「余里」は、幾つ足そうが単なる「余里」である。通説の「千三百里の不足」もそう考えている。

読者のほうは、「万二千余里」という「総里程」が書いてあるおかげで、「帯方郡治〜韓境」の里数を忘れていても、概数で「千三百里」ということは、簡単な足し算と引き算だけで確認できる。

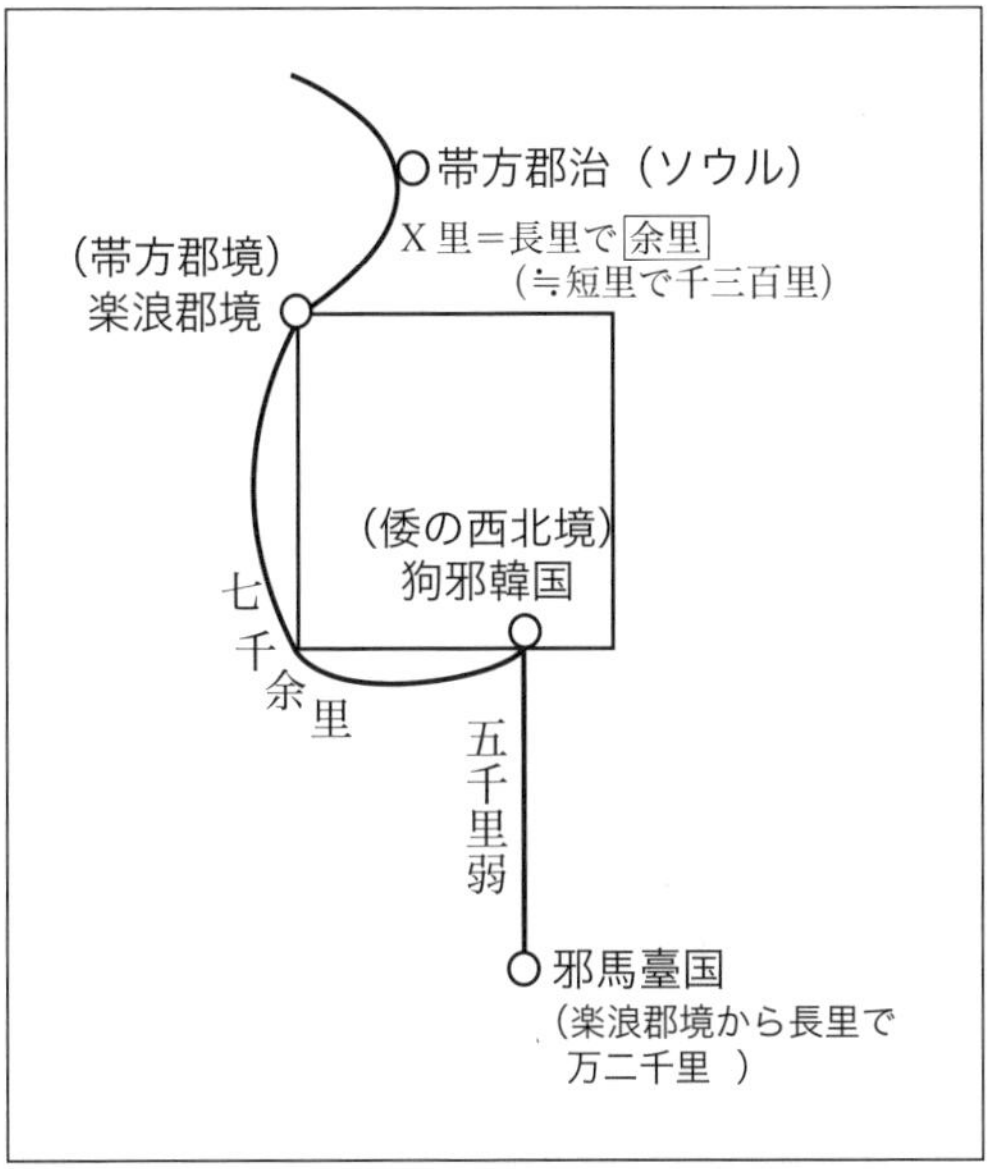

図10-1　范曄の理解した倭人伝の「里程」

南方の邪馬壹国

後漢書の「其の地、大較、会稽の東冶の東に在り」と「朱崖・儋耳と相近し」は、范曄が長里でイメージした邪馬臺国の位置を端的に示している。図10‐2のCにあたる。

范曄の計算方法を示そう。狗邪韓国から南へ末盧国まで、「千余里」の航海が三回、計「三千余里」である。范曄の考えた「三千余里」を、計算の便宜上、三三八〇里としておく（千里単位の「余里」は一三〇里弱）。長里の一里を四五〇メートルとすると、一五二一キロである。緯度の一度は約一一〇キロであるから、一三・八度に相当する。狗邪韓国（現在の統営）は北緯三五度付近

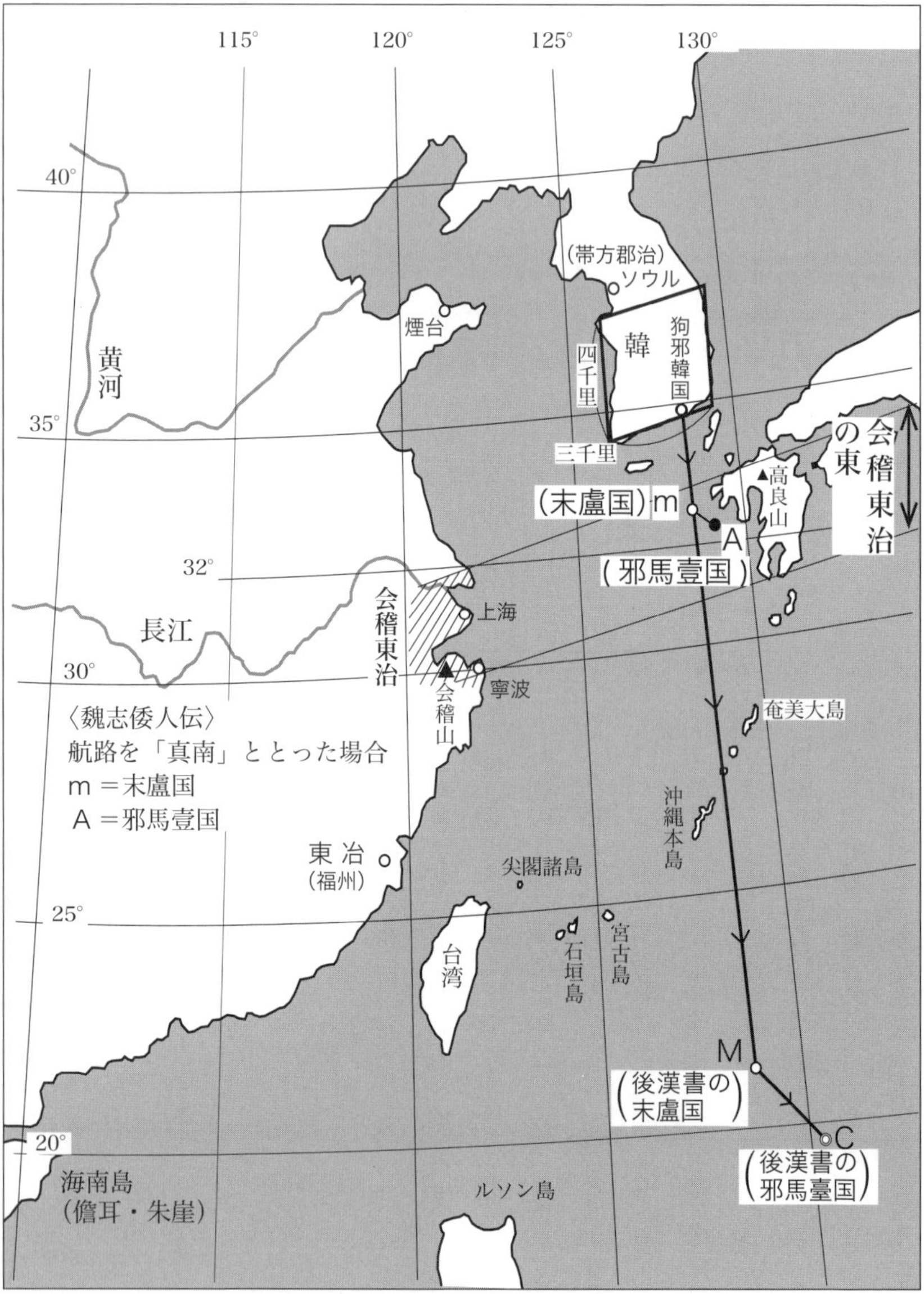

図 10-2　後漢書の邪馬臺国——魏志倭人伝との比較

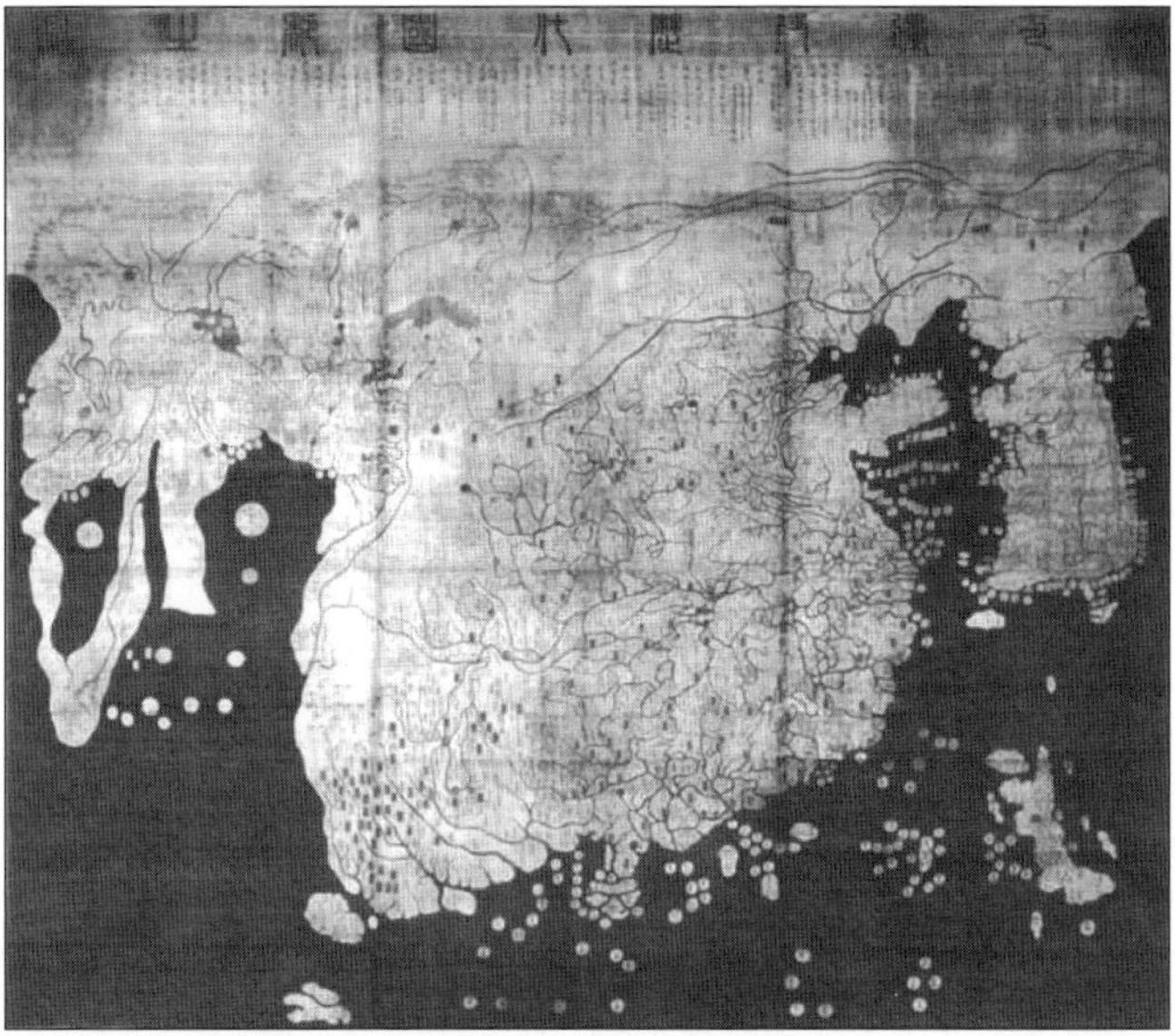

図10-3　混一疆理歴代国都之図　龍谷大学図書館所蔵

にあり、ここを起点にすると末盧国（M）は北緯二一・二度付近になる。台湾の南端の緯度に近い。
末盧国から東南に計六〇〇里であるから（さらに東行一〇〇里で邪馬臺国の対岸、不弥国に着く）、南への成分は約四二〇里で約一・七度。結局、邪馬臺国（C）の位置は北緯一九・五度、東経一三〇・五度付近になる。緯度でいえばほぼ海南島（儋耳・朱崖）に等しい。そこで范曄は魏志の「有無する所（有るものと無いもの）、儋耳・朱崖と同じ」を改変して、「朱崖・儋耳と相近し。故に其の法俗、多く同じ」とした。距離が近いので法俗が似ている、と短絡したわけである。

一方、邪馬臺国は「会稽東冶」の「東」というよりも「東南」に近くなるので、「其の地、大較《おおむね》、会稽東冶の東に在り」と「大較」の語を加える必要があった。

後代に制作された日本地図には、この范曄の地理観を受け継いでいるものがある。１９５６年に室賀信夫の論文によって紹介され、近畿説の論拠とされた「混一疆理歴代国都之図」（龍谷大学図書館所蔵）もその一つだ。

１４０２年に朝鮮で作られたこの地図では、日本はまさに「会稽東冶の東」に描かれている。しかも、日本列島は九州を北とし、本州が南に連なる。（図10‐3）

そこで、魏志倭人伝は「東」の近畿を「南」と間違えている、という近畿説の有力な証拠とされたわけだが、単に後漢書の「会稽東治の東」に基づいた地図にすぎなかったのである。

魏志倭人伝は「短里」だが、「三千余里」の「南」への渡海は、実際は「東南」になる（四分法では「南」に含まれる）。これを文字どおり「真南」にとると、邪馬壹国の位置は図10-2のAになる。

「会稽東治」の地域は、北は長江の河口部から、南は寧波のあたりまでだから、北は北緯三二度から南は二九・三度ぐらいの範囲だ。これを図のような傾きで「東」に延ばすと、ほぼ九州島（末盧国から狗奴国まで）がおさまる。帯方郡治から「万二千余里」の邪馬壹国は、いずれにして「会稽東治の東」に該当する。

陳寿は「万二千余里」を中国側の地図と照合して、正しく「邪馬壹国の位置」を推定したのである。

2　風土と一大率、卑弥呼の死

縄文の馬の骨

「男子、大小と無く皆、黥面文身」から、倭の風土・法俗を述べる大段落が始まる。

○其地（＝倭地）無　牛馬・虎豹・羊鵲。

「鵲」はカササギ。議論を呼んで来たのは「馬」である。郡使たちは自分たちの連れてきた馬を見せて、このような動物は倭地にはいないか、倭人たちに確認したことであろう。

伊都国のところで「郡使の往来、常に駐まる」と馬ヘンの「駐」が使われているように、郡使は馬とともに海を渡ってきた。当時の武将に馬は欠かせない。馬を大量に船に載せた前例が、景初二年（２３８）の遼東半島の公孫淵討伐である。前の年に大量に作らせた「海船」に載せて、密かに大軍を山東半島から朝鮮半島に送っている。

この「海船」は、公孫淵討伐の二年後に行われた初の倭国訪問に活用された。むしろ大いに「海船」を作ったからこそ、中原の魏が、初の海洋航海に乗り出すことが出来たのである。

考古学では二、三十年前には、縄文時代の馬の骨が出土しているとされていた。だが、近年はフッ素年代法の分析結果から、それらは後代に埋葬した馬の骨が混入したもので、日本に馬が渡来したのは古くても弥生末期、というのが定説になってきているようだ（佐原真、西田泰民氏ら）。

そのきっかけを作ったのは、東京大学人類学教室の近藤恵氏ら、五つの研究機関が参加した共同研究による論文「〝縄文馬〟はいたか」（１９９３年）である。もともと弥生時代の馬の骨は、酸性土壌のため残っていない。ところが縄文時代の貝塚は貝のカルシウムがアルカリ性なので骨が残りやすく、各地で出土例が報告されている。その主なものについてフッ素分析を行った結果、「分析資料として扱った縄文貝塚９遺跡出土のウマ十四点すべてが、縄文時代のものではないと判断され、後世において貝塚内へ混入したものであることが示唆された。」というのが結論である。

今のところ年代が明確な最古の馬の遺骸の例は、山梨県の塩部遺跡の歯牙標本（四世紀後半）である。

馬の伝来時期

２００1年に、奈良県桜井市の箸墓古墳の周濠から、木製輪鐙《わあぶみ》が出土した。（図10 - 4）桜井市教委の発表では四世紀初頭のものとされ、従来の学説より五十年は古い「最古の馬具」と喧伝されたが、四世紀後半以降と考える説もある。

この輪の形をした鐙の破片は木製で、長さ一六・三センチ、最大幅一〇・二センチ、鞍から吊り下げるためのほぞ穴（縦一・五、横一センチ）が付いていた。復元すると、長さ二三センチの吊り革に似た形になる。大阪府四条畷《なわて》市の蔀屋《しとみや》北遺跡から出土した木製輪鐙に類似していて、輪鐙と判断された。

箸墓古墳の鐙は、周濠の中の、落ち葉などが二、三十年にわたって堆積して堅く締まった層から、大量の土器（布留1式）とともに出土した。「布留1式」の土器と同じ時期に投棄されたとみられている。

問題は布留式土器（布留1式はその最初の時期）の年代だ。近畿地方の土器編年の基準となっている布留式土器の始まりを、四世紀初めとする研究者が多く、それを基に桜井市教委は、問題の鐙を四世紀初めと解釈したわけだ。もっとも、布留式土器の始まりを四世紀初め、あるいは三世紀後半と、早め早めに設定する説には、箸墓古墳を卑弥呼の墓と考える説が大きく影響しており、関川尚功氏（橿原考古学研究所）のように、布留式土器の出現は３５０年頃と考える研究者もいる。

鐙は、乗馬が得意でなかった漢民族が、三世紀の末頃、馬にまたがる際の足掛かりとして発明したという（だから、馬の片側にしかなかった）。郡使の張政たちは鐙を知らなかったわけである。木製の鐙は朝鮮半島で発明されたと言われる。朝鮮半島で出土した最古の鐙は四世紀半ばのものだ。

箸墓古墳の鐙のように、かなり使い古されて輪の部分が壊れた木製の鐙が、四世紀初めに投棄されるのは、い

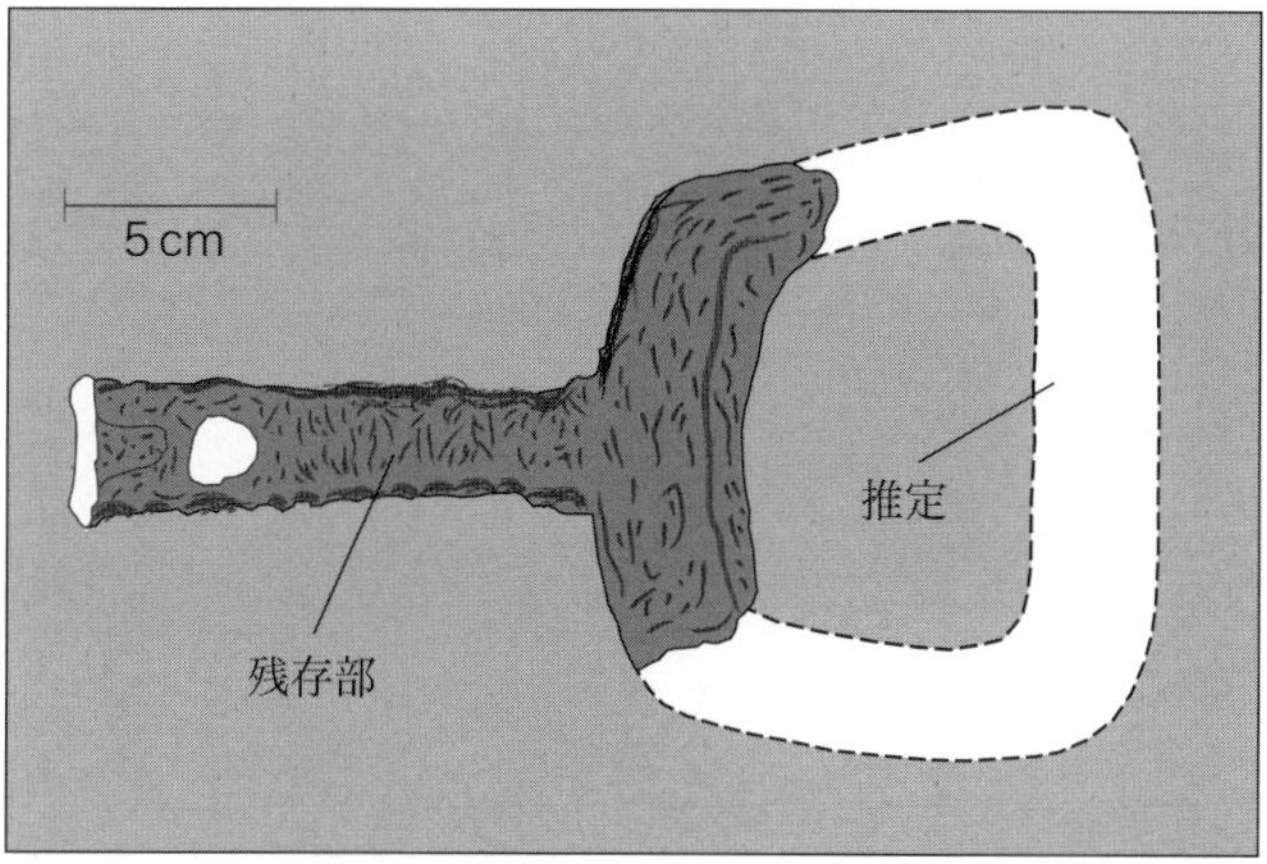

図 10-4　木製輪鐙の復元図

かにも時期が早すぎる。乗馬の風習が行き渡っていることが前提となるからだ。国内の木製輪鐙の出土はほかに四点。仙台市で一点（五世紀）、滋賀県長浜市で一点（五世紀末〜六世紀後半）、大阪府四条畷市で二点（五世紀後半）であり、箸墓古墳の輪鐙だけ孤立して古いのは不自然である。

馬具全体の出土では九州地方が最も早く、福岡県甘木市や福岡市から出土した轡《くつわ》、鞍金具などが最古と言われ、五世紀初頭とされるが、四世紀の末や中頃という説もある。箸墓古墳の輪鐙の年代推定は異常に古く、その根拠となっている布留式土器の編年が間違っているとしか言いようがない。

三世紀後半の倭に「馬がいなかった」ことがわかると、馬に関する歴史が理解しやすくなる。

倭人が馬の威力を如実に認識したのは、正始八年（２４７）に張政率いる軍団がやってきたからであろう。張政の役割は、ベトナム戦争でアメリカが軍事顧問団という名目で送りこんだ軍団を連想させる。馬は、空爆におけるヘリコプターのような威力を発揮したと思われる。地上戦で言えば、馬の威力に近いのは戦車である。張政が少数の軍団でありながら女王国と狗奴国の戦争状態を解消し、倭を安定させることができたのは、魏の軍隊という権威とともに、馬のもつ軍事的な力が大きかった。

馬の威力を目の当たりにした倭（九州王朝）は、とうぜん馬を欲しがったであろうが、西晋は許さなかったと思われる。米軍が最新の戦闘機の生産を、日本に許さないのと同じである。

事情が変わったのは、３１６年に西晋が滅んで、中国が東夷への統制力を失ったからだ。これを機に、倭国側は馬の導入と、乗馬術の普及に努め、馬はまず四世紀の九州地方に普及し、やがて西日本から東日本へと広がっていく。全国的に馬の骨や馬具、馬に関する土偶などの遺物が一挙にみられるようになったのが五世紀であるのは、時期的に妥当な現象なのである。

大人と下戸

風土・法俗記事の三分の二に差しかかる辺りから、解釈に問題の多い社会制度の記事が続く。

a　其《き》　会同-坐起《き》　父子《し》-男女　無別、人性-嗜《し》酒。

b　見　大人-所敬　但-搏手　以《い》当-跪《き》拝。

c　其《き》人-寿考　或-百年　或　八九十年。

d　其《き》俗　国-大人　皆　四五婦《ふ》、下戸　或　二三婦《ふ》。
婦《ふ》人-不《ふ》淫　不《ふ》-妬忌《き》。

e　不《ふ》-盗窃　少-諍訟。
其《き》-犯法、軽者《しゃ》　没《ぼっ》其《き》-妻子《し》、重者《しゃ》　滅《めっ》其《き》-門戸。

f　及　宗族-尊卑《ひ》　各有-差序　足相-臣服。

（a）其の会同坐起には、父子・男女の別無く、人性、酒を嗜む。
（b）大人《たいじん》の敬する所を見れば、但《ただ》手を搏《う》ちて、以て跪拝《きはい》に当つ。
（c）其の人寿考、或いは百年、或いは八、九十年。
（d）其の俗、国の大人、皆四、五婦、下戸、或いは二、三婦。
婦人は淫せず、妬忌せず。
（e）盗窃せず、諍訟少なし。
其の法を犯すや、軽き者は其の妻子を没し、重き者は其の門戸を滅す。
（f）宗《そう》族の尊卑に及べば、各《おのおの》差序有り、相臣服するに足る。

ａｃｄの「其」は「倭」を指す。ａでは「会同」（会合）の立ち居振舞いに、父子・男女の区別がないことを述べている。儒教社会から来た中国人から見ると、男女や親子の差別が少なかったのが印象的だったのであろう。会合には酒が付きもので、「人性酒を嗜む」がつづく。リアルな観察眼が働いている。

父子・男女の別無しとはいえ、身分的な格差は厳然としてある。そのことを述べたのがｂｄｆである。

ｂの「大人所敬」は、大人が神に対して、或いは大人同士で行う敬礼の様子が、かしわ手を打つだけであり、これが中国の跪拝の礼に相当することを指摘している。この記事がａの後に置かれたのは、集会で見た大人の敬礼の印象が元になっているからであろう。ｃで「倭人は長生き」と出てくるのは、大人は長老であることが多いからと思われる。三国志には百歳の母親など、長寿の人間が多く出て来る。

ｄでは、国ごとに大人と下戸の階級差があることを言う。大人は誰も四、五人の妻をもち、下戸の中でも豊かなものは二、三人の妻を持つ。下戸の中には妻を持てないほど貧しい者もいるであろう。
妻たちは淫らではなく、嫉妬しない。慎み深い日本女性像が、早くも三世紀の段階で記録されている。
岩波文庫は、eの「盗窃せず、諍訟少なし」を婦人の行為と解しているが、ここは中華書局の標点本のように、社会一般の話と解して後につなげるべきであろう。「諍」は「訟」と同じく「訴えて言い争う」という意味であり、司法的なニュアンスが強い。夫に訴えるということであれば「妬忌せず」で話は済んでいる。「妬忌」から「盗窃、訟諍」という法的な「いさかい」が導かれている。

「其の法を犯すや」の「其」は、「仮定句の初めにつけて強調を表す」（角川大字源）というのが当てはまる。「盗みはせず、訴訟は少ないけれども、もしもいったん法を犯せば」というニュアンスである。軽くても妻子が没収され、重ければ門戸（家柄）を滅すというのだから、厳罰主義である。

次につなげて「其の門戸及び宗族を滅す」という岩波文庫の読みはおかしい。「軽者　没其‐妻子」「重者　滅其‐門戸」という対句のリズムが台無しになるうえ、重い者は一つだけ挙げれば済む。「門戸」と「宗族」（一族）は意味も近い。ここはやはり標点本のように「滅其‐門戸」で区切るべきだ。

厳罰主義と宗族（門戸）間の格差が一体となって、秩序を形成している。

高床式倉庫

g　収《しゅう》‐租賦　有《ゆう》‐邸閣。／国国‐有市《ゆうし》　交易‐有《ゆう》無、使《し》大倭　監之《し》。

h　自《じ》‐女王国　以《い》北、特置《ち》　一《いち》大率　検察。／諸国　畏《ゐ》憚‐之《し》。

常治《ち》　伊都国　於国中　有如・刺史《し》。

i　王・遣使《し》　詣・京都　帯方郡　諸・韓国、

及　郡使《し》・倭《ゐ》国／皆　臨津・捜露　伝送文書　賜《し》遺《い》・之《し》物　詣・女王　不得・差錯。

j　下戸　与・大人　相《しょう》逢・道路　逡巡・入草、

伝辞《じ》・説事《せつじ》　或《わく》蹲・或跪《わくき》　両《りょう》手・拠地《ち》　為《ゐ》之《し》・恭敬。

対応・声　曰《えつ》・噫《あい》。／比如・然諾。

(g)租賦を収むるに、邸閣有り。国国に市有り、有無を交易し、使大倭《したいいい》、之を監す。

(h)女王国自り以北には、特に一大率《そつ》を置き、検察せしむ。諸国、之を畏憚《いたん》す。
常に伊都国に治し、国中に於いて刺史の如き有り。

(i)王、遣使して、京都・帯方郡・諸韓国に詣《いた》り、
郡の倭国に使いするに及ぶや、皆、津に臨みて露を捜《はら》い、文書を伝送して、
賜遺之物、女王に詣るに、差錯するを得ず。

(j)下戸、大人と道路に相逢えば、逡巡して草に入り、
辞を伝え事を説くに、或いは蹲り或いは跪《ひざまず》き、両手地に拠り、之を恭敬と為す。
対応の声を噫《あい》と曰う、比するに然諾《ぜんだく》の如し。

fの末尾の「足相・臣服」からgの「収・租賦　有・邸閣」へリズムが変わり、経済活動の話に移る。「収・租賦」「有・邸閣」は「一字動詞＋二字名詞」という対句になっており、ひとまとまりの文だ。「邸」には「倉」

という意味があり、「閣」は「高い倉」である。「邸閣」は「糧食を貯えるところ、倉庫」を意味する。租賦（「租」は田畑の収穫物による年貢、「賦」はそれ以外の貢物）を収めるために、正倉院のような、長期保存に適した高床式の倉庫もあったということである。

「国国 - 有市」になると四字になってリズムも変わり、別の文であることを明確にしている。倭人のそれぞれの国に市があって、「使大倭《したいい》」という中央から派遣された役人が「監察」している。市場税、取引税のような税を取っていたと考えると、直前の「収租賦、有邸閣」ともつながりがよい。

使大倭と一大率

「使大倭《したいい》」は官職名である。通説は「使」を使役の助動詞ととって、「大倭をして之を監せしむ」と読んでいる。それが原因でここは突飛な説が飛び交うことになった。「大倭」を「倭人の大人」（那珂通世説）ととるのは「倭＝倭人」ととることになるが、そのような使用法はない。

「使大倭」からは、女王国が自分の支配圏を早くも「大倭」と自称していたことがわかる。「使大倭」は「大倭」が派遣した使者であり、倭という国家が与えた称号である。中国でいえば「使君」にあたる。「使君」は国家を代表する君主から遣わされた使いであるが、古代中国は「朕は国家なり」が当たり前の世界であるから、「使大倭」と基本的に同じ用法なのである。

hはgを受けている。国々に派遣された「使大倭」に加えて、「女王国自り以北」の国々には特に「一大率」が置かれている。一大率の「率」は「率いる人」つまり「軍事リーダー」という意味である。将軍の「将」や元帥の「帥」と同じだ。この「一人の大将軍」は、中国で州の行政権と軍事権を握っている刺史のような、強大な権力を持っている、と郡使は見たのである。

なぜ「女王国自り以北」が重視されたのかが、iで具体的に語られる。朝鮮半島や中国の首都（洛陽）と、女王の都（邪馬壹国）を結ぶルートだからだ。このiは、前半は「王‐遣使　詣‐京都　帯方郡　諸‐韓国」と三字のリズムで、後半は「及　郡使‐倭国　皆　臨津‐捜露　伝送‐文書　賜遣‐之物」と四字主体のリズムに変わる。

このリズムの変化は内容とマッチしている。「皆、津に臨みて露を捜《はら》い、文書を伝送して云々」は、郡が倭国に使いを送ってきた時の一大率の配下の活動であり、前半の「女王の遣使」は、単に「郡使到来」のきっかけとして記されている。通説は「王、遣使して、京都・帯方郡・諸韓国に詣り、及び郡の倭国に使いするや」と読んで、「女王の遣使」と「郡使の来倭」を同格に扱っているが、「賜遣之物、女王に詣るに、差錯するを得ず」は、明らかに後者の「郡使の女王訪問」の際の描写である。

賜遣之物

「賜遣之物」の具体的な内容が、明帝が卑弥呼に与えた景初二年の詔書に出てくる。

○今、汝を親魏倭王と為し、金印紫綬を仮し、装封して帯方太守に付し、汝に仮授せしむ。其れ、種人を綏《すい》撫《ぶ》し、勉めて孝順を為せ。

「装封」の「装」は包む。「金印紫綬」は「賜遣之物」の中心であり、別格である。「親魏倭王」の称号は、倭人という種族を綏撫してまとめ上げ、天子に忠誠を尽くすことを期待して授与されている。

そのほかの贈り物は、二種類に分かれる。

○今、①絳《こう》地交龍錦五匹・絳地縐粟罽《すうぞくけい》十張・蒨絳《せんこう》五十匹・紺青五十匹を以て、汝が献ずる所の貢直に答う。

②又、特に汝に紺地句文錦三匹・細班華罽《けい》五張・白絹五十匹・金八両・五尺刀二口・銅鏡百枚・真珠・鉛丹各五十斤を賜う。

○皆、装封して難升米・牛利に付す。還り到らば録受し、悉く以て汝が国中の人に示し、国家汝を哀《いつく》しむを知らしむ可し。故に鄭重に汝に好物を賜う也。

①の「絳地交龍錦」以下の織物や顔料は「汝が献ずる所の貢直に答う」とあるので、男生口四人・女生口六人・班布二匹二丈という貢物に対するお返しである。「戦中」の貢物は貧弱だが、お返しのほうもそれほど豪華ともいえない。儀礼に敏感な中国だけあって、ちゃんとバランスはとれている。これは「お返し」なので、直接、難升米たちに渡された。彼らはこのお返しを、自分たちに対する賜物（難升米への「率善中郎将」と都市牛利への「率善校尉」の「銀印青綬」）と併せて持ち帰った。

②「特に汝に賜う」とある「紺地句文錦」以下には、金八両・五尺刀二口・銅鏡百枚も含まれ、大変豪華であるが、これらは卑弥呼個人に対する下賜品である。

これらは金印紫綬ほどの至高性はない。そのため「装封」のうえ難升米らに付される。

これほど豪華な物が下賜されるのは、「国家が汝を哀《いつく》しんでいることを、倭の国中の人に知ってほしい」からだ。倭国王のバックには魏という国家がついていて、愛情深く見守っている、難升米たちが帰国したら録受（目録を作って受け取る）せよ、とあるので、卑弥呼の朝廷は漢字を使用する高度の能力をもっていたことがわかる。

帯方太守に付された「金印紫綬」および②の授与は、明帝の急死によって公式行事が停止されたために延期され、一年の喪が明けた正始元年に、郡使・梯儁らが卑弥呼を訪問して届けることになった。

○正始元年　太守－弓遵　遣　建中校尉　梯儁等、／　奉　詔書－印綬　詣－倭国　拝仮－倭王、
并－齎　詔賜　金帛－錦罽　刀鏡－采物。／　倭王　因使－上表、答謝－詔恩。

（正始元年、太守弓遵、建中校尉・梯儁等を遣わし、詔書・印綬を奉じて倭国に詣り、倭王に拝仮し、
＊并《なら》びに詔賜《しょうし》の金帛《きんぱく》・錦罽《きんけい》・刀・鏡・采物《さいぶつ》を齎《もたら》す。倭王、使いに因って上表し、詔恩を答謝す。）

従来の読みは＊の箇所を「并びに詔を齎し、金帛・錦罽・刀・鏡・采物を賜う」と読んでいる。この読みだと、「詔書・印綬を奉じ」て来たのに「詔書」だけ齎した、という奇妙な解釈になる。正しくは「詔書・印綬を、倭王に拝仮した（＝正式の儀礼によって授与した）」のである。

従来の読みでももう一つ違和感があるのは、「金帛、錦罽・刀・鏡・采物」を「郡使が賜う」としている点だ。「賜」は「天子が臣下に与える」という「天子と臣下の二者関係」という形で使われる。ここは「詔賜の金帛《きんぱく》・錦罽《きんけい》、刀鏡・采物を齎す」と読むのが正しい。急死した明帝の「詔書に記した賜物」であることを明示している。「詔賜」は正始六年にも「倭難升米に黄幢を詔賜す」と使われている。

詔賜の「金帛・錦罽・刀・鏡・采物」は、詔書の中の②、つまり卑弥呼個人への下賜品と対応している。「金帛」は「金八両と白絹五十匹」、「錦罽」は「紺地句文錦三匹と細班華罽五張」、「刀・鏡」は「五尺刀二口と銅鏡百枚」、「采物」は「真珠と鉛丹」にあたる。「采物」は身を飾り、彩る物という意味。鉛丹は赤い顔料で、化粧に用いる。

臨津捜露と伝送文書

一大率の組織の活動に戻ろう。「捜露」は問題の言葉だ。従来はこれを「捜し露わにする」の意味にとっている。だが、厳重に装封されている「賜遺之物」を、途中の港で倭国側が勝手に開いて「露わにする」のは、天子に対する想像を絶する「非礼」である。

「捜」には「はく、払う」という意味があり、「掃除」の「掃」に通じる（諸橋大漢和）。「捜露」とは「露を捜《はら》う」という道案内であり、いわゆる「露払い」である。末盧国の項で「草木茂盛、行くに前人を見ず」とあったように、当時は「露払い」は実質的な意味を持っていた。史書には「清道」という言葉も使われ、「隋書俀《たい》国伝」にも俀王の言葉に「道を清め、館を飾り、以って大使を待つ」とある。

また、大多数の説は「文書」を中国側の文書と解釈し、「賜遺之物」と同様に「露わにする」対象とする。しかし「賜遺之物」に対応する中国側の文書といえばまず「詔書」であり、これも「露わにする」とはとても考えられない。梯儁が「詔書・印綬を奉じて倭国に詣り、倭王に拝仮」したように、「詔書」と「印綬」は郡使が大切に手元に置いて、直接、女王に届けるものである。

中国側の「文書」にしろ「賜遺之物」にしろ、倭国側が「伝送」するものではあり得ない。「伝送」は「其の首を伝送し、長安に詣る」（魏志・高句麗伝）のように、敵の首を送る場合が大部分である。通説は、「詔書」や「賜遺之物」を敵の首と同様に扱っている。

「文書」が中国側の文書ではあり得ないとすると、この「文書」は倭人側の文書であり、「伝送文書」は「文書を伝送し」と読むのが正しい。一大率の組織は、自前の文書を伝送して郡使一行の人数や様子を伝え、必要な準備を指示していたことになる。女王国の官僚組織は日常的に文書を使いこなしていた。

この直後に「下戸」が道路で「大人」と出逢った時の様子が描写されているのは、郡使一行が女王のもとへ向かう途中に経験したからであろう。同時に、「大人」と「下戸」という身分差別が基本になっている社会制度の、印象的な締めくくりにもなっている。「はい」の意味で「あい」という。下戸が土下座しながら「あい……あい……」と相づちを繰り返すのが、郡使にはよほど印象的だったようだ。

「仮」の意味

従来説で奇妙な解釈は、「倭王に拝仮」などの「仮」という動詞である。倭人伝には六回出てくる。

○**仮**・金印紫綬／**仮**授・汝／**仮**・銀印青綬／拝**仮**・倭王／付郡・**仮**授／拝**仮**・難升米／

これを通説では「仮に与える」と解している。しかし「詔書・印綬を奉じて倭国に詣り、倭王に拝仮す」「詔書・黄幢を齎し、難升米に拝仮す」は、「正式に」本人に伝達されているのが明らかだ。

○輒《すなわ》ち刻印を承制して、仮授する所多し。〈晋書、宣帝紀〉

まだ魏の時代の話で、宣帝とは司馬宣王のことだ。当時、申儀という者が宮廷で威を振るっていて、詔勅をうけて刻印を直接授けることが多かった、と言っている。この例でもわかるように、「仮」とは天子が与えるのであり、「授」とはそれを直接授けることを指す。「授」を行うのは、別に臣下でもかまわない。「仮授」を「仮に授ける」と訳すのは間違いなのである。

「仮」の正字は「假」であり、「遐《か》」に通じて「はるか」という意味がある。多くの用例から推定すると、「仮＝假」は「天子が国家行為として、はるか遠方の者に授号する」という意味で使用されていると考えられる。「授号」には、難升米の「黄幢」のように、「授号に等しい授与」を含む。

「拝」は、神前や身分の高い人の前に礼物をささげ、両手を胸もとで組んで敬礼する。

天子は称号を「仮す」ことは出来るが、それが完結するためには、「拝礼」という儀式によって「詔書」や「印綬」などの物が授与される必要がある。それが、郡使による「拝仮」という行為である。

使大夫と使大加

卑弥呼の二度目の遣使に出てくる「使大夫」は「使大倭」と関連が深い。
○其の（＝正始）四年、倭王、復《また》**使大夫**・伊声耆掖邪狗等八人を遣わし、生口・倭錦・絳青縑《こうせいけん》・緜衣《めんい》・帛布・丹・木弣・短弓矢を上献す。掖邪狗等、率善中郎将の印綬を壹拝す。
通説は原文の「遣　使大夫　伊声耆掖邪狗等八人」を「使いの大夫、伊声耆・掖邪狗等八人を遣わし」と読んでいるが、「使いの大夫の○○を遣わす」に重複感があって、漢文としては不自然だ。

景初二年の「倭女王　遣　大夫難升米」をはじめ、魏志倭人伝ではすべて「遣＋（肩書き）＋（人名）」という形になっている。ここは「使大夫」が人名「伊声耆掖邪狗」の肩書である。

「使大倭」が「大倭の使者」という役職であるように、「使大夫」は「大夫の使者」という役職である。そういう役職の「伊声耆掖邪狗」が、女王の使節として登用されたのである。

「使大夫」という役職の成立について、説明しよう。

「使○○」という肩書は、多用されている「使持節」のほか「使君」がある。「使君」は君主の最高の使者だが、王族である「大加」の使者が「使大加」として東夷伝に出てくる。高句麗伝には「王の宗族、其の大加は皆、古雛《すう》加を称す」とあり、実質的には「大加」は臣下の最上位の称号と見られる。

○諸大加、亦自ら使者・皁《そう》衣先人を置く。名は皆王に達し、（中国の）卿大夫の家臣の如し。会同坐起、王家の使者・皁衣先人と同列するを得ず。〈高句麗伝〉

大加は自らも「使者」などの官を置いている。しかし、王家、つまり国家の「使者・皁衣先人」とは格が違うので、同列に並ぶことはないのである。

「使大加」の例は、高句麗の属国である東沃沮に出てくる。

○句麗、復《また》其（＝沃沮）の中に大人を置き、使者と為し、相主領《しゅりょう》せしむ。又、使大加、其の租税を統責し（使大加　統責　其‐租税）、貊布《ばくふ》・魚・塩・海中の食物、千里を担負して之を致さしむ。又、其の美女を送らしめ、之を遇すること奴僕の如し。〈東沃沮伝〉

東沃沮には、高句麗の大加の使者である「使大加」が常駐して、東沃沮からの租税を統括していた。

「使大加　統責　其租税」をふつうは「大加をして其の租税を統責せしむ」と読んでいるが、「大加」は次の例のように、王の代理人として大役を担っており、このような実務は「使大加」にふさわしい。

○（夫余の実質的王）位居は、大加を遣わして郊迎し、（王頎軍に）軍糧を供す。〈夫余伝〉

高句麗の「大加」にあたるのが倭の「大夫」であり、「使大加」に相当するのが「使大夫」である。大夫の難升米の使者が「使大夫」と呼ばれている。

「伊声耆掖邪狗」は二人の人物（伊声耆と掖邪狗）のように見えるが、一人の人物である。二人の人物とすると、景初二年の難升米と都市牛利のように、正使と副使となるが、正使の伊声耆を差し置いて、副使の「掖邪狗」が代表として「率善中郎将の印綬を壹拝」することなどあり得ない。二度目に出てくる「掖邪狗」は、正使「伊声者掖邪狗」の省略形なのである。

難升米と卑弥呼

大夫の難升米と卑弥呼の関係を整理してみよう。

①難升米は、景初二年（２３８）十二月に明帝に会って「率善中郎将」の印綬を授与され、倭の「大夫」のままで魏の直接の臣下となった。

②明帝の急死による一年の喪が明けた正始元年（２４０）、郡使・梯儁が、「親魏倭王」の「詔書・印綬」および「賜遺之物」を持参して卑弥呼に「拝仮」する。

③正始四年（２４３）、卑弥呼は「使大夫」（大夫・難升米の使者）の「掖邪狗」を正使として朝献し、掖邪狗は天子（斉王）から、主君の難升米と同じ「率善中郎将」の印綬を授与される。掖邪狗にも「率善中郎将」を授号したことで、難升米には一段上の授号が必要になる。

④正始六年（２４５）、中国風の一字姓を付けた倭難升米に「黄幢」が詔賜され、帯方郡に付される。

「倭」は高句麗の王姓が「高」であるのと同様に、倭の王族の姓であり、倭難升米はその最初の例だ。

「黄幢」の「黄」は天子の色であり、「幢」は軍の指揮に用いる筒型の旗。「黄幢」を与えるのは「天子の軍隊の指揮者」と認定したに等しい。夷蛮では他に例を見ないほどの特別扱いである。

「使大夫」と「黄幢の授与」に見られるのは、難升米の国内的・国際的な地位の向上である。景初二年の魏への使いが、正始元年の郡使の倭国到来となって結実し、女王国朝廷での難升米の評価が高まって「使大夫」の派遣となった。魏の朝廷も難升米に実際に会って、人物を高く評価していたに違いない。

一方で、卑弥呼の評価が下がった原因は「狗奴国の男王・卑弥弓呼との不和」である。女王国と狗奴国が戦闘状態に入ったのは正始八年だが、「もともと不和だった」とあるから、正始四年の段階では不和はすでに深刻な段階にあったと思われる。魏も「使大夫」から実情を聞いて対策を考えていたのであろう。その結果が、正始六年の難升米への「黄幢」の詔賜であり、難升米に軍事的大権を与えて狗奴国との抗争に備えようとしたのである。

ところが、韓の反乱で帯方郡太守の弓遵が戦死し、難升米への「黄幢」の正式な授与は延期される。韓の反乱を収束させた王頎が、正始八年（２４７）、空席であった帯方郡太守に就任する。

そこへ、懸念していた倭の内乱が勃発した。卑弥呼は王族の倭載斯烏越（倭は王姓）を帯方郡に派遣して、救援を求めてきた。そこで郡から倭国に派遣されたのが、塞曹掾史の張政である。「三国職官表」に出てくる「曹掾」は七品なので、「曹掾史」も中級の官吏だ。格式よりも実務優先の人事である。

卑弥呼の死

張政が最初に行ったことは、「詔書・黄幢」を難升米に「拝仮」し、「檄」をつくってこの事実を倭の諸国に広く「告諭」することであった。「其の民に告諭す」（史記、朝鮮伝）とあるとおり、「告諭」とは広く民に告知し理解させることで、「檄」も民にお触れを告げるための木札である。

「黄幢」はいわば「錦の御旗」であり、「持節」などの「節」に相当する。

○征南将軍に遷り、節を仮して荊（州）・予（州）諸軍事を都督せしむ。

〈魏志、王昶伝〉

このように、「黄幢」をもつのは、州の刺史に相当する大将軍であり、「二品」の高位である。倭の五王でいえば、倭王「珍、済、興」が認められた称号は「安東将軍」であり「三品」である。代々自称してきた「安東大将軍」（二品）が遂に認められたのは、478年、倭王武の時であった。「黄幢」を授与された難升米は、刺史や倭王武に相当する高位にのぼったことになり、「親魏倭王」の卑弥呼と少なくとも同格、実際はやや上回ると見てよい。魏は狗奴国との戦乱の収拾を難升米に託した。魏は、卑弥呼を見限ったのである。「卑弥呼、以て（＝このようなわけで）死す」は、卑弥呼の追い詰められた死を示す。卑弥呼のような「王」の死亡を「薨」ではなく「死」と表すのは異例だ。

卑弥呼の死後、男王を立てたが、国中服せず、卑弥呼の一族の十三歳の少女「壹与」を王にしてようやく国は安定した。魏が男王を立てて失敗したのは、天照大神以来の巫女的女王という「共同幻想」を軽視したからである。その反省が女王・壹与の共立に表れている。「壹（＝倭）与」は中国風の「一字姓と一字名」であり、「倭難升米」などの「一字姓＋現地名」に比べると、中国化が進んでいる。

壹与の西晋への朝貢は「倭の大夫」掖邪狗が正使であり、彼は難升米の使者の「使大夫」から「大夫」へ昇格している。すでに授与されている中国の官位「率善中郎将」を前提に、「倭の大夫」としている。

第XI章　女王国の歴史と「倭国乱」

1　卑弥呼と生口

俾弥呼は正式名称か

古田武彦氏は、ニンベンの付いた「俾弥呼」が正式名称であると主張している。

○（正始四年）冬十二月、倭国女王・俾弥呼、遣使奉献。〈魏志、斉王紀〉

「俾弥呼」は『三国志』全体でこの斉王紀の一回しか登場しない。しかも、帝紀特有の書き方として、互いに無関係な出来事が時系列で整理され、列挙される。その一つなので印象に残りにくい。

これに対して「卑弥呼」は倭人伝に五回も使われ、記事自体も詳細である。先に登場するとはいえ、ポツンと離れて一回しか出てこない「俾弥呼」のほうが正式名称で、五回も登場して詳細に説明される「卑弥呼」のほうは「省略形」であると主張する点に、まず古田説の無理がある。

決定的なのは、景初二年、明帝から卑弥呼に下された詔書に「卑弥呼」が使われている点である。

○其の年十二月、詔書して倭の女王に報じて曰く「親魏倭王・卑弥呼に制詔す……」〈倭人伝〉

詔書を正史に引用する場合に、勝手に文字を変えるとは考えられないので、この「卑弥呼」が魏・西晋朝の認めた公式名称であることは疑いない。古田氏がこの点を見過ごされたのは不思議である。

景初二年（２３８）の明帝の詔書は、「俾弥呼」が出てくる正始四年（２４３）より五年も早い。

明帝の詔書は、卑弥呼本人にあてた手紙の形式をとっていて、卑弥呼を「汝」と呼んでいる。したがって、詔書中の「卑弥呼」が、上表文中に「署名」として存在した確率は非常に高い。

魏は高句驪、西晋は高句麗

古田氏は、帝紀の「俾弥呼」が正式名称で、倭人伝の「卑弥呼」は省略形だと主張し、類例として帝紀と毌丘《かん》倹伝では馬ヘンの付いた「高句驪」であり、東夷伝（高句麗伝その他）では「高句麗」となっている点を示された。帝紀の「高句驪」が正式名称で、「高句麗」は省略形という主張である。

○（青龍四年＝２３６）秋七月　高句驪王‐宮　斬送　孫権‐使　胡衛等‐首　詣‐幽州。
○（景初元年＝２３７、秋七月）初　（孫）権　遣使　浮海　与‐高句驪　通、欲襲‐遼東。
〈以上、魏志、明帝紀〉

○正始中（２４０〜）（毌丘）倹　以　高句驪　数‐侵叛、督　諸軍　歩騎‐万人　出‐玄菟、従‐諸道　討之。句驪王‐宮　将　歩騎‐二万人　進軍……
〈魏志、毌丘倹伝〉

□高句麗　在　遼東之東　千里……
□（位宮）立以‐為王。今　句麗王‐宮　是也。
〈以上、魏志、高句麗伝〉

「高句驪」と「高句麗」の使い分けは、省略形とは関係なく、別の理由から来ている。

○玄菟・楽浪　武帝時‐置。皆　朝鮮・濊貉・句驪　蛮夷。
〈漢書、地理志、燕地〉

○州郡　帰‐咎　於‐高句驪公‐騶。
○其　更（＝変）‐名　高句驪　下句驪　布告‐天下。
〈以上、漢書、王莽伝中〉

最後の例は、王莽が「高句驪」の名を貶めて「下句驪」に変えさせたという有名なエピソードだ。

以上『漢書』でみると、前漢から王莽の「新」にかけては「高句驪」が正式名称として使われていた。

後漢の時代はどうかを『後漢書』で調べてみると、初代の光武帝紀では、該当する二例とも「麗」であり、東夷列伝では「驪」で統一されている。『三国志』とはちょうど逆の関係である。

□（建武八年＝32）十二月　高句麗王　遣使奉貢。
□（建武二三年＝47）高句麗　率・種人　詣・楽浪　内属。

〈以上、後漢書、光武帝紀下〉

○高句驪　在　遼東之東　千里……
○後　句驪王・宮　生而・開目　能視……

〈以上、後漢書、東夷列伝〉

帝紀と夷蛮伝の逆転現象が起きている理由は、光武帝の後の帝紀を追っていくとよく分かる。

○（元興元年＝105）高句驪　寇・郡界。

〈後漢書、和帝紀〉

○（元初五年＝118）夏六月、高句驪　与・濊貊　寇・玄菟。
○（建光元年＝121）討　高句驪・濊貊　不克。

〈以上、後漢書、安帝紀〉


以上のように、光武帝の後の帝紀では「高句驪」が三例あるだけで、「高句麗」は出て来ない。

光武帝の時代には、前漢から王莽時代の「驪」に代わって「麗」が使われたが、その後「驪」に復帰したことがわかる。漢書が書かれた一世紀後半もおそらく「驪」の時代である。そこで、現状紹介を基盤とする夷蛮伝も「驪」で統一されていたのである。

三国時代に入っても、戦乱の世は後漢からつづいたので、後漢時代の「高句驪」がそのまま使われていたはずである。だが、西晋になると東夷は安定に向かう。馬ヘンの「驪」を使うのは蔑視するニュアンスが否めないが、安定した関係であれば「高句麗」に復帰するのは自然である。

魏志・高句麗伝に「今の句麗王・宮、是也」とあるように、西晋は「高句麗」を正式名称とし、安定した朝貢関係を結んでいた。そのため、現状紹介を本質とする東夷伝では「高句麗」で統一し、魏代の出来事を記述する「帝紀」や「毌丘倹伝」では、魏代の名称「高句驪」で統一されているのである。

卑弥呼をヒミカと読めるか

古田氏は卑弥呼の「呼」はカと読むべきだとし、「呼《カ》」は祭の犠牲に（神様が食べやすいように）付けられた傷のことで、巫女的女王の卑弥呼にふさわしいとする。

「呼」のカという音は『学研漢和大字典』にも載っていないぐらい特殊な音で、一般的にはコである。「呼《カ》」には「すきま、きず」という意味があるが、これを祭の犠牲に付けられた「切り傷」と拡大解釈するのは、古田氏の誤解である。氏が諸橋大漢和から引いた「呼《カ》」の例文をみよう。

○応劭《しょう》曰、釁《きん》、祭也。殺レ牲以レ血塗二鼓釁呼一為レ釁。

〈漢書、高帝紀、釁レ鼓、応劭注〉

問題なのはこれが注釈の文章であり、『漢書』高帝紀の原文には「呼」の字が出ていないことである。

○高祖乃ち立ちて沛《はい》公と為《な》る。黄帝を祠《まつ》り、沛廷に蚩尤《しゅう》を祭り、而して鼓に釁《きん》する。旗幟《きし》は皆赤、殺す所の蛇は白帝の子にして、殺す者は赤帝の子に由る故《ゆえ》也。

〈漢書、高帝紀〉

高祖・劉邦が亭長という役人であった頃、夜中に道をふさいでいた大蛇を切り殺した。泣いていた老婆が「私の子は白帝の子で、化身して蛇となっていたが、今、赤帝の子に殺された」と言った。高祖が秦打倒に立ち上がったとき、沛の役所で黄帝や賢臣・蚩尤《しゆう》を祭り、軍鼓に血を塗り、旗や幟《のぼり》は皆赤くした。「赤帝の子の自分が白帝の子を殺した」という話に倣い、縁起のよい赤で成功を祈ったわけである。

「鼓に釁《きん》する」の「釁」は訓読みでは「ちぬる」となる。先ほどの応劭の注を読み下してみよう。

○釁《きん》は祭なり。牲を殺し、血を以て鼓の釁呼《きんか》に塗るを釁と為す。〈応劭注〉

古田氏は「鼓の釁呼《きんか》に塗る」がわかりにくかったと見えて「鼓釁呼《こきんか》を塗る」としているが、これでは意味をなさない。実は「釁」にはもう一つ「ひび」という意味があり、「釁呼《きんか》」とは「ひびやすきま」という似た意味の字を二つ並べているのである。一方、「呼」をカとよんで「すきま、きず」を表すのは相当珍しく、諸橋大漢和も多くの書物の「本文」からは用例を見つけられなかった。諸橋の「ひび」という意味は、この応劭注に出てくる特殊な「呼《カ》」を理解するために加えられた語義に思われる。

卑弥呼の朝廷が、万一、応劭注の「呼《カ》」を知っていたとしても、「呼《カ》」自体は単に「ひび」という意味であり、女王にふさわしいとはとても言えないのである。

卑弥呼とニンベン

「呼《コ》」の「よぶ、声をかけて招く」という一般的な意味は、霊を呼び出す巫女にふさわしい。また、天子の徳を呼び求める、と解すれば、遠方の忠実な臣下としてもふさわしい文字である。

「卑」には「へりくだる」、「弥」には「(時間的・空間的に遠くへ)わたる」とか「ますます」という意味がある。「卑弥呼」という文字は、天子に対してへりくだり、遠方から久しく、ますます呼び求める、というイメージを喚起する。「卑」には「しなやか」という意味もある。楚の屈原の弟子、宋玉の有名な「神女賦」に使われていて、「倭」の原字「委」の「女性のなよなよした姿」に通じる。

ヒミコは通常の理解どおり「日の御子」でよい。

○其の行来・渡海、中国に詣るには、恒に一人をして頭を梳《くしけず》らず、蟣蝨《きしつ》（しらみ）を去らず、衣服は垢で汚れ、肉を食わず、婦人を近づけず、喪人（喪に服している人）の如くせしむ。之を名づけて持衰《じさい》と為す。若し行く者、吉善なれば共に其の生口・財物を顧《むく》い、若し疾病有り、暴害に遭えば、便ち之を殺さんと欲す。其の持衰、謹まずと謂えばなり。

有名な持衰の記事である。「生口」は、財物と同様に贈与の対象となる「奴隷」である。「卑弥呼」が「俾弥呼」となったのは、「卑」と「俾」が意味上も似ていて相通じることのほかに、倭が「生口」の献上で知られている点も忘れてはならない。『後漢書』の倭国王帥升の「生口百六十人」の献上から、壹与の「男女生口三十人」に至るまで、生口は倭国の朝貢の伝統となっていた。

「馬」で有名な高句麗は、馬ヘンの付いた「高句驪」となり、『漢書』地理志の「東鯷国」（琉球圏）は、魚が特産物で「是（＝端）」に魚ヘンが付いた。生口で知られた「倭」は金印「漢委奴国王」の「委」に、人ベンが付いたものである。「俾弥呼」も同様の例と言えよう。

2　女王国の始まりはいつか

女王国の歴史と卑弥呼についての記事を見ていこう。

楼観と婢千人

▼下戸 与-大人 相逢-道路 逡巡-入草 ……対応-声 曰噫 比如-然諾。

① 其《き》国-**本**亦《ほんえき》 以《い》 男子-為王《ゐおう》、住 七《しち》八十年《ねん》、

② 倭《ゐ》国-乱《らん》 相-攻伐《こうばつ》 歴年《ねん》、／ 乃《だい》-共立《きょうりつ》 一《いち》女子 為王《ゐおう》。

③ 名曰《えつ》 **卑《ひ》弥《み》呼**。／事《じ》-鬼《き》道 能-惑衆。

④ 年已《い》-長大 無-夫婿《せい》、／ 有《ゆう》-男弟 佐-治《ち》国。

⑤ 自《じ》-為《ゐ》王 以《い》来 少-有《ゆう》見者。／ 以《い》婢《ひ》-千人 自侍《じじ》。

⑥ 唯《い》有《ゆう》 男子-一人 給《きゅう》-飲食 伝辞-出入《にゅう》。

⑦ 居処 宮室-楼《ろう》観、／ 城《じょう》柵-厳設 常《じょう》-有人 持兵《へい》-守衛《えい》。

▼女王国 東-渡海 千-余里 復-有国 皆-倭種。

①其の国、本亦、男子を以て王と為し、住まること七、八十年。

②倭国乱れ、相攻伐すること歴年、乃ち一女子を共立して王と為す。
③名づけて卑弥呼と曰う。鬼道に事え、能く衆を惑わす。
④年已に長大になりても夫婿《せい》無く、男弟有り、佐《たす》けて国を治む。
⑤王と為りて自り以来、見ること有る者少なし。婢千人を以て自らに侍せしむ。
⑥唯、男子一人有り、飲食を給し、辞を伝え出入す。
⑦居処は宮室・楼観、城柵厳かに設け、常に人有り、兵を持して守衛す。

「卑弥呼」が魏志倭人伝で登場するのは、この③が初めてである。「卑弥呼」の名前を「女王国の歴史」を語る段階で初めて登場させたのは、『三国志』が書かれた西晋当時の女王は「壹与」であり、卑弥呼はすでに歴史的な人物の仲間入りを果たしていたからである。倭人伝の「女王」はそれまで、過去の「卑弥呼」と現在の「壹与」の二人に共通する名前として用いられている。

⑥から⑦にかけて、通説は「伝辞　出入 - 居処。宮室 - 楼観 - 城柵　厳設」（辞を伝え、居処に出入す。宮室・楼観・城柵、厳かに設け）と読んでいる（岩波文庫、古田武彦『俾弥呼』など）。

だが、意味上は「飲食を給し、辞を伝え、出入す」だけで十分であり、わざわざ「居処に出入す」というのはいささかくどい。「宮室」は「廟と寝室」であり、「楼観」は単なる物見やぐらではなく「たかどの」である。「宮室・楼観」という壮大な建築空間が卑弥呼の「居処」であり、「婢千人」の女の園にふさわしい。従来説は「婢千人」を「白髪三千丈」式の誇張とみてまともに信じていないようだが、これは郡使が卑弥呼の宮殿を訪れて認識したものだから、概数として真実である。「常に人有り、兵（武器）を持って守衛す」は、「厳かに設け」とともに「城柵」にかかっていると見るのが自然だ。

リズム上も、通説では「給 - 飲食　伝辞　出入 - 居処」とギクシャクし、「宮室 - 楼観 - 城柵　厳設」と二字のブツ切れになる。
⑥⑦は、四字主体の中に「文末予告」の三字が入る陳寿独特のスタイルである。次のようだ。
○男子一人　給飲食　伝辞出入。　○宮室楼観　城柵厳設　常有人　持兵守衛。

「本」は「始まり」


女王国の歴史について、従来説は単に女王国の「昔」の話と受け取っているが、実際は「女王国がいつ始まったか」という重要な情報を伝えている。問題は「本亦男子を以て王と為し」の「本」にある。「本」は「昔」ではない。「始まり」という意味である。「本、始也」〈広雅、釈詁一〉とあるとおりだ。

「むかし、古くは」にあたるのは「旧」であり、「旧、昔也」（韻会）とある。倭人伝の冒頭部分でも、「旧……今」の対応で「旧　百余国。漢時有　朝見者。／今　使訳所通　三十国。」と使われている。

従来説のように「本」を「旧」と同じ意味に受け取ると、奇妙な文章になる。「その国もまた昔は男王で、その状態が七、八十年つづいた」。この理解では、いつが「七八十年」の起点なのか、その前も男王ではなかったのか、という根本的な疑問に悩まされる。

そこから「住」（とどまる、その状態が続く）は「往」（ゆく）の間違いで「卑弥呼からさかのぼること七八十年」という意味だ、という説が、菅政友、植村清二、榎一雄、末松保和、井上光貞といった錚々たる学者によって練り上げられることになった。ただし、この読みは成り立ちようがない。さかのぼるための起点を、後になって初めて出てくる卑弥呼にするのは、無理というものである。

「住＋（期間）」は、ほかにも次のように出てくる。

○（呉の太子・孫登は父の孫権のもとに駆けつけ）住十余日、欲遣西還。〈呉志、巻一四〉

「住ること十余日」は孫権のもとにいる状態が十余日続いたということで、「住」は前の状態を受ける。

「本亦、男子を以て王と為す。住まること七、八十年」は、男王という「制度」が建国以来、七八十年続いたという意味である。従来説は「本」を単なる「昔」ととったため、頼るべき「起点」を失い、「七八十年」を一人の王の話と取らざるを得なかった。

「七八十年」は、一人の王の在位期間とすると長すぎる。継体天皇以降、天皇の在位期間のトップは昭和天皇の満六二年、二位は明治天皇の四五年六カ月である。「七八十年」を一人の王の在位期間ととるためには、「一長寿王有り」とか「王〇〇有り、在位七、八十年」といった文が必要になる。中国でも例のないような在位期間の長い王であれば、王名を記録しない方がおかしいぐらいだ。

「本＝始まり」という意味にとれば、難解とされてきた「其の国、本亦、男子を以て王と為し、住まること七、八十年」という一文も、明快に意味が伝わってくる。男王の時代が二代か三代かは分からないが「七、八十年」つづいて、やがて卑弥呼が出現したわけである。「女王国の始まりが倭人伝に書かれている」という貴重な事実に、今までの学者が誰一人、気がつかなかったのは、わが皇室は卑弥呼よりはるか昔から続いている、という皇国史観が影響したようだ。

女王国も最初は、中国や他の国々と同じように、男王であった。卑弥呼は中国人が知った初めての女王である。そこで「女王国」が強烈な印象を与え、倭の中心国の「代名詞」となった。

「歴年」の全用例調査

「倭国乱れ、相攻伐すること歴年」の「倭国」は、女王国ではなく「倭の国々」という意味である。

「歴年」は何年ぐらいを意味するのか。三国志の全用例調査を行ってみた。「歴年数百」や「前後歴年、二十二載（＝歳）」のように単に「年を歴る」という意味の四例は除外して、「或る幅の年数を示す」例に絞ると、十例ある。これには、Ａ「年数不明」と、Ｂ「年数の限定可能」の二つがある。

Ａ　年数不明（三例）

▲時　繫囚‐千数、至有‐歴年。　〈魏志二二〉

千人を超える囚人には何年も放置されている者もいる、という意味。具体的な年数は不明だ。

▲会稽山賊　大帥・潘臨、旧為　所在‐毒害、歴年‐不禽。　〈呉志一三〉

山賊の潘臨が荒らしまわっていたが、長年つかまらなかったという意味。何年ぐらいかは不明。

▲臣‐数聴　其‐清談　覧其‐篤論　漸漬‐歴年。　〈魏志二一〉

夏侯恵が明帝に、劉劭《しょう》を推薦した言葉。私はしばしば彼の清談を聴き、篤論を目にし、歴年感化を受けた、というわけだ。文脈から青竜二年（２３４年）の話とわかるが、「歴年」の起点が確定できない。

B　年数の限定可能（七例）

a　使朕　虚心　引領‐歴年、其‐何謂邪？　〈魏志一一〉

遼東に引き籠もった管寧を、何とか召し出そうとする明帝の詔書の言葉。朕が心を虚しくし引領（首を長くして歴年待ち望んでいるのに、何を考えているのか、というわけである。

明帝の即位（226年五月）が起点であるのは文脈から明らかだ。管寧の上奏文には、この詔書が青竜三年（235年）十二月のものであると記されている。ここでは「歴年」は「足かけ十年」である。

b　今　兵興‐歴年、見衆‐損減、陛下　憂労‐聖慮。　〈呉志一三〉

陸遜が黄竜元年（229）に、孫権に上疏した文中にある。呉の創建は222年十月。前年の221年に陸遜は孫権から総指揮官に任じられて、蜀軍を食い止め、翌222年の正月から閏六月にかけて蜀軍を打ち破り、劉備を敗走させた。そして呉の創建直後の十一月には、魏との戦いが始まっている。

古田氏は「兵興りて歴年」の起点を222年とするが、その前年の「221年」とすべきであろう。となると、この「歴年」は「足かけ九年」である。

c　権　沈吟者　歴年。後遂　幽閉‐和。　〈呉志一四〉

孫権が迷った挙句に、太子の孫和を幽閉した。孫和の立太子は242年、孫権が死病に冒されたのは251年で、この間、足かけ十年。ただし、孫和が立太子から、讒言によって孫権の寵を失うまで、少し間がありそうな書き方なので、「最大でも足かけ九年」と見るべきだろう。

d　桓　凶狡‐反復　已‐降伏　復叛。前後‐討伐　歴年‐不禽。　〈呉志一五〉

廬陵郡の賊の李桓が、降伏と叛乱を繰り返し、討伐しても歴年つかまらなかった、という記事。

呉主伝には嘉禾三年（234）に李桓らの乱が記され、赤烏元年（238）に「呂岱が廬陵の賊を討ち、畢《お》わった」と書かれているので、「足かけ五年」である。盧弼『三国志集解』も同じ見解。

e　（呂岱）初在-交州　歴年　不餉家、妻子-飢乏。　〈呉志一五〉

呂岱《りょたい》は初め交州にいて、歴年、家に食糧を仕送りせず、妻子が飢えるほどだった、という話。

呂岱は延康元年（220）に交州刺史となり、黄武五年（226）には、上表によって交州を分けて広州を置き、自ら広州刺史となった。この「歴年」は「足かけ七年」である。

f　（諸葛恪）身処-台輔、中間歴年。　〈呉志一九〉

「中間」は辞書に適切な意味が載っていないが、呉志巻六の孫皎伝に「中間十年」（十年たったの意）がある。これを参考にすると、「中間歴年」は二つの時点の「間隔」が「歴年」と解せざるを得ない。

「身は台輔に処り」の「台輔」は三公・宰相のことである。ただし、諸葛恪が三公の一つ「太傅」になったのは、孫権の死（252年四月）の翌月であり、翌253年十月には誅殺されている。実質一年半で、「歴年」のイメージとは合わない。ちくま学芸文庫の訳は「宰相輔弼の任にあたって、長い年月権勢を振うことができました」であり、『《三国志》今注今訳』（湖南師範大学出版社、1991年）の今訳は「身処　最高官爵、経歴　年歳長久」とあって、ともに長年と解している。

そこで「台輔」の意味を少し拡大して「政府中枢」の意味にとってみよう。諸葛恪は245年、宰相陸遜が死去すると大将軍に昇進し、軍事面の第一人者となったので、この時を起点とすると、253年の死まで「足かけ九年」ということになる。

g　又表「（董允《とういん》）内侍-歴年、翼賛-王室」　〈蜀志九〉

尚書令の蒋琬が、益州刺史となり、後任に董允を推挙したときの上表文。

「内侍(宮中に供奉)歴年」とは何年ぐらいか。蒋琬は、234年八月の諸葛亮の死に伴って尚書令になったあと、すぐに益州刺史になっているから、上表文は234年のもの。董允が内侍した起点を、後主《こうしゅ》の即位に伴って黄門侍郎《じろう》となった223年とすると、内侍期間の「歴年」は足かけ十二年となる。

以上で「歴年」全用例の検討を終わった。a～gは「足かけ五年～十二年」となる。古田氏はbを足かけ八年とし、eの足かけ七年との二例だけ挙げて、「歴年」は七、八年を指すとされたが、それよりは幅のある年数を指している。ただし「歴年」の使い方には特徴があり、もっと限定することが可能だ。

歴年は七年～九年

「歴年」は重々しい表現であるうえ、二字ですむため、上表文や詔書など、四字主体でまとめていく「形式重視」の朝廷文書に多用されている。「歴年」の全十四例（うち、年数の幅を示すものが十例、その中でも幅が限定できるa～gが七例）のうち、次の十例がそれにあたる。

〔上表文などの歴年……形式重視、四字句〕

「歴年数百」「歴年滋多」「歴年未幾」「前後歴年・二十二載」「▲漸漬歴年」

a　引領歴年（＝十年）　　b　兵興歴年（＝九年）

d　前後討伐、歴年不禽（＝五年）　　f　中間歴年（＝九年）　　g　内侍歴年（＝十二年）

▲は具体的な年数が不明のもの。ここでは「歴年」はすべて四字句を構成していて、形式重視の文章を作るのに便利であることがわかる。そのため「九～十二年」という長めの年数が多いほか、「五年」という最短の年数にも使われている。年数の幅が広がる傾向がある。

全十四例のうち、問題の「倭国乱　相攻伐　歴年」と同じ「地の文」は、次の四例にすぎない。

▲時　繋囚千数、至有歴年。　〈魏志二二〉

▲会稽山賊　大帥・潘臨、旧　為所在　毒害、歴年不禽。　〈呉志一三〉

c　権、沈吟者　歴年。後遂　幽閉・和。　〈呉志一四〉

e（呂岱）初在・交州、歴年　不餉家、妻子・飢乏。　〈呉志一五〉

cは九年以内、eは七年である。したがって、倭人伝の地の文である「相攻伐・歴年」の期間は、足かけ「七～九年」の可能性が最も高いと見なすことができよう。

女王国の始まりは150年頃

倭国の戦乱は「歴年」（七～九年）で収まり、卑弥呼が王となった。その時点はいつか。卑弥呼が初めて魏に使いを送った景初二年（238）以前であることは確かだが、朝鮮の史書『三国史記』を見よう。

○夏五月　倭女王　卑弥乎　遣使来聘《へい》。　〈新羅本紀、阿達羅尼師今〉

卑弥呼の「呼」が「乎」となっているが、同一人物である。「阿達羅尼師今」の「尼師今」とは「王」の意味。『三国史記』は1145年の成立だが、阿達羅王の二十年に卑弥呼が遣使したと記録している。「阿達羅王の二十年」は西暦173年になるが、これでは余りに早すぎる。卑弥呼は正始八年（247年）までは生きていたから、在位七五年という世界史的にも例のない長さになる。新羅王朝の開始を実際より古く見せるため、干支一巡の六十年繰り上げたのであろう。実際は233年となる。

『三国史記』では卑弥呼遣使の記事はこの一回だけなので、卑弥呼の朝鮮半島への最初の遣使であろう（倭人伝でも、卑弥呼の魏への最初の遣使記事が特記されている）。当時、朝鮮半島を支配していた遼東半島の公孫淵へ、卑弥呼は即位後あまり間をおかずに遣使したはずだから、卑弥呼の即位は233年か、前年の232年と考えてよい。

朝鮮半島へ渡るには、太陽暦で十月から翌年の四月までは北西の風が強く、八月、九月は台風のシーズンなので、五月から七月が適した時期である。魏への最初の遣使（238年、戦中の使者）も、帯方郡に六月（太陽暦でほぼ七月）に着いている。233年の朝鮮半島への遣使は五月（太陽暦でほぼ六月）となっているので、渡航シーズン到来を待ちかねて卑弥呼が遣使したのであろう。卑弥呼の即位は232年七月～233年四月頃（太陰暦）であったと考えられる。

仮に即位が233年として、「歴年」を七～九年（満で六～八年）、「七八十年」を七五～七七年（満で七四～七六年）とすると、233年から満で「八〇～八四年」を引いた西暦「149～153年」が女王国の始まりの年となる。朝鮮半島への遣使が232年なら、1年ずれて「148～152」年となる。この二つを合わせた可能性の幅は、「148～153年」である。「150年前後」と見てよい。

3　後漢書「桓霊の間」と梁書「霊帝光和中」

後漢書の「桓霊の間」

女王国の建国が150年前後となると、「倭国乱」の開始時期はその「七、八十年」後だから、220年代の中頃から230年代初めとなる。魏・蜀・呉の三国が出そろったのは222年であり、三国時代初めの混乱期と重なる。ところが、通説は二世紀半ばに「倭国大乱」があったとしている。これは後漢書と梁書の記述をミックスした理解である。

まず後漢書をみよう。魏志倭人伝と並べて比較する。

〔後漢書〕

桓霊間　倭国大乱　更相攻伐　歴年無主。有一女子、名曰　卑弥呼。

年長不嫁、事鬼神道、能妖惑衆。於是　共立為王。

（桓霊の間、倭国大乱、更《こもご》相攻伐し、歴年、主無し。一女子有り、名づけて曰く、卑弥呼。）

（年長じても嫁せず、鬼神道に事え、能く衆を妖惑す。是に於いて共立して王と為す。）

〔魏志倭人伝〕

其国　本亦　以　男子-為王、住　七八十年、

倭国乱　相攻伐　歴年　乃-共立　一女子　為王。名曰　卑弥呼。

事 - 鬼道　能 - 惑衆。年已 - 長大、無 - 夫婿、有 - 男弟　佐 - 治国。
(其の国、本亦、男子を王と為すを以て、住まること七、八十年。)
(倭国乱れ、相攻伐すること歴年、乃ち一女子を共立して王と為す。名づけて曰く、卑弥呼。)
(鬼道に事え、能く衆を惑わす。年已に長大になりても夫婿《ふせい》無し。)

原文を比較すると、後漢書が魏志の文章をアレンジして、自分のリズムを作り出していることがよく分かる。魏志が三字主体になっているのを、後漢書の范曄は四字主体にした。三字の「倭国乱」を自己流の解釈で四字の「倭国大乱」としたので、それに後続の文章を合わせたからである。

「更相攻伐」の「更」は「かわるがわる、たがいに」という意味で、「相」と重なる不要の文字であるし、「鬼神→鬼神道」「惑衆→妖惑衆」にも同じことが言える。

「桓霊の間」とは

「桓霊の間」とは、後漢の桓帝（146〜167年十二月）と霊帝（168年一月〜189年）の間であり、167〜8年前後を指す。これが大乱の始まった時期だと後漢書は述べている。

ところが、通説は「桓霊の間」を「桓帝と霊帝の全期間」ととって、「146〜189年」の足かけ四四年が「大乱の期間」とする。この通説は『後漢書』自体を誤読している。「桓霊の間」は「桓帝と霊帝の交代時期」としか取れないからである。この点を論証しよう。

後漢書の「東夷列伝」と「烏桓鮮卑列伝」から、帝名による年代表現を挙げる。

○「桓霊失政」「昭帝時、烏桓漸強」「宣帝時、稍 - 保塞　降附」
　「及明（帝）・章（帝）・和（帝）三世、皆　保塞 - 無事」〈烏桓伝〉

○「明（帝）・章（帝）二世、保塞無事」「桓帝時」〈鮮卑伝〉

「△帝の時代」を表すには「△帝時」という表現が使われている。この「時」は、その帝の治世全体では必ずしもないが、ある程度は幅のある年代を指しているのが、「烏桓漸強」といった語句からうかがわれる。二人または三人の帝の治世全体を指すには、「明・章・和三世」「明・章二世」という表現が使われている。「桓霊」の全期間なら「桓霊二世」または「桓霊時」となるところだろう。

次は「△×之間」の『後漢書』唯一の例。

α　質・桓之間、復犯　遼東・西安平、殺 - 帯方令、掠得　楽浪太守 - 妻子。〈後漢書、高句驪伝〉

「質・桓之間」は「殺 - 帯方令、掠得　楽浪太守 - 妻子」という一過性の事件から、質帝〜恒帝の全期間（145〜167年）ではあり得ない。二帝の交代期である146年頃を指している。

表〈後漢の帝一覧〉

光武帝	25〜　57年	**順**帝	125〜144
明帝	57〜　75	冲帝	144〜145
章帝	75〜　88	**質**帝	145〜146
和帝	88〜105	**桓**帝	146〜167
殤帝	105〜106	**霊**帝	168〜189

安帝　106～125
少帝（北郷侯）125
少帝（弘農王）189
献帝　189～220

魏志「烏丸鮮卑・東夷伝」でも「△×之間」は高句麗伝の二例だけである。

A　至-殤・安之間、句麗王-宮、数寇-遼東、更属-玄菟。〈魏志、高句麗伝〉

B　順・桓之間、復犯-遼東。……殺-帯方令、略得　楽浪太守-妻子。〈魏志、高句麗伝〉

Aで「殤・安之間」とされている高句麗王・宮の侵攻は、後漢書によれば、殤帝即位（105年）と同年である和帝没年に始まり、安帝の初めには収まっている。殤帝と安帝の境目のあたりで、「数《しばしば》」侵攻したわけである。

Aから二十年近くたって高句麗は「復《また》」遼東を犯した。それがBであり、後漢書のαと同一事件である。Bの「順・桓之間」がαでは「質・桓之間」に書き換えられている。表から明らかなように、この二つの「△×之間」は実質的に同じ意味であり、146年頃を指している。

このように「△×之間」や「△×間」は、

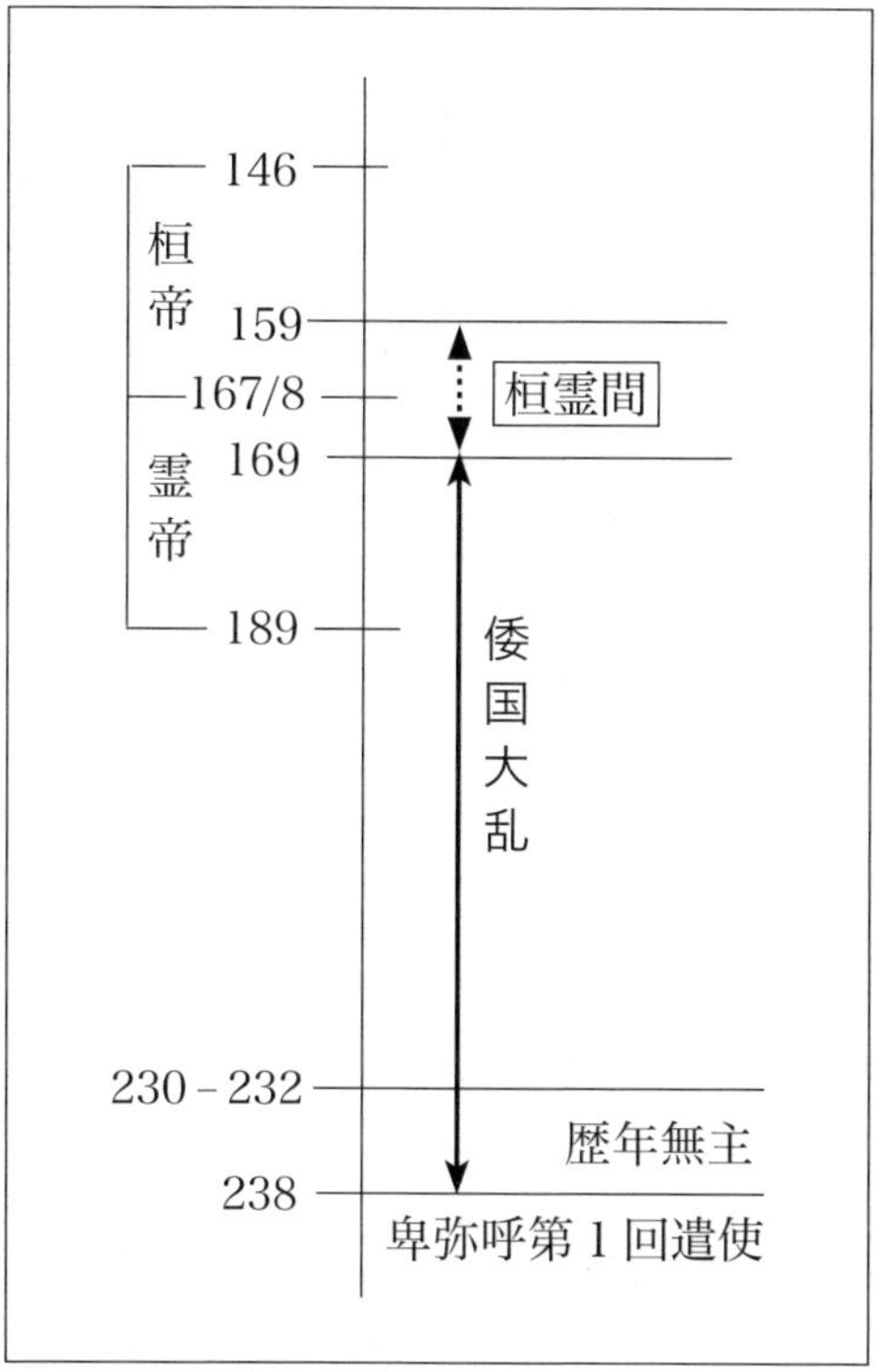

図11-1　後漢書の「倭国大乱」

二帝の交代時期を指す語法である。

後漢書は「桓霊の間」(167、8年の頃)に「倭国大乱」が勃発した、と言っている。(図11 - 1)

「桓霊の間」の算出法

「桓霊の間」が魏志倭人伝には載っていない独自資料に基づくと考える説も根強いが、これは成り立たない。先ほど挙げた「質・桓之間」「殤・安之間」「順・桓之間」のほかにも「桓・霊之末」「霊帝末」「霊帝初」「光武初」「昭帝時」「宣帝時」「明・章二世」など、帝名によって絶対年代を示す方法は、「建安初」「青竜中」「正始中」など年号による表示法とともに、中国史書ではありふれた年代表示法である。

もし「桓霊間」とある史料を基にしたとすれば、陳寿が「住・七八十年」のような、間接的な表現に書き直すことはありえない。陳寿は范曄よりも原史料に近い時代にいる上、史局のトップでもあり、後漢から三国時代の原史料の利用については、左遷中の范曄よりよほど恵まれた立場にあった。

倭国乱の始まりは一時点を指すから、「桓帝の末」とか「霊帝の初め」と言ったほうが正確である。それを「桓霊の間」という少しぼかした言い方にしているのも、范曄が「七八十年」という幅のある年数をもとに計算したからだ。

三国志の「烏丸鮮卑・東夷伝」には、「大乱」は全く使われていない。「漢末、天下大乱」(魏志、武帝紀)とか「帝室大乱」のように、王朝を揺るがすような乱にしか「大乱」は使われていない。しかし、後漢書が書かれた五世紀の南北朝時代は、すでに多元的王朝の時代。「大乱」はインフレ状態になり、夷蛮の倭の内乱にまで使われるようになったわけである。

「桓霊の間」という倭国大乱の起点を、范曄は次のように導き出したと考えられる。

卑弥呼が魏へ最初に遣使した景初二年（238年）までに卑弥呼は即位しているが、即位してすぐに遣使したとみて、まず238年を原点とし、「住七八十年」の「七八十年」を引く。「七八十年」（足かけ）を満で「六九年〜七九年」とすると、大乱の起点は「169〜159年」になる。

「桓帝〜霊帝」は「146〜167／168〜189年」で、交代年は167〜8年になるから、「桓霊の間」（＝桓霊の交代期）と少しぼかした表現にしておけば、外れることはあるまい。

これが范曄の推算で、明治時代に菅政友が《住七八十年を『後漢書』が「桓霊間」と改めたのは景初よりの推算である》と述べているとおりだ。ただし、「住まること七八十年」は、「男子を王と為す」の期間を表しているので、范曄は誤読したと言うしかない。

范曄の誤読はさらに続く。魏志倭人伝では「倭国乱、相攻伐、歴年」とあって、「倭国乱、相攻伐」の期間が「歴年」にあたる。ところが、范曄は「桓霊の間」に始まった「倭国乱」が「七八十年」も続いたとして「倭国大乱」と称し、その末期が「相攻伐＝歴年」（七〜九年）だととった。そして、戦乱状態がひどくなったこの時期は王がいなかったはずだと考えて、「歴年」を「無主」の期間に書き換えてしまったのである。（范曄が「歴年」を単に「長年」と解し、「七八十年」の大部分に当てた可能性もある。この場合は「相攻伐＝歴年＝無主」の期間は何十年にも及ぶことになる。）

梁書の「霊帝光和中」

梁書は「光和中」という絶対年代を持ち出す。〔 〕内は、魏志倭人伝の文をそのまま引用している。

○漢霊帝　光和中〔倭国乱　相攻伐　歴年　乃共立　一女子〕卑弥呼〔為王〕。
〔無夫婿〕、挟〔鬼道、能惑衆〕。故　国人-立之。　〈梁書、倭伝〉

魏志の「一女子　為王　名曰　卑弥呼」から、梁書は「卑弥呼」を「為王」の前に出す。「挟鬼道」の「挟」は「身に付ける」という意味。卑弥呼が「共立」された理由を「鬼道」の能力に求めている。

「漢霊帝・光和中」も、倭人伝の三字主体のリズムに同調しているが、この新たな句は原史料から引用したものではありえない。後漢書の「桓霊間」よりもさらに明快に「光和」という年号で絶対年代を示している史料があれば、陳寿が「住七八十年」という漠然とした表現に置き換えるはずがない。

梁書（６２９年成立）は、「住七八十年」を、語法どおり「男王の続いた安定期間」ととっている。ただ、その起点を、後漢書に書かれた「倭国王帥升の貢献」時点にしたのである。（図11-2）

○建武中元二年（５７年）倭奴国、奉貢朝賀す。……安帝永初元年（１０７年）倭国王帥升等、生口百六十人を献じて請見を願う。桓霊間（１６７年頃）、倭国大乱……　〈後漢書、倭伝〉

梁書は、魏志の「本亦、男子を以て王と為す」の「本」も、正しく「始まり」ととった。その上で、女王国建国の最初の男王を「帥升」と考えた。直前の「倭奴国」が「倭国」とは違う国名に見えること、男王の名前が登場するのは帥升が初めてであることを、推測の手がかりとしたのであろう。

１０７年から男王が続いた「七八十年」を、足かけ「七三～七七年」（満で七二年～七六年）とすると、倭国乱の開始時期は「１７９～１８３年」となり、霊帝の光和年間（１７８～１８４年）にすっぽり収まる。「七八十年」を帥升の107年から光和年間まで、と最初に解釈したのは内藤湖南であった。

「歴年」を足かけ「七年～九年」（満で六年～八年）とすると、「倭国乱」が終わり、卑弥呼が即位する最も早い年は185年（179＋6）、最も遅い場合は191年（183＋8）になる。

「倭国乱」は二世紀ではなく、三世紀が正しい。梁書の説では、卑弥呼の在位が六十年前後に及び、長すぎるという難点もあり、郡使が会ったとき「年已に長大だったが夫がいなかった」という倭人伝の表現にも合わなくなってくる。この場合の「長大」は「結婚していて当然の年齢に達している」という意味なので、むしろ女ざかりを指している（次節参照）。

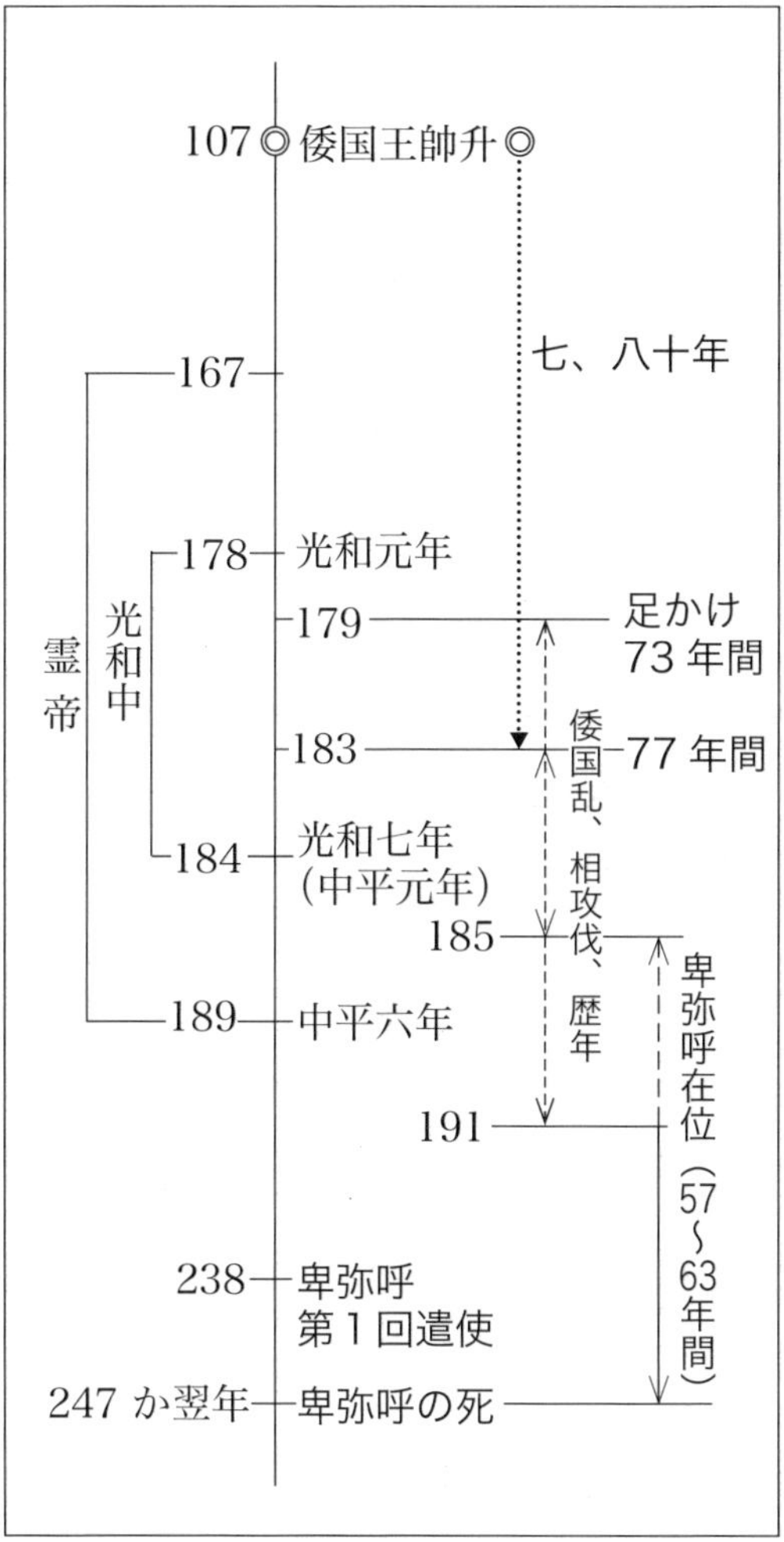

図11-2　梁書の「倭国乱」

4　卑弥呼の年齢

「長大」の全用例調査

卑弥呼の年齢については「年已に長大なるも、夫婿《ふせい》無し」と記されている。「夫婿」とは「夫」という意味だが、「長大」とはどのくらいの年齢を指すのだろうか。『三国志』から「長大」の全用例を洗い出すと、本文で十一例、ほかに裴松之の注に四例、あわせて十五例ある。

このうち、「年齢」を表している例は、本文では九例、裴注では三例、計十二例ある。

A　其俗　作-婚姻　言語-已定、女家　作-小屋　於-大屋-後、名-婿屋。……

至　生子　已長大、乃　将婦-帰家。〈魏志、巻三〇、高句麗伝〉

高句麗の風俗では、婚姻の約束ができると、女の家では母屋の後ろに小屋（婿屋）を建てて、同棲を許す。生まれた子が「已に長大」になると、婿は妻を連れて自分の家に帰る。この場合の「長大」は、手がかからなくなる二、三歳から、遅くとも五、六歳ぐらいまでであろう。

B　其（高句麗王の位宮の）曽祖　名-宮、生　能-開目-視、其-国人　悪之。及-長大、

果-凶虐、数-寇鈔、国　見-残破。〈魏志、巻三〇、高句麗伝〉

位宮の曽祖父の宮は、生まれてすぐに目を見開いて視ることができた。国人たちは気味悪がったが、宮は成長すると（長大するに及び）、果たして凶虐な性質をあらわし、しばしば侵略を行った。

この「長大」は、夷蛮の王が凶虐な行為をおこなえる年齢であるから、十四、五歳に達したというところか。それを実証するのが、裴注の次の例である。

C〔裴注〕号・檀石槐《かい》。長大・雄健、智略・絶衆。年十四五、異部大人　卜賁邑《ほんゆう》、鈔取　其外家（母の実家）牛羊、檀石槐　策騎・追撃、所向・無前、悉　還得・所亡。〈魏志、巻三〇、鮮卑伝〉

母は息子を檀石槐《かい》と名づけた。彼は成長すると（長大）、雄健で智略が衆に抜きん出た人物になった。十四五歳のとき、別の部族の大人の卜賁邑《ほんゆう》が、母の実家の牛や羊を掠奪したが、檀石槐は馬を駆って追撃し、向かうところ敵なし、悉《ことごと》く牛や羊を取り返した。ここでは「十四五歳」ですでに「長大」ということになる。Bの高句麗王・宮の場合も同じぐらいの年齢であろう。夷蛮の勇者は、早くから大人顔負けの力を発揮するから、「長大」の年齢も繰り上がるのである。

D〔裴注〕其（檀石槐の子の和連の）子　騫曼・小、兄子・魁頭　代立。魁頭　既立・後、騫曼・長大、与・魁頭　争国、衆遂・離散。〈魏志、巻三〇、鮮卑伝〉

和連が死んだとき、子の騫曼《けんまん》は幼かったので、和連の兄の子の魁頭《かいとう》が後を継いだ。騫曼が大きくなると（長大）、魁頭と国を争った、というわけである。この場合の「長大」も十四五歳ぐらいであろう。

E　後主　漸長大、愛　宦人・黄皓。〈蜀志、巻九、董允伝〉

後主《こうしゅ》は２２３年、十七歳で劉備（先主）の後を継ぎ即位した。Eは、いつの時点の話だろうか。

Eの直前に、尚書令の蒋琬が、後任に董允《とういん》を推挙したが、董允は固辞したという記事がある。２３４年（後主二八歳）のことだが、Eはそれよりもかなり前に起きたと考えられる。「後主はしだいに（漸）長大になり（成長し）、宦官の黄皓を愛するようになった」という原文の意味は、後主が二八歳以後のこととすると、不自然な感じがする。性的に成熟していく十代後半のことと解する方がふさわしい。

F　(楊) 恭　早死、遺-孤　未-数歳、(張) 裔　迎留、与-分屋　而居、事-恭母　如母。
恭之子息　長大、為之-娶婦、買　田宅-産業、使立-門戸。　〈蜀志、巻一一、張裔伝〉

張裔の友人の楊恭が早死にし、孤児はまだ数歳だったので、張裔はその子を引き取って、家を分けて住まわせ、楊恭の息子が成人すると、彼のために妻を娶ってやり、田地宅地を買い与え、一家を構えさせた。この「長大」も成人の意味で、男子としての結婚適齢期に達したという意味でもある。

『礼記』に「二十曰弱、冠」（二十を弱と曰い、冠《かんむり》す）とあって「弱冠二十歳」の語源となっており、男子の成人は公式には二十歳とされていた。

皇帝が一人前になる年齢

G　逮丕（曹丕＝魏の文帝）継業、年已長大、承操（曹操）之後、以-恩情　加之、用能-感義、今叡（曹叡＝明帝）幼弱、随人-東西。　〈呉志、巻七、諸葛瑾伝〉

古田武彦氏はこの例をもとに、「長大」は「三十代半ば」であるとした。この例を再検証してみよう。

「丕《ひ》の、業を継ぐに逮《およ》び」とは建安二五年（２２０）正月に魏王・曹操が亡くなって、曹丕（文帝）が三四歳で丞相と魏王を引き継いだことを言っている。（その年の十一月には曹丕が帝位についている。）しかし、古田氏が「年已長大」を「三四歳ごろ」と固定して解釈したのは、間違いである。

Gは、呉の孫権が魏の三代を評した長文の一節である。孫権は、曹操の力量を非常に高く評価し、曹丕は曹操の万分の一にも及ばず、曹叡（明帝）はさらに劣るとした。「曹丕が曹操のあとを継いだ時は、すでに立派な大人になっており、曹操のやり方を継承しつつ、（手腕の劣る所は）恩情を加えることによって、武将たちの能力を生かし、彼らに恩義を感じさせた。ところが現在、曹叡は幼弱で人の言うままになっている。」だから、現在の魏は恐れるに足らず、というのが孫権の見解である。

「幼弱」と評された曹叡（明帝）は、即位した226年には二三歳で、曹操や劉備と張り合ってきた孫権にはいかにも若造に見えたのであろう。三四歳で即位した曹丕の「年已長大」は、過去にすでに「長大」に達しているという意味になる。孫権からすれば、二十代後半から三十ぐらいが、皇帝としての「長大」、すなわち一人前の年齢ということになろう。

女子の結婚年齢

次は裴注の例だが、女子の結婚年齢に触れている点で卑弥呼の「年已長大」と共通する。

H　〔裴注〕建衡二年、至‐奮（＝孫奮）之死、孫晧‐即位、尚猶‐未久。若‐奮　未被疑‐之前、児女　年二十左右、至‐奮死時、不得　年三十‐四十也。若　先已長大、自失‐時　未婚娶、則　不由‐晧（＝孫晧）之禁錮矣。

〈呉志、巻一四、孫奮伝〉

裴松之はHの前に『江表伝』を引用している。「孫奮《ふん》は、暴君の孫晧に、帝位を狙っていると疑われて監禁された。孫奮の息子や娘たちは結婚を禁じられ、ある者たちは三十や四十になっても配偶者が得られなかった。……結局、孫奮と子どもたちは、孫晧から与えられた毒薬を呑んで死んだ。」

これに対して、裴松之が、道理に合わない話だと反論したのがHで、次のように訳せる。
「建衡二年（270）に孫奮の死に至ったのは、孫晧の即位（264）からそれほど年数がたっていない。もし（即位以後）孫奮が疑われる前に、息子や娘の年が二十歳前後であれば、孫奮の死んだとき、彼らの年齢が三十や四十になるはずがない。もし、（即位より）先に彼らが長大（成人＝二十歳前後）になっていれば（孫奮の死んだときに彼らが三十、四十になるのは可能だが、その代わり）、彼らは自分で婚期を逸したのであって、孫晧が監禁（禁錮）したことに原因があったのではない。」

ここでは「長大」が「年二十左右（＝前後）」と同じ意味で使われている。

女子の成人については『周礼』に「女　二十而嫁」とある一方、「婦人　十五而嫁」（韓非子）ともされる。矛盾しているようだが、『礼記』「内則」の「十有五年　笄」の原注に「女子‐許嫁　笄而字、其未‐許嫁、二十‐則笄」とあるのがわかりやすい。女子は十五歳になれば許嫁となることが可能で、笄《こうがい》を挿し字《あざな》をもらうことができるが、許嫁にならなかった女子でも、二十歳になれば笄を付けて成人扱いされる。つまり、女性の適齢期は十五歳から二十歳までで、二十歳で成人扱いなのである。

「長大」とは一人前に成長することであり、文脈によって、子どもから三十歳ぐらいまで幅がある。卑弥呼の「年已長大、無夫婿」は、「卑弥呼は、結婚して当然の二十歳を既に過ぎていたのに、結婚していなかった」という意味なのである。

卑弥呼の即位の年齢

「年已長大、無夫婿」は、二十歳をすぎて十年以内が自然だ。年数が経つと、夫と死別する例も増えてくる。

卑弥呼の「年已長大」はどの時点の年齢なのか、調べてみよう。

①乃共立　一女子　為王。名曰　卑弥呼。事鬼道　能惑衆。

②年已長大　無夫婿、有男弟　佐治国。

③自-為王　以来、少-有見者。以-婢千人　自侍。唯有　男子一人、給飲食　伝辞出入。

①は即位時点であるが、③は「王と為りて自《よ》り以来」とあるから、明らかに即位から年月がたっている。①と③の間に年月がたったことを示す表現が「年已長大」である。①で「卑弥呼、事鬼道、能惑衆」と続いた三字のリズムを、②で「年已長大」と四字を入れてリズムを変えたことも、その印象を強める。

③には「婢千人を侍らせていた」などかなり詳しい情報も書かれているので、実際に卑弥呼に会った帯方郡使の報告に基づいているはずである。女王がどんな人物であるかは、魏が真っ先に知りたい重要情報なので、２４０年の最初の郡使・梯儁の報告と考えられる。

卑弥呼が「長大」して二十歳に達したのは、①の即位（前述のように２３２年か２３３年）と、③の２４０年の報告との「中間の年」である。①の「一女子」という言葉がカギだ。

「本亦男子を以て王と為し」のように「男子」は男性一般を表すこともあるので、「女子」も女性一般を表すことがあると考えられているようだが、「女子」は成熟した女性にはあてはまらない。

○女子、年十五、敢えて人に事《つか》えざること毋《なか》れ。　〈墨子〉

女性は十五になればもう子供ではないから、父母に仕えるか夫に仕えるか、誰かに仕えることになる。次の例は「男子」と「女子」が必ずしも対ではないことを示している。

○男子は婦人の手に死なず。婦人は男子の手に死なず。　〈礼記、喪大記〉

男女の別を重んじた言葉。成熟した「男子」と対になるのは「婦人」である（「婦」は既婚女性）。『三国志』では「女子」は、卑弥呼に使われたほかは、次の二例しか出て来ない。

○箭、樹間従り、数歳の女子の手に激しく中《あた》る。　〈魏志、巻二九、管輅伝〉

「女子」は幼い女の子である。

○男子‐当戦、女子‐当運、発兵‐何疑。　〈蜀志、巻一一、楊洪伝〉

男子は戦闘に当り、女子は輸送に当るべきで、徴兵に何のためらうことがあろうか。女性も徴兵の対象であり、一家の主婦が抜けては家庭が崩壊するから、この場合の「女子」も未婚の娘である。

「一女子」である卑弥呼の即位時の年齢は、十代と思われる。女性が神懸かりになる能力が最初に見つかるのは思春期であり、数え年では十二歳〜十八歳ぐらいだ。ジャンヌ・ダルク（１４１２〜１４３１年）は十四歳のときに天啓を受け、十六歳で活動を始め、十九歳で刑死した。

卑弥呼の一族の娘「壹与」が女王に擁立された年齢は、十三歳である。「能く衆を惑わす」能力が注目されるには、ある程度の経験と年月も必要だから、卑弥呼の即位時の年齢は、壹与の十三歳よりはいくらか高いと見たほうがよさそうだ。卑弥呼の即位を２３３年で十五歳〜十七歳、死去を正始八年（２４７）とすると、彼女は二九〜三一歳の女盛りで亡くなったことになる。

第Ⅻ章■天孫降臨の山

1　女王国の始まりと国内伝承

御井と貴倭

魏志倭人伝を原文どおり読んでいった結果、邪馬壹国は筑後川河口の福岡県側にあり、女王の都は久留米市の高良山にあるという結論に至った。（第Ⅷ章）

高良山は、耳納《みのう》山地の北端が筑後平野に突き出した山で、筑後平野を一望に見渡せる。標高は三一二メートルにすぎないが、実際に訪れてみると意外に懐が深く、大きく感じられる。それもそのはず、古墳群や中世の大伽藍跡もあり、江戸末期まで二六の寺、三六〇坊の建物が存在していた。

その中心が、標高二〇〇メートル余りにある高良大社で、筑後国一の宮である。卑弥呼の宮殿にふさわしい広い敷地があり、「城柵」の跡とみられる「神籠石《こうご》」が周囲を取り巻いている。高良大社の展望台から眺めると、筑後平野を縫うように流れている筑後川が、白く光って見える。万葉集の枕詞「白縫《しらぬひ》筑紫」の由来と考えられる。

高良山の神籠石はほぼ尾根伝いに作られており、最も奥にある高良大社の下は崖になっているが（今は石段で登れる）、そこから北谷水門に向かって谷が走っている。外敵に対して谷の入口を防げば、あとは尾根が天然の要害となるという点で、魏代の高句麗の首都・丸都の山城（丸都山城）と地形的によく似た構造をもつ。（図参照）

高良山の行政地名は御井町《みいまち》であり、古代の御井郡の中心地である。高良山の山頂に近い「奥宮」には霊水が湧く井戸がある。この「井《ゐ》」は「倭《ゐ》」と同音であり、「倭」は和語の「井《ゐ》」を漢字に移したものと考えられる。水を確保する「井」は古代では最も重要なものの一つだからだ。丸都山城にも「飲馬池」という湧水があった。

倭人は女王国の「井」(=倭)に尊称を付けて「御井《みゐ》」と呼んでいたのだろう。この「井」(=倭)が女王国の支配下の国々を含む「倭」としても使われた。ちょうど、近畿の一地域を表していた「大和」が、日本全体を表すことになったように――。「御」は中国語では「御する」といった意味で、尊称の意味はない。「御井」を中国語に移したものが、日本書紀の百済系史料によく出て来る「貴倭」である。神功皇后紀では、壹与のことを「貴倭の女王」と記している(北野本ほか)。

このように、魏志倭人伝の「女王の都する所」は、国内史料にも確実に痕跡を残している。

天孫降臨と近畿王朝

魏志倭人伝が記述している「倭国」とは、北は対馬から南は琉球圏におよぶ「九州」であり、「筑紫の山」(邪馬《やま》壹国)を「都」とする「九州王朝」である。

記紀神話の「天孫降臨」では、「高天原」(天国《あま》)の天《あま》照大神から派遣された孫のニニギが、軍団を率いて同じく「筑紫の山」へ移り、そこを「都」としている。「アマ王朝」の始まりである。
○(ニニギ)竺紫の日向の高千穂のクシフルタケに天降り坐《ま》す。〈古事記〉
ニニギの息子の穂穂手《ほほた》(=田)見《み》も、同じ地を都として五百八十年も「高千穂の宮」にいたとされる(古事記)。「筑紫」に建国された王朝は、数百年、少なくともニニギと穂穂手見の「男王」二代にわたって、同じ「筑紫の山」のクシフルタケを「都」としていた。この「アマ王朝」が、魏志倭人伝に描かれた「九州王朝」と同一王朝であるのは言うまでもない。「天孫降臨」の山は邪馬《やま》壹国にある「女王の都」と同じ山であり、クシフルタケは高良山である。

天照大神の本拠である天国（アマ国）は、出雲、筑紫、新羅へ、経由地なしに直接行ける海域にある。天つ神たちの行動範囲はこの三つの領域に限られている。したがって、天国の中心は対馬・壱岐と考えられる。中でも対馬には、天照大神を祀る最も古い神社「阿麻氏留《あまてる》神社」がある。

古田武彦氏は、阿麻氏留神社の氏子総代の古老から、「アマテル大神は、神無月（旧暦十月）に出雲へ参られる神々の中で、最後に参られて、最初に帰ってくる」という伝承を記録している（『古代は輝いていたI』）。アマ国の女王、天照大神は、出雲王朝の臣下ではナンバーワンという位置づけである。

アマ国が、朝鮮半島伝来の金属製武器を貯えて、出雲王朝に権力の移譲を迫ったのが「国譲り」であり、その結果、天照大神の孫のニニギが「天孫降臨」して九州本島に「アマ王朝」を開いたわけである。

近畿王朝は、アマ王朝（九州王朝＝倭）の血筋を引いた神武が、近畿に開いた分王朝であると、記紀神話は主張している。初期の天皇名には、次のように「倭」や「大倭」を付けた名前が目立つ。

○神倭イワレ（初代、神武）　○大倭日子スキトモ（四代、懿《い》徳）
○大倭タラシ日子国押人（六代、孝安）　○大倭根子日子フトニ（七代、孝霊）
○大倭根子日子国クル（八代、孝元）　○若倭根子日子大ビビ（九代、開化）

注目されるのは、「根子」のように、「分国の王」であることを表した名前が見られる点である。幹は一つだが、根はいくつにも分かれて幹を支える。そういうイメージだ。九州王朝の「分王朝」にふさわしい名称である。

写真-1　高良大社

写真-2　高良玉垂宮の額

写真1、2、4
横山妙子氏 撮影
写真3
著者撮影

写真-3　高良大社から眺めた筑後川と筑後平野

写真 -4
神籠石の遺跡

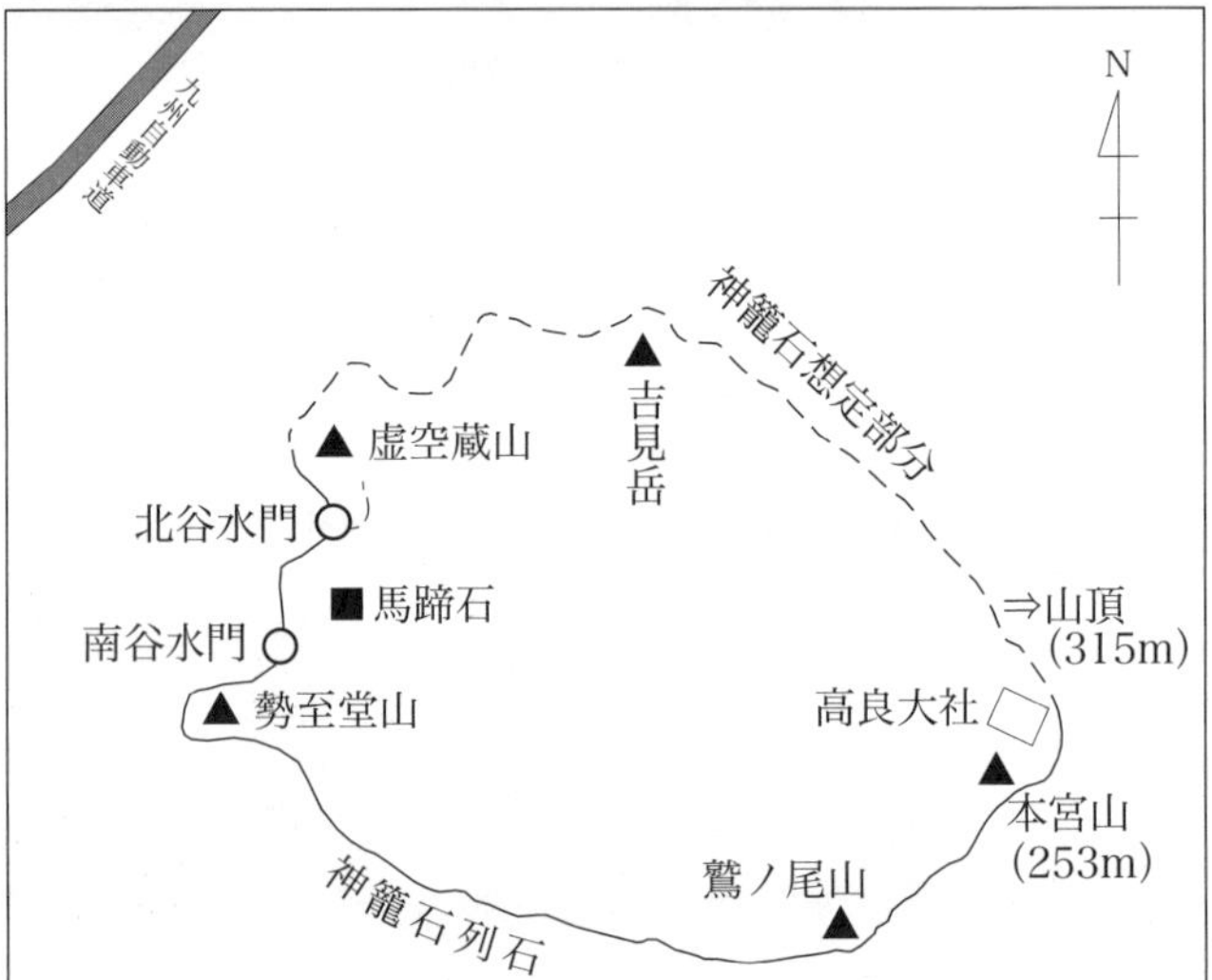
九州自動車道
N
神籠石想定部分
吉見岳
虚空蔵山
北谷水門
馬蹄石
南谷水門
勢至堂山
⇒山頂
(315m)
高良大社
本宮山
(253m)
鷲ノ尾山
神籠石列石

玉垂命と神無月

ニニギがやってくる前の高良山には、当然、筑後平野で信仰されていた神が祀られていたはずである。高良大社の古縁起は次のように伝えている。

高良山にはもともと「高木神」が鎮座していたが、高良玉垂《たまたれの》命が一夜の宿として山を借りたいと申し出て、高木神が譲ったところ、玉垂命は結界を張って鎮座した。

高木神は玉垂命に高良山を乗っ取られたわけであり、現在も高良山のふもとの高樹神社に鎮座している。玉垂命は素性のわからない神だが、当然ニニギが持ち込んだアマ本国（対馬）の神である。

天照は、もともとアマテル、つまり「アマ（海《あま》と天《あま》）に照る」日の神であり、その太陽神を祀る巫女的女王も同一視されてアマテルと呼ばれるようになった。天照大神の孫、ニニギが九州王朝を開いたことから、天照大神は九州王朝から大和王朝にかけて、天照大御神という最高神へとグレードアップされていく。天照大御神は最高神だから、高良山を乗っ取るような卑俗な説話に名前を出すわけにはいかない。そこで、アマテルに音の似たタマタル（玉垂命）が登場することになったと考えられる。対馬は「対海《たま》（＝玉）国」でもあった。

高良大社にはもう一つ、九州王朝にふさわしい伝承が残っている。十月は「神無月」だが、高良大菩薩は訳あって出雲には行かない。だから、筑後国では十月を「神有月」と言う。

神仏習合の影響で「大菩薩」となっているが、出雲王朝に「国譲り」を迫って九州に乗り込んできた「九州王朝」の神が出雲参りをしないのは当然である。十月は、秦から前漢の武帝の頃まで統一暦として使われた黄帝暦では「正月」にあたる。出雲王朝の新年の儀式に全国から神々（首長）が集まったのが「神無月」の伝承である。
（木佐敬久「神無月はなぜ十月か――出雲王朝の暦」『古代の風』２００７年四月号）

2　天孫降臨の謎を解く

浮橋と干潟、筑後平野

記紀の「天孫降臨」神話を読み解き、高良山とはどう対応するかを検証しよう。

○（ニニギは天照大御神らの命令で）天の浮橋に（於天浮橋）浮き締まり、反り立たして、竺紫の日向の高千穂のクシフルタケ（岳）に天降り坐《ま》す。〈古事記〉

ここは難解とされる。ウキジマリは、書紀本文の「立於浮渚　在平処」に「うきじまり、たひらにたたし」と訓注が付いていることから、「浮渚（＝島）在り」つまり「浮き島あり」がつづまったものとされているが、それでは文意がうまくつながらない。「渚」の本来の意味は中洲（小島）であり、「浮渚」とは、有明海の干潟の「小島」のような所をさしていると思われる。

書紀本文の「自　槵日‐二上‐天浮橋、立　於‐浮渚　在‐平処」は、漢文としては「槵日《くしひ》の二上の天の浮き橋自《よ》り、浮き渚《しま》に立ちて平処に在り」と読めば意味が通じる。

古事記のほうは、船をつないで桟橋代りにした「浮橋」をきちんと締めて（浮き締まり）、しっかりと立ち、そこから大地に降り立った、と解するのがよい。「天の浮橋」とはアマ国流の「浮橋」であり、干満の差が極端に大きい有明海の干潟から敵前上陸するには、必要不可欠なものと考えられる。

アマ国が九州本島に進出したのは、稲作に適した広大な筑後平野を手に入れたかったからである。

天照大神のモデルと思われる巫女的な女王の名前が、「大八島」の一つ「対馬」の「亦の名」（別名）として出てくる。天之《あま》狭手依《さたより》ヒメだ。「手」は天手力男《たぢからお》神のタであり「田」の意味である。対馬は朝鮮半島から最初に稲が伝来したが、魏志倭人伝に描かれているように田地が少ない。だから「狭田《さた》」を依り代とした巫女的な女王の名が「天の狭手依《さたより》ヒメ」である。隣りの壱岐は「やや田地有り」とあるとおりなので、記紀には「長田」として出てくる。その壱岐にしても「田を耕すも猶、食するに足らず」なので、筑後平野に進出したのである。

ニニギ（ホノニニギ）は「穂のにぎにぎしい」、その息子の「穂穂手見《ほほたみ》」も「穂穂田ミ（＝神）」の意味であり、稲の豊作を象徴した名前である。

日向は日ナ田

「竺紫の日向の高千穂のクシフル岳」で肝心なのは、「筑紫の日向」とある以上、この日向は筑紫（福岡県）の中にあるということだ。この筑紫を九州島全体ととるのは無理である。「筑紫の豊」「筑紫の肥」といった表現は登場しないからだ。「日向」を「日向国」ととるのも無理である。「日向国」の成立は律令体制確立に伴うもので、大宝律令施行の702年以降である。

「日向」という地名は、北部九州だけで二十八もある。読み方もヒュウガ、ヒムカのほかにヒナタがある。古田武彦氏は「邪馬壹国＝博多湾岸」説に立って、糸島郡と博多湾岸との接点にある「日向峠《ひなた》」を遺称地とされたが、筑後にも「日向神社《ひゅうが》」（八女市黒木町北大渕）がある。高良山の東南にあり、旧八女郡に属す。「天照大神の母が、日向の国から神馬を駆ってこの地に飛来した」というのが神社の由来だ。近くには「日向神」と書いてヒュウガミと読む地名が古くからあり、「日向神川《ひゅうがみ》」「日向神岩《ひゅうがみ》」「日向神峡」「日向神ダム」の名前のもとになっている。

「筑紫の日向」は、本来はヒナタと思われる。ヒナタは「日の夕」という意味で、この夕はカナタ（彼方）、コナタ（此方）の夕、つまり場所を示す接尾辞でもあるが、「田」ととる方がよい。

高良山の東へ筑後川を遡ると、日田《ひた》盆地が広がっているが、続日本紀には「日田は、以前は日向といった」と書かれている。この場合の「日向」は「ヒナタ＝日の田」（↓日田）と解する方が理にかなう。

高良山一帯は、太陽神の天照大神を信仰するアマ国が、稲作に適した広大な筑後平野を手に入れようと進出してきた場所であるから、筑後平野一帯を「日の田」と呼ぶのは実にふさわしい。九州王朝の勢力拡大に伴い、「日の田」は筑後川沿いに日田盆地にまで広がったのである。（図12-1）

天孫降臨地の比較

記紀の天孫降臨地を比較してみよう。日本書紀には本文のほかに、書名を伏せた「一書」群がある。＊の付いた2と6は古事記系（九州王朝系）、1と3〜5は日本書紀系（大和王朝系）である。

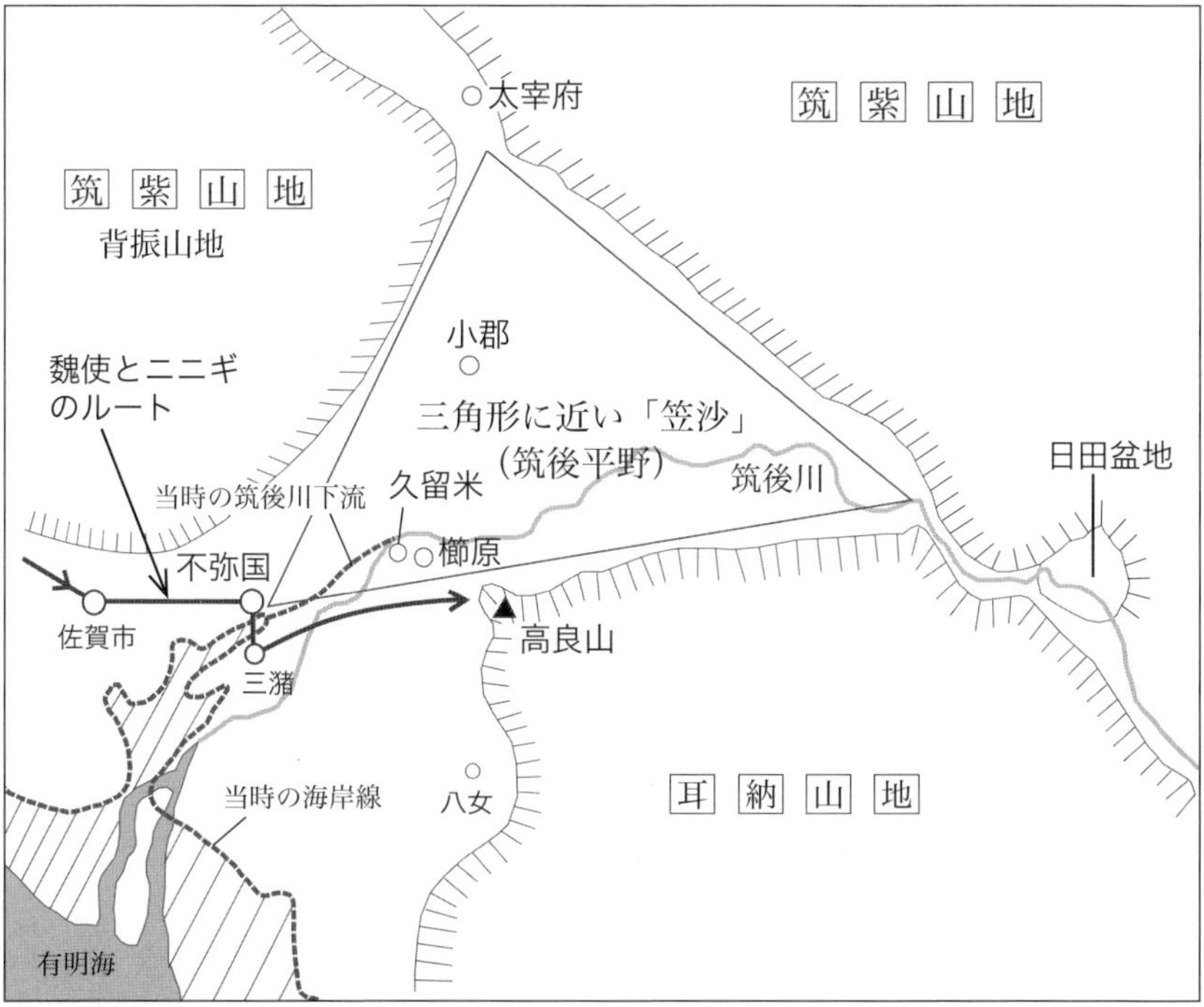

図 12-1　筑後平野をめざしたニニギ

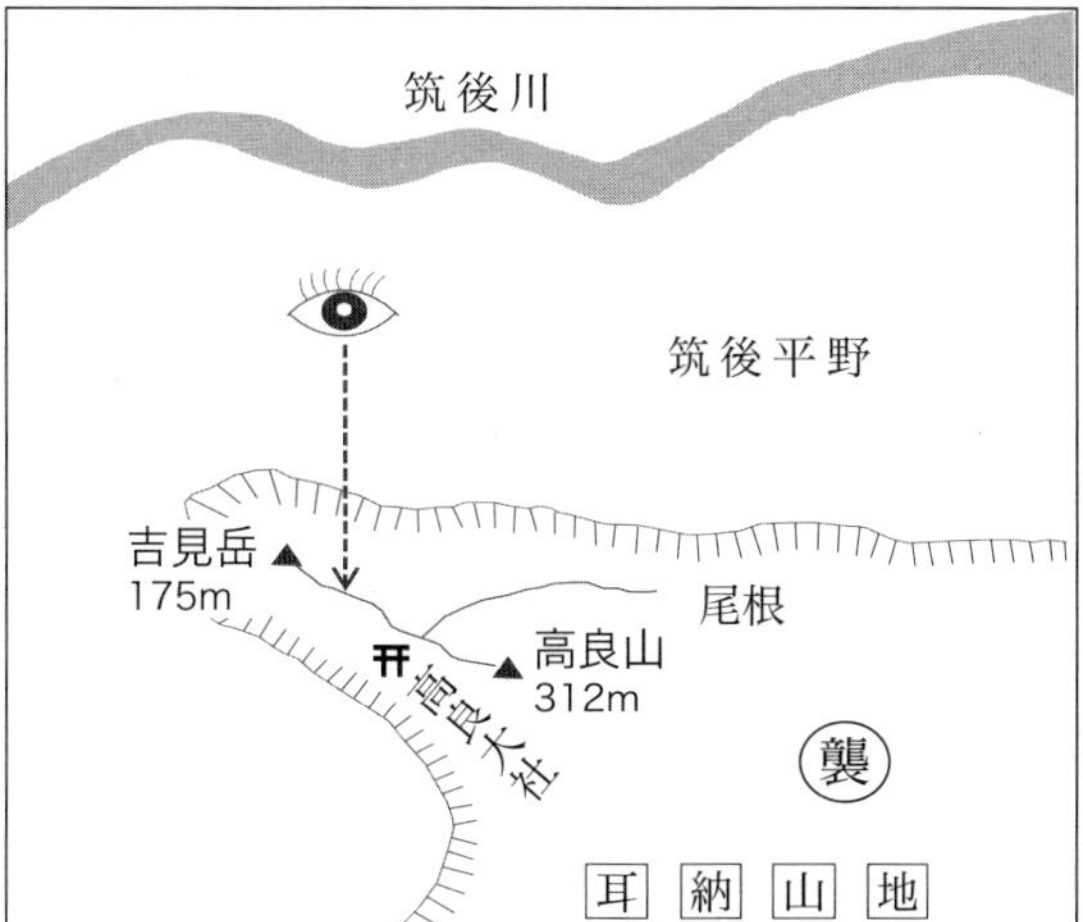

図 12-2　高良山が「二上の峯」に見えるわけ

1　〔書紀本文〕日向の襲《そ》の高千穂峯（に天降りす。……槵日《くし》の二上の天の浮橋自《よ》り立於浮渚在平処〔浮キジマリ平ラニ立タシテ〕……吾田の長屋の笠狭碕に到る。）

＊2　〔一書第一〕筑紫の日向の高千穂のクシフルの峯

3　〔第二〕日向の槵日《くし》の高千穂の峯

4　〔第四〕日向の襲の高千穂の槵日の二上峯（の天浮橋に到り、立於浮渚在平地《浮き渚《じま》に立ちて平地に在り》……吾田の長屋の笠狭の御碕に到る。）

5　〔第六〕日向の襲の高千穂の添《そほり》の山の峯（……吾田の笠狭の御碕に到る。）

＊6　〔古事記〕（天浮橋に浮き締まり反り立たして）竺紫の日向の高千穂のクシフルタケに天降り坐《ま》す。

「襲《そ》」が出てくるのが三つ。ソは、阿蘇や曽於郡（鹿児島県）、木曽（長野県）、木曽山（宮崎県日南市）、木曽野（島根県津和野町）、曽地峠（新潟県）などに表れているように「山地」を示す。「高千穂の峯」は「高く秀でた峯」という意味の普通名詞で、固有名詞ではない。

クシフルを使っているのは古事記系の6と2であり、1、3、4はクシ日とする。クシフルとクシ日に共通する「クシ」は「串」であろう。筑紫《ちくし》の原形となったチクシ（千串）は海に数多く突き出た陸地で、元は博多湾から糸島半島にかけての地形をさすが、平野に突き出た陸地（山地）もクシである。実際に高良山は、耳納山地が西北に突き出した「串」のような山地である。

関連地名では、高良山の西北に櫛原町《くしはらまち》があり、櫛原天満宮がある。西へ流れてきた筑後川が、久留米市で西南へ向きを変えるあたりの左岸にあり、西鉄櫛原駅から徒歩三分。和名抄には、高良山のある御井郡に「節原」が載っており、「櫛原」の間違いとされている。

クシフルのフルは「集落」の意味で、朝鮮古語のフル、ブルと共通する。壱岐に多い「○○触《ふれ》」や、北部九州に多い「○○原《ばる》」も同じ系統である。「櫛原」の「原」も同じ。高良山（312メートル）は一大集落でもあった。一書第六のソホリ（添）は朝鮮語で「都」という意味であり、ニニギと卑弥呼の都であった高良山にぴったりの言葉である。

「二上《ふたかみ》」（書紀本文、一書第四）は、峰が二つ並び立つという意味である。（図12-2）

高良山を構成する五つの峰で目立つのは、主峰の高良山（正式には毘沙門岳、312メートル）と、尾根続きで北西にある吉見岳（175メートル）で、その中間に高良大社がある。吉見岳は、秀吉も九州征伐の際に陣を張った重要な峰だ。吉見岳は高良山よりだいぶ低いが、筑後川方面の筑後平野から南を見ると、吉見岳のほうが右手前にあるので、二つの峰はほとんど同じ高さに並び立って見えたはずである。

「日向《ひなた》＝日の田」は最初、筑後平野をさしたが、アマ王朝の拡大に伴い、日田盆地など山地にも広がった。「日ナ田の襲」は「筑後平野にくっついた山地」というイメージである。

高良山は、古事記の「筑紫の日ナ田の高千穂のクシフル岳」でも十分荘厳な印象だ。日本書紀系の1、4、5になると、ソや二上やソホリ（都）と多彩な修飾語を取り込んだ反面、「筑紫の」を省いて「日向」を「日向国」と錯覚させようという意図が露わである。「筑紫の」を省いた点では3も同じだ。

笠沙の御前

古事記では、天孫降臨の地でニニギが次のように語る。

○此の地は「【韓国《からくに》に向かいて真来《まき》通り、笠沙の御前《みまえ》にして、朝日の直《ただ》刺す国、夕日の日照る国】也。故《かれ》、此の地は甚《いと》吉き地。」と詔《の》りて、底津石《いわ》根に宮柱ふとしり、高天原に氷椽《ひぎ》(＝千木)高知りて坐《ま》しき。

【】内は、古田武彦氏の指摘のように、六字一句の詩の形になっている。後半はきれいな対句だ。

向韓国 - 真来通　　笠沙之 - 御前而
朝日之 - 直刺国　　夕日之 - 日照国

従来「此の地は韓国に向かい、笠沙の御前《みさき》(笠沙岬)を真来《まき》通りて」(此地者 - 向韓国、真来通 - 笠沙之 - 御前而)と読んできたのは間違いであり、解釈に難渋してきたのは当然である。

「韓国に向かって真っ直ぐに通っている(真来通り)」とは、魏志倭人伝で見たとおり、高良山と唐津を結ぶ「佐賀ルート」が韓国に至るメインルートだからだ。

問題なのは「笠沙の御前」である。地名語尾のサ(沙)は、「土佐、宇佐、若狭、稲佐の浜」など海岸の地名に多く、川筋の平野部をさすと考えられる。

「笠」は、笠のような地形の意味。現在の地図で見ると、筑後平野は笠の形からは遠いが、筑後川などの河川が土砂を運び平野が広がったからだ。弥生時代の有明海はかなり北に広がっていて佐賀市の近郊まで迫り、筑後川の河口から久留米市の南部までは広大な湿地であった。当時の筑後平野は筑後川に沿って東西に広がり、小郡市付近から筑紫山地の隘路に向けて北に盛り上がって、ちょうど笠の形のようになる。「笠沙」とは、筑後川の

川筋に広がる「笠状の筑後平野」なのである。（図12-1）

「御前」は文字どおり「前」である。天孫降臨のルートは魏使と同じ「佐賀ルート」だ。従来から佐賀県には「佐賀（古くは佐嘉）」や「三根《みね》」など、対馬と対応する地名が目立つと指摘されているが、天孫降臨の「佐賀ルート」からすれば当然の現象といえよう。ニニギにすれば、唐津に上陸して「東南」に進軍し、佐賀市付近を経て、めざす「笠沙」（筑後平野）に達する「前」に、高良山がある。

「御」と敬語を付けたのは、王の居住する都だからだ。この詩は、九州王朝の詩人が詠んだものをニニギに仮託したと思われるから、詩人が敬語を使うのは自然である。詩人は単に、民の住む筑後川方面の筑後平野から、前にそびえる高良山を仰ぎ見て「御前《おんまえ》」と呼んだのかも知れない。

古事記では天孫降臨のあと、猿田彦と天ノウズメの話をはさんで、ニニギが「笠沙の御前」で阿多ツヒメ（木花ノサクヤビメ）を見そめる話になる。これももちろん高良山という「都」が舞台である。

ところが、日本書紀では「笠沙の御前」を「笠沙のミサキ＝岬」と解して、阿多ツヒメにちなみ薩摩国阿多郡にこの岬があるとした。書紀本文では、ニニギは天孫降臨の後、すぐに丘続きの不毛の地を通って「国覓《ま》ぎ」、つまり新しい国を求めて阿田の長屋の笠狭碕《みさき》に到り、そこで阿田ツヒメと出会う。

日本書紀が編纂された八世紀初めの二十年間は、南九州の隼人を帰順させることが大和朝廷の重要課題であった。それを実行するために「覓国《べっこく》使」も設けられていた。「覓国《べっこく》＝国覓《ま》ぎ」とは、新しい国土を求め、天照大神の子孫（天皇）の支配下に入れて開拓するという意味で、戦前の「満蒙開拓」はその応用例だ。「覓国」の思想教育を担う神話が「天孫降臨」であり、もともと地上世界は天照大神の子孫が治めることに神が定めている、という思想原理である。日本書紀がニニギや神武の妻を薩摩出身にしたり、神武の出身地を日向国としたのは、隼人と大和王朝との血縁関係を強調したかったからだ。

ところで「笠沙ミサキ」を、薩摩半島の西南端に近い野間岬にあてたのは、吉田東吾の『大日本地名辞書』（１９０７年完成）である。もっとも、１９２２年に笠砂村ができ、１９４０年に笠沙町と改称されるまで、この一帯に「笠沙」という地名は全く存在しなかった。

このように、八世紀初めの大和朝廷の欲求を反映した「日本書紀の解釈」が元になって、天孫降臨地は、九州王朝の辺境である薩摩や日向国をさまようことになったのである。

夕日の日照る国

ニニギの詩の「朝日の直刺す国、夕日の日照る国」は、高良山にぴったり当てはまる。高良山は、耳納《みのう》山地が北西に突き出した形なので、東側に朝日をさえぎる高い山がなく、朝日が直接さしこんでくる。山という高地にいれば、「直刺す」という感覚が平地より強まる。

また、当時は有明海が現在よりかなり北や東へ広がっていたので、高良山から見ると、夕日はすぐ西に広がる有明海に照り輝くことになる。これが「夕日の日照る国」であり、ニニギたちは故郷の対馬や壱岐の海に沈む夕日を、懐かしく思い浮かべたことであろう。

「有明海」という名が普及したのは、明治末からだ。明治二八年（１８９５）の地図には、福岡県側が「筑紫潟」、佐賀県や長崎県側が「有明ノ沖」となっている。古名が「筑後潟」ではなくて「筑紫潟」である点も興味深い。かつては筑紫の中心が、有明海に近い筑後にあったことを物語っている。

六世紀前半の九州王朝の王者・磐井の墓は、八女市にある岩戸山古墳で、高良山から八キロ弱しかない。王墓は都から多少距離を置くのが普通であり、磐井の都も高良山と考えるのが自然だ。

九州王朝の都は、ニニギ（天孫降臨は１５０年頃）や卑弥呼（三世紀半ば）から、六世紀の磐井まで、連綿として高良山にあった。歴代の中国史書も、倭国の都の位置が変わったとは記していない。変化が見られたのは、七世紀初めの現状を記した『隋書』である。隋書は倭国ではなく「俀国《たい》」とし、筑紫から東へ海路をたどって「都」に至り、「筑紫から東は俀国に従属している」と記す。

猿田彦とウズメ

「肥の国」が元は一つであったのに、なぜ「肥前」と「肥後」の間に「筑紫」が割り込んでいるのか。言い換えれば、佐賀県(肥前)と熊本県(肥後)の間に福岡県が入り込んでいる理由は何か。もともとは有明海沿岸部の筑紫も「肥の国」だったのが、ニニギが佐賀ルートを通って進軍し、筑後川の対岸にある筑後平野を直轄領（のちの女王国）として「筑紫」と称した、と考えると納得がいく。

ニニギを道案内したのが猿田彦。サは、「笠沙」（筑後平野）の「沙」と同じく川筋の平野をさす。

○サ（平野＝筑後平野）＋ル（の）＋田＋日子

これが猿田彦の本来の名であり、有明海沿岸の筑後平野を含む「火の国」の王である。太陽神が「日ル女《め》」（天照大神）、「日ル子」（蛭児）と呼ばれたように、ルは助詞「の」の意味である。

「火の国」の「火」とは不知火《しらぬい》のことであり、不知火は、有明海でも昭和の終わり頃まで見られた。

古事記の「天孫降臨」神話には、もう一つ重要な説話が載っている、天のウズメと猿田彦の話だ。


ニニギはウズメに「猿田彦の名を負って仕えよ」と命じ、猿田彦をアザカという所へ送らせる。そのアザカの海で、猿田彦はヒラブ貝に手をくわえられ、海に沈んで溺れてしまった。

ウズメは還って来て、いろんな魚たちを追い集めて、「汝は天神の御子（ニニギ）に仕えるか」と問い詰めた。いろんな魚たちが「お仕えします」と答えた中で海鼠（コ）だけは答えなかった。そこでウズメは海鼠に「この口は答えぬ口」と言って、小刀でその口を裂いてしまった。だから、今でも海鼠の口は裂けているのだ。


猿田彦は明らかに海で殺されている。アザカは伊勢の国の地名とされているが、高良山まで来て、そんな遠いところへ行くわけがない。高良山の近くの有明海の海岸に連れて行って、殺したのである。

海鼠の話は、魏志倭人伝の「狗奴国」と関連がある。

海鼠は、昔は「コ」と言った。ニニギに唯一「仕える」と言わなかったのが「コ」であり、女王国に唯一従わなかったのは「狗奴国」である。狗奴国の「奴」は「野」であろうから、中心となる語は「狗」つまりコである。

狗奴国が女王国に服従しなかったという歴史的事実が神話化され、海鼠はなぜ口が裂けているのか、という民間の起源説話に乗っかる形で残されたわけである。

ウズメは天の岩戸のエロチックな踊りで有名だが、実は怖い人物でもある。本来は有力な武将としてニニギ軍に加わり、九州の諸王たちにニニギへの帰順を力づくで誓わせる役割を果たしたのであろう。

魏志倭人伝で、肥前の地にある伊都国王は代々、女王国に統属していたと記されている。ウズメがニニギに対して果たしていたような役割を、三世紀には伊都国に常駐した一大率が果たしている。こう考えると、猿田彦の本拠地は「伊都国」の位置にあり、そこにウズメが入り込んで、アマ王朝の拡大に努め、やがて「女王国以北」を検察する一大率の本部所在地となって「伊《い》都《っ》国」（＝厳《いっ》国）と呼ばれるようになったと思われる。

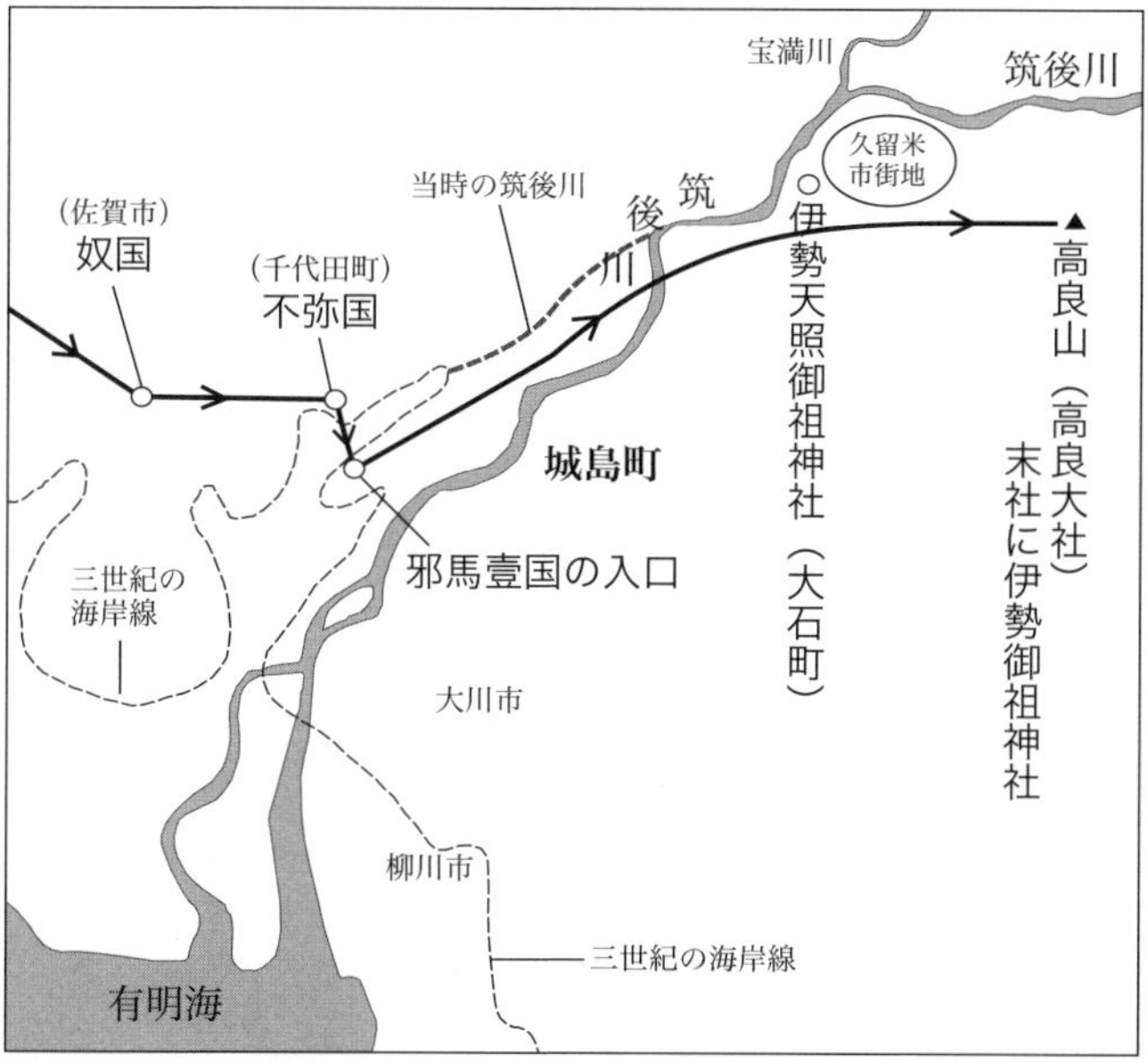

図 12-3　二つの伊勢神社

伊勢の海と伊勢神社

有明海の近くには「伊勢神宮」の元祖と思われる神社がある。『延喜式』神名帳に「筑後国三井郡三座」の一つとして記されている「伊勢天照《あまてる》国照御祖《みおや》神社」だ。「御祖《みおや》」は単なる先祖ではなく「母・祖母」をさすことが多い（岩波古語辞典）。ここでは天照大神がニニギの祖母であることを意味している。

この「伊勢天照国照御祖神社」に比定されている神

社が二つある。一つは、高良大社の境内にあり末社である「伊勢御祖神社」（現地の案内板では「伊勢天照御祖神社」）である。古くは現・御井小学校「伊勢の井」にあったが、江戸時代に高良山に移された。（図12‐3）

もう一つは、久留米市大石町にある「伊勢天照御祖神社」であり、こちらのほうがぴったり当てはまる。大石町は、現在は市街地になっているが、西へ流れてきた筑後川が西南へ方向を変える曲がり角にあたり、堤防と台地の上に弥生中期から後期の遺跡が広がっている。ご神体は、本殿土間にある巨石である。大石町の名前の由来であり、元は河口近くの河原にあったものであろう。

伊勢神宮に落ち着くまで、天照大神を祀る「元宮」は各地を転々としたと日本書紀にある。元宮の九州王朝での所在地が、この「有明海沿岸の伊勢神社」と考えられる。

ウィキペディアの「八代海」には「八代海は古くは伊勢の海とも呼ばれていた」と記されている。八代海は別名「不知火海」とも呼ばれるが、有明海も近年まで不知火が見られた。古くは有明海から八代海まで含めて「不知火の海」とか「伊勢の海」と呼ばれていたと思われる。

神武は長兄の五瀬《いせ》命と「高千穂の宮」にいて、「どこに行ったら天下を取れるだろうか。やっぱり東に行こう」と相談し、日向から出発する。この日向は「筑紫の日向」であり、「高千穂の宮」は高良山にある宮殿である。「五瀬《いせ》」は地元の「伊勢」を名乗ったに違いない。「五瀬《いせ》」は瀬が多いという意味だ。筑後川下流の大石町のあたりは、古事記でイザナキがミソギして天照大神らを生んだ「竺紫の日向の橘の小門《おど》のアハキ原」に当たり、「上つ瀬、中つ瀬、下つ瀬」も出てきて、瀬の多い所である。

大和へ侵入した神武の軍隊は、戦意高揚のため次のように歌う。

〇神風の　伊勢の海の　大石《おひし》に　這ひ廻《もとほ》ろふ　細螺《しただみ》の　い這ひ廻《もとほ》り　撃ちてし止まむ。　〈神武記〉

太平洋戦争中も戦意高揚のスローガンに「撃ちてし止まむ」が使われた。

神武は三重県に行った形跡がないから、三重県の伊勢の海とは無関係である。また、伊勢神宮ができるはるか前だから、「神風の」という枕詞も三重県の伊勢とは関係がない。

故郷の有明海の「伊勢の海」と考えれば自然であり、天照大神生誕の地元であれば「神風の」も納得がゆく。しかも、大石町の「伊勢天照御祖神社」のご神体まで河原の「大石」という形で登場する。神武の軍隊は、故郷の懐かしい歌を歌って気勢をあげた。もとは貝採りの歌で、子どもたちも歌ったことであろう。

あとがき

「邪馬台国には夢がある」とか「邪馬台国は永遠のロマンだ」という言い方には抵抗感がある。きちんと向かいあえば読み解ける謎を、永遠の謎に美化しているからだ。もともと明快に書かれた「魏志倭人伝」の内容を、出来るかぎり明快に（中学生にもわかるように）読者に伝えるという作業を終えた今、わたしにはそれでも一つの大きな夢が残っている。「夢」というのは、大勢の方の協力を得なければ実現しない実験的な事業だからだ。

夢とは、「水行十日陸行一月」のうちの「水行十日」のルートを、私の読み解いたとおりに、山東半島から朝鮮半島を経由して唐津まで、当時の帆船で果たして「十日」で航海できるか、という実験航海を行うことである。

願わくは、私が実験航海に同乗できる体力があるうちに、夢が実現することを。

魏志倭人伝の基本的な謎とされる女王国へのルート問題が解けたのは、二十年ほど前になる。その魏志倭人伝を、もっと綿密に掘り下げるきっかけとなったのは、月刊研究誌「古代の風」の編集責任者である横山妙子さんから連載を依頼されたことだった。２０１１年一月号と二月号に「魏志倭人伝のかくも明快な地理」（上下）を原稿用紙七十枚ほどにまとめて載せ、引き続き「〈魏志倭人伝〉研究ノート」と題する連載を（飛び飛びではあるが）今も続けている。「古代の風」連載分はインターネットで（最近二年分を除いて）読むことができる。

昨年、本にまとめたらどうかと出版社にあっせんしてくれたのは、畏友・松本輝夫氏（新書『谷川雁』の著者）だった。新たな構想で書き始めた原稿は七百ページを超える長編になり、一般書として読めるよう四百ページにまとめ直した。最後まで見守って頂いた冨山房インターナショナルの坂本喜杏社長に感謝します。

本書の校正中に、古田武彦氏が亡くなられた。痛恨の極みである。本書をすでに読まれた方は、私の新しい古代史像が、古田説との格闘のうえに生み出されたことを実感されるであろう。本書の中で、古田氏の功績についてはきちんと指摘した一方で、氏の誤った説や論証方法については、時に厳しい批判も述べている。先人の到達点は後人のスタート地点である。「師の説に、ななづみそ（決してとらわれるな）」という本居宣長の言葉をたびたび引用された古田氏は、泉下にあっても私の批判を笑って諒とされるに違いない。

近年の発見で大きかったのは「女王国の始まり」が魏志倭人伝に書かれていて、それが西暦150年前後であることが簡単に導き出せることであった。筑紫の山に都を置き、それが長年続いたということは「天孫降臨」の伝承と一致するから、二つは同一の出来事であり、「天孫降臨」も西暦150年前後であることになる。

神話の研究で困っていたのは、基準となる絶対年代が存在しないことであった。この難点が解消されたことによって、神話を「歴史」として研究する基盤ができたことになり、意を強くして本格的に取り組んだところ、記紀神話が次々とリアルに読み解けてきた。その一部は魏志倭人伝と密接な関係にあり、本書の第Ⅻ章にまとめたが、連載中の「〈魏志倭人伝〉研究ノート」の（18）から最新の（28）でも、記紀神話の解読が進行中である。次は「歴史としての日本神話」をテーマに「卑弥呼以前の古代史」について本にまとめたいと考えている。

２０１５年十二月八日

木佐敬久（きさ・たかひさ）

1943年、台湾生れ。68年、東京大学哲学科卒。ＮＨＫアナウンサー、ＮＨＫ放送文化研究所主任研究員、『ＮＨＫ年鑑』編集長等を歴任。研究員としては皇室敬語、放送通訳の調査研究に取り組む。古代史関係の多くの論文を月刊研究誌「古代の風」に発表。文芸同人誌「天秤宮」に宮沢賢治や歌川国芳の作品研究を連載、長編詩「あいうえおんがく二かいだて」、「原発一行詩集」、随筆を発表。

主な論文：「中国史書に隠された琉球、および倭の変遷」。『「放送通訳の日本語」受け手調査と話す速度の研究』国立国語研究所。「宮沢賢治とシベリア出兵1　氷河鼠の毛皮」『宮沢賢治研究 Annual 創刊号』。「十二のペアを推理する――国芳「唐土廿四孝」の制作過程について」『日本研究　第40集』国際日本文化研究センター。

かくも明快な魏志倭人伝

二〇一六年二月二十四日　第一刷発行

著　者　木佐敬久
発行者　坂本喜杏
発行所　株式会社冨山房インターナショナル
〒101-0051　東京都千代田区神田神保町一―三
TEL. 03 (3291) 2578　FAX 03 (3219) 4866
URL：www.fuzambo-intl.com
印　刷　株式会社冨山房インターナショナル
製　本　加藤製本株式会社

ISBN978-4-905194-99-6 C0021